"211工程"三期建设项目"新资料整理与中国古代文明进程研究"成果
武汉大学基础学科振兴行动计划资助出版

明清长江中游农村社会经济研究

张建民　著

商務印書館
2010年·北京

人选文集进行遴选，并提出一些指导性的建议。

“清华史学文库”的出版，得到了国家“211工程”三期建设项目的支持，得到了清华大学“985”二期“人文社科振兴计划”的支持，得到了商务印书馆各位领导和相关编辑先生的支持，在此致以诚挚的谢意。

2010年2月

“211工程”三期建设项目“新资料整理与中国古代文明进程研究”成果
武汉大学基础学科振兴行动计划资助出版

明清长江中游农村社会经济研究

张建民　著

商務印書館
2010年·北京

图书在版编目(CIP)数据

明清长江中游农村社会经济研究/张建民著.—北京：商务印书馆，2010
（珞珈史学文库）
ISBN 978-7-100-07360-8

Ⅰ.①明… Ⅱ.①张… Ⅲ.①长江流域-农村经济-经济史-研究-清后期 ②长江流域-农村-社会发展史-研究-清后期 Ⅳ.①F329.5 ②K295

中国版本图书馆CIP数据核字(2010)第181302号

明清长江中游农村社会经济研究
张建民 著

商 务 印 书 馆 出 版
（北京王府井大街36号 邮政编码 100710）
商 务 印 书 馆 发 行
三河市尚艺印装有限公司印刷
ISBN 978-7-100-07360-8

2010年11月第1版 开本 787×960 1/16
2010年11月北京第1次印刷 印张 27
定价：45.00元

总　序

“珞珈史学文库”是武汉大学历史学院教师学术研究成果的结集。第一批推出的是二十多位教授的文集。以后将根据情况，陆续推出新的集子。

武汉大学历史学科具有悠久而辉煌的历史。早在1913年，武汉大学的前身国立武昌高等师范学校就设置历史地理部。1930年武汉大学组建史学系，1953年改名历史学系，2003年组建历史学院。一批又一批著名学者，如李汉俊、李剑农、雷海宗、罗家伦、钱穆、吴其昌、徐中舒、陈祖源、周谱冲、郭斌佳、杨人楩、梁园东、方壮猷、谭戒甫、唐长孺、吴于廑、吴廷璆、姚薇元、彭雨新、石泉等，曾在这里辛勤耕耘，教书育人，著书立说，在推动武汉大学历史学科和中国现代史学的发展、繁荣的同时，在武汉大学和中国史学史上也留下了嘉名。其中，唐长孺、吴于廑两位大师贡献最为卓殊。

改革开放30年间，武汉大学历史学科建设成效显著。1981年，中国古代史和世界史获得全国首批博士学位授予权。1987年，历史地理学获得博士学位授予权。1988年，中国古代史被列为国家重点学科。1995年，历史系被批准为国家文科基础学科人才培养和科学研究基地。1997年，获得历史学一级学科博士学位授予权。1999年，建立历史学博士后流动站。2001年，中国古代史再次被列为国家重点学科。2007年，中国古代史第三次被评为国家重点学科，世界史新增为国家重点学科。2008年，历史学一级学科入选湖北省重点学科。2001年，以中国古代史为核心的国家“211工程”二期建设项目“中国文明进程与世界历史整体发展”启动。2008年，分别以中国古代史与世界史为中心的“211工程”三期建设项目“新资料整理与中国古代文明进程研究”与“世界历史整体发展中的社会转型与文化变迁研究”启动。目前，历史学院设有历史学、世界历史、考古学三个本科专业；史学理论及史学史、考古学及博物馆学、历史地理学、历史文献学、专门史、中国古代史、中国近现代史、世界史、中国文化史、中国经济史、国际关系与中外关系史和地区国别史等12个二级学科。在研究机构方面，设有中国3至9世纪研究所、世界史研究所、历史地理研究所、中国文化研究所、中国经济与社会史研究所、15至18世纪世界史研究所、第二次世界大战与战后世界研究所，以及简帛研究中心、科技考古研究中心。在前一辈学者奠定的基础上，经过后继者的持续努力，逐步形成了严谨的学风和优良的教风，确立了理论探讨与实证研究相结合，断代史与专门史、地区史与国别史相结合，传世文献与出土资料并重的学术特色，成为武汉大学在海内外学界具有重要影响的学科之一。

历史学院的老师，在辛勤教书育人的同时，也为科学研究倾注了大量心血，在各自从事的方向或领域，推陈出新，开拓前行，撰写了一大批有价值的专著和论文。学院决定编撰教师个人的学术文集，是希望各位老师把自己散见于海内外各种出版物上的代表性论文加以整合。这样，通过一种文集，可以约略体现教师本人的研究历程和领域；而于整体方面，也可在一定程度上展示武汉大学历史学的学科格局和学术风格。

每本文集的选篇和修订，由作者各自负责。学院教授委员会对入选文集进行遴选，并提出一些指导性的建议。

“珞珈史学文库”的出版，得到了国家“211工程”三期建设项目的支持，得到了武汉大学“基础学科振兴行动计划”的支持，得到了商务印书馆各位领导和相关编辑先生的支持。在此致以诚挚的谢意。

2010年2月

目录 Contents

明清湖广社会经济变迁

元顺帝至正二十四年（1364），朱元璋彻底击溃陈友谅势力，随之占领荆湖广大地区，建立湖广行中书省。自此至鸦片战争爆发（1840），大约475年间，湖广地区的社会、经济、环境发生了显著变化，成为湖广历史上一个非常重要的时期。

湖广行中书省建立之初的数年间，湖广成为朱元璋建立统一王朝的主要基地。不仅为朱元璋削平群雄的战争贡献了大量人力、物力，而且，后来通行全国的一些重要制度，如河泊所制度、巡检司制度、剁集军户制度等，都是汲取、改造前朝制度，先在湖广地区推行的。从这个意义上讲，元明之际的湖广地区，在全国居于非常重要地位。

明清时期为湖广行政建制不断变化，行政区划基本确立的时期。明代的湖广，行省之名虽沿元代湖广之旧，辖区却大有差别。具体言之，改变了元代湖广行省涵盖湘鄂粤桂数省的局面，辖区范围与后来的两湖大致相同。这种行政区划变局，对湖南、湖北乃至长江中游区域历史的影响是显而易见的。经历二百多年的开发、发展及统治实践，又为湖南、湖北分治提供了条件，积累了经验。明清之际，湖广分省已成自然之势。康熙三年（1664）的湖南、湖北正式分治，乃两湖历史上又一具有划时代意义的举措。

明清时期也是湖广地区经济、社会乃至自然环境发生巨大改观的时代，也正是这些改观，构成了明清该地区社会历史的主要内容。

社会经济的改观首先表现在人口变动方面，尤以人口的流动为关键。为人们所熟知的中国人口史上所谓“江西填湖广”和“湖广填四川”的两次大规模人口流动，无不与湖广地区有紧密关联，甚至可以说是以湖广为中枢。从鄂东、鄂北丘陵到江汉平原、鄂西北山区乃至鄂西南山区，尽管时间上不无早晚参差，但都能看到大量外地“流民”、“客民”、移民落居的记载。在平原湖区，“湖多易淤，土旷易垦，食物旋给，他方之民聚焉，而江右为甚。强者侵产，弱者就食，故客常浮于主”[①]。在丘陵山地，“生齿日繁，流集日众”[②]。鄂西北山区为有明一代流民渊薮乃众所周知，流移集聚规模达数百万之众，其中一大部分入籍落居。[③]“流徙日聚”，“五方杂处”，“客处浮于土著”，成为明清时期湖广地区地方社会的共同现象。而移民的来源，见于记载的以江西为最多。

在外地人口大量落居湖广的同时，也有湖广境内人口流移外地的现象发生。同一时期的人口流动有进有出，成为明清时期湖广人口变迁的一大特点。外流的湖广人口以落居四川者为最多。这种状况与“江西填湖广”、“湖广填四川”之说基本吻合。不过，从总体上讲，两湖的外流人口不及外地落居两湖境内的人口多。另外，“江西填湖广”也好，“湖广填四川”也好，并不局限于清代初年，而是始自元明之际、持续数百年之久的人口流动。其间，受人口自身状

① 嘉靖《沔阳志》卷9《食货》。参见嘉靖《常德府志》卷6《食货志·户口》；嘉靖《澧州志》卷3《地理志·食货》等。

② 嘉靖《罗田县志》卷2《食货》。（明）王学魁：《处置地方官员疏》，万历《郧台志》卷9《奏议》。

③ 参见拙作：《明代秦巴山区的封禁与流民集聚》，《中南民族学院学报》1998年第2期；《明代秦巴山区流民的附籍与分布》，《中南民族学院学报》1999年第2期。

况、社会环境诸因素影响，形成了元末明初、明后期、明末清初等几个高潮时期。人口流动所及，亦不限于江西、湖广、四川三地区，而是以三地区为主线，牵动江、浙、闽、广、皖、豫、陕、黔、滇诸省的大范围人口迁移；而且，不排除流动过程中有区域间连环滚动、递进机制的存在，包括湖广境内区间的人口迁移。

人口的变迁，尤其是大量外地“流民”、移民落居湖广地区，对长江中游的区域社会、经济造成了广泛而深远的影响。明清时期湖广地区经济、社会乃至自然的巨大改观，即肇始于此。如果将眼光进一步放宽，人口流动浪潮带来的不只是中国人口数量、人口分布的变动，与此相伴随的资源开发、经济增长、社会流动影响深远。

农业经济的增长是明清时期湖广社会经济面貌改观的主要内容，土地的垦辟则是农业经济增长的主要条件，无论是平原湖区，还是丘陵山区，农业垦殖的规模和程度都是空前的。所谓“先是山泽之羡，率弃不理，今则皋隰原阪，耕者鳞集，甚至丛菁幽荜，人力所不能通者，亦皆累累象耕鸟耘，称常稔焉”[①]，正是一幅生动的农业垦殖扩张图画。

作为平原湖区低地利用的主要形式，有湖广特色的围垦“污莱鱼鳖之地”、“菰芦之区，鼋鼍之宅”[②]的垸田在明清时期得到了空前的发展。不仅仅是垸的数量增多，“星罗棋列”，“堤垸如鳞”；垸田的面积扩大，“往时受水之区，多为今日筑围之所”[③]，“昔为菹茹，今称沃衍者不啻万万”[④]；垸的规制、质量也在不断完善、提高。垸内不仅设有蓄水之湖塘，排泄之沟港，而且建有各种闸、

① 《楚均田议》，（明）章潢：《图书编》第39卷。参见《古今图书集成》卷58《经济汇编》《食货典》《田制部·总论》。
② 康熙《华容县志》卷1《山水》。
③ （清）严有禧：《查垦湖滨荒土移详》，乾隆《澧州志林》卷20《艺文志》。
④ 《楚均田议》，（明）章潢：《图书编》第39卷。

到，以时启闭排灌，在防御水旱灾害，保证农业生产丰收方面起着非常重要的作用。

丘陵山区的垦殖，主要通过砍伐森林、刀耕火种的途径和方式来进行。在记述这一时期山区农业垦殖活动的诗文中，充斥着诸如"烧畬为田"，"深林幽谷，开辟无遗"，"峻岭丛林，剪伐殆尽"，[①] "散木良材同一炬，年年十月便烧山"，"黄茅白苇何足惜，中有楩楠高百尺"，"木拔道通，虽高岩峻岭，皆成禾稼"之类的内容。[②] 在大面积森林垦辟为耕地的同时，许多青山也一变而为濯濯童山。所谓"草木罕翳，望之童如也，熸如也"[③]。

不可忽视的是，无论是山区，还是平原湖区，在农业垦殖过程中，外来"流民"、移民都起着非常重要的作用。地方志及其他有关文献的众多记载表明，正是在大量外来"流民"集聚、移民落居的推动下，才形成了这一时期农业垦殖不断向更进一步的深度和广度扩张的局面。明清时期湖北农业垦殖所具有的这一重要特点——由外来"流民"、移民担当垦殖的重要角色，其影响也是广泛且深远的。[④]

农田水利是农业经济增长的重要保证。平原湖区以堤防为命，丘陵山地则惜水如血。围绕着"用水之利"和"去水之害"这同一主题的两个方面，历代统治者力倡力督，劳动者战天斗地，无论具体目的如何，重视农田水利这一点却是共同的。江汉沿岸堤防的系统化即完成于这一时期，至于支堤垸堤，更是"龙腾蛇跃"，"蜿蜒曲折"，越修越长，越修越多，越修越高。为蓄水、引水灌溉而修建

① 同治《建始县志》卷4《物产》。
② 同治《竹山县志》卷7《风俗志》。
③（明）徐学谟：《春雪楼记》，见同治《郧县志》卷10《艺文志》。
④ 参见拙作：《明清山区资源开发特点述论》，《武汉大学学报》1999年第6期。

的壅溪之堰坝、引堰水入田之圳、障堰蓄水之陂、凿地蓄水之塘、通泉之渠、刳木引渠之枧、举具塘水之斛之类的设施，[①]遍布各地。在山区，引水工程有“越翻冈岭”者，有“穿岩渡峡”者，有“因石泉而梳流者”，于是又有所谓“赶山鞭”、“穿山峡”、“过江龙”诸名目。[②]远者可达数十里之遥。可知农民为农田水利建设想尽了办法，更付出了艰辛劳作，其劳其功可歌可泣。

另一方面，正是由于水利的极端重要性，人们不得不为水源、为蓄泄、为修防而毕智角力、千方百计，纠纷争斗在所难免。所谓“相与为私斗，甚者构亡命、挺矛槊、阴贼公哄于平原旷野之间，相杀或数十人。狱案满筐箧，积数十年不可结绝。旧水之讼未已，而新界之争又起……”[③]绝非个别现象。与此相应，有关农田水利设施的修建、防护以及防汛、灌溉用水分配等方面的组织管理，历代积累了不少经验，至明清时期则集之大成，制度、规章乃至必要的组织，都趋于健全和完善。其核心原则是受益与负担相对应：灌溉用水，按照田地面积分配；灌溉设施的维护，则按照受益田亩分摊所需人力、物力或财力。垸堤修防负担，照垸内受保护田地面积分摊，江河干堤、支堤的修防，也大体上贯彻着同样的原则，在受益的若干县区间分摊，以至于田地买卖之时，必须在契内注明应修堤防的长度。水利工程修防中普遍存在着官督民修的方式，有时甚至连一些小规模的工程设施也必须示以官府权威才得见功效，从设施创建、灌溉分水、防汛、维护，人力的组织、资金的筹集以及纠纷、冲突的协调，官府的作用或影响似乎无处不在。当然，绅衿在

---

① 同治《黔阳县志》卷25《堤堰》。

② 宣统《永绥厅志》卷6《水利》。

③ （清）高擢：《黄源陂分水碑记》，（清）贺长龄等：《皇朝经世文编》卷116《工政》二十二《各省水利三》。

实际的操作过程中起着重要作用。[①]这种现象不仅是湖北、湖南，亦不仅仅是长江流域所独有的，应是中国水利史上曾经较为普遍存在的现象，值得进一步深入研究。

农业经济的增长首先体现在粮食产量的增加上。明清时期湖广粮食生产的增长，是耕地面积的扩大、水利建设的发展、作物品种的增加和耕作制度的改进、耕作技术水平的提高等多方面因素共同作用的结果，不同的因素在不同的时段、不同的地区所起作用的大小、影响程度的高低各不相同。其间，耕地面积的扩大一直是粮食总产量增加的主要条件，水利建设的保证作用则如前述。到清代前期，玉米、红薯、马铃薯等高产新作物的推广，不仅成为影响粮食产量的主导因素，也在很大程度上影响到广大地区劳动者的生活。因为玉米等作物品种对生长条件要求不高（相对于稻作而言），适宜旱作，又能获得较高产量，是农业垦殖进一步扩张的重要条件。正是这类作物的推广，使大面积原本认为耕作条件较差、甚或不宜农耕的土地得到垦辟利用。可以说，如果没有玉米、红薯、马铃薯之类作物的引进推广，明清时期的垦殖扩张难以达到如此深广的程度。[②]由于玉米之类的种植遍布新垦辟的山地，山区广大劳动人民多以此类产物为主食，因此而导致的明清时期的饮食结构变化也很显著。

粮食大量运销外地是明清时期湖广地区粮食生产发展的一个重要标志，而“湖广熟，天下足”谚语的广泛流传，则是湖广粮食运销外地的很好的说明。不过，对于粮食运销外地所反映的具体内涵，还须加以深入考察。综合各方面记载分析表明：耕地面积广大，且人口相对稀疏，是明代湖广得以有较多余粮运销外地的主要

① 参见拙作：《清代湖广堤垸水利经营研究》，《中国经济史研究》1990年第4期。
② 参见拙作：《明清农业垦殖论略》，《中国农史》1990年第4期。

条件。特别是与当时在全国处于领先发展水平的江浙地区相比较，尽管江浙地区有仰食湖广米粮、甚至有“吴以楚食为天”之说，尽管有“楚中谷米之利，散给海内矣”之谓，却不能因此而断言湖广的生产水平已超过江浙，在全国处于领先水平。其他如商品经济（包括商业性农业）发达程度、漕赋税额大小等因素对粮食之余缺亦不无影响。换言之，有无余粮运销他处，余粮运销他处的多少，并不直接反映粮食生产水平的高低。如果考虑到洪涝等灾害给湖广粮食生产造成的极不稳定性：“岁丰则效原露积，箫鼓报赛，洵为乐土；一值水潦即荡析离居，甚者漂溺相枕”；“阳侯不怒，则收倍旁邑”。[①]洪涝灾害频繁，丰歉悬殊，故亦不排除“湖广熟，天下足”谚语中含有某种程度上的假设之意。

至于记载中的“湖广米粮”、“楚米”等说法之中，湖南、湖北各自所占何等地位，亦即湖北米粮在运销外地的湖广米粮中占有多少份额，也值得进一步加以考究。湖南米粮外销量无疑较多，在运销外地的“楚米”中所占比重愈益增大，但若说湖南米就等于“楚米”，或者说运销外地的湖广米粮、楚米中并无湖北米粮却太武断。对于进出汉口的米粮宜作审慎、正确的理解、判断，从汉口运销外地的米粮当然不全是湖北所产，可外地运进汉口的米粮亦非全部供汉口或湖北其他地方消费了。也不能因存在外地米粮接济汉口的情况而否定湖北有余粮运销外地。可以说，从谚语“苏湖熟，天下足”到“湖广熟，天下足”的转换，说明的不仅是长江中游粮食生产、运销的重要地位，更隐含着长江流域乃至中国社会经济发展进程中区域资源开发、区域农业结构、中国传统社会经济空

---

① 同治《监利县志》第8卷，《风土》；第4卷，《田赋》。

间结构的某种深刻变化。[①]

明清时期是中国人口历史上人口增长较快、人口压力增大的时代，明代中后期及清代中期出现的大规模自发人口流动，在很大程度上属人口压力所致。在这个时期中，湖广的广大地区，特别是湖区和山区，接纳了为数可观的流移之民；耕地面积扩大，粮食总产量大幅度增加，除养活本地人口外，还有余粮运销外地。所有这些，从缓解人口压力的意义上讲，都是不可忽视的。

当然，明清时期湖广农业经济的增长，并不限于粮食生产，经济作物以及经济林特产品如棉花、烟草、茶叶、生漆、桐油、药材、白蜡、木耳、清油等品种的生产经营，无不具有较丰富的内容，也都获得了相应的发展，在社会经济生活中起着重要作用。现在回过头来进行历史考察，不难发现当时对上述诸种经营重要性的认识尚有待提高，特别是山区经济林特产的优势并未充分发挥。有些品种在不合理的农业垦殖冲击下，甚至呈萎缩趋势。

长江中下游地区历有“鱼米之乡”的美誉，但是，相对于“米”而言，“鱼”受人们重视的程度就低多了。渔业生产如是，渔业史的研究亦如是，远不及米粮。其实，以淡水捕捞为主的渔业在社会经济生活中具有无可替代的作用。在洞庭湖区，“湖汊为居，网罟是利”。“水泽之民，以网罟为业。”[②]“以舟为居，随水上下，鱼舟为业者十之四五。”[③]在江汉湖区，“田渔相半”，“渔罟之课输与田赋等”[④]。以明代为例，仅从河泊所的设置数量和鱼课的征收数量，特别是这些项目在全国所占的极高比例中，已经能够看出淡水捕捞在

---

① 参见拙作：《“湖广熟，天下足”述论——兼及长江沿岸的米粮流通》，《中国农史》1987 年第 4 期。

② 嘉靖《常德府志》卷 1《地理志 · 风俗》。

③ 隆庆《岳州府志》卷 7《职方考 · 风俗》。

④ 嘉靖《汉阳府志》卷 2《方域志》。

湖广特别是湖北曾有过的规模及重要性。荆州、衡阳等地鱼苗业的兴盛，则可从一个侧面反映淡水养鱼业的重要。①

江汉—洞庭湖区许多地方围绕“耕”和“渔”，形成了随季节变动的陆地或水上生产生活规律。如汉川，“春夏力农，秋冬业渔。其地云梦之薮，春水泛涨，农民迁近原隰耕垦；秋冬涸时，迁近湖泊网罟以自给”②。再如沅江，“滨湖居民皆渔户，水盛时举家乘舟入湖，秋冬水缩，则结茅沿岸住”。③更有一种常年浮居水上，以茭簰为家者，堪称“江汉特色”。史称“汉川四周皆水，湖居小民，以水为家，多结茭草为簰，覆以茆茨，人居其中，谓之茭簰，随波上下，耕莳牲畜，咸在其中”④。吴邦治有《茭簰湖居诗》云：“茭簰具生理，即地即桑麻。俯仰无余事，云英与浪华。”⑤尤其值得注意的是，在发生洪涝灾害之时，淡水捕捞业的作用就显得更为重要。荆州一带民间有俗谚云：“鱼贵则米贱，米贵则鱼贱”⑥，正说明了当地种植业与捕捞业相互之间的依存关系。由渔民、船家、“江湖盗”等各种各样在水上讨生活者构成的水域社会，亦是湖广区域社会的一个重要组成部分，而且是颇有特色的部分，江汉平原、洞庭湖平原地区及江河沿岸地带尤其如此。

手工业和商业的发展是这一时期社会经济变迁的另一重要内容。就手工业而言，发展最为显著的是棉纺织业。棉纺织业在湖北的发展肇始于明，大发展于清。约至清代中叶，湖广尤其湖北境内几乎无地不纺织，而且形成了一些大小不等的棉布生产中心，创出

---

① 康熙《衡州府志》卷8《风土志·物产》。
② 同治《汉川县志》卷6《疆域志·风俗》。
③ （清）查慎行：《敬业堂诗集》卷4。
④ 乾隆《汉阳府志》卷16《地舆·风俗》；同治《汉川县志》卷6《疆域志·风俗》。
⑤ “即地即桑麻”，《湖北通志》作“随地即桑麻”。
⑥ 乾隆《荆州府志》卷17《风俗》。

一些较为有名的棉布品牌。宜城、江陵、云梦、安陆、监利、随州、汉阳、孝感、应城、蕲水等地所产棉布，进入市场的比例相当大，产品行销范围相当广，记载中所见达滇、黔、秦、蜀、晋、豫、皖、苏、粤等十数省。而在此前，湖广地区几乎拿不出什么像样的可以在外地、乃至全国走俏的手工业产品。

当然，值得关注的还有湖南的矿业发展。众所周知，湖南矿产资源丰富，尤以有色金属为突出。受时代及需求限制，后世所重之锑、锰、汞等矿未及辨识利用，开发较多者乃煤、铁、铜、银、铅、锌、锡、硫黄诸矿。清代前期，湘南之郴州、桂阳州及周边州县的贵金属矿开发，盛极一时，成为全国著名的矿业经济中心区之一，在地方社会经济生活中亦占据举足轻重的地位。正如《桂阳州志》所云："桂民多不善贾事，力农之外，或习一技以终身，此恒业也。因地产铜铅，有力者供坌烧炉，无力者淘沙打矿，其中兴衰各半。故矿厂一务，虽为桂民生业之薮，亦为桂民生业之累。"①明清时期的手工业，从理论上讲是更有活力的产业，若能突破传统的局限，当有广阔的发展前景。不过，从当时湖广的整体状况看，尚难显出此种趋势。即以较为发达的棉纺织业论之，绝大部分仍局限于单个农民家庭的手工生产，而且以利用农隙、冬闲时间纺织为主。矿业开发尽管广度和深度都达到了前所未有的水平，但在国家权力的严格控制之下，多数贵金属矿产（铜、铅、锌等）开发主要为官府铸币事业服务，商品化程度低。受官府控制较少、商品化程度较高的民间煤铁矿开发，则大多作为小农经济的补充而存在，皆没有导致社会经济发生本质的变化。更何况有一些地方以不习技艺、不

① 乾隆《直隶桂阳州志》卷27《风土》。又，乾隆《辰州府志》记载："山市建厂开铸，货于四方，贫富恃以为业。"（卷16《物产考下》）

事商贾为能事，百工之需，甚或商贾皆来自外地。[①]

就商品交换言之，商业繁荣的一个重要标志是以集市城镇为主干的市场发育程度。长江中游拥有发达的水陆交通条件，湖北更有“九省通衢”之称。随着农业、手工业的发展，农产品商品化的数量增加，手工产品投入交换领域的比重也在加大，地区间经济联系加强，商品流通的优势逐渐显现出来。尤以长江、汉水沿岸形成的一批大小规模不等的市镇引人注目，为首者理所当然是汉口，堪称特大型商业市镇，为当时“天下四聚”之一。其次如沙市、宜昌、湘潭，再次如阳逻、津市、樊城、巴河、董市、老河口、宋埠、仙桃、刘家隔、朱家河等，加上农村无数的小集场，基本上构成了系统的商品交换网络。为维持日常生计而进行的商品交换普遍存在，是中国传统社会的重要特点之一。明清时期湖广地区的市镇，大多属商业贸易性市镇，商品流通功能显著发达，而商品生产相对薄弱。沿江大市镇如汉口、宜昌、沙市等，更是以转口贸易为主，这是湖广市镇相对于其他地区市镇，特别是相对于手工业发达的东南地区市镇而言的一大特点。

如前所述，至鸦片战争前，湖广地方并没有发生根本性的社会变迁，不过，一些具体的变化仍在不断地发生着、逐渐地酝酿中。前述人口变动，除了在资源开发、农业经济增长方面的影响外，对人口问题本身及社会其他领域亦不无影响。大量的流移人口落居，

---

① 各地方志中每见有此类记载，黄梅县：“工匠无土著，率四方来者，取相通而食。凡开张百货、通盐利者，又皆三吴徽歙之人。”[（明）曾维伦：《风教论》，见光绪《黄梅县志》卷6《风俗》]“民俗力农，不事商贾游侠。”（民国《湖北通志》卷21《舆地志·风俗》）郧县：“终岁勤动，力田自给，不仰机利而食，故其人不事工贾。工皆来自远方……”（民国《湖北通志》卷21《舆地志·风俗》引《县志》）崇阳县：“性偷惰，且不事商贾。”（同上）通城县：“甘淡薄，务耕织，不事商贾。”（同上）枝江县：“民勤耕桑，敬鬼神，少商贾。”（同上）衡阳县、衡山县：“安土重迁，不能逐什一之利。”安仁县：“妇女纺绩，男子不事商贾。”酃县：“男女以耕织为本业，不事商贩。”（康熙《衡州府志》卷8《风土志·风俗》）其中，不排除受传统重农轻商价值观支配而有意标榜本地民风淳朴的因素。

不仅造成了较大的人口基数，影响到此后人口数量的变化，而且对湖广地方原有的，包括宗族关系在内的社会关系造成了强烈的冲击，土客矛盾在社会经济生活中也不无表现，而五方杂处的人口结构，对社会生活习俗的影响尤为广泛、显著。从“五方杂寓，家自为俗”①，到“聚处日久，俗亦渐同”②，既反映着社会生活习俗演变的趋势，亦是民俗变迁的基本规律。

较之其他地区，湘鄂西少数民族地区社会在这一时期的变迁更为剧烈。苗、土家等少数民族社会自身的发展变化，越来越多的汉族人口迁居，多方面因素促成的愈益频繁的相互交流，共同决定着湘鄂西地区社会变迁的趋势。自元、明的土司制度到清雍正年间实行改土归流，推动这一地区的社会变迁向前迈进了一大步。

农业生产的实质是人们通过劳动进行的人和自然之间的物质变换。生产的发展，经济的增长，对人类社会而言是收益，与此对应的则是自然界的消耗。也就是说，人类的经济活动，势必对自然生态环境造成影响，因此，不能只讲经济增长而完全忽视自然资源及生态环境的变化。在明清时期的垦殖扩张过程中，随着宜农土地的垦殖趋向饱和，开发条件相对差、利用难度相对大的周边山区、河湖沼滩等，成为垦殖扩大的主要对象，加之垦殖活动受生计压力、流民意识等影响，难免带有不同程度的盲目性、粗放性，从而导致一系列消极的生态后果。来自各种文献的记载表明，这类后果主要表现如森林植被的过度耗费乃至破坏，而“童山濯濯”又引起日益严重的水土流失，进而致使河湖淤积，加剧干旱和洪涝灾害。森林植被的破坏，还对生物资源造成不良影响，经济林特产减少，动物

① 嘉靖《湖广图经志书》卷2《武昌府·风俗》，卷9《郧阳府·风俗》；康熙《郧阳府志》卷9《风俗志》。

② 同治《竹山县志》卷7《风俗志》，同治《郧阳府志》卷1《风俗志》。

失去藏身之所、生存条件等等，都已成为无可忽视的问题。

具体考察明清数百年间湖广地区社会经济、尤其农村社会经济的发展变迁，内容可谓丰富。其间也发生过诸多变化，明清二朝在湖广的统治便各有特点，如直接对湖广地方社会经济产生广泛影响的明朝的宗藩势力即为清代所无。但是，王朝统治的性质并无不同。在此期间，劳动人民反抗剥削和压迫的斗争持续不断，颇具规模的农民起义亦曾多次发生，引发不同程度的社会动荡，却无法从根本上消灭剥削和压迫。清中叶始，随着区域内人口的不断增加，湖广地区一改明初人少地旷的局面，人均耕地面积不断下降，加之自然灾害的频繁袭击，一般百姓的生活水平呈下降趋势，不少农民甚或勤苦终岁而不足以自给。所谓“小民奔走拮据，艰于生计。力田之农，终岁勤动，尚难自给；偶遇水旱，既不免流移道路，其颠沛饥羸之况，不可殚述也”[①]。有“不患不勤而患不富，终岁勤动，有不得养其父母者”[②]；有“即终岁勤动、毕生皇皇而自好者，居然有沟壑之忧”[③]……

道光二十年（1840），鸦片战争爆发，咸丰十一年（1861），汉口正式开埠通商，外国势力始逐渐渗透中国内地，湖广的历史也随之进入一个新的阶段。

（本文稿原题为《明清两湖社会经济变迁论略》，后改写作为《湖北通史·明清卷》［华中师范大学出版社1999年版］的前言。收入本文集时略有改动）

---

① （清）薛福成：《谨上治平六策疏》（光绪元年）；盛康：《皇朝经世文续编》卷13《治体六·治法中》。

② 光绪《善化县志》卷16《风土志》。

③ （清）洪亮吉：《意言·生计篇》，见《卷施阁集》文甲集卷1。

由湖广而湖南湖北

——明清湖广分省问题述论

湖北湖南二省分立，乃清代行政区划的一大变动，于两湖地区历史的意义及影响更不待言，因此亦曾引起学者关注，特别对究竟是康熙六年（1667）还是康熙三年正式分省这一问题，辨证颇为明晰。[①]然湖南、湖北乃由明代之湖广一分为二而来，由合而分，固非一时所能促成，更非无缘无故。而湖广之名见诸史籍颇早，从两湖行政区划前身的意义上言之，其名亦存在300年之久，其间有过诸多举措和变化，无不与分省相关联。诸如此类，似皆有进一步考察之必要。

一

考察两湖分省问题，须先明确两省分立之前相关地区的行政区划。论者一般从“湖广”入手，且认为湖广之名始于元代。较为具体的记述见于陈诗《湖北旧闻录·序例》：

---

① 谭天星：《湖广分省时间小议》，见《江汉论坛》1986年第5期；龚胜生：《清代两湖农业地理》（华中师范大学出版社1996年版）亦有论及。

> 湖广之名，起于元。[1]至元十一年（1275），立荆湖行中书省于襄阳，寻以别将分省鄂州。十四年，因广西二十四郡内附，移省治潭州，号曰湖广。十八年，复徙治鄂州，统宣慰司三：曰湖南道，曰广西两江道，曰海南海北道（今湖北之地，惟武昌一府及汉阳府之汉阳、汉川，宜昌府之归州、兴山、巴东隶之。其黄州、襄阳、郧阳三府则隶河南、江北等处行中书省。德安、安陆、荆州三府，荆门一州及宜昌府之东湖、长阳隶河南行省之荆湖北道，施南府隶四川行省之夔州路）。明初另立广西行省，而湖广之名因而不改（今湖北之地始全隶之）。阎百诗《潜邱札记》所谓广字涉虚也。[2]

陈氏乃清代前期湖北著名学者，曾参与修纂《湖北通志》。上述关于元明两代湖广与清代湖北行政区划间之名实关联的记述，已颇为翔实。不过，湖广之名并非始见于元，宋代文献中，已有“湖广”名称。不仅有关宋事的记载，宋代学者记述唐代之事亦有用“湖广”者。较早者如王溥《五代会要》卷18载：后唐明宗长兴二年（931）十一月，史馆为纂修宣宗、懿宗、僖宗、昭宗四朝实录等史书，奏请各地搜集史料。其奏有云：“伏念江表列藩，湖南奥壤，至于闽、越，方属勋贤。戈铤自扰于中原，屏翰悉全于外府，固多奇士，富有群书。其两浙、福建、湖广，伏乞诏旨，委各于本道采访宣宗、懿宗、僖宗、昭宗以上四朝野史及逐朝日历……”再如王钦若等《册府元龟》卷74：“乾宁二年（895）六月……以湖广节度使

① 点校者每将此句与下句连贯，断为“湖广之名，起于元至元十一年”，似误，该年所立行中书省并不以湖广为名。

② 阎百诗即阎若璩，语出阎著《潜邱札记》卷2，其原文为：“湖广之名起于元，本宋荆湖北路、荆湖南路，止当沿其故称，不必如孙休分交州置广州，名以广，盖广字涉虚也。”

王抟为中书侍郎平章事。”又如司马光《稽古录》卷15，大历五年（770）春，“罢朝恩观军容使，朝恩自杀。湖广将臧玠杀都团练使崔灌，据潭州反”。“乾宁元年春，李克用拔邢州……夏，孙儒将刘建锋陷潭州，自称湖广节度使”等。

湖广之名的形成，应与宋之荆湖南北路和广南东西路之连称有关，元代湖广行省的名称亦当在此基础上确定。检阅《宋史》，由简化而连称为湖广的用法渐多，试举例证如下：“（绍兴二年二月）庚午，以李纲为观文殿学士，湖广宣抚使。”[①] 同书卷359《李纲传》对此亦有较详细的记述。“绍兴二年（1132），除观文殿学士，湖广宣抚使，兼知潭州。是时，荆湖江湘之间，流民、溃卒群聚为盗贼，不可胜计，多者至数万人，纲悉荡平之。上言：‘荆湖，国之上流，其地数千里……’”淳祐五年（1245）五月丁未，诏：“沿江湖南、江西、湖广、两浙制帅漕司及许浦水军司，共造轻捷战船千艘，置游击军壮士三万人，分备捍御。”[②]

《宋史》所见，“湖广”、“湖广宣抚使”外，尚有“湖广会子”、“湖广总领”、“湖广总所”、“湖广饷臣”、“湖广蛮獠”、“湖广盐酒税”、“湖广道”等多种说法，其中，见之最多的仍是湖广总领。总领乃南宋所设措置移运应办诸军钱粮、预闻军政之官，由朝臣充任。终宋之世，共设四处。湖广之外，尚有淮东、四川等。湖广总领设于绍兴十一年。史称“（当年五月辛丑）置两淮、江东西、湖广京西三道总领军马钱粮官，仍掌报发御前军马文字”[③]。关于总领职掌，《宋史·职官七》载：“镇江诸军钱粮，淮东总领掌之；鄂州、荆南、江州诸军钱粮，湖广总领掌之；建康、池州诸军钱粮，

① 《宋史》卷27《高宗纪四》。
② 《宋史》卷43《理宗纪三》。
③ 《宋史》卷29《高宗纪六》。

淮西总领掌之。”湖广总领下设有给纳场、分差粮料院、审计院、御前封桩甲仗库、大军仓库、赡军酒库等机构。可见，此时的湖广之名，已不完全是荆湖、广南连称之简化，湖广总领所有时亦被称之为湖北总领所。如《宋史·高宗七》记载：绍兴十八年（1148）闰八月甲子，“命临安、平江二府，淮东、西、湖北三总领所，岁籴米百二十万石，以广储蓄”。同书卷175《食货三》详述同一事云：“（绍兴）十八年，免和籴，命三总领所置场籴之。旧制：两浙、江、湖岁当发米四百六十九万斛，两浙一百五十万，江东九十三万，江西百二十六万，湖南六十五万，湖北三十五万。至是，欠百万斛有奇。乃诏临安、平江府及淮东、西、湖广三计司，岁籴米百二十万斛。浙西凡籴七十六万，淮西十六万五千，湖广、淮东皆十五万。”

《宋史》载有任过湖广总领者十人左右，多兼有两湖地方其他政事。如曹彦约“寻提举湖北常平，权知鄂州兼湖广总领，改提点刑狱，迁湖南转运判官”[①]。再如开禧二年（1206）十一月，“以湖广总领陈谦为湖北、京西宣抚副使”[②]。宝祐六年（1258）二月，“以马光祖为端明殿学士、京湖制置使、知江陵府，兼夔路策应、湖广总领财赋并屯田事”[③]。开庆元年（1259）正月，“贾似道以枢密使为京西湖南北四川宣抚大使、都大提举两淮兵甲、湖广总领、知江陵府”[④]，又如李曾伯：“进徽猷阁学士、京湖安抚制置使、知江陵府，兼湖广总领，兼京湖屯田使，进龙图阁学士。”[⑤]

顺便提及，如众所知，元代建立行省制在中国历史上具有重大

---

① 《宋史》卷410《曹彦约传》。

② 《宋史》卷38《宁宗纪二》。

③ 《宋史》卷44《理宗纪四》。

④ 同上。

⑤ 《宋史》卷420《李曾伯传》。

意义，但是亦有持异议者。元世祖至元间，湖北学者程钜夫就提出废行省建议："今欲正名分，省冗官，宜罢诸处行省，立宣抚司。一浙东西，二江东西，三淮东西，四福建，五广东西，六湖南北。自江淮以南，止并为六个宣抚司。"[①]

湖南之名较早见于唐代。《旧唐书》中以湖南为名称者较多。常见者有湖南观察使。如："大历二年（767），湖南观察使韦贯之奏请析延唐县，于道州东南二百二十里舂陵侯故城北十五里置县，因以大历为名。"[②]大历五年五月"癸未，以羽林大将军辛京杲为潭州刺史、湖南观察使"[③]。据《旧唐书》卷38《地理一》载："湖南观察使，治潭州，管潭、衡、郴、连、道、永、邵等州。"所辖皆在后来的湖南省境内。湖南观察使之外，又有湖南都团练使、湖南都团练观察使、湖南道等名称。关于观察、团练之来历，同书称："至德（756—758）之后，中原用兵，刺史皆治军戎，遂有防御、团练、制置之名。要冲大郡，皆有节度之额。寇盗稍息，则易以观察之号。"

湖南、湖北之名见于《宋史》者甚多，前引诸条有关湖广之名称的记载中，每见有湖北、湖南与湖广并用者，湖南、湖北分别为荆湖南路和荆湖北路的简称。在此必须明确的是，宋代之所谓湖南、湖北，与后来之湖南、湖北二省各自所辖并不一致，尤其是湖北，后来湖北省辖地中，近半不在其中。对此，陈诗《湖北旧闻录·序例》亦有辨析。"湖北之名本于宋之荆湖北路（今湖北之地则武昌之兴国州，大冶、通山二县隶江南西路，黄州一府隶淮南西路，德安府之随州，安陆府之钟祥、京山，襄阳、郧阳二府并隶京西南路，施南

---

① （元）程钜夫：《论行省奏》，见《湖北文征》卷1，湖北人民出版社2000年版，第25页。

② 《旧唐书》卷40《地理三·江南道》。

③ 《旧唐书》卷11《代宗纪》。

府隶夔州路，余并隶荆湖北路……）。”

地方志的相关记载，亦可资参考。以隆庆《岳州府志》为例：其《司天考》记雷雨之变：宋绍兴三年（1133）五月，湖北路连雨；四年五月，湖北郡县坏圩田。淳熙十六年（1189）五月，湖北诸郡大雨霖。又记水旱虫鱼之变：宋嘉祐七年（1062），荆湖北路水灾。绍兴六年（1136），湖南旱。乾道七年（1171）春，湖南北大旱；九年，湖北久旱。淳熙元年（1174），湖南旱；七年，湖北诸道自四月至九月不雨。

元明之际，文献中亦屡见用湖北、湖南者。《明太祖实录》载：癸卯（1363）十月壬寅，“上兵至武昌，马步舟师水陆并进……分兵徇汉阳、德安州郡，于是湖北诸郡皆来降”。甲辰（1364）八月乙未，“命左相国徐达率师按行荆湘等处。先是，陈友谅既灭，荆湘诸郡多款附。至是，上谕达曰：‘今武昌既平，湖南列郡相继款附。然其间多陈氏部曲，观望自疑，亦有山寨遗孽凭恃险阻，聚众殃民……’”

与湖广之名一样，明代文献中的湖南、湖北之名最应重视。明代文献中，每见直接用湖北、湖南者，但多指道而非指省。明代湖广境内道的设置，亦有过多次变化，不过，湖北、湖南作为道的名称却一直存在。如洪武二十五年（1392），明朝划定全国为48道，其中湖广布政使司被分为5道，分别为蕲黄道、江陵道、汉江道、湖南道、湖北道。4年后，合并5道为4道，即武昌道、荆南道、湖南道、湖北道。其中，湖南道分理长沙、衡州、宝庆、永州四府，桂阳、郴州二直隶州。湖北道分理常德、辰州二府，靖州、沅州二直隶州。故若就道论，则明代所谓湖南、湖北者，其地皆在今之湖南省境内，与今之湖北省无涉也。如果望文生义，就难免导致差错。

较有代表性的一例是包汝楫《南中纪闻》，此书乃包氏记述自己任绥宁知县时见闻之作，成于晚明。绥宁属靖州，靖州归湖北道分理，故书中每见直言湖北物事者。如“湖北气候甚信，每年三月初便舒融，可去绵服，此后更不复冷，无所谓麦秋天者。至十月方穿夹衣，长至以后，亦止须薄绵一重，遂可御寒，不必重茵袭裘，如我乡冬月也”。“湖北民俗，喜建庵院，田产两争不决者，辄舍作庵中香火。流寓僧道，俱有妻室子女，耕种纳税，与居民不异。”“湖北郡邑，大多渐染苗习，民间同姓婚姻者，已不胜混乱……”“楚地产白蜡，而湖北尤多。取蜡之法……”所言湖北，显然主要指绥宁所在之湖北道而非后来之湖北省。论者有引录上述资料论证明清时期湖北省社会经济问题者，实误。

必须明确的是，湖广之名见诸文献虽早，只有明代的湖广布政使司辖区才真正涵盖后来之湖南、湖北两省，且与两省大体相当，亦才是本文所讨论的分省的湖广。

二

清康熙三年（1664）正式分湖广一省为湖南、湖北两省，但是，如此重大举措，绝非一时间的突然决定，而分省举措所针对或要解决的问题，更不是短时期所能形成。详加考察不难发现，在此之前，而且是一百多年以前，已经有过若干制度上的举措或变化，在一定程度上具有将湖广一分为二的意义，在此不妨称之为湖广分省的先声。

就今所见，最早的相关的制度性变化发生在正德五年（1510）。《明武宗实录》载：

（正德五年正月癸亥）增湖广巡按御史一人，以大湖中分南北，湖南三道一人，按常德等六府，郴、靖二州；湖北三道一人，按武昌等八府，安（陆）、沔（阳）二州。

正德年间，安陆州尚未升府，荆西道亦未分置。湖广布政使司共设有六道。所谓湖北三道者，应指位于洞庭湖以北之武昌道、上荆南道、下荆南道。三道共辖武昌、汉阳、黄州、襄阳、郧阳、德安、岳州、荆州等八府，安陆、沔阳二州。所谓湖南三道者则为洞庭湖以南的上湖南道、下湖南道、湖北道。三道共辖衡州、永州、宝庆、长沙、辰州、常德六府及郴州、靖州二州。不难看出，此处所谓的湖南、湖北，明确是以洞庭湖为界而分区的地理概念，与此前其他场合所说的“湖南”、“湖北”之实际含义有着根本不同，与后来湖南、湖北两省分立之名、分区划界之义基本一致。不同的只是岳州一府，此次划分在湖北，分省时划属湖南。因此，对于湖广分省而言，此次湖广布政使司南北两巡按之分设和两巡按辖区的划分，具有重大意义。其时间则早在正式分省的150年之前。

万历年间，湖广学臣南北并设，是与南北分省相关的一次尝试。《明神宗实录》记载：万历四十一年（1613）十一月乙卯，在湖广布政使司的洞庭湖以南地区增设学臣一员。当时礼部的有关报告是这样陈述的：

士子者，国家储之以为后日用也，学臣者，所繇濯磨士子以为国家后日用也。往时岁考令严，一时士子罔不服习经传，简约身心，彬彬称得人矣。迩来学政堕窳，功令不信，有数年不经岁考，甚至有十八九年者，岂尽怠弛哉？疆圉甚广而势不暇给也。夫南都者，是高皇帝之所奠鼎也。江淮襟带之区，何止数千里，而济济南士，星散于江渚。楚地者，是世宗皇帝之所龙兴也，荆、岐、衡阳之域，亦何止数千里，而翘翘楚材遍伏于云湘，毋论较雠实难措手，即凭轼而空行，亦不下半年矣。臣等广诹通国之舆论，博询两省之士绅，其在南直隶也，议西自庐、凤，连应、安六府，滁、和、广三州，属一学臣；东自徐州、淮、扬、连镇、常、苏、松属一学臣。其在湖广也，亦议二员并设，即以洞庭为界，属武（昌）、汉（阳）、黄（州）、承（天）、德（安）、荆（州）、岳（州）、郧（阳）、襄（阳）九府在洞庭以北者，专设一员；属常（德）、长（沙）、宝（庆）、衡（州）、辰（州）、永（州）六府在洞庭以南者，另设一员。地有所分，则力无不给。俾两畿三楚与天下共守岁考之制。

分设学臣的理由是“疆圉甚广而势不暇给”，分设的原则是“以洞庭为界”，区分南北，两员并设，与正德年间南北分别设立巡按御史时完全一致。同时增设学臣的还有南直隶，理由类似。所分区域亦基本上与后来苏皖分省一致，应非巧合。不过，不知此次增设之决议是否实施，抑或实施而未持久，因为两年后又有增设之议。

仍据《明神宗实录》记载：万历四十三年（1615）九月己亥，“湖广巡抚梁见孟以全楚十五郡二州，人文繁盛，较阅难周，于是有增学臣之请。寻奉部咨，据多官会议，奏言：全楚学臣可添设，而清军、驿传、屯田、盐法各道未可归并。惟是画地分疆，则以武、汉、黄、承、德、郧、襄七府属一学道，仍驻武昌；以荆、岳、长、宝、衡、永、辰、常、郴、靖八府二州属一学道，于长沙府建置新署，则道里适均，人材相匹。各给敕印，分猷共念，以弘新棫之化”。关于此次议定的实施，《明实录》有明确记载。这就是半年后的万历四十四年四月丙辰，“初命铸湖广武、汉等处提学副使关防。湖广幅员甚阔，历试难遍，抚臣梁见孟以为请，于［是］并设两提学副使分督之”。万历四十五年二月，又有“添设湖广学臣，升九江府知府郭志隆为湖广副使，提督荆（州）、岳（州）、长（沙）、宝（庆）、衡（州）、永（州）、［辰州］、常（德）、郴（州）、靖（州）八郡二州学政”的记载。与万历四十一年之议不同的是，其后的划分，不仅将岳州府，而且更将荆州府与长沙、宝庆、衡州等府划到了一起。[①]

自正德南北分设巡按御史至万历年间增设湖广学臣，其间值得注意者还有嘉靖四年（1525）添设督粮参政之举。《明世宗实录》载：

（五月乙酉）巡抚湖广右副都御史张琮以湖广地广，粮务浩繁，原设参议一员，既总粮储，复部南运，势难兼理。奏乞添设一员。部议官多扰民，宜于额设参政、参议内轮委一人部运，不妨分守。上从之。

尽管此次没有添设新官，但是，问题已经提出，而且，到了嘉靖十五年二月，最终仍不得不决定添设湖广布政司督粮参政一员。[②]

偏沅巡抚的设置堪称与湖广分省相关的重大举措之一。众所周知，湖南巡抚的前身为偏沅巡抚，故偏沅巡抚之设废，当与湖广分省不无关联。偏沅之名本于偏桥、沅州二地，偏沅巡抚之设置起于贵州境内的播州地区用兵。初设时间一说为万历二十八年（1600）。

---

① 添设之学臣至天启五年（1625）撤销。《明熹宗实录》载：天启五年二月丁未，“吏部言：湖广设两提学官，士子分党鼓噪，宜复旧制以安地方。将荆、岳诸府并归武、汉提学道，定限三年，完岁、科两考，方与升转。其荆、岳提学道永免诠补。上是之”。

②《明世宗实录》卷184，嘉靖十五年二月辛丑。

如《清朝文献通考·舆地考》："万历二十八年，始置偏沅巡抚，治偏桥镇。"①一说为万历二十七年。如《明史·职官二》："巡抚偏沅地方赞理军务一员。万历二十七年以征播暂设，寻罢。天启二年后，或置或罢。崇祯二年定设。"②就《明神宗实录》所见，初设时间似应定为万历二十八年。《明神宗实录》卷343载：

万历二十八年正月戊午，阁臣沈一贯题：川贵总督李化龙以同舟之谊责成楚抚是也，但楚地辽远，其民轻心易动，移驻南偏不无顾此失彼之虞。陈磷拥重兵于偏桥，亦非一二道臣所能制，不如特命大臣一人视师，事平与总兵一同裁撤为便。

此题与偏沅巡抚的设立关联重大，可视为其动议之一。次日，针对湖广布政司的实际情况，万历皇帝指示道：

川贵总督、抚、道俱已近播弹压，惟湖广兵将不济，饷又未备，倘致失期，巡抚岂能逃其责？楚地辽远，抚臣顾管难周，欲添差一员督理监视，该部院议处来看。

到二月初，便见有偏沅巡抚的记载。二月初二兵部尚书田乐专为新巡抚事宜题奏六事，得皇帝允准。谕旨且称"偏沅用兵原是湖广巡抚之责，朝廷念其地广难遍，特设经理以分其劳……"③可见，设置偏沅巡抚虽肇起于播州用兵，却与湖广作为一个省地面太广、统理有顾此失彼之虞的客观问题紧密相关。换言之，偏沅巡抚之设，不

① 《清朝文献通考》卷281《舆地考》。
② 《明史》卷73《职官二》。
③ 《明神宗实录》卷344，万历二十八年二月丙子。

无分理湖广部分地区政务之意。此后，天启年间多次议及偏沅巡抚之设革，无不强调类似理由，且有人主张改其临时性质为定制。①

偏沅巡抚的重要职责之一即督理兵饷，在实际征解过程中，湖广南北由于地理位置、距离远近等因素制约，已存在事实上的区分。据天启六年（1626）七月巡按湖广御史陆献明奏称："据偏沅抚臣开报，楚饷实为黔饷用者止七十五万，内荆（州）、岳（州）八府径解沅（州）库，武（昌）、汉（阳）七府独解司库。"②此处所说的荆岳八府与武汉七府，正与万历四十五年（1617）湖广南北两学臣分设时所划的区域范围一致。又据清顺治十一年（1654）年六月二十九日湖广总督祖泽远《请征辽饷明示》题本，湖广地方有司曾"搜获湖南拾府州明季抚司印信残册壹本，开载拾属照粮起派辽饷并叁厘黔饷合共银肆拾叁万叁千柒拾肆两肆钱伍分捌厘捌毫"；"又搜获湖北拾壹州县明季照粮派饷由单壹拾壹张……"所谓"湖南拾府州"正与前揭陆献明提到的黔饷径解沅库的荆岳八府加靖、郴二州之数相合，且明显不是指湖南道。由此推测，明末黔饷辽饷的征解亦已实行过南北分区管理。③

偏沅巡抚自崇祯二年（1629）始成为固定建置，清顺治元年（1644）沿置未变，成为湖南巡抚的前身。当然，正式分省前后的偏沅巡抚有着显著不同。明代之巡抚设置与固定的省级行政区划有时并不完全一致，明末的偏沅巡抚甚至没有划定辖区范围，亦未形成独立的行政、财政权。虽然如此，偏沅巡抚的设置，仍是考察湖广分省过程中重要的、不可或缺的一环。

---

① 《明熹宗实录》卷23，天启二年六月丙子；卷26，天启二年九月丙辰；卷27，天启二年十月；卷32，天启三年三月乙巳；卷42，天启三年十二月己酉等。

② 《明熹宗实录》卷74，天启六年七月己卯。

③ 《清代档案史料丛编》第1辑，中华书局1978年版，第154页。

明代著名地理学者王士性在《广志绎·江南诸省》中，曾论及湖广辖地广阔，而相邻之贵州、广西两省土瑶彝僮各族交错，行政上“主以卫所，间以土酋，咸不成省”等状况，并指出：“谓当以辰州、沅州、靖州分属贵阳，永州、宝庆、郴州分属粤西，则十三省大小适均，民彝事体俱便。”表明当时也有人从不同的角度思考、设计解决湖广辖地过大、控制不便的问题。不过，由于这个方案与后来实现的湖广分省并非同一种思路，似不宜将其与两湖分省简单地相提并论。

清代初年，承明代湖广巡按御史南北并设之制，明确以“湖广巡按湖南御史”、“巡按湖广湖南监察御史”、“巡按湖广湖北御史”、“巡按湖北监察御史”职名所上的题本奏章已甚为常见，究其内容，湖南、湖北已非专指明代的道名，而成为以洞庭湖分界、与后来之湖南省、湖北省大概一致的地理区域。如顺治四年（1647）八月初九巡按湖广湖南监察御史张懋熺揭帖云：

> 职奉命巡按湖南……除武昌府久定不赘外，七郡之中，岳州之焚毁杀戮极惨，而巴陵为最惨……长沙为群逆盘踞数年，剥民已尽脂膏，临遁复行焚杀……衡州除连年兵寇杀掳之外，上岁颗粒无收……常德为堵胤锡、马进忠久踞之地，未甚杀戮而剥取独酷……四郡之情形大约如此。①

又如顺治十四年正月二十一巡按湖广湖北监察御史张朝瑞揭帖称：“查得湖北汉、黄、安、德、荆、郧、襄柒府属废潞（王）、楚（王）、福（王）、惠（王）、肃（王）、光泽（郡王）、蕲水（郡王）、松滋（郡王）、湘阴（郡王）、燎石（?）各藩，及废皇庄钦赐

① 《明清史料》丙编第7本，第608页。

拨给田地、芦洲、山场、麦地等项，原额陆万壹千叁佰伍拾壹顷贰拾肆亩柒分零……”①

顺治年间湖南、湖北兴屯道的设置是湖广分省的一个重要先兆。顺治中，为解决军饷困难及土地荒芜等问题，清廷曾一度大力推行屯田，在各地设兴屯道主持其事。顺治十年（1653），湖广境内同时设立湖南、湖北两屯道，分区兴屯。据顺治十一年六月十一日湖广巡抚林天擎题报：

> 案查湖南、湖北各设屯道一员，专理屯政，业已咨报遵行……今臣接管催据湖南兴屯臣官家璧详称：本道于十年五月内受事，时已仲夏，春耕逾期，兼以辰（州）、常（德）、永（州）、宝（庆）、衡（州）、郴（州）、靖（州）等府州地方未宁，未敢轻发屯本。惟武（昌）、岳（州）、长（沙）三府，就近招垦……
>
> 又据湖北兴屯道臣郭鸣凤详称：本道于十年六月受事，已知布种愆期，昼夜焦思，惟恐有误。所辖七府属，如郧阳一府，寇逼门庭，无从语以兴屯；荆州之归州、兴山、巴东、长阳贼踞，未便过问；襄阳逆贼出没不常，虽有开垦，尚无粒籽；惟汉（阳）、黄（州）、安（陆）、德（安）领给屯本……②

湖南北屯道分辖府州之划分，与前揭清初湖南北巡按分理之区域基本一致，即湖南辖武昌、岳州、长沙、衡州、常德、宝庆、永州、辰州八府和靖、郴二州，湖北辖汉阳、黄州、安陆、德安、襄阳、郧阳、荆州七府。与后来之湖南、湖北两省辖区相比较，差别在于

① 《清代档案史料丛编》第4辑，中华书局1979年版，第197页。前揭龚胜生《清代两湖农业地理》亦举有例。

② 转见《历史档案》1981年第2期，第25页。

武昌府此时被划归湖南而不在湖北。[①]

综上所述，自明正德至清顺治，在湖广布政司正式分省前的150年间，曾经先后有过多种与分省不无关联的制度性举措或变化，涉及行政、司法、教育（科举）、粮政、民族关系、军政等重要方面，南北分理区域亦大多与后来所分省区大体一致，表明湖广之分为湖南、湖北二省，绝非一时所促成，而是经历了一个较长的、不断尝试、演进的过程，最终成熟成功的。

三

论及湖广分省的原因，当然首先会想到其地域面积广大，明人何孟春、王士性皆有称述，且为学者熟知。此外如吴敬盛《地图综要·内卷·湖广》所云："湖广，古荆楚地，江汉若带，衡荆作镇，洞庭云梦为池……谚曰'湖广熟，天下足'，言其土地广沃，而长江转输便易，非他省比。"亦有此意。明末在湘西绥宁任职的包汝楫目及江汉间广沃土地，亦曾发出"海内旷土，总不如湖广之多，湖广真广哉!"[②]的感叹。

诚然，湖广布政司地面广阔，在明代诸布政司中名列前茅，前述巡按御史和学臣的南北分设，粮务参政及偏沅巡抚之添设夺举措，无不与湖广布政使司的辖区辽阔、但设一员势难周全这一基本原因有关。但"势难周全"、"顾此失彼"的内涵是丰富的，并非仅仅为地域广大所致。因此，地域广大绝非分省的唯一原因，甚或不

---

① 后来的湖北省施南府及宜昌府一部，在正式分省前的明清时期，乃土司地方，设卫控制，并属都司系统，有别于普通府州县，故未论及。

② （明）包汝楫：《南中纪闻》。

能成为主要原因。所谓行政区划的广狭、繁简，不仅是相对的，而且是相互联系的。前揭王士性提出通过分割辰州、沅州、宝庆、永州、靖州等府州予相邻省区，从而解决湖广行政不便问题的设想，亦非单纯从地域太大这一因素考虑问题的。《广志绎》称：

> 湖广在春秋、战国间称六千里大楚，跨淮、汝而北之，将及河。本朝分省，亦惟楚为大，其辖至十五郡，如郧之房、竹山，荆之归、巴东，与施、永、偏桥、清浪等卫所，动数千里，入省逾月，文移之往复，彝情之缓急，皆所不便。而辰、永督学，屡合屡分；郧、沅开府，或罢或兴；黎平生儒，此考彼试；种种非一。

《广志绎》著于明万历年间，其中关于辰、永督学，郧、沅开府，黎平就试的记述，论者少有注意者，其实对理解湖广分省问题颇有助益。

前节所述诸举措或制度变革，已经在不同程度上表明，楚材众多、粮务浩繁、其民轻心易动、抚臣不敢轻动等因素，与地域广大是紧密联系在一起、相辅相成的。简而言之，在地域广大的前提下，随着人口的不断增加而发生的经济、文化发展，社会变迁，由此引起的社会物质、精神生活内容丰富、繁杂程度大大提高，以及相应的强化社会控制需求，才是湖广分省的主要原因。[①]

（原载《江汉论坛》2003年第12期，
原题为“湖广分省问题述论”）

① 有关明代湖广地区开发、发展的研究成果不少，限于篇幅，兹不赘述。

明代湖广人口变迁论

一

流民客户众多是明代湖广地区人口变迁运动中的普遍现象，以致成为一个非常重要的社会经济问题在各有关地方文献中反映出来。遗憾的是，遗留下来的当时记载多属一般性定性描述，可资以为统计数据者相对缺乏，给定量分析造成了难以克服的困难。为了说明问题，只能将各地记述摘要如下：

江汉平原地区

“湖多易淤，土旷易垦，食物旋给，他方之民聚焉，而江右为甚。强者侵产，弱者就食，故客常浮于主。……聚落日蕃，尽为逋薮。”①据康熙《潜江县志》卷3记载，成化二年（1466）由于流移客户的附籍，曾经增编新附一乡，分为五里。汉川县属地刘家隔，“其始居民十数家，宣德（1426—1435）、正统（1436—1449）间，商贾占籍者以万计。生齿日繁，贸迁益众，卒成巨镇。今编氓六里”②。

① 嘉靖《沔阳州志》卷9《食货》，卷6《风俗》。
② 嘉靖《汉阳府志》卷3《创置志》。

洞庭湖周边地区

"土民日敝而客民日盛矣。客户江右为多，膏腴之田，湖泽之利，皆为彼所据，捆载以归，去住靡常。固有强壮盈室而不入版图，阡陌遍野而不出租粮者矣。"[①]安乡县："顷年流移日聚，竞利争讼，习俗因之浸变矣。"[②]澧州则是"迩溪峒而郡，杂军民而处。迩溪峒而郡则地旷而土有遗力……土有遗力则客寓恒多，讼有余词则黠奸恒胜，遂俾客浮于主，有强壮盈室而不入版图者矣"[③]。湘阴县、益阳县情况尤其突出，湘阴"土著之民耕而食者仅四五；客户无征徭之及，而坐收田园山泽之利者殆居其半"[④]。益阳是"益邑居民大都来自江西，洪武时移居斯土，遂为世业。宋元以前旧族什不及一，其仅存者亦日就零落……"[⑤]

湘中南地区

汪辉《湘潭脱难录》云："历朝鼎革，荼毒生灵，惟元明之际为惨。湘潭土著仅存数户，后之人多自豫章来。"醴陵、浏阳与湘潭接壤，情况大致相似。"古老相传，土著亦仅存十八户，余皆无复存者。洪武之初招集流亡，皆来自他省，而豫章人尤众。"[⑥]据民国《醴陵县志·氏族表》统计，在全县明确落业世居地点的614族姓中，可知迁移来定居时代的有572族姓，其中宋代来者18，元代来者44，明代来者308，清代来者195。有明一代来者占总数的54%。

① 嘉靖《常德府志》卷6《食货志·户口》。
② 嘉靖《湖广图经志书》卷7《岳州府·风俗》引《安乡县志》。
③ 嘉靖《澧州志》卷3《地理志·食货》。
④ （明）李廷龙：《嘉靖湘阴县志序》，转见（嘉庆）《湘阴县志》卷首。
⑤ 民国《益阳县志稿》卷3《赋役志·户口》。
⑥ 同治《醴陵县志》卷3《赋役志》。

又据光绪《邵阳县乡土志》的不完全统计，该县有移居时间可考的116个族姓中，来自宋代以前的有21，元代20，清代9，明代则有66，占各时代总数的57%。可见明代流移落居者之多。其他如沅陵、衡山、常宁、武冈、城步、靖州等地亦以明代流移落居者为多。[①]明代流移落居此地，奠定了本地区的人口基础。

鄂东北地区

罗田县在明初是“老故之家少，流集之徒多”，其后，“生齿日繁，流集日众”。[②]史载鄂豫皖交边的大别山区“山谷盘阻”，向为“穷民逋匿飏寇为奸”之地。[③]安陆一带，经元末战乱，土著流亡殆尽，“民匿山寨仅数十家。五方杂集，地广民稀”，以致后来占籍此地者多非土著。[④]

鄂西北荆襄山区

荆襄山区是当时全国闻名的流民渊薮，明前期曾经屡次剿抚，仍集聚如故。成化年间（1465—1487），都御史项忠奉命清洗该区流民，有“流贼啸聚山谷百五十余万”、“两月之间散出复业者九十三万余人”之记载。[⑤]其后，历经原杰、何鉴、孙需等多次抚治，续查出流民一百多万口，附籍者众多。先后增设郧阳府、竹溪、郧西、

---

① 如同治《沅陵县志》卷37《风俗》云：“县之四塞山川险峻，故自元明以来，他省避兵者率流徙于此。今之号称土著者，原籍江西十之六七。其江浙豫晋川陕各省入籍者亦不乏。”嘉靖《衡州府志》卷1《风俗》称：“客户渐多，主俗颇变。”“客户间主，军民相杂。耳濡目染，以讼为能。”等。

② 嘉靖《罗田县志》卷2《食货志》；卷6《修武志·军政》。

③（清）顾炎武：《天下郡国利病书》卷72《湖广一》。

④ 康熙《德安安陆郡县志》卷6《风俗》，光绪《德安府志》卷3《地理志·风俗》。

⑤（明）项忠：《抚流民疏》，（明）陈子龙等：《皇明经世文编》卷46。

保康诸县加强统治。[①]“地多闲旷，流逋日集”是本地区的共同特征，也成为当地一个突出的社会问题。

四方流移集聚两湖之过程，自明初已经开始，有些山区甚至可追溯到元末。这次人口流动的大背景是元明之际的战乱，导致全国性的社会不安定。流移到两湖地区的“客民”，大多从事农业垦殖，或山区“专以种山为事”，或平原湖区多筑堤围垸、水产捕捞。也有从事手工商贸采矿诸业者，即所谓“商游工作者”。典型的如汉川刘家隔，因其“吭扼雍梁，腋引吴越，为商舶之辏”，商贾占籍者以万计，而“卒成巨镇”。[②]由于当地土著多数“皆务本食力，非有商贾之资、工艺之事也”[③]；“民不习技艺而拙于封殖”[④]；“耕稼之外，并无商贾别业”[⑤]；这就给外来流移从事工商业活动创造了良好的条件，以致有些地方成“工匠无土著，率四方来者，取相通而食。凡开张百货、通盐利者又皆三吴徽歙之人”[⑥]、“工贾之利率归他省”的局面，[⑦]各山区采矿之徒，多为外地流人自不必言，在洞庭湖区，连“江湖渔利，亦为吴蜀人侵夺”[⑧]。从流移来源籍贯而论，以江西

① （明）原杰：《处置流民疏》及《开设荆襄职官疏》，（明）陈子龙等：《皇明经世文编》卷93。（明）周洪谟：《创置郧阳府记》，嘉靖《湖广图经志书》卷9《郧阳府文类》。康熙《郧阳府志》卷37《艺文志》，同治《郧阳志》卷1《沿革》等文献都载有此文，文字互有异同。其中，万历《郧阳府志》所载《创置郧阳府记》署名为周洪。（明）曾熙：《创置竹溪县治记》，康熙《郧阳府志》卷37《艺文志》。参见嘉靖《湖广图经志书》卷9。同治《竹溪县志》卷12《艺文志》。参见（明）吴桂芳：《条陈民瘼疏》，见（明）陈子龙等：《皇明经世文编》卷342。

② （明）黎淳：《刘家隔记》，嘉靖《汉阳府志》卷3《创置》，同治《汉川县志》卷6《关隘》。参见（清）顾炎武：《天下郡国利病书》卷72《湖广一》。

③ 隆庆《岳州府志》卷11《食货》，卷7《风俗》。

④ 崇祯《长沙府志》卷1《地理志 · 风俗》。

⑤ （明）吴亮嗣：《论荆楚水灾疏》，光绪《黄州府志》卷36《艺文志》。

⑥ （明）曾维伦：《风教论》，光绪《黄梅县志》卷6《风俗》。参见光绪《黄州府志》卷3《疆域志 · 风俗》。

⑦ （明）杨褫：《复黄巡抚书》，嘉靖《常德府志》卷18《艺文志》。

⑧ 隆庆《岳州府志》卷11《食货》，卷7《风俗》。

人为最多，前引诸资料已可见到许多例证。再如武冈州："兹称大姓望族，自元末明初由江右迁来者十之七。"[①]又如浏阳："浏鲜土著，比闾之内，十户有九皆江西之客民也。"[②]可以说，人口史上所谓"江西填湖广"之人口运动与此不无关系。

那么，明代湖广各属流移客户何以如此普遍、如此众多？一般说来，趋利避害是人口自发流动、迁移的基本规律，是利是害乃原居地和迁入地各种条件相较的结果，社会人口从谋生条件恶劣的地区流向谋生条件优越的地区，其间起主要作用的因素不外乎经济的、社会的、政治的、人口本身的诸方面。某种因素的作用，在人口迁出地表现为"推力"，在人口迁入地则表现为"拉力"。具体到明代湖广地区而言，其吸引流移人口的优势约有下述诸端：

其一，较为优越的自然生存环境。在两湖区域内包括著名的江汉平原和洞庭湖平原，平原上河流纵横交错，湖泊星罗棋布，交通发达，湖区有着面积广大、肥沃的淤积滩地。此外，周围山区由于开发较晚，亦存在着大片尚未利用的山林草地，山内各种土特产品种多、产量大，因此，农业之外，渔猎山伐各有所宜，食物易足，为谋生提供了良好的物质基础。成为"流民渊薮"的荆襄山区便是典型，"其地多崇岗丰箐，川险林深，中间仍多平旷田地，可屋可佃；更产银矿砂金，可淘可采"[③]。正是其自然资源优势对各地流民有着极强的吸引力。

其二，人口相对稀少，闲田旷土易得易垦，为吸引流移的最重要因素。本地区整体开发程度本来较低，加上宋元以来长期战乱，人口密度一直处于偏低状况。据《江汉旧闻》记载：元末"川沔一

---

① 《武冈州乡土志·氏族志序》。
② 同治《浏阳县志》卷6《食货》。
③ （清）顾炎武：《天下郡国利病书》卷72《湖广一》。

带，烟火寂然”。至明初仍“土旷赋悬，听客户插草立界”[①]。前引汪辉《湘潭脱难录》及《醴陵县志》所云湖南情况亦略相似。再以辰州府沅陵一带为例：“辰郡生齿阔稀，独沅陵称最，崇山深谷，甚至百里无烟，十里无艺者。”[②]湖南桃源、湖北安陆诸地方志中皆有关于“元末兵燹，土著几尽”的记载。[③]虽然明初大力招徕，各地流移纷纷落居，但直至明中叶，这里的人口密度仍然不高。于慎行在《谷山笔尘》中综论全国人口地理分布时，还把湖广列为江南人口密度最低之地方。[④]丘浚亦曾指出“荆湖之地田多而人少”的情况。与人口稀少相对应的正是闲田旷土的较多存在。明人包汝楫曾在其《南中纪闻》中发过如下感慨：“襄江道中，沿堤上下，芦荡不知几千顷，土色青黄相错，地形亦不洼，此吾乡腴田也。不识何故，弃不树艺，竟作樵渔汤沐邑。海内旷土总不如湖广之多，湖广真广哉!”澧州、沔阳、监利等地方志讲到本地流移众多的前提时，往往离不开“土旷易垦”，“地旷而土有遗利”这一重要因素。

其三，楚地某些习俗传统有利于流移客民落居谋生。如湖广各州县志书中记载的那样：“楚俗剽轻，鲜思积聚，于是四方流民失业者多赴焉。”[⑤]“楚地百姓愚而且惰，自耕稼之外，并无商贾别业。”[⑥]（荆楚）“渔米薪颇饶，民不习技艺而拙于封殖。”“民俗俭陋，居常自足。”[⑦]（长沙、岳州）“田务广而耕耨之功未逮也，习

① 同治《汉川县志》卷22《杂记》。
② 同治《沅陵县志》卷10《赋税》。
③ 康熙《德安安陆郡县志》卷6《风俗》，光绪《德安府志》卷3《地理志·风俗》。
④（明）于慎行：《谷山笔尘》卷12。
⑤（明）桂萼：《湖广图序》，（明）陈子龙等：《皇明经世文编》卷182。
⑥（明）吴亮嗣：《论荆楚水灾疏》，光绪《黄州府志》卷36《艺文志》。
⑦ 崇祯《长沙府志》卷1《地理志·风俗》；隆庆《岳州府志》卷11《食货》，卷7《风俗》。

尚惰而生息之术犹狭也。”[①]（常德）“地有遗利，民有余力，甘为惰农，衣食多窘。”[②]（衡阳）无论从生产习俗或生活习俗来看，这里皆尚处于较为淳朴的低水平阶段，这样的社会环境无疑有利于外来流移的立足生存。明后期本地区普遍出现“客户间主”、“客浮主瘠”之类现象，[③]正是事物发展的必然结果，也正是支持上述解释的有力论据。后文还将论及，大量的流移客户的到来，也给这里的社会习俗带来了不可低估的影响。

就外来的流移、客户而论，他们的流移，具体原因有很多，在此不加深究。必须指出的是，明政府早期的流移人口政策——以遣返原地为目的，一般不允许在新居住地落居编户，在一定程度上支持了人口流移的行为。因为没有编户便没有赋役，正是各州县志书所载“丁壮盈室而借口客丁，免于编列”[④]，“强壮盈室而不入版图，阡陌遍野而不出租粮”的情况。因此，流移客户的负担要比编民轻松，难怪会“客浮主瘠”、“土民日敝而客户日盛”。也正是如此，引发在编民户逃移之思，导致土著外流便在情理之中。

流移客户的大量落居给湖广地区的经济、社会、文化造成的影响是重大而深远的，显而易见的首先是实际人口的增长；其次是经济的，如湖区、山区土地的垦辟，粮食生产的增长；再次是社会的，各地流移与土著之间的相互影响，尤其是社会习俗的改造、融合，进步意义不可低估，对此，后文还将论及。

---

① 嘉靖《常德府志》卷6《食货志·户口》。

② 嘉靖《衡州府志》卷1《风俗》。

③ 嘉靖《沔阳州志》卷9《食货》，卷6《风俗》；嘉靖《衡州府志》卷1《风俗》；同治《沅陵县志》卷37《风俗》；隆庆《岳州府志》卷11《食货》，卷7《风俗》。

④ 嘉靖《常德府志》卷6《食货志·户口》。

二

如前所述，明代的湖广为各地流移集聚落居的重要地区，常理而论，统计人口数量应该有大幅度增长才是。退而言之，即使没有外来流移落居，如时人所说，明代“累叶升平逾二百祀矣，其滋殖庶阜，宜什佰于草创之初”，[①]自然增殖也是必然的。但历史文献留给我们的统计数据却大多是“背道而驰”的。这个问题在当时已为人们注意，嘉靖《澧州志》就曾指出：“国家熙洽益久，恬养滋息宜以万倍，乃今州无全里，里无全甲、甲无全户，属邑皆然，其故何哉？”[②]同时期所修《常德府志》亦云：“版籍每十年一更制也，吾乡屡更屡诎者，何哉？”[③]

要回答这个疑问，我们不能不首先考虑到当时户口登记统计的真实性这个因素，众所周知，由于户口与赋役负担的直接关联，封建时期人口登籍时的隐漏可以说是不可避免的，时空之间的差别仅仅存在于程度之不同而已。明代湖广地区人口登籍中的弊端可从“咫尺之书，百蠹穴焉”八个字中得到体现，[④]更具体的记述请看万历《慈利县志》所论：“吾闻慈户口攒造，巨奸蟠穴于其中，固有族繁千丁而户悬数口，又有家无孑遗而册载几丁。”[⑤]明代户口编审中多可变少、少可变多、无中生有的情况相当普遍，不止于慈利，亦不止于湖广。

那么，是否可以说登籍人口减少就是由于统计不实单纯因素所致、湖广人口事实上不存在流失呢？恰恰相反，在明代的湖广地

---

① 万历《湖广总志》卷11《户口》。
② 嘉靖《澧州志》卷3《地理志·食货》。
③ 嘉靖《常德府志》卷6《食货志·户口》。
④ 万历《湖广总志》卷11《户口》。
⑤ 万历《慈利县志》卷8《户口》。

区，一方面是大量的外来流移客民落居，另一方面却又有不少土著民户逃流他乡。如华容县，早在洪武（1368—1398）时由于赋税过重，居民的逃徙已经开始。其后，又因水灾诸因素致使当地人口“轻其地去之，有连数里为瓯脱者矣”。“民益死徙，数十里无鸡犬声。”同时，县境又有不少江苏、山西等外省流移落居，至万历年间（1573—1619），为维持日益减少的人口数字，不得不“取客民以补足”。[①]再如承天府，“四方襁负日至”的同时，亦有“土著之民，贫者或逋窜转徙”现象的存在。[②]在澧州，“本乡土著之家外逃实多，而游、客之户莫肯佃种（逃户遗留的耕地）”[③]。所有这些，都表明外来流移落居和土著逃流两种人口现象在湖广地区的同时存在。

综观导致湖广各州县居民逃流的原因，约可别为下述诸方面：军户众多、客户众多、差役繁苛、赋税沉重、洪涝灾害。[④]客户众多而引起土著居民外流，主要是由于存在着主客户之间人的素质和负担的差别，因此出现了不少经济实力压倒主户的客户，有力客户对主户的盘剥以及主客户间不同的负担和处境引发了主户外逃之情思，甚至迫使土著不得不外流。在常德，“土民日敝而客民日盛矣。客户江右为多，膏腴之田、湖泽之利皆为彼所据”。在岳州，“客浮主瘠”。在沔阳，客民“强者侵产，弱者就食……聚落日蕃，尽为逋薮”。“江左右黠商贾逞逞朋呼党聚，杂编氓与处而夺之业。”[⑤]在承天府，“沮洳之乡，淤水成腴，而浮食奇民（寄居）

① 康熙《增修华容县志》卷1《舆封》，卷3《水坊》；乾隆《华容县志》卷4《田赋志》。
② （清）顾炎武：《天下郡国利病书》卷75《湖广四》，卷76《湖广五》。
③ 嘉靖《澧州志》卷3《地理志·食货》。
④ 明代湖广军户问题，另文专述。
⑤ 嘉靖《沔阳州志》卷9《食货》，卷6《风俗》。

操其重赀，乘急贯贷，腾踊其息，积重累困，夺居民之业并其身而有之”[①]。嘉靖《茶陵州志》、《天下郡国利病书》等对客民致富而后盘剥、倾夺土著的过程有详尽记述，有“指大如臂，遂起夺心”的共同表现。时人童承叙在嘉靖《沔阳州志》中则明确指出了客户和民户赋役负担的差别是导致客户富强民户贫弱的关键所在，主张“客丁必登籍”“湖田必税亩”以求均平。至此，我们也不难理解前述湖广地区人口变迁中“外来”和“外流”两现实同时并存的矛盾现象，来者和走者的目的基本上是一致的，即摆脱繁重的赋役负担和其他束缚。

差役繁苛在湖广有两个含义：其一乃基于其“道通九省，冠盖辐辏，邮驿苦之”之上的通常供役繁多。[②]如潜江，“地接襄、郢，通景、沔、荆、江，四通之途，差使往来，络绎不绝。养马之家，什九仆死，什八逃移，一岁数易，给募更替”[③]。再如巴东，“当楚蜀咽喉、云贵要道，万山重叠，三峡险巇，冠盖络绎、轮蹄交错、艨艘如织……遥兼险阻，疲苦不堪”[④]。又如岳州、常德，“地当水陆之冲，冠盖之会，迎送供馈，殆无虚日，一有不备，谴责立至”。“水陆之交，接递迄无虚日，而各边粮运艰阻……”[⑤]各州县对此皆叫苦不迭。其二则是非常徭役，如采运木材，供应宗藩需索等。所谓采木之役主要指永乐年间的几次大规模行动，不少州县地方志都特别记载了采木之役对本地人口的影响。同治《鄖县志》卷11：“永乐七年(1409)，起民夫伐木万阳山，户之死而逃者殆半。”同治

① 万历《承天府志》卷6《民数》。
② （清）顾炎武：《天下郡国利病书》卷72《湖广一》。
③ 康熙《潜江县志》卷首录万历《潜江县志》序文。
④ 万历《巴东县志》卷3《人事志·驿传》。
⑤ 隆庆《岳州府志》卷11《食货》，嘉靖《常德府志》卷18《艺文志》。

《茶陵州志》卷20载明知州夏良胜：《民情疏》称："永乐二年，三丁抽一、五丁抽二编起万阳山砍木人夫，居民逃亡。"《茶陵州志》卷24《杂志》又载："明永乐七年，起民夫伐木万阳山，户之死而逃者及半。"同治《攸县志》卷7载，明"永乐二年，取木于酃邑万阳山，三丁抽一，攸县里甲亦因此由五十二里缩减至四十四里"。万历《慈利县志》卷8载："洪武二十三年（1390）招民复业，人户虚悬，赋役繁重，人民逃半。况兼调征采木之苦，户口多耗。"采木之苦如是，宗藩供应亦不轻松，有明先后建藩湖广的王子近20人，郡王更多，分布在武昌、长沙、荆州、安陆、襄阳、衡州、德安、常德、武冈、蕲州诸府州，此外又有安陆（承天）的帝王陵寝，向称"宗藩棋布"、"费冗事繁"。宗藩王室及阉校人等贪得无厌，他们除"夺民田、侵公税"、"横夺民田子女"外，还肆意加征加派各种名目的租税差役。以长沙府境的吉王府为例，长沙府属有拨与吉王府鸡鹅食田近13万亩，始初亩征银4分，其后私加征至9分4厘，此外又勒索"煎销火耗，供给纸札及柴菜之类，愚民有被骗至一钱三五分者"，负担几乎为原来的4倍。[①] 寿王府内官军校则在汉阳府属强行设厂，私征水面钱、拦江税诸名目。[②] 百姓不堪重负，逃流隐匿乃势所必然。

赋税沉重导致人口逃移主要指洞庭湖周边州县，这一带元明之际为陈友谅部占据，在朱陈交战时支持陈部抵抗，激怒了朱元璋，因此而加重科则。据文献记载："湖广长沙府属地土国初时因陈友谅窃据，我太祖高皇帝削平之后，刑用重典，故税亩特为加重。比时军民逃窜。"[③]《华容县志》记载：该县因被科以每亩3斗5升重

---

① 嘉靖十年户部尚书题本，转见《历史论丛》第一辑，第292页。

② 嘉靖《汉阳府志》卷3《创置志》。

③ 嘉靖十年户部尚书题本，转见《历史论丛》第一辑，第292页。

税，致使“民皆逃窜”，后经疏请减半征收，“仍弗堪，逃徙如故”。[①]益阳、湘乡、常德、湘阴、平江等县情况大略相似。[②]茶陵县的说法又有不同：“明祖怨吴楚各属之运米鄱阳济友谅者，照数派粮，时茶陵运米四万零，照石派粮，数亦如之。”[③]在浏阳更是加倍惩罚，给陈友谅部运米4万石，加科赋至8万石。[④]各州县说法虽不尽一致，加重科征却是基本可信的，有的州县遗留问题拖至清代乾隆时尚未彻底解决。明代湖广地区赋税负担一般言之并不算重，尤其与江浙相比悬殊甚大，只是上述州县属特殊情况，较本省其他州县负担特重，因此而引起百姓逃流似乎并不足为奇。不过，总体而论，本地区流出人口似不及流入人口规模大、数量多。

洪涝为害湖广，特别到明后期愈演愈烈，由此导致的人口流徙随之严重。“水患无岁无之”；“洪水泛滥岁以为常”；“民穷年版筑无休，复不免于漂溺，流移者十之六七”；“至有百里无人烟者”之类的记述，[⑤]在史志中俯拾皆是，限于篇幅，此不赘录。

与户口数减少相对应的是里甲缩减。明臣马文升在其《抚流移以正版籍疏》中针对明中叶人口逃移这一问题曾经指出：“南方州县多增其里图，北方州县大减其人户”，他所指的南方包括湖广、四川、南直隶诸省。[⑥]这里我们并不排除湖广有里图增加的地方，但有明一代增加里图的绝不是多数州县而是相反，多数州县的里甲最终

① 康熙《增修华容县志》卷1《舆封》，卷3《水坊》；乾隆《华容县志》卷4《田赋志》等。

② 参见民国《益阳县志稿》卷3《赋役志·户口》，同治《平江县志》卷14《赋役》；道光《湘乡县志》卷2《田赋》。

③ 同治《茶陵州志》卷8《田赋》。

④ 同治《浏阳县志》卷6《食货》。

⑤（明）储洵：《河防疏》，参见嘉靖《沔阳州志》卷8《河防》；同治《汉川县志》卷22《杂记》；同治《武陵县志》卷16《食货》；万历《湖广总志》卷32《水利》；康熙《潜江县志》卷10《河防》等。

⑥（明）陈子龙等：《皇明经世文编》卷63。

都有所缩减。[①]正是由于登籍户口流失才导致了里甲的缩减。不仅如此，至明后期尚存的里甲，有不少又是有名无实、残缺不全的。在澧州是“今州无全里、里无全甲、甲无全户，属邑皆然”[②]。慈利则是“有一都而不能五六甲，有一甲而不能二三户，又有名存而实亡者”[③]。在浏阳，“或十甲之内绝一二甲，甚至六七甲者；或一甲之中绝三四户，甚至六七户者”[④]。在岳州府，“户已亡而里亦不能独支，均里甲以实版图，此其所最急者”[⑤]。难怪有人认为此时的里甲制度已经崩溃在即。流移客户的大量存在及其对当地居民的影响、里甲组织的瓦解诸现实促使明政府改变其逃流人口政策，允许流移在新居住地落籍入编。

三

前述人口变迁状况——大量的迁入和迁出并存，对湖广地区社会经济产生的影响是多方面的。从理论上讲，人口的迁移，有促进人类交往、推动文明传播、扩大生产地理空间、促进民族融合等重大意义。具体到两湖地区而言，可指出者如实际人口基数的增大，农业垦殖的扩张及对当地社会变迁的影响等等，限于篇幅，这里仅

① 参见弘治《衡山县志》卷1《坊乡》；弘治《黄州府志》卷1《地理志·坊乡》；嘉靖《罗田县志》卷2《食货志·徭役》；万历《郴州志》卷7《提封志·乡都》；嘉靖《大冶县志》卷1《舆地志·坊乡》；光绪《桃源县志》卷1《疆域志·坊村》；同治《临湘县志》卷3《都里》；康熙《华容县志》卷1《舆封志》；同治《石首县志》卷3《民政志·里甲》；（明）夏良胜：《民情疏》，同治《茶陵州志》卷20《艺文志》。

② 嘉靖《澧州志》卷3《地理志·食货》。

③ 万历《慈利县志》卷2《图里》。

④ 同治《浏阳县志》卷6《食货》。

⑤ 隆庆《岳州府志》卷11《食货》，卷7《风俗》。

就其对社会风俗及社会秩序的影响略加评述。

外地流移来自不同的省区，南北东西皆有。除以江西人居多之外，“江浙豫晋川陕各省入籍者亦不乏”。人口的五方杂处，必须开始生产、生活习俗、社会风气的交流、改造、融合过程，“民以杂处而习变”是也。[①]其初当是“五方杂寓，家自为俗”，经过相互的影响，逐渐发生嬗变。正如嘉靖《衡州府志》所载该地状况：在衡山，“客户渐多，主俗颇变，健讼之风近年骎长”；在衡阳，“卫邑杂处，武弁之家世享厚禄，以饮食、宫室、器用、仆马相高，邑人化之，渐流于侈”；在常宁则是“客户间主，军民相杂，耳濡目染，以讼为能”。岳州府“湖乡多北人，言语气质仍其本俗。其城陵逐末地，迩亦有儒风”[②]。

湘西、鄂西少数民族聚居的山区也有不少流移之民进入，即所谓：“民有骄黠不逞，窜身荒徼”者，如容美土司地方，“江浙秦鲁人俱有，或以贸易至，或以技艺来”[③]。又如镇筸苗民地区，“俱系麻阳、辰溪、沅陵及邻近隔省流民，或躲避粮差，或脱罪亡命，寄寓于此”，“人多住久”。[④]民族间的杂居，久之亦必相互影响，发生融合、同化，流民或“勾苗肆害”，或“饵苗规利”，导致土、苗、瑶社会逐渐发生变化。容美宣慰司所在，“当明盛时，百货俱集，绸肆典铺无不有之”[⑤]；靖州地方，“在昔议弃之地，皆今日贡赋之域也”[⑥]。沅陵，“山谷瑶俗今不存矣”[⑦]。民俗的变化和民族间的同化

---

① 同治《宁乡县志》卷24《风俗》。
② 隆庆《岳州府志》卷11《食货》，卷7《风俗》。
③（清）顾彩：《容美纪游》。
④（清）顾炎武：《天下郡国利病书》卷78《湖广七》。
⑤（清）顾彩：《容美纪游》。
⑥（清）顾炎武：《天下郡国利病书》卷72《湖广一》。
⑦ 同治《沅陵县志》卷10《赋税》。

是显而易见的。

各地流移之民，流移他乡的原因不一，流移的成分也很复杂，记载中有“或因逃避粮差，或因畏当军匠，及因本处地方荒旱”①；“其杂之以四方来者，东南人以觅利至，西北人以避地至”②。“又有近年荒困，流移趁食未归者，又有逃军逃匠，避罪不还者。”③无论是什么情况，敢于逃、流本身就意味着流移者较之一般“安土重迁”“皓首不入城市”者具有更多的闯劲和开拓精神，甚或说“不安分”意识，富商大贾、工矿匠徒亦不例外。前述各地流移客户在与土著的竞争中往往能够取得优势，当与具有此等素质不无关系。更何况其中不乏“骄黠不逞”、“脱罪亡命”之徒。因此，从另一方面讲，流移集聚之处，社会不安定因素随之增多，若加之相应的地理环境条件和社会契机，往往易生发“绿林”团伙或“流而为寇”。荆襄山区便是一个典型例区。“四方流移杂处，醇梗相半。”“其地多崇岗丰箐，民事慓悍而恒拘狎。虽岁时群处，往往以财才相雄长，有侠风。四方游民其琐尾仳离与铤而走险者多逸其中，久而滋煽，因易为乱。承平以来，剧盗数起。”④“岁丰则火耕水种以避差，岁饥则啸集争夺而为盗，其来非一日矣。”⑤事农垦者如此，采矿冶铸者更甚，“常宁、桂阳地产铅锡多利，富商大贾贸易其中，四方亡命之徒往往依之，凭山阻险，实为盗薮”⑥。荆襄山区之外，鄂豫皖交边之大别山区、湘鄂赣交边之幕阜山区、湘赣粤交边之南岭山区不少的“深山穷谷，幽箐丛林”为“盗贼奸宄，神出鬼没、盘踞山险”，

① （明）马文升：《添风宪以抚流民疏》，（明）陈子龙等：《皇明经世文编》卷62。
② （明）陈全之：《蓬窗日录》。
③ （明）梁材：《议处郧阳流逋疏》，（明）陈子龙等：《皇明经世文编》卷105。
④ （清）顾炎武：《天下郡国利病书》卷72《湖广一》。
⑤ （明）梁材：《议处郧阳流逋疏》，（明）陈子龙等：《皇明经世文编》卷105。
⑥ （清）顾炎武：《天下郡国利病书》卷75《湖广四》，卷76《湖广五》。

"皆比为招寇之薮"，[①] 以致屡剿复聚。

山区之外，大泽重湖之区亦是如此。江夏、鄂、黄一带，"上接洞庭，下通彭蠡，又故盗薮也。倏而鸟翔，倏而兽逸"[②]。

武、汉一带："汉、沔之间，湖泊辽旷，萑苇丛密，盗逆窜匿之区。明正德间（1506—1521），邱仁、杨清倡乱于汉川之同冢，啸聚万人，立寨沔阳之麻阳，伪称大王……嘉靖间（1522—1566），汉川风门河一带上下数百里，群盗出没，截掠商贾。知县昌应会率兵捕之，盗拒战，割应会左耳去。隆庆元年（1567），群盗白昼入刘家隔市镇，杀捕盗人役，解其支体，地方团保不敢窥，其猖獗如此。皆防御当严之地也。"[③] "客处浮于土著，蟠据之患如寒暑侵人，微乘深入而莫之觉也。"[④] "游民时群不逞出没飘忽，莫可谁何！"[⑤]

洞庭湖区："每岁夏秋之交，岷峨水溢，自荆渚泛湖，波涛浩渺，往往寇盗乘之，操舟啸聚，莫可诘御。""洞庭据东南都会之上流，巨寇据以为乱。故今五岭三湘之间，皆长薮大泽，寇每乘之，啸聚奔驶。"[⑥]

江汉平原："潜、沔、景陵湖陂薮泽不下数百区，且与武、汉、荆、岳为比邻，而白螺、洞庭之寇常啸聚于此……（京山县）多宝湾、下洋港、拖船埠接流大江，多小寇……（潜江县）蚌湖、芦洑头、浩子口、班家湾诸处，接通江汉，舟楫往来，多寇窃……（荆门

① 参见（清）顾炎武：《天下郡国利病书》卷72《湖广一》。

② 万历《湖广总志》卷2《方舆志一》。

③（清）刘献廷：《广阳杂记》卷5。（清）顾炎武：《天下郡国利病书》卷72《湖广一》："汉沔之间，湖泊辽旷，萑苇茂密，盗贼窜匿之区也。正德间，邱仁、杨清倡乱于汉川之间，曾啸聚万人，立寨沔阳麻洋……嘉靖间，汉川风门河一带，上下数十百里，群盗出没，截杀商船。"

④（明）戴金：《汉阳府重修郡志序》，嘉靖《汉阳府志》卷首。

⑤ 万历《湖广总志》卷2《方舆志一》。

⑥（清）顾炎武：《天下郡国利病书》卷72《湖广一》。

州）四维湖山相半，如沙洋等处，素称盗贼渊薮……（沔阳州）四面皆湖，一望苇荻，盗贼出没，稽缉为难。”①“尖刀嘴之东北抵汉川界曰鸡公洲，大盗啸聚猖獗，劫杀人财。”邵洲脑“联络九真白湖，四望一壑，黠寇潜匿枝浦，伺商舶经由，劫掠为梗”②。“（江堤）咫尺不坚，千里为壑。且决口四通湖泊，盗贼窜伏其间。江陵之龙湾市，监利之分盐所，公安、石首、澧州、安乡之四水口，嘉鱼之簰洲、东江垴，俱为盗贼薮。”③这些以广阔的水域、便捷的水道为行动依托的“盗贼”，组成了有特色的两湖“江湖盗”群。

明代中后期，尤其遭遇自然灾害的年份，两湖各地“盗寇”到处生发，此伏彼起，当与前述人口状况有密切关系。检阅当时有关地方文献，号称“盗薮”、“盗贼啸聚”之区随处可见。仅《天下郡国利病书》中载明者即不下数十处之多。如此社会秩序，对明清之际以至清代社会有着重大的影响。

（原载《经济评论》1994年第2期）

---

① 万历《承天府志》卷7《兵防》。
② （清）顾炎武：《天下郡国利病书》卷72《湖广一》。
③ 万历《湖广总志》卷33《水利》下《川江堤防考略》。

明代两湖地区的宗藩与地方社会

皇子分封建藩是明代的重要制度，对明代政治、经济、社会的影响广泛而且深远。湖广（今湖南湖北两省）是明代分封建藩最多的行省之一，有“宗藩棋布”之称。众多王府、王庄分布在省内各重要地区，给地方经济、社会带来了各种各样的后果，是考察明代湖广地方社会经济变迁时无可忽视的因素。对此，学者已有关注，特别是对今湖北境内的王府庄田进行了较多考察。[①] 本文拟在已有研究基础上，对明代湖广境内的宗藩加以系统探讨，以期全面把握明代宗藩对所在地方社会经济的影响。

一、明宗藩在两湖境内的分布与衍化

自洪武三年（1370）朱元璋六子朱桢受封楚王，洪武十四年就

① 王毓铨：《明代的王府庄田》（收入《莱芜集》，中华书局 1983 年版），为研究明代王府庄田的力作，其中对湖广境内之楚、襄、吉、岷诸藩多有论及。专门论述湖北境内王府庄田的则有殷崇浩：《方志所见鄂境明代王庄及其危害》（《中国经济史研究》1988 年第 3 期），施正康：《明代南方的安陆皇庄》（《明史研究论丛》第 3 辑）等。从整体上研究明代宗藩的论著颇多（参见杨志清：《近十年来明代宗藩研究综述》，载《中国史研究动态》1992 年 11 期），但就典型区域宗藩与地方社会经济互动关系的系统论述尚不多见，两湖地区的专门研究亦少。

藩武昌府江夏县（今武汉市江夏区），至天启七年（1627）明神宗朱翊钧第七子桂王朱常瀛就藩衡州府，有明一代先后就藩两湖境内的亲王共19位，加上专城郡王华阳王（其余众多郡王不计），共有藩王20位。各藩基本情况如下表所示：

明代就封湖广境内藩王简表

始封王名	身份	就藩地	就藩时间	封除时间	备注
楚王桢	太祖第六子	武昌府	洪武十四年	崇祯十六年	共传九代，末王被农民军执杀
潭王梓	太祖第八子	长沙府	洪武十八年	洪武二十一年	坐妃家犯法，惧而自焚，无子封除
湘王柏	太祖第十二子	荆州府	洪武十八年	建文元年	因被告谋反，惧而自焚，无子封除
辽王植	太祖第十五子	荆州府	永乐二年	隆庆二年	共传七代，末王因罪被废为庶人
岷王楩	太祖第十八子	武冈州	洪熙元年	崇祯十六年	传十代十二王
谷王橞	太祖第十九子	长沙府	永乐元年	永乐十五年	坐谋逆削爵，自焚
郢王栋	太祖第二十四子	安陆州	永乐六年	永乐十二年	一代，无子封除
襄王瞻墡	仁宗第五子	襄阳府	正统元年	崇祯十四年	传八代，末王被农民军执杀
荆王瞻堈	仁宗第六子	蕲州	正统十年	崇祯十五年	传十代
梁王瞻垍	仁宗第九子	安陆州	宣德四年	正统六年	一代，无子封除
吉王见浚	英宗第七子	长沙府	成化十三年	崇祯十六年	传八王，末王死于缅甸
兴王祐杬	宪宗第四子	安陆州	弘治七年	明末	王世子厚熜入嗣帝位，后改置兴都
岐王祐棆	宪宗第五子	德安府	弘治八年	弘治十四年	一代，无子封除
雍王祐枟	宪宗第八子	衡州府	弘治十二年	正德二年	一代，无子封除
寿王祐榰	宪宗第九子	德安府	正德元年	嘉靖二十四年	一代，无子封除
荣王祐枢	宪宗第十三子	常德府	正德三年	崇祯十六年	传六代，崇祯末年战乱，末王不知所终
景王载圳	世宗第四子	德安府	嘉靖四十年	嘉靖四十四年	一代，无子封除
惠王常润	神宗第六子	荆州府	天启七年	崇祯十六年	张献忠部入湘后出走衡州、永州、广西
桂王常瀛	神宗第七子	衡州府	天启七年	崇祯十六年	同上。子由榔被拥立为永历皇帝
华阳郡王	蜀献王第二子	澧州	洪熙元年	明末	传九代

说明：

1. 辽王植，洪武十一年（1378）封卫王，二十五年改封辽王，就藩辽东广宁州。永乐二年

（1404）徙藩荆州府。
2. 岷王楩，洪武二十四年封，二十八年就藩云南。建文元年（1399）被削籍，永乐元年（1403）恢复。洪熙元年（1425）移藩武冈州。
3. 谷王橞，洪武二十四年封，二十八年就藩宣府。永乐初徙藩长沙府。
4. 襄王瞻墡，永乐二十二年封，宣德四年（1429）就藩长沙府。正统元年（1436）移藩襄阳府。
5. 荆王瞻堈，永乐二十二年封，宣德四年就藩江西建昌府。正统十年移藩蕲州。
6. 雍王祐枟，初封四川保宁，弘治十二年（1499）就藩衡州。
7. 寿王祐榰，弘治四年封，十一年就藩四川保宁府。移藩德安府时间一说为弘治十七年，一说为正德元年（1506）。
8. 华阳郡王悦熿为一代蜀王（椿）庶二子，因被怀疑有夺嫡之谋而别城远居，先定别城武冈州，因武冈州已封有岷王而改城澧州（洪熙元年）。史称：悦熿“素放肆不顺，为父所恶。”曾擅除所爱士卒为千户，窃发王府中帑藏，诬奏蜀王世孙悖逆怨诽等，洪熙帝以“鸾枭不可同处”，“同处必至相伤”为由而遣其别城居住。为明朝少见的别城至外省的郡王。（见《明仁宗实录》卷九上）
9. 本表资料来自《明史·诸王世表》，《明实录》，陈诗《湖北旧闻录》及有关地方志等文献。

有明一代，皇子先后受封为亲王者共计62人，但受封且就藩的亲王只有50人。据上表所列，湖广布政使司境内的宗藩数量已占到全部就藩亲王的38%，在全国各布政使司中是最多的。明代定制，皇帝之子封皇太子者外，其余诸子封为亲王。亲王之子封王世子者外，其余诸子封为郡王。郡王之子封郡王世子者外，其余诸子封为镇国将军。镇国将军诸子封为辅国将军，辅国将军之子封奉国将军。奉国将军之子封镇国中尉，镇国中尉之子封辅国中尉。辅国中尉以下俱封奉国中尉。以各亲王为首，与郡王以下王府宗室共同构成一个个宗藩体系。如楚王系有郡王15个，辽王系有郡王20个，岷王系有郡王25个，襄王系有郡王9个，荆王系和荣王系各有郡王6个，吉王系有郡王4个，合计已达85郡王。加上华阳、永明等郡王，湖广境内所封立郡王当在90左右，各郡王又分别繁衍、传承若干代，整体规模庞大。至于各宗藩的将军、中尉之属就更多了。如果再加上郡主、县主及郡君、县君、乡君等女性后代，朱明宗藩贵族的人数就非常可观了。

宗室人口繁衍之速，虽然各藩不会相同，总体而言却无疑是很快的。史称："国初支庶不繁，定制因略；今麟趾螽斯其丽不亿，视昔时数百倍矣。"[①] 论者每举河南开封之周王府为例，"洪武中河南开封惟一周府，今（嘉靖初）郡王已增三十九府，将军至五百余，中尉仪宾不可胜计"[②]。其实，就藩湖广之宗藩，亦有繁衍规模可观者。例如荆州之辽王府，天启元年（1621），居住城中的支庶郡王以下之宗藩已达5000余人。[③] 加上别居他地者，数量当更多。

值得关注的是，就藩湖广的诸王中，有很大一部分是先封他省而后改封湖广的，如辽王植、岷王楩、谷王橞、荆王瞻堈、兴王祐杬、雍王祐枟、寿王祐榰、惠王常润、桂王常瀛等等。而且有不少是自己选定湖广为封地的。如辽王植，封地本在辽东，自请建藩荆州。《明太宗实录》载：洪武三十五年（1402）九月己丑敕辽王曰："今勉从所请，建国荆州而仍旧封号。"再如荆王瞻堈，本已就藩江西建昌，借故请徙蕲州。兴王祐杬，原本以河南卫辉为封地，但他以"卫辉瘠洼，河水泛滥，不可立府"为由[④]，从而得改封于安陆州。又如惠王、桂王，原拟封地分别是山西平阳府和山东东昌府，而惠王请求改藩荆州，桂王请求改藩衡州，最终皆达目的。

上述达到改变藩地目的者外，还有一些宗藩欲改封湖广而不可得。宣德三年（1428）十月，韩王以"平凉土薄天寒，到国以来，禄米不充于用，军校以道远多逃亡"为由，[⑤] 要求迁封地于长沙府，但遭到拒绝。

尽管宗藩们并未个个都讲得很明确，但却可以推定，他们看中

① 《明世宗实录》卷514，嘉靖四十一年十月乙亥。

② 同上。

③ 《明熹宗实录》卷6，天启元年二月辛未。

④ 《明孝宗实录》卷56，弘治四年十月丁未。

⑤ 《明宣宗实录》卷47，宣德三年九月癸未。

的是湖广地区优越的地理位置和丰富的土地以及物产资源。就今之湖南、湖北两地区言之，当时宗藩们似乎更看好湖北境内。襄王本来就藩长沙，后以“长沙卑湿”为由而移藩襄阳。[①]荆王自江西改藩湖广，曾拟以长沙为封地，亦“以长沙卑湿，改命蕲州”[②]。也许正是因此而就藩今湖北境内的宗藩特别多，远远多于今湖南及其他省区。进一步再就今湖北境内言之，宗藩虽多，今鄂西北、鄂西南等相对闭塞、落后的地区，却无一王分布，各王府所在武昌之江夏、荆州之江陵、襄阳、黄州之蕲州、承天之钟祥等州县，皆属当时较为富庶、便利的地方。

明代宗藩影响及于湖广地方社会者，尚不局限于就藩于湖广境内诸王，就藩于河南、陕西、四川等省区之潞王、福王、瑞王等宗藩，由于有派拨王庄田地、派征藩租、就藩供应等事务，亦给两湖地方社会带来了不同程度的影响。

二、宗藩之供应与役使

宗藩加重地方负担，影响社会经济，除广布王庄、侵占田地外，尚有诸多供应、役使，时人概言之为“供需百出”、“费冗事繁”。主要者如修建宫室府第、陵墓祠寺，送往迎来，婚丧嫁娶以及日常杂泛供役等。

明朝初年，宗藩王府宅第之修建，尚不许擅兴工役，禁止随意扩张。中后期以降，制度紊乱，滥建扩修者多，不少亲郡王府邸规

---

① 《明英宗实录》卷20，正统元年七月甲辰。

② 《明英宗实录》卷101，正统八年二月庚戌。

制宏大，修建豪华，耗费人力物力浩繁。而且，老王府在原有建构基础上扩建改修的情况也很多。正统年间，就藩河南南阳的唐王在王府中添建宫室十余间，被镇平知县告发，王府左右长史皆因此坐罪。但是，唐王很快就找到了有利于己的依据，即《皇明祖训》中"王子王孙繁盛，小院宫室任从起盖"之语。[①]大概自此之后，王府邸宅之扩建、改修就很少限制了。

以晚明就藩之惠王、桂王为例，当时所定建造王府的工料银每府既达45万两，后尚且不足而续有增补。史称：桂王府"在（衡州府）城之中，圆亘城半，朱垣碧瓦，新丽殊甚。前坊标曰'夹辅亲潢'，正门曰'端礼'。前峙二狮，其色纯白，云来自耒河内百里"[②]。"圆亘城半"一语，已足见桂王府之规模气派。桂王府邸自天启二年（1622）起兴工，至七年落成，历时六年"费帑无算"[③]。正如衡阳陈宗契《与抚按并藩臬公书论桂府王庄》所云：

> 使者执荆藩成例，多敓民居扩之，衡几无城矣。而王夫、王马之役，剜窑、竖厂之费，采石、征木之烦，重以刊山竭泽，狐兔丘垄……[④]

王城之外，尚有诸多配套建筑，以供宗藩游乐享受。桂王有桂花园，"乃桂府新构庆桂堂地，为赏桂之所。前列丹桂三株，皆耸于参天，接荫蔽日。其北宝珠茶五株，虽不及桂之高大，亦郁森殊匹。又东为桃花源。西自华严、天母二庵来，南北俱高冈夹峙，中层叠

---

① 《明英宗实录》卷159，正统十二年十月乙酉。

② （明）徐弘祖：《徐霞客游记》，云南人民出版社1985年版，第225页。

③ 康熙《衡州府志》卷3《营建志·藩府》。

④ 乾隆《衡州府志》卷30《艺文志》。

为池，池两旁依冈分坞，皆梵宫绀宇，诸藩庵亭榭，错出其间。桃花源之上即桃花冲，乃岭坳也。其南之最高处新结两亭，一曰停云，又曰望江，一曰望湖，在无忧庵后修竹间……”[①]其焚修之地亦广且宏，“绿竹庵在衡北门外华严、松萝诸庵之间。八庵连络，俱幽静明洁，呗诵之声相闻，乃藩府焚修之地。盖桂王以亲藩乐善，故孜孜于禅教云”[②]。史称桂王“惑于因果，广修寺观，黄冠淄衲，蓄养以千计”[③]。其布施寺观田租，仅湖东一寺即多达1250余石。[④]与徐霞客所记一致。从桂王一府可以约略窥得，为修建明宗藩宫室府第所付出的人、财、物力是何等之巨大。

荆王自江西建昌徙藩湖北蕲州，改建蕲州卫城为王府，荆王尚嫌地狭，一次就拆迁附近官民居室140余家以扩展规模。[⑤]岷王嫌其王府窄隘，英宗皇帝干脆将武冈州州治赐之以为王城。[⑥]兴王就藩，初欲建藩府于德安府，兴王主动请求就居梁庄王在安陆州之故邸，得准后又以梁邸居州城之西隅，地形偏下为由，要求建藩府于州城之正中。弘治十年（1497）五月，又以“邸垣广不如式而后迩北城，复无居民卫守，乃奏拓城长一里，垣广五十丈而改筑之”[⑦]。王府规制一如外朝内宫之制，前者有承运殿、穿殿、启运殿以及诸门、廊、钟鼓楼等。后者则有卿云宫、凤翔宫、六所以及各门等。又有隆庆殿、纯一殿、中正斋、泰殿、青霄殿、受命殿以及众多的门、坊、台、亭、楼、阁等。嘉靖龙飞之后，不仅将王府规制改建

① （明）徐弘祖：《徐霞客游记》，第224页。
② 同上，第220页。
③ 康熙《衡州府志》卷3《营建志·藩府》。
④ 康熙《衡州府志》卷23《外志上·寺》。
⑤ 《明英宗实录》卷143，正统十一年七月辛卯。
⑥ 《明英宗实录》卷62，正统四年十二月丙申。
⑦ 万历《承天府志》卷2《龙飞下》。

与京师埒，而且还补建了世子府。

开府之建构之外，各宗藩又得依个人好恶营建添改。《辽邸纪闻》载：

（末代）辽王（宪㸅，初封句容王）好营宫室，置亭院二十余区，以美人钟鼓充之。其名有西楼、西宫、曲密、华房、太乙、竹宫；有月榭、红房、花坳、药圃、雪溪、水室、莺坞、虎圈；又有塔桥、龙口、西畴、草湖、蕊珠洞、宫人斜诸处，锦延包络，参差蔽天，琪花瑶树，异兽文禽，靡不毕致。王日与诸名士赋诗觞酒其中。①

只可惜此辽王太不争气，未几便被废为庶人，禁锢高墙。豪奢宫室亦成过眼烟云。邓廷彦《辽城吟古》诗云："辽海移封启宇初，荆南游憩等华胥。惟王淫戏宗当覆，如此江山国竟除。累叶金枝繁雨露，故宫离黍怅邱墟……"②

对于修建宗藩府第的沉重负担，明朝廷较早已有关注。弘治二年（1489），鉴于"各王府郡王以下及郡县主等建造府第例俱给价，今宗室日蕃，将有不胜其给者，况各府自有禄米庄田"的状况，决定宗藩建造府第，"此后房价视原数止给其半。各王府第舍仪仗非甚敝坏者，请令自行修葺，不许轻奏，劳费财力"③。众多事例表明，这些规定对宗藩建造府第之规模及其耗费并无太大约束或影响，他们不会轻易降低标准，为了满足自己的需求，朝廷拨帑不足，他们会加剧对当地的搜括。修建这类工程的沉重负担，还可能影响到更

① （清）陈诗：《湖北旧闻录》卷15《藩镇二》。
② 同上。
③ 《明孝宗实录》卷28，弘治二年七月癸酉。

多的方面。弘治九年二月己酉，巡抚湖广都御史徐恪奏请："湖广营建诸王府第，工费万亿，财力俱殚，乞行在外问刑衙门将各项笞、杖、徒罪，各照例从纳工价事例，分为有力、颇有力、无力三等，有力者照旧纳米，无力者的决摆站了哨。"① 专门为王府工程开此赎例，可见影响所及之广泛。

修建宗藩府第之负担繁重，影响广泛，下述事例可见一斑。据《明孝宗实录》记载：

> 弘治十年九月，镇守湖广总兵官镇远侯顾溥等言："本年六月内安陆州大雨，迅雷击碎城上旗竿，四散委地，阖城骇惧。七月初旬以来，淫雨不止，城垣垛口并公私庐舍多塌，大洪山等处山水泛涨，淹死男妇四十三人，冲流房屋六十余间，牛马等畜一百三十余只，损坏田地二十余顷。至十六日迅雷击碎吉王府端礼门吻兽并后金柱头……天变之感召也必由人事，长沙往年既有草木之妖，今安陆又有迅雷之变，虽所以致之者莫知其由，然不击他处而独击王门，岂偶然哉！意者土木太过，役重赋繁，人心嗟怨，以是上干和气故耳。盖吉府房屋造自成化初年，今仅二十余年，初议修补，价银不过七八千两，王少之，奏遣内外官员，一依崇府式样修盖，于是前后宫殿、两廊、各门、房屋、墙垣，展大鼎新，计用过物料百数十万，银米亦余数万，岁拨夫匠三万余，兴工四年，止成急修房屋七百余间，其余工程，漫无纪极。况雍王府第方欲兴工，岐府营造未毕，及各边城垣墩堡俱欲修筑，此皆不可已者，若吉府房屋未建者可缓，亦宜减省，少节民财。"

---

① 《明孝宗实录》卷109，弘治九年二月己酉。

巡抚湖广都御史亦有相同的奏议。[①]借“灾异天谴”之说来指陈时事、匡革重大弊政乃中国传统之一，这不过是无数例证中的一个而已，它表明了宗藩宫室府第之建造漫无限制问题的严重性和受关注的程度。

陵墓建造。建造宫室府第是为有生之年享乐，陵墓则是为阴间所备。明代湖广境内建造之宗藩陵墓，论规制、耗费，正德以前当推楚王，嘉靖以后则无疑以兴献王（后尊为献皇帝）之显陵为最。楚王墓坐落在今武汉市灵泉山，显陵位于今湖北钟祥城东松林山。史称“显陵营造，计费可十余万而足，而当事者云必六十万”[②]。除派给湖广外，还派及南直隶、河南、浙江、江西、福建、广东等省，动用两淮盐运司余盐银，苏州、杭州、淮阳、扬州四关及荆州、芜湖二抽分厂税料等款项。自正德十四年（1519）始建兴献王陵，嘉靖二年(1523）改建显陵，[③]至嘉靖二十年建成，历经二十余年，耗费资金、人力无数。其中仅改建显陵及兴王府旧邸，就费银90万两有奇。[④]陵园占地面积2747亩有零，外罗城全长达7华里以上，内包内罗城、紫禁城、方城，号称规模最大、结构最独特的明代帝王陵墓。此后，见诸记载者：嘉靖三十三年重修显陵，用银9万两；嘉靖四十五年修显陵，用银1.2万两；万历七年（1602）敕修显陵，用银1.5万两；万历三十年修显陵棱恩殿，估银万两，其中3000两由承天府承担，其余则由湖广布政司承担。由此可知修陵经费之所从出。襄王自景泰四年（1453）即开始为自己营造寿藏，选

① 《明孝宗实录》卷131，弘治十年九月壬戌。

② 《明世宗实录》卷87，嘉靖七年四月庚午。

③ 据载，当年即命松林山易盖黄瓦，遣太监修造陵前石桥并包砌河堤，盖造松林山铺舍。次年改定松林山王陵为显陵。

④ 万历《承天府志》卷2《龙飞下》。

定封内五朵山为陵址，“听其预栽松柏，令军余看守”[①]。

虽然修建所需之人力物力会由不同地区分担，当地之负担、影响最大最直接当属无疑。早在成化十年（1474），荆州知府赵琏就对宗藩宫室坟陵修建负担过重问题提出建议：“本府城内原有辽（王）府，自郡王以下至将军中尉郡主县主县君乡君等府共七十余处，递年修建宫室，创建坟墓，略无停息，民疲财耗。”[②]此后一百多年间，宗藩新封、繁衍，数量当更加可观，宫室、坟墓之修建负担更加沉重不堪。

诸王就藩，沿途供应浩繁，需索扰害无度。弘治八年（1495）八月，吏科给事中胡易奏称：

> 往者亲王之国，王府官属及军校分为四运先后启行，经过府县恣意需索，多者费至二三百金。至于驿递衙门，应付之外，亦皆馈遗六七十两。又多买私盐渡江，假重亲王，令有司领卖，不惟民受艰苦……[③]

寿王就藩德安，道经武昌府，随行太监等“折收夫价银一千余两，至蕲、黄、岳、荆等府皆然，所得银两，动以万计”[④]。就藩常德的荣王更是为所欲为。史称荣王之国途中，“绑缚官吏，需索财物，夹带私盐，阻滞客商，所至嗟怨，多逃避者”[⑤]。时在正德三年（1508）间。文献记载表明，明朝藩王就国之供应耗费在不断增加。仁宗之子，郑、淮、荆、襄、梁五王就国时，各王用船不过

---

① 《明英宗实录》卷228，景泰四年四月丙申。
② 《明宪宗实录》卷125，成化十年二月己巳。
③ 《明孝宗实录》卷103，弘治八年八月癸丑。
④ 《明孝宗实录》卷149，弘治十二年四月辛亥。
⑤ 《明武宗实录》卷46，正德四年正月辛酉。

二三百艘，随行军校并无车辆。英宗之子，德、秀、吉、崇诸王就国时，各王用船则猛增至700余艘，但军校无车辆，宫人无廪给。到弘治年间兴、岐诸王就国，各王所用船只更增加到900余艘，且军校每二人用车一辆，较之初年已增长数倍。[①]天启七年(1627)，瑞王、惠王、桂王就藩时，惠王自己都承认："三王并封，舳舻相望，人情惬怯，供应殷繁。"[②]惠王和桂王就藩铺设等费用银17万两，其中大半由湖广地方解决，其余由江西、河南、陕西三省协济。就藩陕南汉中的瑞王途经湖广襄阳、郧阳等地，地方"措置不胜繁重"，以至于不得不要河南南阳、陕西西安协济银1万两，共同与郧阳承担迎送供应任务。

修建工程、就藩供应之外，宗藩王府、陵寝所在，平时亦多供应役使。一方面，宗藩之生老病死、婚嫁册封、节日祭祀等事务繁多，来往于王府与京师之间的使臣衙校络绎不绝，所谓"水陆轮转"，"轮蹄交加"的状况，为大多数王府所在地的共同现象，繁杂沉重的供役令有关地方苦不堪言。早在成化三年（1467），明朝廷就决定简化宗藩婚丧遣官行礼之制，原因即在于其浩费及烦扰。两年后，又进一步简化宗藩丧礼用具制造赍送制度，理由亦是宗室本支蕃衍，供亿烦费。[③]也就是说明朝廷已意识到此问题之严重性，并欲加以解决，只是成效微乎其微罢了。嘉靖年间帝母还京，"人船供亿之费不赀"，其在京去世后，梓宫南祔，特命沿途河道、漕运等官，自通州至承天(今钟祥）数千里水程疏浅浚淤，修治闸坝，预备巡船、沙船，导引防送，需费亿万。显陵所在之钟祥，因"陵寝重地，官多事

① 《明孝宗实录》卷145，弘治十一年十二月丙申。

② 《明熹宗实录》卷81，天启七年二月丁卯。

③ 《明宪宗实录》卷46，成化三年九月癸酉；卷68，成化五年六月乙卯。

殷，辞谒者时无停轨，而公费日削，夫马日羸而供亿日益不给……”①

另一方面是供应宗藩日常生活的役使及其他负担。检阅有关地方志，往往可以发现专门为宗藩而设的徭役及银差等内容。嘉靖《常德府志·徭役》载：武陵县银差有荣王府柴薪2人，纪善、教授各2人，福宁郡王府教授1人，楚王府民校2人，共计9人，每人银12两，合计108两；又福宁郡王、惠安郡王、永春郡王等宗藩菜户各1人，每人银36两，合计又108两。总计216两。同志载武陵县银差岁派银1318两，其中专供宗藩者216两，占银差总数之16.5%。府属其余各县分别为：桃源120两，占银差总数之15.4%；龙阳180两，占银差总数之22.8%；沅江96两，占银差总数之21.9%。慈利县并无宗藩，却有王府供应。万历《慈利县志·职役》载：该县派有襄王府、荣王府、枣阳王府、辽王府、沅陵王府、华阳王府等宗藩民校、柴薪共计14人，每人征银12两。另有各郡王府厨役5人，每人征银4两，合计慈利县共188两。郴州亦无宗藩，王府供应却不少，供应对象是荣王府，差役有民校、斋郎、屠户等名色。另据万历《郴州志·食货》统计，州属负担此类银差计420两。宗藩供应差役名色众多，负担沉重，派及湖广大多数州县。

三、宗藩与地方统治秩序

明太祖推行分封建藩制度的本意在于由诸王分镇各地，利用血亲关系拱卫王室，故洪武年间，各王被赋予相当大的军政权力。边塞诸王勿论，湖广境内的楚王、潭王亦各拥有“护卫精兵万六千

① 万历《承天府志》卷6《风俗》。

人，牧马数千匹”[①]。不仅如此，亲王还被授以监督地方守镇武装力量的权力，卫所军队调发，即使“奉敕调兵，不启王知，不得辄行”[②]。遇到紧急情况，守镇、护卫军一律听从亲王调遣。洪武年间，楚王、湘王都曾率军征剿地方少数民族的叛乱。《明太祖实录》载：洪武十八年（1385）四月，“思州诸洞蛮作乱，命信国公汤和为征虏将军，江夏侯周德兴为之副，帅师从楚王桢讨之”。洪武三十年六月，朱元璋又命楚王桢和湘王柏兄弟领兵征讨洞蛮，并告诫他们“如生擒蛮人，不可轻杀，盖兵以安民，非殃民也”。对此，《楚昭王碑》及《湘献王神道碑》等亦有记载。

但是，朱元璋对血亲关系在极权场合的扭曲、反噬的严重性显然估计不足，从“建文削藩”到“靖难之役”发生，彻底粉碎了他关于分封制度的原本设计，宗藩与朝廷及宗藩与地方的关系，分封制度的意义和作用等，无不因此而变质。先是湘王朱柏被猜疑谋反，无以自白而被迫自焚。楚王虽未被公开指陈怀有异谋，亦在朝廷猜忌和暗中监视之下。宣德五年（1430），平江伯陈瑄之子给皇帝的密奏，仍视楚王为朝廷的重大威胁。其奏称：

> 湖广，东南大藩，襟带湖江，控引蛮越，实交、广、黔、蜀之会。人民蕃庶，商贾往来，舟车四集。楚府自洪武初立国，有三护卫官军及仪卫司旗校，俱无调遣，四五十年之间，生齿繁育，粮饷充积，造船以千计，买马以万数，兵强国富，他藩莫及。而卫所之官，多结为姻亲，枝连蔓引，小人乘时或有异图，实难制驭。[③]

---

① （明）王世贞：《弇山堂别集》卷32《同姓诸王表》。

② 《明太祖实录》卷221，洪武二十五年九月戊申。

③ 《明宣宗实录》卷64，宣德五年三月丙辰。

建议朝廷采取措施，抽调楚藩护卫军之精锐，剪除楚王羽翼。楚王听说后，赶快主动奏请，交出三护卫军队中的二护卫归朝廷，仅留一护卫自用。

永乐朝以后，绝大多数宗藩于明廷军政事务已无所作为。湖广境内宗藩虽多，能够影响明朝政治的“大作为”却不多。值得一提的是景泰年间发生的岷王府“武冈之乱”和万历年间发生的楚王府“假王事件”。另一方面，由于宗藩的胡作非为而引发的地方统治秩序动荡则不少，影响大的如崇祯年间长沙、善化发生的反抗吉王府的斗争和崇祯末年发生的“武冈暴动”。

景泰初年，岷王府有广通王徽煠在家人段友洪、术士于利宾等人的蛊惑之下，谋反称帝，铸印改元，并沟通都廒寨、天住寨、横岭峒等地苗人，拟先攻下武冈等地，再图其他。参与的还有阳宗王徽焟、湖广署都指挥佥事毕通、永州卫指挥同知梁忠、衡州卫指挥佥事朱某等。史称“旬月之间，所在蜂起，四处劫掠”。虽然事件较快被平息，其影响却长期延续，尤其所封总兵蒙能、陈添仔、李祥等遁藏苗峒，不时出没，遗患边方，朝廷不得不为此耗去大量人财物力。①

“假王事件”发生在万历三十一年（1603），楚宗室华越揭发当代楚王华奎及其弟宣化王华璧皆非前代楚王（恭王）英熑之子，认定华奎乃英熑妃王氏之兄王如言之子，华璧则是王氏族人王如绰之子（或云为如绰家人王玉之子），都是出生数月而后抱养于楚王府的。此说为许多楚宗室如东安王英燧、武冈王华增、江夏王华瑄等认可，并由此引发了一次旷日持久、波及范围甚广的楚王与楚宗之争。礼部侍

① 《明英宗实录》卷209，景泰二年十月丁卯；卷211，景泰二年十二月丙寅；卷213，景泰三年二月丙戌及同治《武冈州志》卷1《大政志》。

郎郭正域等支持楚宗，内阁首辅大学士沈一贯等则支持楚王华奎。湖广巡抚赵可怀等奉旨查理此案。在真假难辨的情况下，万历皇帝站在了楚王一边，认为“年远无据，仇口难凭，非假甚明”[①]。华越等因此受到重惩。但就在奉旨结案三个月后，又发生了更为激烈的冲突。《太白剑》载：

> 万历中，楚宗人讦其王，业奉旨处分矣。王备物谢恩，因谢当事者。宗人欲申前说，三十二年闰九月三日，相率过汉阳府公馆，夺其私书并解京银四攫焉。本府闭城，黄典史走报分巡道，分巡副使周应治，鄞人也，仓皇请于赵巡抚可怀，带领军人捕焚其书，捉获宗人三十余人，裸其体，加桎梏而鸣金鼓以入于会城。诸宗人见之，愤甚，初五日麇至抚院，遇应治并学院窦某，共击之，应治窜伏赵内衙神橱，赵出谕，语复不伦，登时打死，碎尸，应治乘间弃敕印逃。[②]

楚宗行劫目的在于获取楚王通贿的私书证据，殴杀地方官则是恨他们偏袒楚王，凌辱楚宗人过甚。然而，却被湖广巡按吴楷及大学士沈一贯视为谋反，有所谓“逆宗反形大著”云云。一时间竟如临大敌，几至全国动员。最终楚宗人有多人被斩或赐死，英燋等33宗被押发高墙禁锢，蕴钫等25宗被拘发远府闲宅。

假王一案在明朝野宗藩中震动颇大，是体现宗藩与皇帝、地方官以及百姓之间关系的典型案例，影响远超出湖广范围。时人为楚宗叫冤屈者不少，事后许多官员公开为楚宗翻案，甚者有“楚宗一

---

① 《明神宗实录》卷389，万历三十一年十月甲申。

② （清）洪良品:《湖北通志余》第1册。

事，天下无不以为冤”；“真莫大之孽，国家数百年来未有者也”之说。[①]《罪惟录》举有明一代十四伪，伪楚王华奎及宣化王华壁列为其一，并认为此案“辅臣沈一贯、沈鲤互为党，起大狱，而事竟不白，楚遂有以牛易马之讥”[②]。《绥寇纪略》对此案亦有记载，并涉及事发缘由，“恭王长女张郡主，为讨芦洲不应，又宗人双桥负王府五百金被锁，郡主请宽，不从，怒而发其事。上遣官即讯，王行金累亿，方事得解”。其实，宗藩中为继嗣而以府外之子为子者并不稀见，仅就湖广境内言之，见于记载者有末代辽王、岷王府江川王等。假王现象暴露了血亲封藩制度的内在矛盾。

长沙、善化反抗吉王的斗争起于吉王掠夺田地且压迫当地百姓。吉王府就藩之初，受赐鸡鹅食田 129732 亩有零，其后百余年间，额外掠夺民田七八十万亩，以至于“十分长、善之田，为兼并者十之二，为投献诡寄又十之二。惟此二邑荒疲之民以六分瘠土轮十分重赋，当十分苦差，骨痛腹诽，匪朝伊夕”[③]。府县官多次为民请命，吉王皆不应，且捕佃户逋饷者入狱。善化民人与吉宗争田，郡丞依例以田给原主，宗人竟群起而哗于府衙，且派“旗校扑捉里民于市，庄阉榜掠里民于野。以致善民一聚于南仓，长民再聚于北郭，而阖邑告变矣……”[④]民变虽然很快被平息，却昭示着明王朝已失去民心之大势，及宗藩在这一进程中的作用和影响。

末代岷王企镫淫侈残暴，“前后夺民妻女无算。尤嗜古玩，民有好书画，遣校尉索之，稍不应，家立破。士大夫多移家辟之……诸宗人亦多横暴，民不堪其苦”[⑤]。崇祯末年，终因修城事件引发了民

---

① 《明神宗实录》卷 512，万历四十一年九月庚辰。
② （清）查继佐：《罪惟录》卷 4，浙江古籍出版社 1986 年版，1294 页。
③ 《堵文忠公全集 · 年谱》，转自王毓铨：《莱芜集》，中华书局 1983 年版，218 页。
④ 同上。
⑤ 同治《武冈州志》卷 18《封建》。

众暴动。

> 崇祯十三年（1640），发武冈民修州城（武冈州城即岷王城），以盛夏兴工，民失耕者众，糗粮皆令自备，有鬻妻以供役者。企镫自巡工，有不力者鞭挞之，昼夜不得息，死者载道。①

崇祯十六年三月，企镫又欲筑城，武冈百姓听说后群情不安，又怕又恨，遂起铤而走险之心。“不二日集者数万……攻州城，破之，企镫及妃嫔宵遁，（袁）有志禽世子禋纯，夺岷王玺，僭称王，杀诸郡王宗室。城中民亦竞掠各府财物。”② 后来企镫亦被执杀。暴动被镇压时，遭杀害者以万计。崇祯帝听说岷王被杀，“欲尽戮城中居民”，因大臣反对而止。不过，此时距明王朝覆亡已经不远了。

明朝的宗藩是一个矛盾的综合群体。一方面被赋予尊贵地位，享有种种特权，同时又受到各种限制，失去许多自由。正是宗藩本身的这种矛盾，成为诸多冲突及悖逆行为产生的根源。在诸多地方官因地方事务和宗藩发生冲突的场合，皇帝是站在宗藩一边的。尤其是有关经济生活方面的问题。地方官的决定勿论，甚至在各部已经否决有关宗藩要求的情况下，皇帝仍坚持尽量满足宗藩的欲望。嘉靖五年（1526）五月，吉王见浚奏求湘乡、醴陵及安化、攸县税课以资国用。户部议复，安化、攸县旧无税课司，而湘乡、醴陵商税则供官吏、旗军折俸之用，难以拨给吉王。但是，嘉靖皇帝“悉命与王”③。此例绝非仅见。不过，遇到较为敏感之政治问题时，情况则大有不同，最高统治者会毫不含糊，大义灭亲甚为平常。

---

① 同治《武冈州志》卷18《封建》。

② 同上。

③ 《明世宗实录》卷64，嘉靖五年五月丁未。

宗藩之主——皇帝对宗藩的疑忌及政治上的种种限制，给宗藩行为的影响是广泛深远的。疑忌自建文朝始，直至明末。其间虽经历了削藩、靖难之役、高煦之乱、宸濠之乱等诸多重大事件，宗藩已基本上被排除在中央政治之外，不同时期之疑忌若有差异，却始终没有消除。在疑忌基础上采取的限制很多，王府姻亲不得除授京职便是其中之一。此制始于宣德年间，因汉王造反事件而起，后来载入《问刑条例》而沿为定例。嘉靖八年（1529），大学士杨一清曾对这一限制造成的后果作过分析，指出：

> 以故诗礼故家、衣冠世胄俱不愿与王府结亲，惟闾井白丁扳援宗戚，转相诱引，奸宄不禁，弊实坐此。①

隆庆五年（1571），吏科都给事中韩楫又论及此制，"王亲不任京官，《会典》虽有其文，然已故及无子孙者不在禁例中。国家防嫌惜才之意，初不相悖，近者遏抑太严，遂至民家不乐缔婚宗室，多方规避，而怀才抱德之士，一涉王亲，无论亲疏存亡，概令沉置外僚，非所以体宗室，广贤路也"②。可知问题并未解决，影响亦仍存在。

再如王府官僚任满不得考绩，株守终身。任职王府的诸朝廷命官如承奉、长史、审理、纪善等，对宗藩负有辅导佐助之责，直接影响着宗藩之思想、行为，王府官是否得人对于宗藩表现至关重要，记载中所见辽王府承奉王大用、兴王府长史张景明、袁宗皋、谷王府长史虞廷纲等都在其宗藩事务中发挥了重要的积极作用，虞、王二人都因为谏诤本府亲王不法行径而获罪。而岷王府长史潘

① 《明世宗实录》卷98，嘉靖八年二月戊子。
② 《明穆宗实录》卷55，隆庆五年三月甲戌。

濂、校尉廖显等不仅“不能辅正”，受民赂遗，甚至“多诱王为不法”[①]，岷王府乱得一塌糊涂。由于王府官不能考绩升迁，不仅影响到王府官的积极性，亦影响到王府官的人选任用。正如杨一清所指出：“故铨司取庸琐衰惫之人充之，而人亦甘心自弃。”[②]既然如此，指望王府官在辅佐宗藩方面有太多作为显然是不现实的。

明朝廷赋予宗藩的特权及其地位，是宗藩在社会政治经济生活中得以肆无忌惮的基础。《皇明祖训·礼仪》规定：“凡朝臣奉使至王府，或因使经过见王，并行四拜礼。虽三公大将军亦必四拜，王坐受之。若使臣道路本经王国，故意迂回躲避不行朝王者，斩。”《皇明祖训·法律》又载：“凡庶民敢有讦王之细务以逞奸顽者，斩。”即使宗室犯了法，亦可不受朝廷刑律约束。洪武二十八年（1395）确定的宗室犯法惩处规定是：“皇亲国戚有犯，在嗣君自决，惟谋逆不赦……其所犯之家，止许法司举奏，并不许擅自逮问。”[③]“轻则量罪降等，重则黜为庶人。但明赏罚，不加刑责。”[④]此类规定，永乐朝得到重申：“有犯宗人，讯问量罪降等，重者斥为庶人，罚而不刑。”[⑤]部分宗藩之所以敢于为所欲为，应与有此恃而无恐相关。

宗藩与地方官之间的关系也相当复杂，一方面，为了维护地方社会经济秩序，对于宗藩不利于明王朝统治的行为，地方官有责任加以控制和监督；另一方面，又因为宗藩之特殊身份地位而不愿或不敢得罪他们，甚或有意与宗藩拉关系。于是常有此类现象发生，“藩臬之司，岳牧之长，皆天子命吏，而与诸宗郡王以下筐篚相饷遗，饮食相

① 《明宪宗实录》卷55，成化四年六月辛丑。

② 《明世宗实录》卷98，嘉靖八年二月戊子。

③ 《明太祖实录》卷239，洪武二十八年六月己丑。

④ 万历《大明会典》卷1《宗人府》。

⑤ （清）王圻：《续文献通考》卷196。

缀接，狎昵成风，旋即召侮，甚而攘袂谇骂，法不得施……”[①]如此关系，势必影响到地方官之行政，许多事务难以秉公顺利办理。如成化二十三年（1487）十二月丁卯，荆州知府沃頖言：“本府常积仓粮亏折至二十余万石，事涉王府，有司不能治。”[②]万历年间，“楚藩庶宗盈哥犯罪，江夏知县何杰据法刑之，各宗拥入县庭，群毁公座”[③]。此类事例甚多，除了和不法宗藩沆瀣一气或者“唯藩命是从”者外，许多地方官因此而处于尴尬地位，严重影响着地方行政与社会经济秩序。

地方官中为维护地方利益而敢于抑制不法宗藩者虽然不多，各地皆有。如常德知府陆州是其中之一。万历《湖广总志·宦绩十四》载：

> 先是荣藩尝请郭西滨江地租，而并税舻筏之泊埠者，久之，中官愈益横索，或阑及经行舻筏，商人苦之。州廉知非例，下令禁治之，中官惴惴惮州，自是相戒敛迹。

类似陆州的例子很少，多数抑制宗藩不法行为的地方官都没有陆州幸运，而是要付出沉重代价，有时甚至是惨重代价。正德年间，德安府有王府军人与地方百姓争田地，知府李金据例“断之归民，楚王奏请，命中官与给事中会巡按御史勘之，奏上，以地归王府，勒金为民，仍罚输边米千石”[④]。寿王府校尉“横撄市民，知府李重抑之，奏逮重。安陆民刘鹏随重诣大理寺对簿，重未之识也，讶之。鹏曰：‘太守仁，为民受过，民皆得效死，岂待识乎！’重卒得白。

① 《明世宗实录》卷304，嘉靖二十四年十月甲午。
② 《明孝宗实录》卷8，成化二十三年十二月丁卯。
③ 《明神宗实录》卷273，万历二十二年五月戊寅。
④ 《明武宗实录卷》57，正德四年十一月甲申。

祐橹闻而悔之，后以贤闻”[①]。这是一个关于地方官与宗藩和地方百姓之间关系的完美故事，可谓各得其所，颇富教化意味。但这种事例即使有，也是极其罕见的。

史称“明之亲藩为害于直省府州者不一而足，而岷为尤甚，王则娼贤守，宗室则苦平民”[②]。因此，与岷王府发生冲突的地方官亦多，武冈知州刘逊、长宝兵备周思谦等可做代表。刘逊任在成化、弘治年间，因裁抑岷王不法而被诬奏而下诏狱，科臣庞泮等率同官吕献等疏救，亦因忤旨，“下泮等四十二人及御史刘伸等二十人诏狱，六科署空”[③]。此事件一时轰动朝野，酿成大案。明廷在此事件中的态度无疑令许多地方官心冷，“自是以后，宗藩日横，侵府县之权，而奸民充王府校尉，倚以为奸，勾结内外，动至数百人，小民日受其害，府县之吏不敢问”[④]。一方面是宗藩日横，另一方面是府县之吏不敢问，甚或“监司避不入武冈者二十年”，问题之大，几至积重难返。嘉靖三十四年（1555）周思谦出任长宝兵备，“时武冈奸民叶成林等三百余人，依附岷府宗室为害于民，民讼之官。适思谦按临至武冈，集质于庭……备得成林等奸状，举三百余人尽置于法”[⑤]。周思谦也因此而名扬地方。

四、宗藩与地方社会生活

永乐朝以后，宗藩既被剥夺了参与明朝中央和地方军政事务的

① 《明史》卷119《寿定王祐橹传》。
② 道光《宝庆府志》卷96《刑书》。
③ 同治《武冈州志》卷20《官师》。
④ 道光《宝庆府志》卷96《刑书》。
⑤ 同上。

权利，又长期不能从事其他常人所事经济、社会活动，从而演化为一个寄生性的贵族集团。而大凡寄生之辈，生活多易趋向无聊、腐化堕落，且因而贪婪嗜利，内部争斗激烈，甚或乱伦、悖逆、骨肉相残，诸如此类，不一而足。就封湖广的明代宗藩在这方面表现得相当充分。同时，发生在宗藩之间和宗藩与地方百姓之间的诸多事情，直接影响到地方的社会生活，而对于宗藩们的所作所为，尤其生活习俗，地方百姓恐亦难以做到熟视无睹，至少其中部分人无法无动于衷。社会生活类的影响是无形的，潜移默化的。试分王府析示于下：

楚王是最早就藩于湖广的，也是明代存在时间最长的藩封之一，作为湖广地区宗藩的领袖，楚王府在诸宗藩中有较高的地位和较好的口碑，然而，前述万历年间发生的“假王事件”已部分地昭示了其内部的混乱、腐化。在此之前的嘉靖二十四年（1545），还发生过七代楚王显榕被世子英燿杀害的事件。英燿与宫中小人相狎，淫纵不法，诱奸显榕的宫人方三儿，匿妓女宋么儿于王府缉熙堂，遭到显榕责惩而怀恨，伙同亲信诸小人将显榕杀害，并鞭尸以泄恨。事后以显榕中风暴死讣告上下，而楚王系的郡王如崇阳王显休、江夏王荣汉、永安王显梧、东安王荣淑及仪宾李瑞等竟然都为英燿伪行作保，全然不顾义之所在。[①]楚宗还“白指人为欠债，拾禁黑牢，盈壑而后释”。“聚党剽劫城市中，月屡犯，官府莫敢诘。”[②]

二代辽王贵烚为人凶悖顽狠，肆无忌惮。先后打伤荆州右卫指挥同知翟宾，擅笞荆州知府刘永，杖死长史杜述，诬告荆州左卫总

① 《明世宗实录》卷303，嘉靖二十四年九月丁丑。或云因英燿奸显榕所爱宫人，导致显榕生废立世子之心，从而招致杀身之祸。又云：“时闻楚王贪酷已极，人无可奈何矣！天为楚民报仇，乃假手其子，身弑子灭……”［（明）李诩《戒庵老人漫笔》卷3］

② （明）袁继咸：《日录》，见《六柳堂遗集》上。

旗薛冬保及刑部官员，其罪不一。其欺压良善，为害民间，更是恶行难数。

> 与江陵、泸溪二郡主（皆为贵烚亲姐妹）乱，又通千户曹广等妻女数十人，非理奸死者十余人……择强壮三百余人强买货物，侵占办课湖港，强网学舍池鱼。每年假以进贡，于夷陵等州、江陵等县夺军柑橘，起州县人夫递送，逼死者三十人。克减军粮，侵占房屋，买民马不偿值，肆采猎，践田禾……①

麻阳王等辽府郡王亦与贵烚同恶相济，“亦常走马出入小巷，人不及避者辄非法捶击，或伤害性命”②。末代辽王宪㸅“嗜利刻害。及长，多不法……有司莫敢正……取外舍儿纳宫中……诈曰宫人某氏子”③，其余将军、中尉们亦是“招集恶少，夺人财产，捶死平人”④。或“招引群小，夺军民商贾之利，人苦之，至有缢死者”⑤。弘治五年（1492）一次就逮治松滋王府、远安王府、长阳王府的将军、中尉十数人，并逮“导引为恶者”多达128人。

如前所揭，岷王府被称为为害地方最甚的宗藩，已述“武冈之乱”及“武冈暴动”等事件中已可见一斑。《明实录》有关岷藩不法行事的记载亦多。成化四年（1468）六月辛丑：“岷王府校尉廖显多诱王为不法，至倍收米价，官市茶芽皆以王令行之，民不胜害；仪

① 《明英宗实录》卷53，正统四年三月庚申。
② 《明英宗实录》卷43，正统三年六月戊寅。
③ 《道听录》，转见陈诗：《湖北旧闻录》卷15《藩镇二》。
④ 《明孝宗实录》卷56，弘治四年十月丙午。
⑤ 《明孝宗实录》卷60，弘治五年二月戊申。

宾夏隆因而加收折米银钞，拆毁公廨，侵盗官粮。”十四年三月丁亥：江川王音埈薨而无嗣，王妃刘氏“令宫人王氏伪为遗腹，密取异姓小儿入府养之，又赂岷王为奏报”。二十二年九月壬子：岷顺王世子膺钰“混同群小，狎戏酣歌，谋死职官，奸淫无度，毁坏金册。又指以进贡勒要乐舞生校尉银两，以出城祭扫，挟令守备官拨军摆路等”。弘治四年（1491）十二月戊午：

> 岷府南渭王长子膺锃性狠戾，所为多不法，又烝其父之宫人，人有忤者，辄棰之至死，或缚于桎射之，男女数十人。与诸弟处如仇雠，尝置毒于食，欲杀之……每淫于其弟妇……

正德七年（1512）七月丙子：“黎山王彦漠，镇国将军彦汭、彦淮，皆黎山安懿王子也，与安昌王彦溹收畜奸徒，从臾为非，时索州司供应及勒取民财，莫敢谁何。（彦淮）曾置毒馔中进母……其夫人刘氏与家奴通，彦溹淫纵事尤多。”“嘉靖三十四年（1555）九月庚子：辅国将军誊等兄弟四人凶横不法，格杀内使校尉人等四十人，父子内行淫乱，招集亡命，邀夺民财，掠民妇女……”

荆藩内部之残杀、混乱，可谓触目惊心。二代荆王妃魏氏生有二子，长见潚、次见溥，魏氏偏爱见溥，见潚因而怨恨。见潚嗣王位后开始残酷报复，先后将魏氏和见溥百般虐待致死，逼淫见溥妃何氏。为淫从弟见潭妃茆氏，又将见潭杀害。“又集恶少日与驰射，或私过江游逸，闻民家女子美者，辄夺取之。乾没官粮，网罗货利，库藏聚敛，动以万计。拘镇国将军见釜、见滮，减其食，皆饿而死。”①

① 《明孝宗实录》卷67，弘治五年九月辛巳。

华阳王虽仅一郡王，恶行却不逊色。二代华阳王友堦“容留僧弘川在府诵经坐禅，令老宫人事之；并逼军余办纳月钱银两，致逃走数多”。其弟镇国将军友壁“私奸家人女，伐民间冢树，诬执平民为盗”[①]。“华阳王申𨱏并镇国将军申钲居丧无礼，弃母缺养，凶暴贪淫，戕害人命。”[②]已举诸藩之外，其他宗藩大多亦发生过此类问题。

上述宗藩的所作所为固然多发生在王府内部，但却不是孤立的，掠民女，夺民财，草菅人命之类直接为害民间的恶行自不必说，即使是其他生活方面的作为，亦直接或间接地影响到民间生活，改变着地方风气。明朝廷亦深知“宗室懿亲，四方其训，风化所系，良亦匪轻”[③]。并期望他们有表率作用，岂不知宗藩之作为，对地方社会风气、习俗所产生的消极影响甚或大于其积极方面。

不少有识之士论及明代湖广社会问题，都将宗藩因素的影响摆到重要地位。荆州府可谓宗藩集聚之地，作为当地人，张居正对宗藩于地方社会的影响深有感触，其《荆州府题名记》和《荆门州题名记》都有论述。前文云：

> 成化、弘治间，吏治民俗，风气纯古，户口蕃殖，狱讼稀简，民各安其乡里，其时治之为易。其继也，醇俗渐漓，网亦少密矣。一变而为宗藩繁盛，骰权挠正，法贷于隐蔽。再变而田赋不均，贫民失业，民苦于兼并。又变而侨户杂居，狡伪权诡，俗坏于偷靡，故其时治之难……

---

① 《明英宗实录》卷339，天顺六年四月戊寅。
② 《宪宗实录》卷196，成化十五年闰十月辛未。
③ 《明孝宗实录》卷187，弘治十五年五月丙戌。

后文亦云：

> 余闻长老言，始荆门隶荆州时，人物殷富，蓄积盈囤，食山泽之利，民至老死不睹市廛。今密迩潜邸，供需百出。又当九达之逵，冠盖往来，项背相望，少不如意，即被谴斥，长吏奔走救过不给，而其民亦颇饰诈狡狯，骛为一切苟免，无周身之虑……[①]

它如桂萼《湖广图序》、章潢《图书编》等各有论及。加重民间经济负担，侵犯百姓人身安全，扰乱民间秩序，败坏社会风气等，为宗藩影响地方社会的主要方面。

万历《承天府志·风俗》论及钟祥等地社会习俗变化时指出："肃皇帝龙飞之后……迄今教化陵迟，犷悍如故，以舞文犯科为故常……钟祥县旧称地僻民淳……先辈缙绅循法守正，足为士民范。频年民困征输，习俗狡伪，避徭畏罪之徒争投皇庄之佃，动梗约束。小民复产去粮存，土户凌于客户，俗浸浸弊矣。兼以陵庙重地，谒辞祭告，日无停轨，供亿浩烦，赋税日逋，有司苦于捉衿见肘……"宗藩所在，引起的变化是复杂的。

宗藩的影响作用有直接的，也有间接的，形式和途径不一，有各种各样的案例为证。"今土豪投献，群小构结，王庄之田在在有之。及白莲、弥勒之教盛行，民间亦诈称庄田佃仆，渐不可长……"[②]"故事，宗室赴京者，得县次续食，送宅者亦日给口粮。既而贫宗阴利其资，越关日众；奸民无赖者率诈充未名王子，甘投闲宅，希冒口

---

① （明）张居正：《张太岳集》卷9。
② 《明世宗实录》卷304，嘉靖二十四年十月甲午。

粮。”[①]万历年间，黄州府发生郝来朝论财悔亲一案，据巡按湖广监察御史钱春对该案的批详称：“郝来朝论财悔亲，以长史吏贪结朱门，而长史徇情偏听，翻为遍申，两家之讼已结，仍不候断，遽行成婚，岂宗室遂不妨夺人妻耶？盖闻楚中富豪，凡嫌贫欲悔盟者，往往贿作王亲，此不但害民，而实大伤国体，风岂可长！”[②]可知宗藩扮演的角色极不光彩。

有关宗藩诸种恶行的记载中，每见有“招集恶少”、“招引群小”、“混同群小”、“招集亡命”等文字，实亦宗藩影响地方社会的一种表现。前揭与辽府相关之“导引为恶者”一百多人，武冈州依附岷王府为害于民者“动至数百人”都是典型例子，这些人既是不法宗藩作恶的帮凶，又深受不法宗藩的影响，更成为宗藩恶行进一步败坏地方社会风气的媒介群体。

余 论

永乐朝以后，明朝之分封建藩制度已非朱元璋初定此制的本意，封王之主旨甚或大相径庭，甚或有可能连当时的皇帝都难以明确将皇子们分封各地究竟有什么意义？利弊若何？只是朦胧遵循祖制成规，一代代地分封下去。就国各地的宗藩们亦难以真正明白他们为什么一定要在这些地方生活。与此相关，宗藩如何看待自己与明王朝的关系？换句话说，宗藩将自己摆在明王朝统治体系中的什么位置上？他们又为自家的江山——朱明王朝做了些什么？后人所

① 《明世宗实录》卷533，嘉靖四十三年四月辛卯。

② （明）钱春：《湖湘详略》卷1补。

能看到的如：平时宗藩之腐化较之朝廷有过之而无不及，既不为朝廷争面子，亦不为朝廷省银子。当明末朱家统治风雨飘摇之时，朝廷尚虑及专师护卫宗藩，宗藩却不愿意出资饷军。宗藩自己又会如何评价分封建藩制度？所有这些，至今仍值得深思。发生在明代宗藩身上的一系列问题，大多与这个大前提相关。

（原载《江汉论坛》2002年第10期）

试论中国传统社会晚期的农田水利
——以长江流域为中心

中国自古以农立国，并视水利为农业命脉，农田水利建设为历代各朝所重视。明清为中国传统社会的最后阶段，也是诸多传统思想、典章制度的集大成时期。就农田水利而言，亦大致如是。前代所有农田水利建设遗留下来的成果——物质的、精神的都有可能被继承，并在演变中得到扬弃。在这样一个承前启后的历史阶段中，给我们留下了不少值得总结、检讨、借鉴的内容。一般说来，宋元以后南方水利大兴，北方农田水利建设除井灌和个别地区如畿辅、河套之外，相对衰微，多为传统灌区的维持，故本文所及，以长江流域为主。

一、农田水利建设的特点

明清时期的农田水利建设包括两个方面的基本内容，一是新的水利工程设施的创建，一是原有水利设施的不断修复、重建和维护。无论在北方还是南方，无论丘陵山区还是平原湖区，也无论灌溉水利还是防洪排涝，大多如是，只是各自有轻重、主次之别。综合而论，较为显著的特点有如下数端：

(一)建设难度大

农田水利建设的难度首先表现在创建新的工程设施上，这是与农业垦殖扩张范围加大、难度提高相一致的，其间的道理无须赘述。就长江流域言之，新的灌溉设施即陂塘堰坝之类多在丘陵山地创建，在经历了宋代山区垦殖与灌溉水利工程、设施发展的一次高潮之后，在丘陵山地创建水利设施势必更加艰难。如长江中游的湖南晃州厅、攸县、麻阳、桑植、龙山，湖北的来凤、鹤峰、恩施、郧阳，江西的兴国、龙南、万载、安福、玉山，陕西的紫阳、留坝、略阳、商南等山区州县，灌溉水利都有较大幅度的发展。然其创设的难度却一言难尽。史载有“绝壁高崖，有自十余里引泉灌溉者”①。有“地势稍高者，多掘地数级，置桔槔，或用牛挽，或用人踏，累三四层以至于田”②者。“甚且数车转激，逆度高原以灌注”③；玉山县汪村陂“凿山导水十余里”；溆浦县筑千工坝历时18年；萍乡县九兴社石陂“开山凿岩，越数山，高一二丈，远十数里……经营十年始成”④。在深山峡谷地带引水开渠，“穿岩渡峡”在所难免，历尽艰难险阻，亦在情理之中。

丘陵山地创建灌溉设施难，平原湖区的圩垸堤防水利建设亦不易。明清时期，长江中下游圩田、垸田、湖田的扩张，究其实质大多是“与水争地”，而且“争”的程度越来越激烈，所谓“与水竞利，夺而成壤”⑤者；“始则于岸脚湖心多方截流以成淤；继则借水

---

① 同治《酃县志》卷6《田赋》。
② 乾隆《湘潭县志》卷4《山川》。
③ 光绪《蕲水县志》卷2《地理志·风俗》。
④ 光绪《江西通志》卷62—63《水利》；同治《玉山县志》卷1《水利》；同治《溆浦县志》卷4《水利》。
⑤ （明）万恭：《塞黄泥、双坑等决口记略》，同治《南昌县志》卷3《建置志下·圩堤》。

粮鱼课四周筑堤以成垸”[①]者；“望水以升科，留粮以待补”[②]者；“始焉养水草，继焉植蔬蔌，日久渐成田”[③]者，无不反映着创筑圩垸的艰难。垦殖扩张愈烈，农田水利建设难度愈大。

创建新的设施难度大，维持原有的工程设施是不是不难呢？回答是否定的。以北方较大规模的传统灌溉水利区为例，尽管明清两代持续不断地努力维修，有的设施兴工大修不下数十次，仍不能挽救其衰退、萎缩甚至消亡的命运。如芍陂水利，明清间先后修治工程达27次，但难以遏止其急剧衰败的趋势。再如关中水利区的引泾灌溉和南阳灌区，到清代几乎完全堙废，无水利可言了。[④]

与此同时，防洪排涝的难度也日益增大。随着山区、湖区垦殖的扩张，水土流失加剧，河湖淤积加重，水位抬高，蓄水之地萎缩，积水排泄困难，一方面是圩垸堤防要求越来越高、越来越厚；而另一方面，原来无须圩堤防护的地区，必须加筑圩堤才能免遭水患。如光绪《南昌县志》所云：“初，滨河之上流者，以水之消涨易，犹未有堤。迨下流之堤逼，河不得疾行而害及上游，势亦不得不加建焉。迄今全境四达，殆无无圩之田。”[⑤]而面对日益严重的渍涝问题，更显得束手无策。有因“内水无从消泄”而渍淹长达数十年之久者，更有田地沦为湖池者。[⑥]圩垸区的百姓处于“逐年估计（修堤），既苦派费之繁多；溃决无时，又虑身家之莫保”[⑦]的境地。

---

① （清）彭树葵：《陈湖北水道情形疏》，《皇清奏议》卷44。

② 《严禁芦洲丈费碑》，光绪《续纂句容县志》卷4《实政》。

③ （清）陆玉书：《悯沙田》，光绪《六合县志》卷7《艺文志》。

④ 其他如引漳灌溉，引洹灌溉等都有相同的趋势。参见汪家伦、张芳：《中国农田水利史》，中国农业出版社1990年版，第416—424页。

⑤ 光绪《南昌县志》卷5《河渠志上》。

⑥ 同治《汉川县志》卷10《民赋志》，卷22《杂记》；光绪《湘阴县图志》卷22《水利》；道光《澧州志》卷6《水利》。

⑦ （清）张汉：《请疏通江汉水利疏》，（清）贺长龄等：《皇朝经世文编》卷117《工政》二十三《各省水利四》。

（二）因地制宜多样化

规模小，兴废无常。这种特点突出地体现于灌溉水利设施中。在长江流域，如前所述，明清时期灌溉工程的创建多在丘陵地区，而丘陵山地大多地势起伏，平地少而坡地多，地形破碎；溪涧源短流急，径流有骤涨聚落特征，水土流失严重，引水难度大。史志中多有“山峻水驶，骤雨则溪涧泛滥，不逾时而涸竭”[①]，“雨即暴涨，有啮射崩决之虞；涸不终日，不获其利”之类的记载。[②]甚至有“三夜月明齐告旱，一声雷响便撑船”之谓。[③]在这类地区发展种植业，水利建设十分重要，同时却又非常困难。但长江流域降雨量大，水源较足。为了解决水源在时空分布上的不均，劳动人民在与自然斗争的实践中，因地制宜地创造了多种多样的水利设施，大型工程无法创建，以小型为主；能引则引，该蓄就蓄；能自流灌溉就自流灌溉，不能自流灌溉则提水灌溉；陂、塘、堰、坝、涸、泉、圳、枧、涵、渠、车、斛、旱船、穿山峡、赶山鞭、过江龙等，名目不一，因时因地而异，极尽可能，以至于“滨河两岸无遗利”，“穷乡深谷，一溪一涧，皆田家所珍”。[④]因地制宜地创建于丘陵山地的陂塘堰坝类灌溉设施，规模一般都不大。史志记载中所见甚多，如“所有陂塘，俱属私置，不过田头村口，蓄水以灌溉一家之田，多不过一村之用”[⑤]，“岩谷之间，随地生泉，筑坝挑渠，上承

---

① 康熙《西江志》卷14—16《水利·临江府·九江府·赣州府》。

② 康熙《新城县志》卷3《赋役志·水利》；（清）孔鼎：《新城县重修蛇师陂记》，（清）贺长龄等：《皇朝经世文编》卷116《工政》二十二《各省水利三》。

③ 嘉靖《袁州府志》卷5《渠塘志》；嘉庆《郴州总志·水利》；乾隆《沅州府志》卷11《水利》；康熙《西江志·水利》。

④ 宣统《永绥厅志》卷6《水利》；同治《玉山县志》卷1《水利》。参见拙作：《明清长江中游山区的灌溉水利》，《中国农史》1993年第2期。

⑤ 光绪《兴宁县志·陂堰》。

下接，亦可灌田数亩及数十亩不等”[①]。据正德《建昌府志》、嘉靖《宁州志》、嘉靖《赣州府志》、嘉靖《永丰县志》等记载，所属陂塘平均灌溉面积多不过百亩。

在北方，由于大型灌区创建困难，维持不易，小型水利工程随之涌现，小堰渠增多。如陕西，清代前期泾、渭河诸支流上引灌设施多达上千处。其他地区，各种类型引用溪涧水源的小水利设施更多。尤其值得提出的是井、泉灌溉的兴起，使地下水的开发利用进入了一个新的时代。由于不受地上江河水源那样的限制，各省纷纷掘泉凿井，或引或汲，呈遍地开花、星罗棋布之态，并逐渐形成了规模不等的灌区。据不完全统计，明清时期，秦、晋、冀、豫、鲁诸省，凿井达数十万口，灌溉面积达五六百万亩。水井类型有石井、砖井、木井、土井等多种，井灌机具有桔槔、辘轳、井用水车等。

井灌的兴起为北方农田水利的发展开辟了新的途径。它既是传统水利衰落的结果，也与北方自然生态环境恶化有关。

因地制宜的小型水利设施，往往又易因陋就简，因而导致存废无常。有“因时修葺”者，有“旋筑旋圮”者，“一年数更，用力甚瘁”。[②]北方堰渠，尤其引水口门，由于淤积，也多有“旋兴旋废”[③]的状况。就长时段而言，不少地方是“玩于平日而迫于临时”，“平时怠安而临渴掘井”，“设遇连年雨旸时若，则视塘井为无用”。[④]加上自然、社会诸因素影响，导致一些水利设施时有堙废，使得陂塘水利在变迁过程中呈兴废无常态势。

---

① 同治《来凤县志》卷15《食货志·水利》。

② 同治《浏阳县志》卷4《水利》；嘉庆《郴州总志·陂堰》；康熙《浮梁县志·凡例》。

③ 乾隆《怀庆府志》卷7《河渠志·水利》。

④ 同治《玉山县志》卷1《水利》；民国《醴陵县志》卷5《食货志上·水利》；嘉庆《宁乡县志》卷2《山水·附水利》；同治《溆浦县志》卷4《水利》。

圩垸水利建设过程中亦有类似的倾向，各地在创筑新圩垸的同时，有不少旧圩垸坍废沉沦，或废圩垸为湖泊，有的甚至屡修屡废。[①]

（三）科技含量低

考察明清农田水利建设的全貌后不难发现，作为传统水利技术的总结阶段，这个时期的农田水利建设在总体规模、工程技术、用水管理等方面，还是有所进步的。如圩垸水利规划整治中的筑副岸以辅正岸的办法，护坡防浪的各种措施；联圩并埠措施以及水利工程材料上的以石工代土工、木工，以闸代坝；海塘工程中的鱼鳞大石塘工技术；灌溉设施中的塘坝串联、点线结合的“长藤结瓜”式蓄水引水网络；汉中灌区的麦田冬灌制及引汾灌溉的八大冬埝制；提水工具方面鸳鸯双井辘轳和水井水车的推广；防治泥沙淤积的留沙桥、流沙闸、挡沙旱坝、截沙子河诸措施，对于推动农田水利建设、提高水利效益都具有积极意义，值得认真加以总结、研究。但若进一步深入考察，我们会更强烈地意识到：这个时期农田水利建设中的科学技术总体上停滞徘徊。具体言之，即明清500年间农业科技不发达，农田水利工程没有什么新的创造，尤其是与前代相比较，水工科学技术无根本性的突破。与世界上已有的先进水工技术比较，已经落后。前述诸多进步的表现和其他曾在这个时期农田水利建设中起过重要作用的绝大多数水工技术，或者为前代已经发生，在明清时期得到了进一步推广，在应用数量和范围上增加、扩大了；或者是在前代已有的基础上加以修补改进，提高了应用技

---

① 光绪《高淳县志》卷3《水利》；光绪《庐州府志》卷13《水利志》；光绪《建昌乡土志》卷3《山川·圩堤》。

巧；或者是在水利规划、经营管理上下工夫，规划极尽周详缜密，即以人力之勤劳补技术之不足。总而言之，明清时期在农田水利工程技术方面多技巧性的改进和外延上的扩大，而缺乏质的突破和根本性提高。

相对而论，明清时期农田水利建设中的“软件”较之“硬件”为先进，诸如治水思想、水利规划理论等方面都有比较丰富的内容和较高的水平。如明嘉靖时周用的治理黄河与流域农田水利相结合、统一规划的思想；关于江河治理要注意上下游关系、治水治土并举的思想；森林植被与水利的关系的论述；徐光启的“用水五术”理论；具体的圩区规划方案等。可就是缺乏必要的科学试验及相关的自然、社会因素的具体数据，难以通过相应的科技手段、措施付诸实践。著名学者徐光启重视科学实验，倡导发展科技，曾提出水利建设要“测量审”、“规范精”并使用图纸，全面掌握有关的河湖、地形、土壤、流量、高程等资料，把水利设施建立在客观的科学基础上。他还注重引进西方科技，在《农政全书》中介绍了西方的龙尾车、玉衡、水库等提水、蓄水工具、设施，意在推广应用，无奈在当时的社会环境中，这些好的想法、观念，很难普遍为人们接受。水利建设仍然主要靠经验行事。龙尾车自万历年间介绍到中国，至清嘉庆、道光数百年间，也只在个别地方进行过试验，并未实行大范围推广使用。[①]

前述农田水利设施建设难度大、因地制宜多样化、规模小、兴废无常等特点和科技手段滞后是紧密相关的，科学技术因素在很大程度上居于主导地位。农田水利建设的难度主要是受科技水平的制约，相

---

① （清）钱泳：《履园丛话》卷3《考索》，参见王若昭：《清代的水车灌溉》，《农业考古》1983年第1期。

应的条件、手段不具备而不得不因陋就简，小规模。而众多农田水利设施的堙废也是由于自然条件、生态环境巨变而科技水平停滞不前的矛盾所致。以古老的南阳灌区在明清时期的衰败为例，嘉靖《邓州志》所载知州张仙《陂堰议》会有助于我们对问题的理解。

> 河为连岁阴雨溯湃冲击，日就而下；陂池为九冈八湾之浮土所积，日就而高。河既不可引之于田，惟筑堤潴水。尽堤之外，弥望皆丈量有粮之地。开退水渠于上，则水为涨壅，普害于有粮之地；开退水渠于下，则蓄水不多，无补于在田之稼。民见害而不见利，已有明征。三郎堰两涯，上无巨石以起堤门，下亦无硬石以安堤脚，惟截河安桩壅筑浮土，岂能牢固？况旁开水渠以灌上阳、中阳、下阳之田，一时虽能壅之使流，然渠口亦非硬土，就使能截正流，必即冲坏渠口。况邓壤夹沙，非徙即涸，亦且易冲……[1]

很显然，这里提出了诸如河流下切、陂塘淤垫局势下的引、蓄、输水等一系列问题，为当时已有技术所无法解决，而传统的规划、设计则无法适应变化了的环境。

由此可见，明清时期的农田水利建设是相当古老、长期停滞的科技手段，面对的是已经发生了重大变化的水土客体，二者间的巨大反差导致了水利建设中存在不易消除的矛盾或者说无法逾越的障碍。因此，对于这个时期众多水利设施效益的降低乃至衰败堙废，不能一概诿之于豪强占垦、管理不善之类的因素，至于引进西方先进科技之不易、尤其难以推广等问题，也值得深入思考。

① 嘉靖《邓州志》卷11《陂堰志》。

二、官督民修与绅衿的作用

农田水利经营具有很强的公共性质，涉及广泛的范围和众多的因素，从不同的角度，不同程度上体现着当时的生产关系及其他社会关系。小农经济条件下，农田水利经营得如何，直接影响着水利建设的效益，或事半功倍，或劳民伤财。与前代相比，明清时期的农田水利经营有几个方面值得重视，如官督民修，绅衿作用显著，受益原则普遍贯彻等。

（一）官督民修及其实质

农田水利经营资金向民间承担转化。宋初以前所见水利建设多由政府财政支出经费，劳动力则通过征发徭役的方式来调拨（包括调拨军队）。宋元以后，这种状况开始变化，基本单一的水利经费支出格局被打破，出现了多种筹集水利经费的方式。发生这种变化当与下述诸因素相关联：随着中央集权的日益加强，一方面是财权也更加集中，地方财力拮据，同时中央财政负担日重。正如顾炎武所言："今日所以百事皆废者，正缘国家取州县之财。纤毫尽归之于上，而吏与民交困，遂无以为修举之资。"[①]朝廷难以顾及天下，地方难为无米之炊。与土地垦殖扩张相随，小型水利设施日益增多，尤其在南方山区丘陵地带的垦殖过程中，创建了大量的陂塘堰坝类小型灌溉设施，这种小型工程，费资无多，涉及范围小，与农民利益直接明了，使民间自营农田水利成为可能。因此，除了大规模的关键工程仍多由国家出资外，一般的中小型农田水利设施逐渐向民间负担转化，民间经营的比例越来越大，以至于以民力为主了。

---

① （清）顾炎武：《日知录》卷12，并参见其有关水利的论述。

这个变化从熙宁变法时颁布的《农田水利约束》[1]中已有明显体现。在这部著名的法规中，大力鼓励、推动官民兴修水利，尤其鼓励民间兴修水利。“能出财力纠率众户创兴复农田水利，经久便民，当议随功利多少酬奖。其出财颇多，兴利至大者，即量财才录用。”“开垦废田，兴修水利、建立堤防、修贴圩捍之类，工役浩大，民力不能治者，许受利人户于常平、广惠仓系官钱斛内连状借贷支用，仍依青苗钱例，作两限或三限送纳。”也就是说，农田水利建设，原则上由民间自行筹办，较大规模工程允许低息借支官府资财兴办，也可向富户借支。民间兴办农田水利，民户有应该承担工料、工力而阻挠不出的，要加以科罚。明确地规定了官、民皆有兴办农田水利的责任。

宋代以后出现的农田水利经费来源及筹措方式有以工代赈、业食佃力、借支官帑、富民募捐、按亩摊征、基金生息等许多种，不过究其实质，仍不外官、民两种。

各方面的记载表明，明清时期官项在农田水利建设中所占的比例在不断减少，这是总的趋势。但在不同时段、空间上亦不尽一律。就时间而言，在政府财政状况好时，如清代雍正、乾隆时期，官项的支出就相对多些。乾隆初年，在局部减轻田赋税率，撤销虚报垦额及废除苛捐杂税诸方面多有举措，在这个背景下，不少农田水利工程的修防经费也曾改支官项。如乾隆元年（1736）谕：“绍兴府属沿江沿海堤岸工程，停止按亩派钱，于存公项内动支兴修。”[2]四川都江堰及新金、江安、通济、石牛等灌溉堰渠也在此前后享受官项岁修待遇。[3]另外，大的水旱灾害之后，往往亦较多地支用官项

---

① 《宋会要辑稿》食货一之二十七，中华书局1957年影印本第5册，第4815页。

② 《清朝文献通考》卷7《田赋考七 · 水利田》。

③ 光绪《增修灌县志》卷4《水利志 · 堤堰》；《灌志文征》卷1《政议》。

兴修水利，只是多以工代赈方式进行，收一举兼得之效。就地区而言，如江浙之类财赋重地则往往动支官帑用于农田水利建设，从一个侧面反映着官府主持农田水利的真实目的所在。总之，无论从空间还是从时间考察，共同的表现是：支用官帑以为修防经费的多为规模较大、地位重要的农田水利工程，些小陂塘圩垸沟渠之类大多为官帑无暇顾及，包括很多有“官工”、“官垸”、“官陂”之名者，亦难有持续官修之实。[①]

官督民修的普遍化。既然农田水利修防经费不能依靠官府，势必由民间自筹、自力为主，或出费备料、募工，或直接出劳动力到工。那么，官府是否就可以袖手旁观了呢？回答是否定的。官项修建农田水利的减少并不意味着官府对农田水利的忽视，也不能因此否认官府在农田水利建设中的作用和影响。尽管官府在资金上无能为力，或者说不能更多地“动帑兴修”，但对农田水利的高度重视却没有含糊。皇帝的诏谕中，特别讲到农业时常把农田水利挂在嘴边，以至于将此作为考核官员的主要内容之一。乾隆三十一年的上谕曾有“州县为亲民之吏，于地方农田水利果能实心经理，裨益民生，实为吏治首务”之语。各级地方官吏，尤其厅州县官员多把农田水利建设作为要政，陕西有“军务事大，堰务事大”之说。那么，这种重视如何体现出来、官府的作用和影响怎样实现呢？其重要的形式、途径便是水利经营的官督民修体制。

明清时期，“官督民修”在农田水利建设中得到普遍实行。在长江中下游圩垸水利中，“设有圩堤以资捍卫，历系民修官督”、“无论官围民围，俱系业民自行修补，官为督率”。[②]在成都平原，“大堰

---

① 参见拙作：《清代两湖堤垸水利经营研究》，《中国经济史研究》1990年第4期。
② 同治《进贤县志》卷5；光绪《湖南通志》卷47《堤堰》。

官督民为之，小堰则每岁听民自举”、“堰工告竣，禀官勘验”。[①]在丘陵地区的陂塘灌溉水利中，“民间一切河渠陂堰，均系居民农隙自行培修疏浚，岁底官为勘明结报”。“其因时修筑，虽以民自受水为差，而董率备御非有司任哉!”[②]关于官督，江西巡抚陈宏谋在乾隆六年曾这样说过：

> 江西一省，县丞均加水利衔，凡有修筑圩堤闸坝陂塘堰圳等项工程，俱专责各该县县丞查勘督修。间有并无县丞之属，即委典史、巡检，各按本管地段查勘督修。每年九月以后农隙之时，各该县县丞等官，轻骑减从，亲诣各乡确勘，将应修圩等项，查照向例，督率圩长民夫合力修筑。薄者培之，卑者增之。圩长循私怠玩、田户恃强抗违者，该委员即可就近分别惩治，统限岁底修竣，造册移县。该县察实加具印结，转申汇册报部查核。[③]

其实，官督涉及农田水利经营的各个环节，经费、人事、修建、防护、用水分配、纠纷调解裁决等等，无处不见官督。

官督的方式有很多，有派遣或设置专官的，甚至不一定有官亲临，差役、委员或者一纸公文、令甲，一方官印也可达到督率目的。

官督民修何以能盛行不替？官府要督率民修，道理似较明了，那么，民修需要官督吗？前引江西巡抚陈宏谋奏疏给了肯定的回答：“圩堤堰圳，夫力虽出于民，督率不可无官。”因为，民力有勤

① 道光《新都县志》卷2《水利志·堤堰》；同治《新繁县志》卷3《堤堰》。
② 同治《义宁州志》卷4《地理志·水利》；同治《进贤县志》卷5《建置志·水利》。
③ （清）陈宏谋：《请水利责成佐贰疏》，（清）贺长龄等：《皇朝经世文编》卷38《户政》十三《农政下》。

惰，出夫有多寡，“无官为之督率，未免心力不齐，强弱不一，动多阻挠争执，控告不休”，“奸顽田户每推诿不前，不但应修而未修者延挨观望，即已经派修者，亦不过虚堆浮土，掩饰一时”。因此“民间情愿修圩筑圳，请官督修主持，以免阻挠”。也就是说，农田水利经营过程中有很多问题必须经官才能解决，否则难以成功。在北方：

> 渠道经由之处，近堰数里，水不能到地，必须掘去他人熟地，甚有经由现在浇泉水地，虽兑价亩段，用价买取，其地户必不甘心。即如秦石铺民开渠，为上流阻遏，构讼不休。至雍正元年始经臬司断定，立石永禁。是以必须官为勘定，分别水旱荒地，给与本人地价，方为妥协。渠身所用之地，除官山河滩原无粮额外，其余民屯更名地土，俱有应纳银数，若使百姓私摊认赔，科则紊乱，殊多未便，请勘亩数，永远豁除。民间村堡，贫富不等，心力不齐，或一时难以攒凑，工费浩繁，以致因循，应请借支公帑，接济民力。①

在湖广，“诚以任民自修，非废弛即违抗，甚至包揽渔利，百弊丛生，是以重其责于官”②。具体以江陵白莒垸为例：“垸大人众，淳顽不一。沿堤业民剥削堤脚，便水人户擅开私斗。或恃富豪占堤隐亩，或居高阜不赴险工；或私斗捏情不闭；或圩甲紊规不前；或倚外垸推躲；或因佃种拖延……又因豪棍藐抗夫阻土之法……”③尽管各地于农田水利设施多设有堰长、圩长、渠甲诸负责人，但面对如此复杂的情况却是无能为力，“若不恳印清查，奸玩幸得免脱；若不

---

① （清）沈青崖：《上甘抚德中丞书》，光绪《甘肃新通志》卷10《舆地志·水利》。

② 民国《湖北通志》卷42《堤防》。

③《江陵白莒垸首总印册》。

请委押修，堤塍终属累卵”[①]。其他地区，问题亦大致如斯。堰总、渠长需官方认可（成都府、太原县），垸册、堰规要送官钤印（平阳府、洪洞县），分配用水由官主持（汾河冬堰、敦煌十渠），施工需要官吏督促（陇州、平阳、曲沃、宁夏引黄灌区），纠纷更需官府协调裁决（各地无不如此）。[②]文献中众多农田水利工程的经营之功都记在了官府、官员名下，与此不无关系。

造成上述民修离不开官督的根源不仅在于农田水利经营的公共性与小农经济的分散性、保守性之间的矛盾，还在于农田水利对中国农业的极端重要性与中国农田水利客观条件较差（灌溉用水紧张、防洪难度大等）之间存在的强烈反差。当然，并非没有自主联合经营的例子，而且也有人强烈反对“官督”，[③]只是不足以动摇“官督”的主导地位。

（二）绅衿的作用显著

官督民修体制下，有着特殊身份和关系的绅衿阶层充当了重要的角色，起着无可替代的作用。他们或捐资助修水利，如安徽南陵姚兴圩，“邑绅徐文达助银千余两”，购置田地90亩以为修圩之用。[④]湖南龙阳围堤障障绅黎学金捐银2000两修防本垸。[⑤]江苏南汇士商捐资疏浚有关港浦；[⑥]直隶清苑举人王锡三，“约乡人兴水

---

① 《江陵白莒垸首总印册》。

② 有关西北农田水利经营请参见袁明全：《清代西北农田水利考察》，武汉大学硕士论文，1983年。

③ （清）蒋士铨：《札吴翥堂观察》，（清）贺长龄等：《皇朝经世文编》卷38《户政》十三《农政下》。

④ 民国《南陵县志》卷6《舆地志·圩坝》。

⑤ 光绪《龙阳县志》卷3《堤障》。

⑥ 光绪《松江府续志》卷7《山川志·水利》。

利，壅滗水，溉田数千顷，工费皆己出”[①]。在江西，嘉庆年间南昌县绅张静山倡捐修建三洞圩石闸，道光年间南昌生员徐炳元等捐钱6000串重修集义圩等。[②]江汉地区绅商、绅耆捐资修防堤垸工程者更多，且有达数万两之巨者。[③]或利用自己的身份、地位和关系支借官款。如江西南昌上富有圩，即绅士娄万全等浼邑绅刘养素借官款1500串筑成。[④]据《南昌县志》载，此刘养素在同治年间曾多次支借官款修建南昌圩堤。[⑤]不仅如此，更多的绅衿对当地农田水利是积极参与整个工程，从倡导到筹资、主持修建。陕西西安某生员在清末本地发生水灾之时，“度地形，募捐款，引水入谓，民田涸。复又佐地方官治泥河，露宿河干，筑培修浚，沿河数十村始得安业”[⑥]。嘉庆年间松江府疏浚吴淞江，即由绅士吁请，绅士监管，并由绅民筹集经费。[⑦]不少绅衿亲自出任圩长、堰长、堤董、渠长，直接主持农田水利工程建设、经营。[⑧]有的绅衿却是自己不到前台，躲在幕后操纵圩长、堰长诸职的人选，并在实际上领导农田水利工程的建设、经营。在安徽沿江圩区，“今之报总圩、小圩者，全自绅衿主之”[⑨]。在江汉堤垸区，有“各垸绅耆议章具禀举报堤工首士”[⑩]之说。文献中每每见到绅衿“邀各圩长会议”，“邀集合圩绅耆会

① 民国《清苑县志》卷4《人物》。
② 同治《南昌县志》卷3《建置志下·圩堤》。
③ 见拙作：《清代两湖堤垸水利经营研究》。
④ 同治《南昌县志》卷3《建置志下·圩堤》。
⑤ 同上。
⑥ 民国《陕西通志稿》卷84《人物》。
⑦ 光绪《松江府续志》卷7。
⑧ 此类职务的任职标准“公正、殷实、老成”等，也使得很多场合非由绅衿出任不可。民国《朔方道志》卷7《水利志下·渠工则例》。参见拙作：《清代两湖堤垸水利经营研究》。
⑨《官圩剔弊事宜》，乾隆《当涂县志》卷6《圩岸》。
⑩（清）李辀：《牧沔纪略》。

议”，“由各该县传集沿堤绅耆眼同勘估，在于受益各业民名下按粮均匀派上，佥派粮多大户为董事”，每举工役“谋诸众绅”之类的记载，[①]可知各地农田水利修防经营，多需经由绅衿商议决定，具体主持之权是操在地方绅衿手中的。

还有些地方绅士以地方农田水利大局的规划、建议为己任，进行广泛的调查，悉心研究，从理论上指导水利建设。较为典型的如浙江的凌介禧，著有《东南水利略》；湖北天门的胡祖翮，著有《荆楚修疏指要》，都对当地农田水利建设具有积极意义。

绅衿何以发挥这样大的作用，取得如此重要的地位？可以说这是绅衿的特殊身份、关系与当时某些社会条件相结合的结果。关于绅衿在政治、经济、社会诸方面的特权、优势的记载很多，如“绅为一邑之望，士为四民之首。在绅士与州县既不若农工商贾势分悬殊，不敢往来”[②]。“士为四民之首，朝廷法纪尽喻于民，唯士与民亲，易于取信。”[③]表明绅衿地位的特殊和官府对绅衿的重视。他们本身没有官职，却又与寻常百姓不同。一般来说，绅衿可以自由见官，而且被百姓称为“老爷”，同时享受诸多优待，“免于编氓之役，不受侵于里胥，齿于衣冠，得以礼见官长，而无笞捶之辱”[④]。绅衿所处的位置，决定了地方官府在许多地方事务上依赖他们，借助绅衿加强基层统治。在一般百姓看来，绅衿大多有知识、有关系、有经济实力，且又与官吏不同。“盖官有更替，不如绅之居处常亲；官有隔阂，不如绅士之见闻切近。”[⑤]可以说，绅衿虽不是官，

① 《荆州万城堤志 · 疏筑备考上》；《上虞五乡水利本末》不分卷。
② 《钦颁州县事宜》，《宦海指南六种》。
③ （清）王凤生：《绅士》，《牧令书》卷16。
④ （清）顾炎武：《亭林文集》卷1。
⑤ （清）惠庆：《奏陈粤西团练日坏亟宜挽救疏》；盛康：《皇朝经世文续编》卷82《兵政》八《团练下》。

却与官府有着特殊关系和广泛联系；既受到官府的重视，又受到百姓的敬畏。因此，官吏也得和绅衿合作，要得到绅衿的支持，不然，其行政过程中将会增添很多麻烦，甚至丢掉乌纱帽。

绅衿在地方农田水利经营中起积极作用固不乏人，借机营私、鱼肉百姓者亦大有人在。文献中多见绅衿之类躲避水利负担，卖富差贫的记载。“衿富躲闪”，“绅衿书役之中，往往有阻抗诡避”，[①]“举贡生监及各衙门充当书役人等，恃符依势，从中阻挠，抗不行夫”[②]。前述绅衿操纵圩总、圩长人选，其中便有不少名堂。

> 当议总之日，东奔西驰，卖彼觑此。甚至佥议已定，而临时一二积霸且有出呈袖中擅易所议姓名者。上欺官长，下压同事。腹非而不敢争，错愕而不及辩。一时有秀才尊同院道之目。[③]

江汉湖区沔阳州是非常典型的例子。州属绅衿势力大且复杂，“每垸之中，入学者曰邑爷，纳粟者曰新爷，报老者曰耆老，亦自加衣顶，读过书者曰先生。必有此等数人专蚀堤工之利，名之曰局绅，以合州计之，不下七八千人”。这些人“任意浮派工费，以饱私壑”，“所有自分田亩，瞒费不出，并包揽亲友堤费，苦累业民”。[④]甚至不惜挑起水利冲突，率众械斗。同治年间，潜江、监利劣绅为泄放泥犁湖水，率众强行掘挖沔阳朱麻垸横堤，与沔阳人发生械

① 《陈请变通潜（江）邑调垸协帮旧例》，（清）王概：乾隆《安襄郧道水利集案》下。

② 嘉庆《续兴安府志》卷8《补遗·山川志·堤堰》；嘉庆《汉南续修府志》卷20《水利》。

③ 《官圩剔弊事宜》，乾隆《当涂县志》卷6《圩岸》。

④ （清）李辀：《牧沔纪略》。

斗，双方死亡30余人。[①]监利大兴垸绅首率众强掘沙洋河之贺家湾土埂，亦致焚烧房屋，互有死伤。[②]沔阳绅首范学儒受监利贿赂钱1600串，暗许监利人偷挖子贝渊堤泄水，不想事情败露，遭到同事攻击。他便"率人将偷挖者数十人均致死于湖洪"。由是双方争斗持续数年，损失惨重。[③]沔阳大兴上垸与下垸之间发生冲突，"上垸举人向台凶横异常，统众挖间堤，烧下垸数十家房屋，抢劫数十家财物，且杀死下垸一人"[④]。江浙地区亦多此类事例。[⑤]地域或宗族间发生水利纠纷之时，绅衿的地位和作用就显得更为突出，往往是他们作为地方或宗族利益的代表出面协调、诉讼，签订协议规约，久之，其地位就更加稳固。

三、利益原则与雇募制

所谓利益原则，指农田水利经营过程中遵循的以按照预期的或实际上是否受益或受益多少来承担水利工程资金、人力为核心的一项准则。如前所述，明清时期农田水利以民修为主，那么，各个农户是如何分担公共性水利设施所需的人力、物力、经费的？这个现在看来并不为难的问题曾经有过不同的答案，自明代中后期始逐渐确立起按受益田地面积分担的基本原则。[⑥]利益原则是为了打破旧有

---

① 光绪《沔阳州志》卷3《建置志·堤防》。

② 同上。

③ （清）李辀：《牧沔纪略》。

④ 同上。

⑤ 据光绪《太平县续志》卷17《杂志》记载：道光二十八年七月因水灾发生掘埭毁闸械斗，"有监生陈梅五率众与斗，开放大炮，乡人逃窜，有死者"。

⑥ 参见拙作：《明末清初苏松地区农田水利管理制度的演变》，《许昌师专学报》1990年第4期。又宋代单鄂曾论及相关问题。

的负担不合理状况、消除农田水利经营中应役、派费等方面存在的诸多弊端而被提出来的。较早明确提出此议的给事中吴岩在其正德十三年(1518) 的《水利工计疏》中以为:“水利为田而兴，财力亦必计田而出。凡有田之家，不拘官民……”[①]此后，论者见多，并稍有推行者。嘉靖十一年（1532)，大理寺丞周鸣凤专就圩岸修防提出了类似主张:“一应筑圩夫役，但系工程简易者，就令本圩有田得利人户，不分官民，一体计亩起拨。”[②]后来，巡抚林应训、周孔教、常熟知县耿桔、华亭知县聂绍昌等先后不同程度地在苏松一带的农田水利经管中推行了这个原则。林应训《兴修水利章程》规定:

> 此水利此圩之田，则当役此圩有田之户矣……不论官民士庶，随田起役，各自施工……开河亦然……沟头岸侧，非一家所能办者，计亩出夫，众共协力。[③]

不过，当时所及范围尚小，原则的内涵也不是很明确，贯彻更谈不上彻底。

到了清代，利益原则的推行愈益普遍，贯彻的程度也一步步提高。最基本的精神即区分受益与不受益，尤其是田地是否受益，由此决定是否承担经费、劳力。康熙年间上海疏浚闸港，部分士民明确提出此河仅利东南，非关全县利害而拒绝应役，同时确认“荒图内如有实在获沾此河水利者，亦未便听其藉词规避，自应彻底清出，饬令一体协浚”[④]。如果不存在共同的利害关系，即使同一地域

---

① 嘉庆《松江府志》卷10《水利》。

② 同上。

③ 嘉庆《松江府志》卷10《水利》，卷11《水利》；《授时通考》卷17《土宜门·水利三》，卷18《土宜门·水利四》。

④（清）叶梦珠:《阅世编》卷1《水利》。

单位（行政区划）——同县、同区甚至同一圩垸，都有可能不负担经费、人力。相反，不同地域单位在利益相关前提下则协力经营农田水利，所谓"利害所及，不得不通力合作，且皆按亩计费"者。成都平原清初的"用水州县照田亩出夫"；滇池流域的"按亩输工"；长江中游山区丘陵陂塘水利中的"食利之家分井任责"，"按溉田若干亩，量高下出钱谷有差"；西北地区的"有田则用水，用水则用力，力之多寡视田"；鄱阳湖及沿江圩区的"工由夫作，夫由田起，定例也；有田则有夫。田多则夫众，定数也"，"计亩出费"，"按亩派筑，分段派守"；江浙地区的"所需经费仿照历届成案按亩酌派"；"由利害关切各村砌筑"，"承荫之田分别计核"摊征；两湖堤垸经营中的诸多协济事例等，体现的都是利益原则的基本精神。①

利益原则更进一步深入地贯彻，表现为在明确受益与否的基础上再具体区分受益的数量和质量，从而使经费、人力的负担更加合理。汉中堰渠修防，宋代即"随食水户田亩多寡，均出夫力修葺"②。其后更是如此，"照田地用水之多寡，分工计程，合力修筑"③。无论事涉若干州县，还是州县境内，征工派费，一以用水田亩多寡为准。宁夏引黄灌区岁修按田地摊征材料、夫工。田一分纳草48束，每束重16斤；柳桩15根，每根长3尺。田一分出夫一

---

① 以上诸例分别参见嘉庆《汉州志》卷7《水利志》；同治《重修成都县志》卷1《堤堰》；嘉庆《华阳县志》卷9《水利》；光绪《续云南通志稿》卷21《水利》；民国《新纂云南通志》卷139《农业考二·水利》；弘治《抚州府志》卷5《水利》；正德《饶州府志》卷1《水利》；同治《平江县志》卷6《地理志·陂塘》；雍正《山西通志》卷30；乾隆《当涂县志》卷6《圩岸》；同治《南昌县志》卷3；光绪《川沙厅志》卷3《水利》；光绪《台州府志》卷48《水利略》；光绪《常山县志》卷39《政绩》；嘉庆《余杭县志》卷11《水利》；光绪《沔阳州志》卷3《建置志·堤防》及拙作：《清代两湖堤垸水利经营研究》。

② 雍正《陕西通志》卷40《水利》。

③《杨填堰分水约》，（清）严如熤：《请专委府经历专管公堰详文》，嘉庆《汉南续修府志》卷20《水利》。

名，计力役30日。[①]在河西走廊，“向例使水之家，但立水簿，开载额粮暨用水时刻，如有坍塌淤塞，即据此以派修浚。无论绅衿士庶，俱按粮出夫，并无优免之例”[②]。湖北天门与沔阳二州县协修之万福闸工程，曾经有过天门承担6/10，沔阳4/10；天门承担7/10，沔阳3/10；天门承担8/10，沔阳2/10和天门承担7.5/10，沔阳2.5/10等分担比例，后经清丈双方受益田亩，最后确定为天门承担7.675/10，沔阳承担2.325/10。[③]可谓精确至极。由于水利负担以受益田地面积为依据，故田地易主，负担相随。“买卖田产之时，契内即注明应修堤塍丈尺”[④]，防止因产权转移而造成负担混乱。灌溉用水也是如此，不少地方的田地买卖甚或田地租佃契约内，载有用何塘堰水源灌溉乃至用水时刻等内容。

陕南兴安有万工堰，创建于乾隆年间。当时渠道挖占的10余亩民地中，不受此堰水利之田主，每亩可得到二两银的补偿；受益者即不再给补。其后，没有参与创修工程的人户要利用此堰水利改旱地为水田，必须补交夫银，每亩0.8两。[⑤]汉中杨慎堰的规约亦是按照“田地用水之多寡分工计程合力修筑”，城固3/10，洋县7/10。[⑥]

在历史悠久的成都平原堰渠灌溉水利经营过程中，一些规模较大、涉及范围较广的水利设施的经营广泛推行了利益原则。首先是著名的都江堰在征用修防经费时即考虑了用水条件的“迟早多寡”问题。同治《重修成都县志》载：

---

① 道光《中卫县志》卷1《地理·水利》。

② 乾隆《古浪县志》卷4《古浪水利图说·渠坝水利碑文》。

③ （清）李辀：《牧沔纪略》下。

④ 《请变通潜（江）邑调坑协帮旧例》，（清）王概：乾隆《安襄郧道水利集案》下。

⑤ 嘉庆《续兴安府志》卷8《补遗·山川志·堤堰》。

⑥ 嘉庆《汉南续修府志》卷20《水利》。

> 查九邑田亩，惟灌（县）、郫（县）、崇（庆）三处得水最近，获利最溥。其温江、新繁、新都、金堂、华阳，离都江大堰有一百余里者，其用水之处，不能无迟早多寡之殊，则出银之处，宜略为区别。如郫、灌、崇三处，每亩派银二厘；温江、新繁、新都、金堂、成都、华阳，每亩派银一厘五毫；又华阳县内，有用水略少之田，每亩派银一厘，庶得平均。

用水迟早多寡直接关系着田地的生产能力。特别如干旱之年，得水早晚、多少，对农作物的影响尤其显著，民间有“旱魃为虐，涓滴等于黄金”[①]之说，得水早晚远不仅仅是单纯的时间问题。再如利及新津、彭山、眉州数州县的通济堰：

> 每岁修护工费，宜分别有则也。查通济堰由新津历彭山达眉州，则水源有先后之不同，灌溉有迟早之迥异。应分别筒口情形之高下，得水地处之远近，酌定数目，共济其事。自新津起至彭山土堰止，向系旧有水利，应列为上则；又自彭山会中筒及西支堰至文殊堰交眉山界止，应列为中则；又自向家筒至白鹤湃、金竹湃，列为下则。如遇大修，上则每亩应派银二分五厘，中则每亩应派银二分，下则每亩应派银一分五厘。岁修，上则每亩派银一分五厘，中则每亩派银一分，下则每亩派银五厘。其筒车、牛车，均系高田，应查明照下则派办。或有新开旱地改为水田，随时报明，核实加派。隐匿田亩者罚儆。[②]

① 民国《周至县志》卷1《地理志·堤堰》。

②（清）黄廷桂：《重修通济堰碑文》，（清）贺长龄等：《皇朝经世文编》卷117《工政》二十三《各省水利四》。

受益者都要承当修防——自流灌溉之田地、车水灌溉之田地；原有水田、新开水田，皆不得遗漏。同时又因受益不同而负担有别——得水先后、早迟、距水远近、地形高低、是否自流，诸因素无不考虑，可以说是相当周密了。其他如华阳、仁寿、彭山三县受益的古佛堰，利及崇庆、大邑、新津三县的铁溪堰，新繁、新都、彭县、金堂、汉州五州县受益的火烧堰等也都有类似的做法。[①]

江浙地区为财赋重地，亦为水利要区。农田水利的经营水平也往往领先，利益原则在这里贯彻得也较普遍。一些规模大、耗资多的工程同样遵循利益原则进行。乾隆二十八年（1763）疏浚吴淞江、刘河，需银20余万两，采取借支官帑分年摊还的方式。摊征的标准根据距水道远近，受益情况而定，每亩科银低者不足一钱，高者达二钱五分，以一钱三四分者为多。涉及沾利的长洲、元和等16个州县，限两年还清。所需劳动力亦由沾利州县按亩征派。[②]7年后疏浚白茆河，亦如法炮制，“所有借动库项仍照例分年按亩计算征还，并于宣泄之县分，按其受益之多寡远近，酌定差等，分别均摊”[③]。后来川沙厅疏浚白莲泾，“所需经费仿照历届成案按亩酌派，仍以得沾水利之图，定专浚、兼浚之制。专浚干河者，每亩出钱十六文，浚干河而兼浚支河者倍之”[④]。其他中小工程经营也多与受益原则不悖而行。有些地方，连使用堰渠的退弃余水溉田也要缴纳水费，称之为“无夫地买使余水钱”[⑤]。

---

① 嘉庆《华阳县志》卷9《水利》；光绪《补纂仁寿县志》卷1《塘堰》；同治《大邑县志》卷4《山川·塘堰》；民国《崇庆县志》卷1《方舆志·水利》；同治《新繁县志》卷3《堤堰》。

② 《司道议详借帑按得沾水利州县均征还款》及《司道会示雇夫章程》，（清）庄有恭：《三江水利纪略》卷2。

③ 嘉庆《常昭合志》卷2《水利》。

④ 光绪《川沙厅志》卷3《水利》。

⑤ 民国《洪洞县水利志补》上。

田地之外的其他受益行业、受益形式，有时也要按利益原则承担水利修防经费或者劳动力。龙洞渠沿岸的皮作坊即“按货价每百两抽银三钱”，集基金银1200两，交商生息以为渠堰岁修经费，因为皮作坊要用渠水洗皮。[①]晋水陆堡河因安设有众多水磨、水碾，故“每年俱系磨、碾出夫挑浚”[②]。成都平原利用堰渠水力的碾、磨也很多，金堂一县多达70余座。源于都江堰，灌溉崇庆、灌县二邑田地的黑石河就曾在按田派费的同时，向利用河水的碾、磨征派修防经费。

> 凡受黑石河之利与未受害者，每亩派钱一百文，沙泥可种者每亩减半。又每碾每座派钱三千文，油碾每座派钱六千文，约计可得三千钏之谱……[③]

如此，既增加了水利经费的来源，也不违背受益原则，对农田水利建设应是有利的。

农田水利以田地为核心，灌溉、圩垸，利皆在田地，用水、修防理所当然以田地为据。利益原则有两个相辅相成的方面，缺一不可。就灌溉水利而言，计亩出力（费）的前提是计亩用水。受益原则之所以能够贯彻推行，主要因素便是灌溉用水的分配普遍是以田地面积为标准，并且和计亩出力时一样，考虑到距离远近、地形高低、渠渗等因素。[④]利益与责任两个方面的结合是和经济法则一致的，如此才能收到“用水既均而力役尤平”[⑤]之效。

---

① 宣统《泾阳县志》卷4《水利志》。
② 《太原府太原县整饬水例碑》，道光《太原县志》卷17《渠案》。
③ （清）叶炯：《浚黑石河禀》，民国《崇庆县志·文征》。
④ 参见拙作：《明清长江中游山区的灌溉水利》，《中国农史》1993年第2期。
⑤ 嘉庆《汉南续修府志》卷20《水利》。

利益原则之外，明清时期农田水利建设、经营的另一重要变化是募夫制的实行。明代以前以征发徭役方式调拨劳动力修建水利设施是普遍的，江浙地区还结合里甲制设有“塘长”、“该年”之类职役，专门负责组织、率领人夫参加修建水利之工程。随着社会经济的发展，里甲制度的衰败，按里甲征发力役的办法逐渐行不通了，募雇制应运而生。始初的“泥头包揽”当属募雇制之一种形式，与清代的“领价募夫”有些类似。受益原则确立后，雇募制更多地被应用，无论南方北方，河渠疏浚、圩垸修防、陂塘维修，在这方面变化的方向是一致的。官府募夫，多在灾后以工代赈方式进行。各地情况不尽相同，不可一概而论。①

本论尚有水资源多种利用方式的冲突与协调、农田水利建设中的地域关系、山水关系与治水策论等内容，限于篇幅，容另文考察。

（原载《中国农史》1994年第2期）

---

① 参见前引《明清苏松地区农田水利管理制度的演变》；袁明全：《清代西北农田水利考察》未刊稿。

论明清时期的水资源利用

明清时期，随着社会经济的发展、水土关系的剧烈变迁，人们对水利问题的认识不断加深，水资源多种利用方式间的冲突也表现得愈益广泛。总结时人对有关问题的观察、认识，考察各种冲突及其协调，将给我们以诸多启示。

一、水资源多种利用方式的冲突与协调

水资源的多功能性决定了不同经济部门用水之利的多目标、多方式，而多目标的并存，受时代、技术诸条件制约，往往易发生冲撞，即水利冲突在所难免。诸如防洪、灌溉与渔业，灌溉用水与水力用水，灌溉水利与水运，防洪与水运、商业等用水方式间的矛盾和冲突，明清时期皆有体现。

池塘蓄水灌溉，兼可养鱼。由于“荫塘利取水而鱼塘利存之，每至亢旱，常至纷争”[①]。这可以说是最普通的争用水利的冲突形

---

① 康熙《湖口县志》卷1《舆地志·塘堰》。

式，无须多说。[①]值得注意的是防洪与渔业的冲突。这种冲突多发生在圩垸水利区。早在明万历年间，安徽铜陵县围绕“每于沿堤之河堤私凿塘窖，排桩筑埂，阻水决堤”[②]，“沿河凿塘，沿塘筑埂，藏鱼之沼日利其阔，则泄水之河日趋于狭”[③]的矛盾，农渔之间就发生过反复的诉控。农民以为捕鱼塘埂阻碍了圩区泄洪水道，造成了“河狭水满，冬来雪雨已没岸浮涯，夏秋霖雨则产蛙沉灶”[④]等恶果。在重粮轻渔的指导思想下，这样的争讼结果是可想而知的，但是，官府令渔民挖毁鱼塘埂，渔民却以“渔籍”为护符，“凿筑如故”[⑤]。

在丹阳湖区，亦屡屡发生渔业与农田水利的冲突，争讼的焦点之一是丹阳湖区泄水河道——花津，事涉江苏高淳、溧水、宣城和安徽当涂四县。据称，当涂渔户在花津水道上设筏捕鱼，壅高水位，影响圩田积水的消泄，遭到上流高淳、溧水诸县农民强烈反对。结果亦是官府出示严禁筑筏捕鱼。[⑥]又如湖北汉川弥勒湖、柘树口诸处，本为县内河湖水消泄咽喉，但豪民为获取鱼利竟修筑鱼拦堤，致使“浊流倒灌，淤埂二十余里”。后在农民控告、官府干预下将鱼拦堤埂拆毁。[⑦]

---

① 都江堰灌区有“私开小渠，决水捕鱼，以致淤塞水利”的记载（《明孝宗实录》卷36，弘治三年三月戊午）；浙江上虞夏盖湖有“豪猾贪鱼鳗舟税之利，肆行放决”的记载（《虞西水利本末·巡水条例》）；湖南永州府、宁远县及江西铅山县等地方皆有类似记载（参见道光《永州府志》卷5《风俗·农事》；光绪《宁远县志》卷8《风俗》；康熙《西江志》卷15《水利·广信府》；同治《铅山县志》卷4《地理志·水利》等）。

② （明）谢荣：《禁占官河碑记》，乾隆《铜陵县志》卷14《艺文志》上。

③ （明）崔维律：《开凤心闸河碑记》，乾隆《铜陵县志》卷14《艺文志》上。

④ （明）崔维律：《开凤心闸河碑记》，（明）谢荣：《禁占官河碑记》。

⑤ （明）谢荣：《禁占官河碑记》。

⑥《禁革花津渔筏缘由》，参见光绪《高淳县志》卷3《山川志·水利》；光绪《溧水县志》卷2《舆地志》。

⑦ 袁鸣珂：《汉川县志序》，同治《汉川县志》卷首。

太湖流域的三江水道上，“鱼簖罾基所在皆是”，导致水道“浅者既阻，深者亦淤，迂者难通，宽者亦隘”，官府不得不下令“茭芦、罾基、鱼簖，一切阻碍水道之事，应令悉行铲除”①。

农渔二业本不矛盾，在不少地方且为相辅相成，“近水诸农，其田常苦水潦，十种而九不收，往往有弃农而渔者。亦有且农且渔者，以渔之所获，补农之不足”②。尤其在平原湖区，“春水泛涨，农民迁近原隰耕垦，秋冬涸时，迁近湖泊网罟以自给”③。“民于力田之外，洲取芦苇，江取鲥鲚鳗鲡，网罟之利收焉。”④明清时期，农渔冲突表现渐多，冲突形式亦不止一种。有所谓“近年以来，湖池尽被势豪侵占淤塞，设栈养鱼，以致一遇天雨连绵，水无所收……深为民害”⑤者；有所谓“芦课岁增，鱼课大妨，以洲地渐广也”⑥；又如汉川等地的红粮改科渔粮，渔粮升科红粮之反复等等。各种形式的冲突都体现养鱼与河湖淤积问题无可分割的关联。可以说，以水土流失、河湖水道的淤积为代表的生态环境变迁才正是渔农矛盾、捕鱼业与农田水利冲突的根源所在。“水无所收”、“浊流倒灌”、“积水难消”、“阻水决堤”等等，亦难以说成主要由于渔业所致。

利用河流水力的机械加工在我国有着悠久的历史，较为普遍的形式为水碓、水磨、水碾等。在水量充足的情况下，灌溉与水力机械一般少干扰，无纠纷。相反，在水量不足的时候或地方，矛盾就在所难免了。明清时期的水利诉讼多见此类。江西弋阳有官陂二

① 《三江水利纪略》卷1、卷4，民国《萧山县志》卷33《艺文志·诗文钞》载有多篇相关文献。

② 道光《衡山县志》卷18《风俗志》。

③ 同治《汉川县志》卷6《风俗》。

④ 康熙《当涂县志》卷6《风俗》。

⑤ （明）吴廷举：《参酌议处事宜》，见嘉靖《湖广图经志书》卷1《本司志》，书目文献出版社1990年版，第41页。

⑥ 光绪《重修安徽通志》卷65《水利》。

所，灌溉农田3万余亩，后来，被沿陂豪强之人私创碓磨，走泄水利，稍有旰，民皆失望。[①] 四川都江堰灌区，“近年以来，多被官校人等创造碾磨，或私开水渠，决水捕鱼，以致淤塞水利，旱伤田禾”[②]。河南属彰德、河南诸府的伊、洛、高平、万全等渠，“多被王府屯营侵塞，及势要之家占作碾磨”[③]。一般情况下处理此类纠纷，往往以农田灌溉为重，禁止违例水碓之类。弘治年间曾有敕令：“豪强军民，敢有仍前截水安置碾磨、占作稻田者，依律究问。”[④] 江西铅山县旌孝乡梁公渠曾发生毁上游水碓以使水流全力灌溉之事。[⑤] 尽管如此，由于碓磨加工米油等物与日常生活密切相关，取缔是不可能的。从有关记载看，要禁止的对象应是豪强、官校、势要之家所设规模较大、经营性的碓磨而非一般性设施。这从碓磨承担修防管理任务的情况亦可得到证明。如晋水陆堡河，“其间碾磨居多，每年俱系碾磨出夫挑浚”[⑥]；成都平原黑水河，“米碾每座派钱三千文，油碾每座派钱六千文”[⑦] 等等。

诸种水资源利用方式中，以农田水利（灌溉、防洪、排涝）与水运之间的冲突为严重，纠纷繁多且规模大。山区灌溉陂坝的修筑，势必阻断水道，对水运的影响是显然的，主要后果是竹木漂运不能畅行。以湖南江华县为例：“木客札簰转货东南，秋冬水涸，下驶辄为水坝所阻。木客每于无人处拆坝以过，以故农民常厄其行，恶其害坝也。”[⑧] 江西万安县梅陂，玉山县黄石陂，瑞金县上下湖

---

① 《明英宗实录》卷25，正统八年十二月戊戌。
② 《明英宗实录》卷36，弘治三年三月戊午。
③ 《明英宗实录》卷81，弘治六年十月戊辰。
④ 同上。
⑤ 同治《铅山县志》卷4《地理志·水利》。
⑥ 《太原府太原县整饬水例碑》，道光《太原县志》卷17《渠案》。
⑦ （清）叶炯：《浚黑石河禀》，载民国《崇庆县志·文征》。
⑧ 同治《江华县志》卷10《风土志》。

陂；湖南宁乡县太阳坝、沙塘坝，攸县新陂；四川都江堰灌区彭县、什邡诸县的主要堰渠；浙江衢县石室堰、临安县有关各堰坝等等，皆见有此类纠纷发生。[①]农商各执一词，常至讼官。南安商人竟要求拆毁灌溉设施以利舟簰通行。而江华农民却创设“坝税”，“必出钱乃听去”。以至于演变成为地棍讹诈客商、行旅的借口，坝税泛滥成灾。[②]普遍的协调方法是官府出面制订以时启闭制度，启则放行商舟簰货，闭则蓄水溉田。各地农事、节气不同，启闭制度各异。

万安县梅陂屡经讼官，奉断：每年自清明至霜降之间，每月的初二日、十六日两天开陂，限制当日辰时开启，戌时关闭，“平时不得越犯”。同治十一年（1872）龙泉竹木商人曾欲在陂坝上建立会馆，亦被以“难免人众害陂”、“亦恐彼此逼处滋事”诸理由而禁止。[③]

衢县石室堰规定：“每年自六月初一封坝，禁止私运竹木，以防泄水，至八月初一日方许开堰。”康熙四十七年（1780）改为四月封堰，遭到商人强烈反对，后经协调改为“自今以后，但当相时为定。如四月水多，虽经封堰之期，仍于堰中留一小口，既可杀水势，又可以放水簰。如田正需水，则并其小口截塞……”[④]临安县与衢县类似，“各处堰坝，向章四月封堰，蓄水灌田，八月开堰，运行竹木”[⑤]。

---

① 参见各有关地方志《水利》卷，恕不一一列出。

② 同治《江华县志》卷10《风土志》。同治《南安府志》卷6《水利》亦载：“筑堤障、架高车，用力少而成功多，岩皆成沃壤。近因水轮绝流，树桩商舟碍行，每吁求拆毁之语……”

③ 同治《万安县志》卷3《建置志·水利》。

④ 民国《衢县志》卷6《食货志》下《水利》。

⑤（清）魏象枢：《水利碑记》，宣统《临安县志》卷8《艺文志》。

湖南、四川诸陂堰多规定处暑后方许开坝放木漂运，顺流而下。①

定期启闭制度的核心目的在于维护农田灌溉的正常进行。开启时间基本上为农田不需灌水之时，禾稼正需灌溉之时是不准放运的，即使不得已有过运者，至堰坝也要“过载搬运”。“割堰偷放、擅自启闭偷放”是严禁的，“轻则罚钱，重则治罪”②。在这里，灌溉是主，水运为客。二者的冲突表现在水道（陂坝）上，尚未争及灌溉之本——水源。不过，本末之别已判断分明。

灌溉与水运的冲突也有集中在水源上的场合，这就是与中国古代非常特殊的水运——漕运的冲突。由于运河水源浅涩，不少运段依赖附近湖塘泉河蓄水济接。只是在这个场合，灌溉与水运的地位完全翻转了。一向在水资源诸种利用方式中被摆在首位的农田灌溉，在这里不得不退而居其次，济运成为第一位的。蓄水不是为了灌溉，而是为了济运；引水灌溉不再得到保证，而是要受到限制。在灌溉水利与漕运用水发生冲突时，原则是保漕第一。明代对于运道所经地区有济运作用的河湖泉水源，如南旺湖、昭阳湖、厉山湖、安山湖等湖，泰山诸处泉源、苏门山百门泉等泉，皆明确加以保护，不得随意引放水灌溉。对于盗决济运水源溉田者，严惩不贷。成化十年（1474）令：“凡故决南旺、昭阳湖堤岸及阻绝泰山等处泉源者，为首之人发充军，军人发边卫。”③隆庆元年（1567）又题准：“河南辉县苏门山百门等泉乃卫河发源，即小滩一带运河赖以接济。如有豪横阻绝泉源引灌私田，照依山东阻绝泉源事例问

① 同治《攸县志》卷9《水利》；《正堂毛禁木户坏堤示》，光绪《彭县志》卷5《宪禁》；《什邡县大王庙碑文》，嘉庆《什邡县志》卷9《水利志》、卷31。

② 光绪《处州府志》卷4《水利》。参见光绪《余姚县志》卷8《水利》。

③ 万历《大明会典》卷198《工部》18《河渠三》。参见王琼：《漕河图志》卷3。

罪。”[①]不可谓不严厉。

当然，完全不考虑农田灌溉是不现实，也是不可能的。那么，二者如何兼顾？试以百泉、卫河诸水为例，略加考察。清代康熙年间有用水制度规定：“每年三月初一日起至五月十五日止，令三日放水济运，一日塞口灌田。”[②]但是，五月正是民田需水之时节，用水矛盾显然存在。朱云锦《田渠说》称：

> 百泉之水，亦可广溉灌之利。特卫水用以济运，设立斗门石堰，定例自三月朔至五月中旬，三日济运，一日塞口灌田。其余日但资竹络坝涓涓之流。虽无妨于农业，而亢旱之时，不无嗷嗷，此亦不能两顾之势也。[③]

早在康熙年间，巡抚阎兴邦就提出了“应用竹络装石堵口，使大流济运，余水灌田。即以济漕，亦无妨于农业”[④]的对策。然而在水量本来就不足的情况下，这只不过是美好的愿望而已。如果出现水源紧张、无法兼顾的情况，“三日济运，一日灌田”的定例也要改变。乾隆三年（1738），河道总督白钟山就说得很明白：

> 卫河水势……嗣雨水调匀，百泉各渠闸照旧官民分用。傥值水浅涩，即暂闭民渠民闸以利漕运。或河水充畅，漕艘早

① 万历《大明会典》卷198《工部》18《河渠三》。参见王琼：《漕河图志》卷3。

② 道光《辉县志》卷7《渠田志·河渠》，参见《清世宗实录》卷46，雍正四年七月甲辰；《清宣宗实录》卷429，道光二十六年五月甲申；《清史稿》卷127《河渠二·运河》。

③ （清）贺长龄等：《皇朝经世文编》卷115《工政》二十一《各省水利》二引《豫乘识小录》。

④ 道光《辉县志》卷7《渠田志·河渠》。

过，官渠官闸亦酌量下板以灌民田。[①]

其后，每遇卫河浅涩，关闭民渠民闸以利漕运成为惯例。受“漕运尤重于民田”指导思想支配，[②]为保漕运而不惜牺牲运道沿线农业（灌溉外，保漕与防洪亦有冲突），可知明清政府之视漕如命的程度。

前述农田水利与水运的冲突中已隐含着农业与商业的矛盾，而反映农田水利与商业直接冲突的事例亦不少见。嘉庆年间，浙江萧山县修筑潋堰土坝，阻碍了原本通商的水道，迫使“客商多从他处行走”，从而影响到本地商铺的交易，引起牙行商人不满，“每为阻挠于前，盗毁于后”，与农民发生冲突。官府一般不会允许“牙行利而农民病”的，[③]多数情况下会支持农民。其他如湖广汉川、应城交界有三台湖，广受上游来水，木子树、北嘴二口为仅存之分泄通道（原有九口，后多淤积），而北嘴商铺为独享商船之利，要堵塞木子树口而不顾垸田蓄泄；安徽无为州以防止江潮倒灌为由，堵塞泥汊、补塘二河口，引起上游庐江等地反对，反对理由之一便是“舟楫不通，生意清淡，店铺闭歇”等等。这些都体现着农田水利与商业之间利害关系的冲突。[④]更为典型的例子是滁河流域新开朱家山河道一事。开新河本为解决滁河流域圩田区泄消洪涝的问题，但有关

---

① 《清史稿》卷127《河渠二·运河》。

② 《清史稿》载：“（道光十九年）时卫河浅涩，难以济运。东抚经额布请变更三日济运、一日灌田例。诏将百门泉、小丹河各官渠官闸一律畅开，暂避（闭）民渠民闸，如有卖水阻运盗乞情弊，即行严惩。”道光二十年，漕运总督朱澍又奏称：“卫河不能下注，有妨运道。”奉命察勘的河道总督文冲、河南巡抚牛鉴等复奏：“卫河需水之际，正民田待溉之时。民以食为天，断不能视田禾之枯槁置之不问。嗣后如雨泽愆期，卫河微弱，船行稍迟，毋庸变通旧章。倘天时亢旱，粮船阻滞日久，是漕运尤重于民田，应暂闭民渠民闸，以利漕运。”遂得准执行。（卷127《河渠二·运河》）

③ （清）王煦：《上阮中丞书》，民国《萧山县志稿》卷33《艺文志》。

④ 同治《汉川县志》卷22《杂记》；乾隆《无为州志》卷6《水利》；光绪《庐州府志》卷13《水利志》。

各州县，各行业却从各自利益着想，分别持不同态度。来安、滁州深受渍淹之苦，对开新河自然求之不得。江浦亦支持开新河，只不过其意图在利用过境新河道收商贾之利，而非为圩田区除灾着想。六合则坚决反对，据说："江南货物转江北者，旧由瓜埠口抵六合，故黠商豪贾聚焉。若黑水河（按：即新开河道）开，则江南估舶直达浦口，其道径便，不利六合商。六合商醵金啖官吏，造言开黑水河凿削六合地脉，不便。又言沙土善崩，空劳无益。官吏之墨者张其声势，与他邑争。故或议而不行，或行而故以谬败事。""盖开河为农人之利，而商贾图便其私。农岂商敌哉！"[①] 加之畛域之见局限，连六安知县也大讲开新河"十害"。自明成化以后，屡有动议、规划、开挖，不下十次，直至清末才勉强开通。[②]

水资源多种利用方式间矛盾的加剧及综合利用意识的加强，使得水利工程建设时顾虑所及，已不能像以往那样单一地考虑灌溉或者防洪效益，而必须同时虑及水利用的诸多方面。晚清朝野围绕长江樊口——梁子湖区水利问题发生的一场大争论，可以说是传统社会晚期规模最大、提出水利资源利用问题最多的水利事件之一。争论起自梁子湖区农民以江水倒灌致使湖区水灾为理由要在樊口筑坝建闸，自道光年间始，持续70余年，以巡阅长江水师兵部侍郎彭玉麟和湖广总督李瀚章为代表分别形成了建闸派和反建闸派。建闸派的理由是江水倒灌梁子湖区，致区严重洪涝灾害。建闸可以外御江水，内泄湖水，保证湖区农业丰收（年产稻谷600万石）。反建闸派以为：

---

① （清）韩梦周：《开黑河议》，见（清）贺长龄等：《清经世文编》卷116《工政二十二》《各省水利三》。

② 参见（清）韩梦周：《开黑河议》，光绪《滁州志》卷3《营建志·水利》；《重刊江宁府志》卷7《山水》；光绪《六合县志》卷1《地理志·水利》；民国《全椒县志》卷3《山川志》。

其一，建闸后梁子湖区将不能分蓄长江洪水，汛期会危及上下游堤防安全。

其二，湖区之民农渔参半，建闸后江鱼不能入湖，渔利将会丧失。

其三，长江樊口—长港—梁子湖—省城一线水路，既是重要的商业通途，又是省城武昌的后路，具有战略意义，且建闸将有碍水运和商业等。“口门一堵，舟楫皆停，课于何出？”

其四，长江中游类似樊口的情况尚多，此处一举将引起他处效尤，导致分流口门尽塞，影响广泛，危害重大。

其五，梁子湖区农业未必因此免灾。①

可见，争论的已不仅仅是一个樊口堤闸问题，亦不仅仅是樊口与梁子湖关系的问题，而是已触及长江分流与行洪、江湖关系、水资源综合利用、生态环境变迁等具有深远意义的问题。对于反建闸派所提问题，朝野上下许多人都以为“所奏不为无见”，连建闸派也不同程度地承认建闸对渔、商、运诸业的影响，② 但最终的决策仍是在未对渔、商、运诸业采取任何有效补救措施的情况下允准建闸，因为其中存在首一个生产粮食糊口的“当务之急”，只是未曾想到众多的生态环境问题，即“未然之害”正是在这“当务之急”的掩盖下产生、成长的。

二、山水关系与治水策论

与水资源综合利用意识的增强相一致，人们对系统治水的认识

① （清）彭玉麟：《遵旨查明据实缕陈疏》，（清）贺长龄等：《清经世文续编》卷98《工政》十一《各省水利》上。参见民国《湖北通志·建置志·堤防》；光绪《武昌县志》卷2《水利》；（清）范鸣和：《澹灾蠡述》。

② 参见民国《湖北通志·建置志·堤防》；光绪《武昌县志》卷2《水利》；（清）范鸣和：《澹灾蠡述》；（清）彭玉麟：《遵旨查明据实缕陈疏》。

水平也在不断提高，这首先表现在对水旱等灾害成因的认识上，特别是超越了就水论水的局限，从上下游（山区与平原）关系——水旱等灾害的主线索认识水旱灾害等水问题的由来，将社会因素与自然因素结合起来思考水问题的解决。

至迟在宋代，已有人明确指出过山地植被破坏而导致水土流失、河湖淤塞的现象。[①]明清时期，以水旱灾害为主的水问题暴露愈来愈多，为害愈益剧烈，也有越来越多的人开始注意到水问题的上下游关系，山地与河湖、平原的关系。有识之士对水土变迁与自然灾害关系的观察及认识在深入、提高。万历《湖广总志》载文云：

> 近年深山穷谷，石陵沙阜，莫不芟辟耕耨。然地脉既疏，则沙砾易崩溃，故每雨则山谷泥沙尽入江流，而江身之浅涩，诸湖之湮平，职此故也。[②]

清代句容人胡景洛曾著《南乡水利说》一文，对水土变迁、山地与河湖关系及水问题的产生等皆有论述，他写道：

> 山则利在水能留，圩则利在水能留与能去也。今留者既不能留，去者复不易去，山圩两受其病。……向者东南诸山林木郁茂，庶草秽芜，山水发作而沙不下，流塘坝者皆清水也，由塘坝而入湖者亦清水也，所以不致壅淤。……既经开遍……则草木全无，无以阻涩淤沙，水稍发即随水而下，如黄河之水大半是泥，先淤近山之塘坝；水大发则沙土亦随水而下，并淤下流之

① 参见（宋）魏岘：《四明它山水利备览》。
② 《修筑堤防总考略》，万历《湖广总志》卷33《水利》下。

> 湖。上流之塘坝受淤则水下愈急，湖不潴水则下流流愈塞。而水下益急，则山田失灌溉之利而受其冲淹之患；圩田一时不能受此急流率多浸淫之害。湖不潴水则水已悉入于江，稍逢干旱亦与山田同为枯槁而已。向之水发不厌其多，水去虞其竭者，今水甫至则见为淹，水稍退即见其涸……[①]

魏源的《湖广水利论》，对山地毁林开荒、湖区围水造田及二者的联系、致灾来由论述颇详，可谓深刻准确。[②]道光《新建县志》载文说得更直截了当，“大水由水溢；水溢由河底之淤；河底之淤由积渐沙泥之壅；沙泥之壅由上游山地开垦之繁兴”[③]。水旱灾害之外，明清时期的水问题还有山崩、滑坡、泥石流为害，所谓“一望悬崖，本自石骨峥嵘，而久雨之后，亦自时时崩坠”者；“浮石冲动，草然下流”者；“山水陡涨，夹沙带石而来”者；皆水土流失恶性发展的结果。[④]

诸多有识之士的观察与分析，异口同声地将问题集中到泥沙淤积、水土流失上来，也就是说中下游的水旱灾害与上游的水沙运动密切相关，河湖水问题与山地密切相关。中下游的水灾根源可能在上游，平原湖区的问题，症结可能在山区，治水必须治山，甚或要首先治山，山区水土流失的治理应为治水之本。

有关论述还有一个非常显著的倾向，即多将水利、水害问题与相关社会因素联系起来，而不孤立地把水土运动视为自然问题。其

① 光绪《续纂句容县志》卷6上《水利》。
② （清）魏源：《古微堂外集》卷6。
③ （清）涂兰玉：《水灾记》，道光《新建县志》卷75《艺文志》。
④ 参见同治《房县志》卷4《赋役》；乾隆《武宁县志》卷10《风俗》；同治《利川县志》卷4《物产》；汪元方：《请禁棚民开山阻水以杜后患疏》，《道咸同光奏议》卷29；卢坤：《秦疆治略》，嘉庆《汉南续修府志》卷21《风俗》等。

间的联系自然是毁林、垦荒对植被的破坏，而破坏力的根源却在于人口增长所形成的生存压力。魏源指出的“承平二百载，土满人满。湖北、湖南、江南各省，沿江、沿汉、沿湖向日受水之地，无不筑圩捍水，成阡陌、治庐舍其中，于是平地无遗利。且湖广无业之民，多迁黔、粤、川、陕交界，刀耕火种，虽蚕丛峻岭、老林邃谷，无土不垦，无门不辟”的状况，可以说是明清时期人口增长与资源开发的总体趋势。不断增长的人口压力促使垦殖向往日的“受水之区”、“养水之地”扩张，致使水无所蓄，而受水之区的垦殖是以水土流失为基础的。泥沙“由山入溪，由溪达汉达江，由江汉达湖”，“洲渚日高，湖底日浅”，“下游之湖面江面日狭一日”的根本原因应是“上游之沙涨日甚一日”。自然淤积本已严重，加上近水之民“圩之田之”，“阻水成淤”，水既不得其所，又不得其道，横决泛滥在所难免。前揭梅曾亮、胡景洛、王荣浩、汪元方诸论者谈及皖南、江南等地的水旱灾害原因，无不把棚民开山列为主要的前提，所谓棚民、流民正是明清时期最突出的社会经济问题之一。

科学研究和实践表明，山区在各流域生态经济系统中占据关键地位，这不仅仅由于山区在面积上占优势，更重要的是山区生态系统在流域生态平衡上起着主导作用，制约着其他生态因素。山区处于各大小河流的上游，生物资源尤其是生态系统的关键因子——森林大多分布在山区，水源涵养、水土保持、水资源保护等都以上游山区为关键。同时，上游山区的自然特性——山高坡陡、土层较薄、降雨集中、地形破碎等，又决定了山区生态平衡脆弱的一面，特别是森林植被一旦遭到破坏，整个生态系统就会发生连锁反应，影响广泛深远。尤其是水土流失对水资源、土地资源、生物资源的危害都很难用简单的经济统计来估量。

如前所述，盲目垦山的危害已为有识之士认识，并有人提出“上游治而下游之患亦可稍平”的治水对策，[①]只是无法有效推行。清代雍正、乾隆年间，棚民垦山问题已受到重视。嘉庆、道光年间，浙抚阮元、皖抚杨懋恬、江督陶澍等先后在属地山区主持查禁棚民占垦山地事宜，颁布禁垦章程，严惩违章垦占者。嘉庆、道光年间禁令规定：“如仍有将山场混召异籍之人，搭棚开垦至五十亩，无论公业、私业，发边远充军，不及五十亩者减一等，租价入官。承佃之人，不论山数多寡，照强占官民山场律”治罪，[②]召佃与承佃双方同时严惩，不可谓不严厉，但是，在“生齿渐繁，流亡复业……遂致深山穷谷炊烟鳞比”，“人满于土，异物莫不驱除，竭生殖工作之蕃，犹难为一岁之赡”的状况下，[③]“地利所在，自必趋之如鹜”[④]，禁垦的收效是可想而知的。同时期的围湖造田进程亦大致如斯，或勉强一时而后变本加厉，或网开一面而有禁无止。人口的增长、生存的要求是客观的，简单的行政禁令自然无法从根本上解决垦山、围湖之类的问题。

毋庸讳言，历史上遗留下来的问题至今仍存在，治水上还不同程度地存在重中下游轻上游、重治水轻治泥沙、重治水流轻养水源、或者说流域整体规划上重平原轻山区的倾向，都影响着治水、减灾的成效，不利于长远的、持续的发展。

三、余论

考察明清时期水资源开发利用，还有一种现象值得注意，这就

① 《清文宗实录》卷33，咸丰元年五月丁亥。又《清史稿》卷129《河渠四》载：“咸丰元年（1851），浙抚常大淳疏陈清理种山棚民情形，略言浙西水利，余杭、南湖骤难浚复，应先开支河、修石闸，以资蓄泄。上游治而下游之患亦可稍平……”

② （清）陶澍：《查禁棚民开垦折子》，《陶云汀先生奏稿》卷67。

③ 乾隆《直隶澧州志林》卷5《食货·户口》，卷8《食货·物产》。

④ 《清高宗实录》卷927，乾隆三十八年二月己卯。

是大规模、全国性水利建设高潮大多出现在较大、较严重的水旱灾害之后。问题的实质是能否持之以恒地重视水利建设。各方面的记载都表明，每临较大水旱灾害威胁或遭遇较严重水旱灾害之后，从官府到民间都对水利建设给予充分的重视。朝廷颁诏令，官府委专员、拨经费；民间齐心协力，甚或捐资献物，堪称之为“同分敌忾”。尤其如防大汛期间，往往出现“举村阖社日夜并力守圩，辛苦狼狈于淤泥之中，如御大寇”[①]之壮观场面，因为，“此时安危分旦夕，此际存亡在眉睫”[②]。在这样的场合，官吏也会亲临现场，着实参与指挥一番。灌溉水利建设也有类似情况。据（同治）《宁乡县志》载：“自乾隆戊戌（四十三年，1778）旱后，凿井挑塘，筑坝蓄水，点滴不肯轻泄。沿河两岸，横江垒坝，架筒车汲灌。”又如乾隆五十三年荆江堤防溃决，两湖地区大水，成灾严重。灾后朝廷出资200万银两修复堤防，同时刨毁私垸、洲垸及江中沙洲，建立长江堤防保固制度等等，长江流域掀起一次水利建设高潮，堤防为之一新。这类例子多不胜举，而且，对水利建设的促动作用也是无可否认的。

反观平时，特别是连年风调雨顺之时，情况就不大相同了，有的时间、有些地方甚或形成鲜明的对照。记载中每见“玩于平日而迫于临时”，“往往惰于修筑而挹注争先，平时怠安而临渴掘井”之类的记载，[③]揭示了水利建设不能持之以恒的问题。这种平时的懈怠在官民双方皆有表现，灌溉、防洪两水利类型中无不存在。在民：

> 人民昧于远计，吝惜资费，不加修浚，稍旱即涸。设遇连

① 光绪《续纂句容县志》卷6上《水利》。

② （清）陈泰庸：《塔山渡守圩歌》，光绪《溧水县志》卷18《艺文志》。

③ 嘉庆《宁乡县志》卷2《山水·附水利》；同治《玉山县志》卷1《水利》。

年雨旸时若，则视塘井为无用，培土成田。或垦公荫塘尾余地及陂坝山涧，种植稻谷，岁旱熟田亦成焦土。①

当其无事，相率因循废弃，而莫肯为之。②

夫雨旸时若，塘坝几等于虚器。一经亢熯，则蚩蚩之氓本愿朴而兴巧诈……③

湖北民田，最资塘堰灌溉。愚民往往任其淤垫，日久荒湮，竟有改田种谷，希图升斗者。④

在官，“官司虽有专责，而当事者漫不经意”，“迩年州县官惟勾摄词讼之为急，其余塘堰册报，类非核实。豪强填占，又置不问，虽奉勘合行视，特科索里户供应而去，初曷尝一至郊野，见所谓堤塘渠堰为何若哉?!”⑤这种状况在灌溉水利的修建和维护过程中并不罕见，和前述乾隆戊戌（四十三年）大旱、乾隆戊申（五十三年）大水后的局面相比，似属天渊之别。

相对于灌溉水利设施而言，堤防为防御洪灾这种突发性灾害而设，常言道：水火无情。堤防之于平原湖区，其地位与生命线等，所谓“倚堤为命”者是也。然而，就是对这生命线的修防，也不是都能做到“居安思危”，以防患于未然的。在普遍的官督导修体制

---

① 民国《醴陵县志》卷5《食货志》上《水利》。
② 民国《周至县志》卷1《地理志·堤堰》。
③ 同治《溆浦县志》卷4《水利》。
④《清高宗实录》卷267，乾隆十一年五月湖北巡抚开泰奏。
⑤（明）徐光启：《农政全书》卷3《农本·国朝农政考》。

下，由于“经管各官平时不肯体察民情，不肯实心督率”[①]，往往出现“官不督民不修”之局面。时人揭露长江中游堤垸修防实况云：“每于秋冬农隙之时，按地派夫，遵照旧定丈尺，令其加高培厚。官吏督催，圩甲稽察，未尝不年年增修，岁岁报完也。然考其实际，不过兼管水利衙门于八九月间循例行文饬催州县；州县循例出票差催圩甲；圩甲循例领引衙役督催业户而已。”“当各衙门行文之始，未尝不曰亲验，殆及报完之后，非因公羁身，即立意安静，谁复逐处细勘？徒以州县一纸檄文，为如冈如陵之恃而已。”[②]官督如此，民修可知。“或虚土松填者有之；或铲草除新者有之；或竟一锹不施谎报完工者有之。”[③]平日如此修防，汛期欲堤防不溃除非侥幸。

（原载《江汉论坛》1995 年第 3 期）

---

① （清）陈宏谋：《通饬及时修理堤垸檄》，见《培远常偶存稿》卷 25。
② （清）王概：《安襄郧道水利集案》下。
③ 同上。

明清苏皖沿江平原圩田水利研究

引　言

江苏、安徽沿江地区水源充足，浩瀚奔腾的长江穿越而过，众多的大中小湖泊分布其间。长江仅在安徽境内流长即达400余公里，两岸又有众多的大小支流汇入，为农业用水提供了较为便利的条件。然而，由于水文条件的季节变化和受地形条件制约等复杂因素影响，仍然存在着“堵有余”、“储不足”的问题。同时，由于人类活动和自然因素的交互作用所产生的后果长期积累，沿江滨湖区的淤积、围垦及洪涝灾害诸问题也错综复杂，成为本区水利问题中的重要内容。圩田，正是能够集中体现本区水利特点、反映本区水利问题、成为影响本地区农业生产的一种重要的农田水利形式。

所谓圩田，多次主持农田水利工程的北宋科学家沈括是这样记述的：“江南大都皆山也，可耕之土皆下隰厌水濒江，规其地以堤而蓺其中，谓之圩。”[1]南宋杨万里认为：“江东水乡，堤河两涯而田其中谓之圩。农家云‘圩者围也，内以围田，外以围水’。盖河高而

---

① （宋）沈括：《万春圩图记》，《长兴集》卷9。

田反在水下，沿堤通斗门，每门疏港以灌田，故有丰年而无水患。”①王祯在其《农书》中给圩田的定义是：“据水筑为堤岸，复迭外护，或高至数丈，或曲直不等，长至弥望。每遇霖潦，以捍水势，故名圩田。内有沟渎，以通灌溉，其田抑或不下千顷，此又水田之善者。”②地方文献记载表明，古代所谓的“江东”，即今江苏西部、安徽沿江地区，正是圩田发生较早、分布较广且较为典型的地区。

关于圩田的形制规划，史料中不乏记载，并随着环境、水文条件的变化以及水工技术的提高而不断发展完善。沈括的《万春圩图记》记述该圩称：

> 其为（堤）博六丈，崇丈有二尺，八十四里以长。夹堤之脊列植以桑，为桑若干万。圩中为田千二百七十顷，取天地、日月、山川、草木杂字千二百七十名其顷。方顷而沟之，四沟浍之为一区，一家之浍可以舫舟矣。隅落部伍，直曲相望，皆应法度。圩中为通途二十二里以长，北与堤会。其袤可以两车，列植以柳。为水门五……③

堤防为圩田最基本的设施，以高厚坚固为目的。此外有配套的众多设施，如供排灌的斗门、闸洽、夹河、散水堤、月塘、沟渠等等，沟渠又分干渠、支渠、沟渎，大圩之内还有路径、湖荡等。清代中期曾在安徽来安任知县多年的韩梦周经过一番“考地势，究利害，齐人功”

---

①（宋）杨万里：《圩丁词十解》，《诚斋集》卷32。参见马端临：《文献通考》卷6《田赋考·圩田水利》。

②（元）王桢：《农书》卷3《农桑通诀·灌溉篇》。

③（宋）沈括：《万春圩图记》，《长兴集》卷9。

的筹谋之后，对圩田水利进行过颇有成效的规划建设，他以自己的亲身经历对来安县圩田具体记述道："凡圩之制，大者周四十余里，次二三十里，次十余里。四周筑堤，堤高二丈余，厚四五丈余：次高一丈余，厚三四丈余：堤外有夹河，有散水堤。内有月塘，有沟有渠。于堤半下作斗门，以石为之。小者为涂，以砖为之。时其启闭，旱则引沙河之水入斗涂，流入塘渠灌田：涝则决圩内之水出斗涂，由夹河分入散水，达沙河。沙河不能即泄，在东岸又有汪波荡、鹅儿荡以汇之，在西岸有红草场、黄线沟以出之。"① 在这里，泄水之河流、蓄水之陂荡亦已为圩田系统中必不可少的组成部分。当然，由于自然，社会诸因素影响，各地圩田规制不尽相同，即如南陵县内之圩坝，"有一面埂者，有两面埂者，有周围筑埂为一圩一坝者，有数圩坝共一周围大埂者"②。或圩圩相接，或单圩独立，或大小相套，因地制宜。《溧水县志》记述该县圩田道："今南北二境，乡之濒湖者五，濒河者二，计九十八圩。大者万余亩，小者亦千亩。民耕作其间，建筑堰闸，相其时而蓄泄之，增高培薄以固堤防，掘广浚深以疏畎浍……"③

一、宋明沿江平原圩田的发展

沿江圩田初兴于何时？有着多种不同说法。有认为始创于春秋

---

① （清）韩梦周：《圩田图记》，见（清）贺长龄：《皇朝经世文编》卷116《工政二十二》《各省水利三》。

② 民国《南陵县志》卷6《舆地·圩堤》。

③ 光绪《溧水县志》卷2《舆地·圩堤》。

末期，[①]有认为起源于先秦，[②]有人认为“沿江筑圩滥觞于三国，大兴于宋明两代”[③]。但无论如何，对于沿江地区而言，有两点应该是可以肯定的：其一，圩田始兴于五代十国以前；其二，宋代是圩田大发展的一个高峰期。

北宋名臣范仲淹说：“五代群雄争霸之时，本国岁饥，则乞籴于邻国，故各兴农利，自至充足。江南旧有圩田，每一圩方数十里，如大城，中有河渠，外有门闸。旱则开闸引江水之利，涝则闭闸拒江水之害，旱涝不及，为农美利。”[④]沈括在《万春圩图记》说：“芜湖县圩之大者唯荆山之北，土豪秦氏世擅其饶，谓之秦家圩。李氏据有江南，置官领之，裂为荆山、黄春、黄池三曹，调其租以给赐后宫。本朝以属芜湖县，租还大农。太平兴国中，江南大水，圩吏欧阳某护圩不谨，圩以废。废且八十年。其间数欲治之，辄为游说所格。”[⑤]再如宣城金宝圩，“南唐保大十一年（954），圩民束四请以私田为官圩，李景嘉之，诏补束四官，赐金帛有差，号金银圩”[⑥]。所有这些都表明，沿江圩田在五代十国时已经存在，而且成为本地区割据政权的重要财赋来源之一，有些大圩得到官府的充分重视，专门设官督领管理。

在政治、经济、社会及自然多种因素的联合影响下，赵宋300年间，为圩田蓬勃发展时期，现存方志等文献资料中有关圩田的具体、系统记载也多自宋代始。清代来安知县韩梦周即云：来安县圩

① 参见金家年：《丹阳湖的历史变迁与水阳江流域的农田开发》，《安徽大学学报》（社科版）1988年第2期。

② 姚汉源：《中国水利史纲要》，水利电力出版社1987年版。

③ 杭宏秋：《简论安徽沿江圩堤的历史演变》，《中国农史》1988年第4期。

④ （宋）《范文正公集·奏议上》，又见（宋）吕祖谦：《答手诏条陈十事》，《皇朝文鉴》卷43。

⑤ （宋）沈括：《万春圩图记》，《长兴集》卷9。

⑥ 《化成圩缘起补正》，见光绪《宣城县志》。

田，“唐以前莫可考，志载始于宋代”[①]。据史籍记载，宋代圩田分布已基本遍及苏皖沿江各属州县。沈括《万春圩图记》载：宋治平二年(1065)，“郡国十八大水，江浙汉沔间，所在泛人庐舍，流徙皆以万计。宣、池之间，圩之沉者千余区，而万春独屹然藩其一方”。亦可见皖南沿江圩田之多。乾道三年（1167）五月十五日周操云，宣州属宣城县圩田已达179所。[②]乾道七年，太平州修成圩田455处。[③]乾道八年，据户部侍郎兼枢密都承旨叶衡言：奉诏核实宁国府、太平州圩岸，宁国府惠民化成旧圩40余里，新筑9里余，太平州黄池镇福定圩周40余里，延福等54圩周150余里，包围诸圩匪在内；芜湖县圩岸周长总计290余里，通当涂圩岸共计480余里，且高广坚致，濒水一岸种植榆柳，足捍风涛。[④]

据嘉庆《宁国府志》记载，宋代宣城县圩田面积达758024亩(南陵等县因记载项目不同，圩田面积不详)。[⑤]景定《建康志》载有所属各县田地面积，其中上元县圩田203983亩，江宁县圩田187324亩，溧阳县圩田31776亩，溧水县圩田291109亩，四县合计圩田714192亩（句容县无圩田面积)。[⑥]而“当涂、芜湖、繁昌三县并低接江湖，圩田十居八九”[⑦]。有人估计太平州圩田有157万余亩，考虑到南陵、句容等县未计在内，总计圩田面积当在400万亩上下。沿江北岸圩田在宋代亦得到恢复发展。和州、来安、合肥、无为、庐江等州县都有垦复数量不等的圩田。和州，绍熙时“择故荒

---

① （清）韩梦周：《开黑河议》。

② （清）徐松辑：《宋会要辑稿》，《食货》八之九，中华书局1957年影印本。

③ 《宋史·洪遵传》。

④ 《宋史》卷173《食货上一·农田》。

⑤ 嘉庆《宁国府志》卷16《食货志·田赋上》。

⑥ 景定《建康志》卷40《田赋志·田数》，台北：《宋元地方志丛书》版。

⑦ （清）徐松辑：《宋会要辑稿》，《食货》六一之一三六。

圩美田五百七顷”。[①]著名的老圩区、濒临巢湖的合肥亦修复36处旧圩。庐江县有杨柳圩，周环50里。无为县有嘉城圩等等。江北圩田“皆濒江临湖，号称沃壤”，多被开屯或置官庄经营垦殖。[②]

不少著名的大圩都修建于宋代或在宋代得到重建。如政和圩，由太平州军事判官卢宗原主持，修建于政和二年（1112），乃围垦宣州路西湖而成，周环20余里。[③]两年后，又令卢宗原主持修建圩田。

> 兴筑江州至真州自古江水浸没膏腴田，自三百顷至万顷者凡九所，计四万二千余顷，其三百顷以下者又过之。[④]

政和五年，围垦建康府溧水县石臼湖为永丰圩，“圩四至相去皆五六十里，有田九百五十余顷”，岁纳租米3万石。[⑤]如芜湖易泰圩、陶辛圩分别修建于北宋崇宁、大观年间，陶辛圩周环长达40余里。[⑥]高淳县相国圩，周80里，有田4万余亩。[⑦]万春圩，嘉祐六年（1061）重建后，规模相当可观，已如前述。宋代已有的名圩还有宣州化城圩（有水陆地880余顷，岁纳租米2.4万石）、惠民圩、太平州福定圩、当涂县广济圩（后圩长93里），芜湖县还有独山、衍惠、永兴、保成、咸宝、保胜、保丰等圩。[⑧]

---

① （宋）叶适：《华文阁待制知庐州钱公墓志铭》，《叶适集》卷18。

② 参见（宋）薛季宣：《答沈县尉书》，见《浪语集》卷23；《宋会要辑稿》，《食货》六之一九；《食货》七之五六，中华书局1957年影印本；《宋史》卷384《列传》第143《叶衡传》。

③ （清）徐松辑：《宋会要辑稿》，《食货》七之三三，中华书局1957年影印本。

④ 同上。

⑤ 《宋史》卷173《食货上一·农田》；光绪《高淳县志》卷3《水利·圩埠一》。

⑥ 民国《芜湖县志》卷33《圩务》；（宋）刘子澄：《砖石湖坝论》，见隆乾《当涂县志》卷30《艺文志》。

⑦ 光绪《高淳县志》卷3《水利·圩埠一》。

⑧ （宋）李心传：《建炎以来系年要录》卷165，绍兴二十三年十月。

曾任南宋江东转运副使多年的杨万里以自己亲身所见所闻，有感而发，写出了不少描述江东圩田的诗句，形象地展示了圩田的广阔和生产、修防情况，不妨引录若干以助佐证："圩田元是一平湖，凭仗儿郎筑作圩。""本是阳侯水精国，天公敕赐上农田。（言圩田源起）""不知圩里田多少，直到峰根不见塍。""上通建德下当涂，千里江湖缭一圩。（言圩田广大）""两岸沿堤有斗门，万波随吐复随吞。""万雉长城倩谁守，两堤杨柳当防夫。（言圩田设施、保护）"有的诗句还表现了圩堤修防时群众的激情："年年圩长集圩丁，不要招呼自要行，万杵一鸣千畚土，大呼高唱总齐声。""岸头石板紫纵横，不是修圩是筑城。"杨诗中反映较多的是圩田的显著效益："斗门一闭君休笑，要看水从人指挥。""六七月头无点雨，试登高处望圩田。""圩田岁岁镇逢秋，圩户家家不识愁，夹路垂杨一千里，风流国是太平州。"①

与宋代相比较，反映元代圩田情况的记载很少，但并不能据此断言元代圩田就衰落了。不多的记载中有线索表明，圩田在元代至少仍然维特着基本的规模。元人李习的《修筑陂塘记》载有至正四年(1344) 朱荣甫督治太平路水利的事迹，其中讲到当年该地修复坏圩达362处，②至正《金陵新志》载有当时所属圩岸"官府每岁提调兴修"者多达1675处，其中江宁县287处，上元县135处，句容县96处，溧水县206处，溧阳州951处。③此外，还有官府不及"提调兴修"者。圩田总体规模当可想见。

明代是苏皖沿江圩田发展史上的又一兴盛时期，一方面是对已有圩田的修复、维护，另一方面是新的围垦扩张。《明史·河渠志》

---

① （宋）杨万里：《圩丁词十解》，《诚斋集》卷32、卷34。参见景定：《建康志》卷37《文籍志五》。

② 乾隆《当涂县志》卷29、卷30《艺文志》。

③ 至正《金陵新志》卷4《圩岸》，《宋元地方志丛书》本。

及《明实录》中所见明代前期关于该地区圩田水利建设的记载不少。（参见表1）

表1　明代修筑圩岸闸坝部分事例

时间	地区	工程内容
洪武元年（1368）	和州	修复圩田区铜城闸堰，周回200余里
洪武二十五年	溧阳	疏凿银墅东坝河道等4000余丈
永乐元年（1403）	和州	修筑保大等圩堤岸120余里，陡门9座
	句容	修杨家港王旱圩等处堤岸7170丈
永乐二年	太平、安庆、江宁	修沿江圩岸及慈湖一带圩堤
	和州、含山	增筑圩岸30余里，护麻湖、澧湖田5万顷
永乐二年十一月	六合等地	六合县瓜步等屯圩岸5000余丈
永乐三年	和州、无为州、应天	修铜城闸一带决圩70余处，修沿江堤岸
永乐四年	宣城、溧水、怀宁	修筑宣城19圩、溧水决圩、怀宁圩岸
永乐八年	南陵	修筑野塘圩、蚌荡坝
永乐十年	黄梅	修临江圩岸120余里
永乐十一年	芜湖、应天	修陶幸、政和等圩，及应天新河圩岸
永乐十三年	南京	修羽林卫刁家圩屯田堤岸
宣德六年（1431）	溧水	修治永丰圩岸周围80余里
宣德八年	和州	修圩田区铜城闸
正统二年（1437）		修筑圩岸，疏浚陂塘
正统五年		各处闸坝陂堰圩田滨江近河堤岸
正统六年	太平府芜湖县	陶辛圩东埂边临山河，水深不能填筑，于埂内别筑新埂
正统十一年	应天、太平、宁国诸府	整治圩田
正统十四年	和州	修圩建闸浚河，治圩70余处
景泰元年（1450）	直隶丹阳等县	修筑冲决圩岸
天顺元年（1457）		陂塘圩岸
隆庆六年（1572）		坝堰圩岸
万历十一年（1583）	江北庐、滁抵六合一带屯田圩区	开浦口黑水河20里疏泄水道
万历四十三年	屯田区	颁行屯田圩埂增筑、修筑奖惩条例
天启三年（1623）		开浚浦口旧河，疏通滁州、天长、来安、全椒、江浦、六合等州县70余圩之水

有关州县地方志中的圩田新筑、修防记载也很多，例如：《历阳典录》载：永乐十四年修闸浚淤，治理姥镇河，灌溉降福等70余圩及南京诸卫屯田。景泰四年（1453）围垦麻湖成圩，周1914丈。《高淳县志》载：弘治二年（1489）至弘治五年高淳筑成南荡圩，位于丹阳湖南岸，围垦成田2万余亩（后增加至4万余亩）。[①]

万历年间，铜陵知县筑长堤以御江潮，48圩永享其利。堤起于丁家洲老坝，迄于仁丰下圩，长达80余里，“又逐圩浚水道，排决成河，深广若干尺，以纳岁时濡涝”[②]。铜陵县新筑的又有防卫圩。

南陵县修建下林都总圩，垦成田地2.7万余亩。据《南陵县志》载：“邑东北两乡，地处低洼，徽郡休、歙、绩三县西北之水同旌、泾、太三县水，又池郡青、石两县水，皆由此达江，每山水陡发，建瓴而下，为患最甚。万历十年（1582），知县沈尧中踏勘形势，督筑圩坝，以备水患。”[③]可知当时南陵县修筑圩田，绝不止于林都一圩。

广德州建平县自宋代始筑圩护田，至明嘉靖年间，圩田数量达到了72所。[④]江北来安县圩田亦是“志载始于宋代，至明而益盛”[⑤]。据《安徽通志·水工志稿》记载：无为州明代修筑的圩田有官圩、连城圩、纪家圩、西七乡圩、重和圩、黄金闸等。和县明代所筑圩有邵长圩、官八圩，姚兴圩、李家圩、后河圩等。含山县建于明代的杨林大圩有田13.3万亩，规模也相当可观。[⑥]（参见表2）

---

① 光绪《高淳县志》卷3《水利·圩埠一》。

② （明）李万化：《徐公堤记》，乾隆《铜陵县志》卷14《艺文志》。

③ 民国《南陵县志》卷6《舆地·圩堤》。

④ 光绪《广德州志》卷4《塘坝》。

⑤ （清）韩梦周：《开黑河议》。

⑥ 参见水利水电科学研究院《中国水利史稿》编写组：《中国水利史稿》下，水利电力出版社1989年版，第87页。

表2　明代安徽沿江北岸修筑圩田

州县	圩名	面积（亩）	年代
庐江	新丰圩	2700	明嘉靖
	薛家圩	5000	明嘉靖
	东大圩	1400	明万历
无为	官圩	4200	明
	连城圩	2700	明
	纪家圩	1800	明
	西乡圩	10400	明
	重和圩	4000	明
和县	邵长圩	5000	明万历
	官八圩	7000	明初
	郑村圩	30000	明万历
	后河圩	30000	明万历
	港泊圩	1900	明初
	李家圩	1500	明初
	永丰圩	2300	明嘉靖三十年
含山	杨林大圩	133000	明
	仇家圩	2400	明万历
来安	天涧圩	2100	明初
	董清圩	2600	明初
	大雅圩	1200	明初
	黄青圩	1500	明初
	东广大圩	3700	明初
	西广大圩	2700	明初
	北广大圩	1700	明初
	三城圩	5100	明初
	江青圩	5200	明初
怀宁	镇师圩	18000	明万历九年

圩田的扩张致使不少湖塘或河湖废而为田。句容赤山湖，“溉田万顷，潦则港汊交错，宣泄畅流，旱则闸坝纵横，潴渟屯泽，固一

方百世之利也……沿及前明，湖身淤垫，辟为田亩，据为庐舍”①。江宁之慈湖，上元白米湖、迎担湖、苏峻湖、夏驾湖等皆被垦成田。②这种现象及其影响已被时人注意，早在正统年间，江南巡抚周忱就曾有如下报告：

> 应天、镇江、太平、宁国诸府，旧有石臼等湖，其中沟港，岁办鱼课。其外平圩浅滩，听民牧放孳畜，采掘菱藕，不得种耕。是以每遇山溪泛涨，水有所泄，不为民患。近者富豪之家，筑成圩田，排遏湖水，每遇泛溢，害即及民，宜悉平之。③

到万历年间，又有人指出圩田与水争地的问题及其危害。“夫圩与水争地者也，从国初至今，人民渐稠，垦艺渐博，圩之数日多，则居水之处日减，则其激而行也日悍……”④上述议论反映出圩田发展至明代，已经达到了基本的饱和，触及该地区水土关系的根本程度。

二、清代沿江圩田变迁分析

清代，圩田的命运同样经历了沉浮衰兴过程，即由因战火及自然灾害导致的破坏、荒芜到逐渐垦复重建，再进一步到新垦扩张之变迁。嘉庆《合肥县志》载：该县清初原额田塘地294.5万余亩，

---

① 光绪《续纂句容县志》卷6上《水利》。
② 嘉庆《江宁府志》卷7《水利》。
③ 《明英宗实录》卷145，正统十一年九月壬午。
④ 光绪《安徽通志》卷68《河渠志·水利治迹》。

其中无主荒芜田塘地19.3万余亩，于顺治十年（1653）拨入兴屯。顺治十二年至康熙十六年（1677）共垦复田13.6万余亩，6年后，续垦田塘地7331亩，至此，原额垦足，其后陆续垦辟被称作“溢额”者，当即新垦扩张田地。康熙三十三年，垦溢额田1001亩有零。康熙四十八年，又垦溢额圩田1039亩有零，至乾隆三十三年（1768）共垦溢额田14705亩有零，其中溢额圩田8365亩。明代以前，合肥有圩36处，到清代增加到77处。

光绪《庐江府志》载庐江县原额冈圩地山999036亩，共折实田951207亩。康熙十九年至雍正九年（1731）“新垦溢额田”83724亩，基本上全部是圩田。此后，垦辟仍在继续，如道光年间该县新筑同大圩，垦田4.5万亩，等等。

江北其他州县在修复旧有圩堤的基础上也新筑了不少圩田，因篇幅所限，不再一一列举。

有关记载表明，清代安徽沿江圩田扩展的主要区域在江北，相对而言，江南丹阳湖流域圩田由于宋代圩田的高度发展以及水文因素变迁的影响，创筑工程较少，而以维护、修防为主。经过明清时期的扩展，该地区圩田达到了饱和状态，韩梦周记述滁河流域圩田道：

> 来邑圩田之设……明而益盛。与来安接壤者，其南则滁州、和州、全椒，东南则江浦，东则六合，皆有圩，绵绎罗布五百余里。①

其他如巢湖流域、丹阳湖流域各有大小圩堤上千座。

考察本地区圩田发展演变过程，有以下几点值得注意。

① （清）韩梦周：《开黑河议》。

第一，本区圩田的发生、扩张可区分为三种情况。第一种是湖泊沼滩或浅水面围垦而成的圩田，如丹阳湖、石臼湖、固城湖、南漪湖、巢湖、黄陂湖等大湖之滨及众多的小湖湖身都是圩田围垦的对象。关于"沿湖为田"的记载，有谓"沿湖一带，围水成田"者（固城湖区，高淳），有谓"湖身淤垫，辟为田亩"者（赤山湖区，句容），有谓"后人因其水落之际，近湖之滨皆围筑埂岸，开为膏腴"者（赤山湖区，江宁府），或云"民又侵开湖地以植禾稼，而湖亦渐见浅狭"，有的记载更直截了当地指明某湖"今已为田"，或者说某圩即某湖等等。①

第二种是江河洲滩围垦而成的圩田，主要在长江沿岸以及滁河、青弋江、水阳江、秦淮河等河流两岸，洲滩的发育为圩田围筑提供了条件，即所谓"洲老柴稀，筑岸成圩，开荒成熟种稻，名曰芦田"②。沿江自九江、望江、怀宁、无为、铜陵等地都有数目不等的沙洲被围筑成圩。③

第三种是圩田本身不是围垦洲滩而成，圩堤乃是为了防江河洪涝而筑，最终目的在于保护原有田地。特别是在明清时期，人类长期活动的结果导致河湖水土关系的演变，原来无须堤防御水的耕地中有些需要加筑堤防才能继续耕种。如宿松县的情况："当有清开国之初，江水安澜，邑境居民防旱多而防潦少。道光后，江潮迭溢，于是外面沿江数百里长堤先后修筑，而滨湖各村庄地亩亦均筑围自保。"④

---

① 参见各有关地方志记载。

② 乾隆《无为州志》卷6《水利》。

③ 如：繁昌锦卫洲宽25里，长30里，后被筑垦为保定圩。和县江岸沙洲筑圩成田的有永胜圩、土旺圩、大荣圩等。九江封郭洲绵亘30里，民田3.6万余亩，明万历年间筑成潘兴圩。又有铜陵仁丰诸圩，无为高安圩、保定圩等，皆沙洲围筑而成。见前引有关各州、县志。

④ 民国《宿松县志·水利志》。

三种圩田中，似以湖区圩田兴起较早且占据重要地位。该区见于记载的较早的圩田多在丹阳湖区。宋人刘子澄《砖石湖坝论》指出："丹阳湖田昉于何时哉？万春名圩肇建南唐……长埂卧虹中，障三湖以捍众溪，化平陆数百顷。邦民附益而圩者如栉比。"[①]宋太平州知州叶翥又指出：

> 当涂、芜湖、繁昌三县低接江湖，圩田十居八九，皆是就近湖泺低浅去处筑圩成埂，便行布种。[②]

明人记述中也多见丹阳湖区宋代以前圩田兴盛状况，所谓"民多垦湖为田……永丰等圩官私所筑无虑数十万，而固城、石臼、丹阳三湖之间大抵多圩田矣"。甚至有丹阳湖区"宋时烟火最盛"之说。[③]可知当时丹阳湖区圩田在本区的重要地位。

第二，圩田发展进程中，变迁并非单向的。也就是说，在不断有新圩田创筑的同时，也存在着一些原有圩田废毁的现象，有些圩田往往修而后废，甚或屡修屡废。导致这种现象产生的原因是复杂的，有自然水文、地理的因素，如本区洪枯水位差悬殊，一次特大的洪水灾害，可致使千百圩田沉浸水底。宋太平兴国八年（983）的大水便造成了丹阳湖区"绵浸三四百里"一片汪洋，著名的万春圩沉没水底。丹阳湖区圩田，自明代筑成东坝以后，"向之围湖为田者尽没于烟波浩淼中，计田十万有奇"[④]，共计90余圩。高淳县崇教

① 乾隆《当涂县志》卷30《艺文志》。
② （清）徐松辑：《宋会要辑稿》《食货》六一之一三六，中华书局1957年影印本。
③ （明）韩邦宪：《广通镇坝考》，见《重刊江宁府志》卷7《山水》，光绪《高淳县志》卷21《艺文志》。
④ 光绪《高淳县志》卷3《水利·圩埠一》。

乡有圩堤48处，其中正兴等9圩因道光年间屡被水冲，“俱废”[①]；无为州青山等44圩，道光以后，“或全废，或半坍”[②]。历代的战乱曾造成不少圩田长期荒废，“合肥濒湖有圩田四十里，旧为沃壤，久废垦辟”，庐江县杨柳圩周长50里，因兵火而致“圩埠损缺，沟洫壅闭，一向荒闲二十余年”[③]。

芜湖万春圩自太平兴国八年（983）废置达80年之久，宋嘉祐中修复，后又遇大水废毁。明正统年间修筑将成，又以有碍水利掘而毁之，仍复为万春湖。到晚清光绪末年，为解决旗民生计，由张之洞等出面请准屯垦耕种。易泰圩筑成于宋崇宁年间，清代废为草场，即仍为易泰湖。[④]当涂童圩本为童家湖，后围湖成田，至乾道年间被掘废。[⑤]当涂忠惠圩于清顺治年间围垦“丹阳湖水乡泽国”而成，有田4.5万余亩。康熙初年因水灾无法耕种，废田为湖。虽因当时当地水利水害的复杂变化情形而有治水的改弦更张，致使部分圩堤废毁或修废无常，却不能阻止圩田不断扩张的总趋势。

第三，联圩并岸是明清时期圩田发展的一个趋势，也成为圩田防御洪涝的有效措施。所谓联圩并岸即针对圩区圩岸交错、水面萎缩、水系紊乱、蓄泄不利、修防能力分散的状况，而采取的将众多小圩合并或将圩堤联结成整体以增强抗防洪涝能力的措施。相对而言，并小圩成大圩可以缩短防洪堤线，统一规划，调整蓄泄布置，减少险工，集中力量防险。

早在宋代已经出现了类似联并的圩堤修防形式。据《当涂县

---

① 光绪《高淳县志》卷3《水利·圩埠一》。

② 光绪《庐州府志》卷13《水利》。

③ （清）徐松辑：《宋会要辑稿》，《食货》六之一九、七之三三等，中华书局1957年影印本。

④ 民国《芜湖县志》卷33《实业志·圩务》。

⑤ 乾隆《当涂县志》卷6《圩岸》。

志》载，绍兴二十三年（1153）大水，诸圩尽决，当涂知县张津带领群众筑长堤180里，“包诸小圩”。宣州化城、惠民二圩，周围连接长80里，“腹内包裹私圩十五所”。当涂又有广济圩一所，长93里，与私圩50余所并在一处，史称：

> 外面有大埂岸一条，包套逐圩在内，抵涨潮水。今来逐圩被大损坏，询访人户，只修外面大埂，不惟数倍省工，委是可以抵障水势。①

显然当时人们对联圩并埠的意义已有所认识，开始积极推行。到了明清时期，圩堤的联并更为普遍。

以南陵县圩堤变迁为例：据嘉庆《南陵县志》记载，该县圩坝125处，其中中林都总圩和下林都总圩都是包括数个、数十个小圩坝的大圩。又有董家坝、宝成圩等十圩坝，被注明“共一周围大埂”。又有庆丰圩、上阳东西坝等七圩坝，注明“共一大埂”。后来董家坝等十圩联合上下四图圩等共13坝圩，共成一大圩，于道光二十九年（1849）改总名称泰丰圩；庆丰圩等七圩坝则联合正阳圩等共13圩坝成一大圩，总名称西七连圩。此外，民国《南陵县志》还载有包括义丰圩、汪坝等68圩坝的下林都圩，包括清浦圩、孟太圩等15圩坝的上林都圩，包括姚兴圩等九圩坝的东七连圩，包括袁丰圩等五圩坝的五连圩，包括上义兴坝等三圩坝的三连圩，包括陶家坝、袁保圩等六圩坝的三合圩等等，仅此八大联圩即包括了中小圩坝120余处。不过，该县境内在同一时期又增加了不少圩坝，以单小圩坝

① （清）徐松辑：《宋会要辑稿》，《食货》七之五十，中华书局1957年影印本。

计，总数达到了190以上。①

其他如宣城县，康熙四年（1665）知县李文敏将上下安定、太平、尖刀等四圩合并，称四合圩。康熙八年又将下桥、宝珍、沈璋、西陵、岁丰等五圩合并，称李公圩。②又如无为州，乾隆三十年（1765）将沿江各圩堤联成4段，全长211里，成为无为大堤的雏形。长江堤防同马段、黄广段等堤段的形成，也与沿江圩坝的联并分不开。

三、圩田与本区农业生产

（一）圩田面积在本区耕地总面积中占有重要比例

宋代宣城县有圩田585424亩，常平官圩田172600亩，共计75.8万余亩。该县同时有山田642260亩，也就是说圩田占该县耕地面积的55%左右。③

明人李维桢在《金柱山记》中曾讲到当涂县一次受灾情况，指出："官圩田三十七万悉为污莱。"④

民国时期的调查资料记载，怀宁县圩岸中，五处明清时期修筑的、有田地面积记载的大圩，其耕地总计已达30万亩以上。⑤

民国《无为县小志》称：无为"圩田之多，甲于全皖"。全县山田不过10万亩，圩田却达70余万亩，大小计589圩。

由于记载、统计多方面的原因，历史资料中给我们提供可据以

① 民国《南陵县志》卷6《舆地·圩堤》。
② 光绪《安徽通志》卷68《河渠志·水利治迹》。
③ 嘉庆《宁国府志》卷16《食货志·田赋上》。
④ 乾隆《当涂县志》卷29《艺文志》。
⑤ 民国《怀宁县志》卷5《水利》，《安徽通志·水工志稿》上编之四。

进行计量分析的数据不多，上述诸州县的情况多数只能供作参考。为进一步说明圩田状况，尽可能全面、清楚地反映圩田在该区耕地中的比例，不得不以下面一些定性的记述作为佐证：

芜湖："芜鲜山乡，率山农三而泽农七，水旱迭为苦乐。"[①]

当涂："民之农者十而八，山农三而泽农七。"[②]

铜陵："铜（陵）滨江地下，圩田居十之七。""铜陵滨江为治，赋出于圩者十之七。"[③]

巢县："巢之田，圩居其半。"[④]

无为："州田计一百余万，山田十仅有三，余则尽属圩区，四乡计四百有奇。"[⑤]"阖州田赋百万，而圩乡实居其七。"[⑥]

上述诸州县，圩田多占全部耕地面积的50%以上，成为当地耕地的主要部分。

（二）正常生产力圩田高于其他田地

上面从量的方面分析了圩田的比重，下面再从质的方面对圩田生产力略加考察。由于圩田的主体是江河湖泊的泥沙淤生之地，土壤含有丰富的有机质，相当肥沃，加上圩田规制逐步完善，具有较好的水利条件。因此，一般说来圩田的正常生产力是较高的。正如李本樟所说："其濒江一带为圩田，设堤防而立斗门以司吐纳，往往

---

① 民国《芜湖县志》卷8引《方舆汇编》。
② 乾隆《当涂县志》卷7《风俗》。
③（清）崔惟律：《开凤心闸河碑记》，见乾隆《铜陵县志》卷14《艺文志》；（清）李本樟：《新修皇兴圩堤碑记》，见（清）贺长龄：《皇朝经世文编》卷116《工政二十二》《各省水利三》。
④ 张承芳《李公圩记》，见道光《巢县志》卷15《艺文志》。
⑤（清）蒋一鉴：《拟建神塘、泥汊二江口闸说》，见光绪《庐州府志》卷13《水利》。
⑥（清）丁翰清：《清开河建闸禀》，见光绪《庐州府志》卷13《水利》。

称沃壤。”[1]而且，不少圩田兼收茭芦鱼虾等水沼产品之利，综合效益显著。对此，不少地方志都有明确记载。

宋人刘子澄作《砖石湖坝论》指出：丹阳湖区圩田“不锄不耰，不粪不溉，自非百川甚溢之岁，公私所入视陆作三倍，亦可谓生民之大利、理人之要权也”[2]。长期“不锄不耰，不粪不溉”显然不大现实，但圩田生产力高于他类田地是肯定的，并与明清时期的记载相一致。芜湖、当涂一带都有“有获必倍它邑”的说法，当与圩田生产力之高分不开。

光绪《六合县志·地理志·水利》载：“水之所汇，田必肥美，水之所经，兼美茭茨，腊其鱼鳖足以供乾豆，获其葭苇足以备材用。故圩田、湖田较之山地获常倍钟。”清代著名学者韩梦周认为：

> 凡圩田宜稻，所获视他田三倍。其值亦倍于他田。故谚曰“圩田收，食三秋”，其地利然也。[3]

韩氏曾于乾隆年间出任来安知县，对来安、滁州、和州一带圩田水利作过考察，所云当有依据。来安、六合对岸的南京一带圩田亦广，其综合效益与六合同。“兼有鱼蟹虾蛤苇菰蒲之饶”，对水产品加以应有的重视，这是一般言水利者所不及的，直至民国时期仍是如此。[4]

宣城、南陵一带圩田也有人论及：

> 凡下地利圩田，筑堤障水而人耕其中，时蓄泄，岁入倍平

---

① （清）李本樟：《新修皇兴圩堤碑记》。

② 乾隆《当涂县志》卷30《艺文志》。

③ （清）韩梦周：《圩田图记》。

④ 民国《首都志》卷12《食货下·农业》。

壤。江介故有大泽，南宋时土人献策开永丰、太平诸圩，六七百年以来，宣歙诸州皆仰食焉。[①]

民国《无为县小志》曾将该县圩田、山田的产量作了比较，认为中圩田每亩平均产稻量为四石，最高的圩田亩产可达六至七石，而“山地则以土味较瘠，年产每亩不过二石左右，其劳力倍于圩田”。

众多记载表明，圩田生产量高于山田应是可信的。也正是广大的圩田面积和较高的圩田生产力决定了圩田在农业生产及整个社会经济中的重要地位。时人从政府财政收入、百姓生活等多角度论及圩田生产的重要性。宁国府、太平州，“惟仰圩田得以供输”。宣城，“下赡穷瘠而上应天子正供，独诸圩是赖”[②]。无为州，“阖州仰食于三百六十之圩”[③]。铜陵县，“赋出于圩者十之七”[④]。南陵县东北乡的78圩，“当县田赋过半”[⑤]。句容县，“农民生计居处多在圩中……幸而雨不连降，风不涌浪，可以苟全一岁之计”[⑥]。堪称与国计民生息息相关。

四、圩堤修防

同其他耕地形式相比，圩田的特殊性的根本在于圩堤，其优越

① （清）方苞：《与李觉庵论圩田书》，见（清）贺长龄：《皇朝经世文编》卷106《工政十二》《水利通论》。
② 光绪《安徽通志》卷68《河渠志·水利治迹》。
③ 乾隆《无为州志》卷6《水利》。
④ （清）李本樟：《新修皇兴圩堤碑记》。
⑤ （清）刘楷：《青弋江筑长堤记》，见民国《南陵县志》卷41《艺文志》。
⑥ 光绪《续纂句容县志》卷6上《水利》。

性的存亡也取决于圩堤，圩田的重要地位以圩堤完固为前提。南宋乾道九年（1173）的一次诏谕讲得好："大江之壖，其地广袤，使水之蓄泄不病而皆为膏腴者，圩之为利也。"①这里的"圩"即堤或圩岸。前述圩田的重要性甚至可以说就是圩堤的重要性，"凡营圩者，莫先于固堤"。"勤修圩岸，毋使江湖为害，是为要图。"②讲到湖区亦是如此：

> 为田于泽，植土防之，譬顿一盂于止水之中，防固则为金瓯，防溃则为污泽，此救之、度之、垒之、筑之，无岁而可懈怠也。③

总之一句话："无圩则无田。"④

圩区各地方文献在讲到圩田生产能力如何重大之后，也各述了圩堤溃决的恶果、惨状，两相形成鲜明的对照。江北，"坝一溃，虽有良苗善稼，顷刻化为大浸，而数百万之民其鱼也"⑤。江南，"坏决则水注圩中，平陆良田，顷刻变为江湖。哭声遍野，挈舟结筏，走避他处，国民命两皆失之"⑥。不仅当年失收，大水还导致"拔树木，漂庐舍，圩之沟渠畦塍荡涤变迁，失其故制，沙砾所淤，化为硗瘠。是以破堤之圩，三年不复"⑦的深远影响。从"圩田收，食三秋"到"破堤之圩，三年不复"，两种结果，充分证明了圩堤修防是

---

①《宋史》卷173《食货上一》。
②（清）韩梦周：《圩田图记》；参见光绪《安徽通志》卷65《水利》。
③（清）沈镐：《邑令马骏修西圩碑记》，见乾隆《望江县志》卷8中《艺文志》。
④（明）李维桢：《金柱山记》，见乾隆《当涂县志》卷29《艺文志》。
⑤《四坝说》，见乾隆《无为州志》卷6《水利》。
⑥ 光绪《续纂句容县志》卷6上《水利》。
⑦（清）韩梦周：《圩田图记》。

这个地区维持农业生产、发展农业生产的关键环节。

圩堤在圩区的关键地位决定了圩民对圩堤防汛的高度重视。“农民生计居处多在圩中，每遇水至，则举村阖社日夜并力守圩，辛苦狼狈于淤泥之中，如御大寇。”[①]清人陈泰庸作《塔山渡守圩歌》形象具体地记述了抢修防汛的紧张、辛劳状况。[②]

然而，平时修防的重要性甚于防汛。这与“防重于治”的道理类似，平时对圩堤修护完好、坚固，有备而无患，自然减轻汛期的压力和危险。但平时修防难度也更大，难以人人能“居安思危”，动作参差不齐就在所难免，甚至出现推诿、冲突。一圩之内，圩与圩之间，加上宗族关系，行政区划，农业与渔业、商业等的利害交错，就使得平时的修防经营复杂起来。

（一）修防资金（人力、物力）的来源与筹措

记载中所见各地圩堤修防过程中的资金来源种类甚多，主要有：

1. 官绅捐款

如全椒县官渡圩石闸，本即明代邑人募捐倡修。乾隆十一年（1746），县令又“捐廉倡修”。光绪二十二年（1896），义民王必琛独力捐银2000两重新修建。望江县西圩，乾隆三十年前后，由县令郑某捐俸260余两修建。巢县李某捐银150两修筑贾塘圩石堤（该圩

---

① 光绪《续纂句容县志》卷6上《水利》。

② 光绪《溧水县志》卷18《艺文志》。其歌词云：“鼓不停，锣不歇，圩上圩下声不绝；昼夜酸风送凄切，使人骨惊心为折。清和已过天正热，大雨时行此其节；暑气蒸云助滂渤，山水奔腾涧水涊；如雷如霆势飘瞥，阳侯卷作一团雪……耕田凿井无□□，总恃此圩为捍隔；长波滚滚来无竭，回旋动荡不得越；全力翻从地底发，如锥四出钻土脉；一缕涓涓开细隙，湍流仰漱成大穴；下陷上倾声响捷，千村立化鼋鼍窟；此时安危分旦夕，此际存亡在眉睫；自救救人均一辙，同力不劳官督责……民如鹅鸭泥水汩，目见耳闻不可说。”

改称李公圩)。南陵县姚兴圩由邑绅徐文达捐助银1000余两，购地90余亩以为修堤之用。[①]

2. 官项、以工代赈

支用官项修筑圩堤闸涵的现象较为分散，似乎带有偶然性。清同治、光绪年间动帑事例较多，又与洪涝灾害频繁、严重有关。动帑修圩，多以以工代赈的方式来实施。如光绪中修句容仓头镇五圩，以工代赈，用银3000余两。南陵熊宝圩亦为以工代赈筑成。[②]

3. 计亩出费（夫）、借帑、业食佃力

前述官项修防、捐款修防皆无可靠规律，更不是修防资金（人物力）的主要来源。圩堤修防负担的普遍原则是受益圩民按受益田亩多寡承担。例如南陵，“照亩出费”[③]。溧水，“按亩出夫，岁修完固”[④]。句容，“务令按亩出夫”[⑤]。铜陵，“按亩以征费，计甲以起夫”[⑥]。芜湖，“按亩起费”[⑦]。当涂，“工由夫作，夫由田起，定例也，有田则有夫，田多则夫众，定数也”，“无论绅衿士庶，照田均派明充”[⑧]，等等。修防资金来源中经常见到借款名目，即借支官帑修圩。如无为、和州、当涂诸州县都不乏借帑修圩的记载，[⑨]借支官帑一般在圩区被水、圩民受灾无力修复圩堤的情况下发生，而且规定要归还，由受益圩民在规定年限内摊征还款。其本质仍属民力负

---

① 参见有关各州县方志中关于圩堤水利的记载。

② 参见有关各州县方志中关于圩堤水利的记载。

③ 民国《南陵县志》卷6《舆地·圩堤》。

④ 光绪《溧水县志》卷2《舆地·圩堤》。

⑤ 光绪《续纂句容县志》卷4《实政》。

⑥（清）李本樟：《新修皇兴圩堤碑记》。

⑦ 民国《芜湖县志》卷33《圩务》。

⑧《官圩剔弊事宜》，见乾隆《当涂县志》卷6《圩垾》。

⑨ 乾隆二十九年，无为州曾借支官银3000两修筑圩堤，“分作三年征完归款”。见《清高宗实录》卷725，乾隆二十九年十二月。其他借款事例，参见有关各州县水利或圩堤修防记载。

担。借帑之外又有业食佃力形式亦与官费无涉，如望江县西圩乾隆年间规定："遇修筑总照业食佃力之例，概不许勒索工价。"①

（二）修防的进行与管理

1. 民修官督体制

圩堤修防，最基本且重要的为岁修，所谓"岁加修筑，务期完固"②。修防的资金或人力物力主要由受益圩民负担已如前述，但官府对圩堤修防却不能撒手不管，因此，官督民修形成圩区修防的一般体制。勘查应修工程，督率修防过程，处理冲突纠纷，圩与圩之间、行政州县之间圩堤事务交涉，是官督的具体内容。

对于官督，曾有人认为它完全没有必要，而且滋生诸多弊端。蒋士铨以为：

> 圩坏则田主必修，水退则诸圩共筑。农以田为命，岂有坐视其圩之坏，甘心委产于浸者乎？③

《当涂县志》载《禁革官圩总修详议》也说：

> 各圩修各圩之圩堤，即修各身家性命、祖宗坟墓之圩堤，何待总修之督理，长差之催趱？④

持官督无必要论者都是在揭露弊害的基础上得出结论的。因政治腐

---

① （清）《西圩筑堤徙河记》，见乾隆《望江县志》卷8中《艺文志》。

② （清）刘增：《西圩禁碑记》，见乾隆《望江县志》卷8中《艺文志》。

③ （清）蒋士铨：《札吴翥堂观察》，见（清）贺长龄等：《皇朝经世文编》卷38《户政》十三《农政下》。

④ 乾隆《当涂县志》卷6《圩埠》。

败致使官督存在诸多弊端，出于激愤而抨击、指摘固然无可非议，但完全否认官督修圩的作用，则不妥。因为，分散的小农经济与大规模公共性工程间须有协调，绝非一家一户之力能够完成，必须有政府统一规划、领导，这个道理是显而易见的。

2. 圩长制度

在江苏、安徽沿江圩区，不管大圩小圩，每圩都有圩长，具体负责本圩修防事务。各圩情况不同，措置自有差别。在南陵，“每圩设立圩长，多寡不等，按年分班督夫培筑圩堤，加高帮阔，以卫田畴，有永远充当者，有随田充当者”[①]。利害相共之圩，相互协修也很常见。面积广大之圩则又划分为若干区段，圩长之下，每区段设小圩长或圩甲，分工负责。如望江县西圩下分12甲，“凡遇坍卸，圩长圩甲催令圩户按段挑修。今（乾隆）拟定每年修筑，俱以十一月十五日为始，限至十二月十五日完工。如有懒惰推诿者，该圩长圩甲即行指名禀究”[②]。当涂大官圩分为4岸，每岸又有7圩，设有总修（圩长）、小修（小圩长），其下又有小甲负责修防。[③]

圩长圩甲的主要职责是催收圩费，召征圩夫，率领修防。在不少地方圩堤修防时，圩长要先垫支经费工料，因此对圩长的财力要求很重要。在当涂，圩长（轮修）、圩甲（小修）是作为圩来对待的。

> 各埠之中，首选有田多业主为轮修，次则为小修……轮修一役，非殷实田多者不能任重大之责，其来久矣。

因为轮修负责圩堤修防，“至水势泛涨骤发一时，小则芦席，大则下

---

① 民国《南陵县志》卷16《食货志》。

② 《郑主示禁西圩条款》，乾隆《望江县志》卷8中《艺文志》。

③ 《官圩剔弊事宜》，见乾隆《当涂县志》卷6《圩埠》。

桩，需用桩木，非轮修之便不能刻应，即使售无现价，其木客铺行皆以殷实相信赊欠，得以随时济用。虽云事竣众偿，而预应之力，不得不藉轮修支持”[①]。因此，连小修也是“必其才力足以服人，方可责治众夫，理合以田亩为定，多者先之，少者次之，其余数亩及荒废不成田之业主则置之，恐其田亩不多，漫无经理，或至失事也”[②]。这样的圩长不仅责任重大，而且负担沉重，称作“以一人率千人，实以齐民治齐民”。有的“圩长苦效心力，又无工食，寒风冻雪之下以民管民，任劳任怨”。当然，也有的圩长乘机营私舞弊，“借称造送册结为由，议费敛钱，需索酒食等项”[③]。与前述圩长相比，自然是泾渭之别。

3. 绅衿与修防

各地圩堤修防过程中，绅衿的地位很显著。一方面是有不少绅衿成为圩堤修防的实际主持者，在筹措资金、组织人力诸方面起着重要作用。他们或直接捐资（见官绅捐款），或亲自出任圩长、圩董，也有不少为圩堤修防的实际操纵者。绅衿借此谋私者亦时有出现。当涂县旧制：绅衿不当圩役，有“绅衿之免圩役，如丁粮优免之例”。对此，时人曾切中要害地指出：“岂阳侯波至，遇绅衿田即不肆虐乎？”绅衿虽然不当圩役，却操纵圩总圩长的人选。史载：

> 今之报总圩小圩者，全自绅衿主之。当议总之日，东奔西驰，卖彼觑此。甚至佥议已定，而临时一二积霸且有出呈袖中，擅易所议姓名者……[④]

① 《官圩剔弊事宜》，见乾隆《当涂县志》卷6《圩埠》。
② 同上。南陵、高淳等州县圩长佥充亦以田多田少为基本标准。
③ （清）刘增：《西圩禁碑记》。
④ 《官圩剔弊事宜》。

有时为了从中渔利，对圩长、小修的人选甚至“欲脱者不使遽脱而昂其值，欲求者不使即得而靳其与，一一惟贿是谋”[1]。有田绅衿不当役、不出夫，“无田之衿亦效尤，而得银八钱代人免一夫”[2]，如此等等，给圩堤修防造成的不良影响是显而易见的。

五、水土关系变迁与圩田水利

(一)长江沙洲与江流

古时江流散漫宽阔，历经千万年冲淤，自然产生洲渚。据魏源考释，“古浔阳、九江及大雷、彭蠡之间，江面横广各百余里，浩瀚沮洳，洲渚纵横……”[3]“考浔阳北岸为广济、黄梅，岁修堤防之地，占水为田。在昔堤防未设时，江必自广济堤穿入武山、连山诸湖，下达黄梅之太白、张家二湖，包沦县治，挟源湖、感湖、涉湖以东至宿松，广于今之江面数倍。”[4]自然及人文诸因素合力的不断作用，沙淤不断增加，洲渚逐渐连成一片，一步步靠岸接陆，并且被人们垦殖耕种而成田园庐舍。江流自散漫渐趋主泓归槽。《宋史·河渠志》记池州段大江状况，尚有“两岸皆沙洲，广二百余里”之说。时人胡玢有《桑落洲》诗记述长江沙洲之消长、垦殖云：

> 莫问桑田事，但看桑落洲；数家住新处，昔日大江流；古岸崩欲尽，平沙长未休。想应百年后，人世更悠悠。

---

① 《官圩剔弊事宜》。
② 同上。
③ （清）魏源：《释道山南条阳列》，《魏源集》下，中华书局1983年版，第531页。
④ 同上。

据《元和郡县志》记载："京口江旧阔四十余里，今阔十八里。"反映了随着淤洲发展及垦殖扩张而江流逐渐变窄的趋势。元至顺《丹徒县志》也有关于江中淤洲发展进而被垦殖的详细记载：

> 江中多沙，初自水底涨而出水，谓之涂泥地，已而生小黄花，谓之黄花杂草地，自黄花变而生芦苇，则为良田。①

这种不等到沙洲靠岸接陆，便急于垦殖利用的局面，体现出民间利用沙洲急不可待的倾向。江流的变化与江洲的淤生坍塌关系密切。在宋、元以前，沙洲的淤涨与围垦活动逼水归槽，江堤修筑，江道变窄，洲渚表现为消减状，正是魏源所论"自后世与水争地，堤岸日增，江面日狭，洲渚日少。鹦鹉洲著名自古，自鄂渚至桑落洲，沙水相间，为浔阳九派者，荡然无存"②。

明清时期，长江沙洲变迁进入一新阶段。这一时期的江洲变迁有两个基础前提：其一是长江堤防的逐渐系统化，江流趋向单一河槽；其二是由于上中游、支流水土流失而引起来沙量增大。加上其他人文因素影响，江洲的变迁具有以下特点：第一，沙洲发育迅速，新生洲多；第二，沙洲坍涨无常，"时没时长"；第三，江中沙洲的利用提早，争夺剧烈。试分别述论如下。

沿江州县方志中多见"沙洲林立"的记载。嘉靖《池州府志》载贵池县、铜陵县、东流县境内沙洲达49处之多，《安徽通志·水系稿》称为"流向屈曲，县界不明，群洲聚集，填为大陆。度其变化经过，必有大坍大涨之历史焉"。

---

① 光绪《丹徒县志》卷3《舆地志·川》。

② （清）魏源：《释道南条汉水》，《魏源集》下，中华书局1983年版，第552页。

有不少沙洲面积广大。如繁昌锦卫洲宽25里，长30里。德化封郭洲、桑落洲筑堤分别长30余里，70余里，前者有民田即3.6万余亩。其他如曹韩洲长18里，宽4里。黑沙洲“横广十四五里，纵广八九里”。白茆洲“横长十二里许，纵广三里许，大沙包其外，周袤长十六里，沙尾南北最广处三里许”。[①]乾隆初年所修《无为州志》记载：州属滨江共计老洲42处，新涨洲5处，芦田草地泥沙滩面积达26万亩以上。另有芦田老厂31处，面积6.4万余亩。又据光绪《安徽通志》记载：全省“芦课”项下，原额上中下芦田、密稀芦地、上中下草地、荻草荒地、白沙泥滩等名目，共有2399807亩，其后增加到3199700亩。

江苏境内沿江沙洲亦多。程京萼《开秦淮通丹阳议》指出：“迩来自金陵下及京口，百八十里之内洲渚丛生，港汊错列，在在可避风涛，所谓黄天荡者，半为葭苇之场……（绛岩湖）近日居民乃悉占而为田，湖之存者无几矣。秦淮源远而受水众，今乡间诸支河既为民田侵蚀，日以湮没。城中则正流浅狭，而支河淀淤，有夷为平陆者。”[②]上元、江宁、六合、句容、江浦、丹徒等州县都有面积广大的沙田、泥滩，洲名不计其数。江宁一府明代芦课征银14684两；到清代，芦洲课银达30276两。至嘉庆年间，江宁府属滨江之上元、江宁、句容、江浦、六合等5县，沙洲田地面积统计为690695亩。[③]光绪《丹徒县志》载有县属沿江沙洲芦政较为详细的资料，统计如表3。该志载同治八年（1869）县属沙洲数为63个，无论洲数还是洲的面积都相当可观。

---

① 参见民国《安徽通志·水系稿》；同治《德化县志》卷5《地理志·水利》；《东方杂志》第3卷第10期。

② （清）贺长龄：《皇朝经世文编》卷111《工政》十七《江苏水利上》。

③ 嘉庆《江宁府志》卷14《赋役》。

表 3 丹徒县属沿江沙洲芦课田地税课统计表

年代	芦课面积	征银额	备注
明万历十七年（1589）	缺	1951 两	其中芦课银 1135 两，泥滩银 815
清康熙二十二年（1683）	232343 亩	6526 两	包括芦田地埂塘草泥滩水影等
乾隆六十年（1795）	381492 亩	13221 两	据《详定沙洲鱼鳞圹册》
同治八年（1869）	325776 亩	15364 两	据《详定沙洲清册》

资料来源：光绪《丹徒县志》卷 14《芦政》。

以上列举了安徽沿江、江宁府沿江沙洲的大概情况，必须明确的是上述面积尚非各地区沙洲的全部，因为所列仅为被官府登籍、升科的部分，相信此外存在着相当面积的未升科沙洲。尽管如此，我们从中已足以了解到当时沿江沙洲淤生的急剧趋势。当然，上述无论洲名还是洲数，不全都是明清时期新生之洲，但部分旧有之洲，其面积在明清时期大大扩张了。还有部分沙洲形成于明清时期是可以肯定的。前举安徽沿江（沙洲）芦洲面积，新额与原额相较，增加约 80 万亩，丹徒、无为等州县的芦洲面积，基本上都呈增加趋势（清末开报启征面积下降当与战乱影响有关，另当别论）。据蒋廷章《江沙说》记述：

> 自万历中年，（仪真县一带）江上有沙起青山以迄旧江口，勋贵之家争课佃焉。（泰）昌（天）启间遂有洲可植芦莳谷矣。①

由此也可见淤积迅速之一斑。有人统计，安徽沿江现存 44 个沙洲中，有 12 洲成洲时间不详，其余有成洲年代的 32 洲中，有 18 洲形

① 嘉庆《重修扬州府志》卷 8《山川》。

成于明清时期。[①]因此，可以说明清时期沙洲发育迅速，是与宋元以来长江干支流中上游垦殖扩张加剧相联系的，含沙量的加大势必加剧下游的淤积。

有关长江沙洲的记述，无不在讲沙洲众多的同时，指出沙洲坍涨无常的特性，“或因淤塞而新生，或因移徙而重出”[②]，“或昔有而今无，或昔无而今有。横斜方直，不一其形，南北东西，不定其处”[③]。或南涨北坍，或东增西削，“陵谷变迁，崩卸靡常”[④]。坍涨无常不仅指江中新生沙洲，也包括靠岸老洲和江岸在内。据嘉靖六年（1527）御史郭希愈奏报：“江北岸善崩，凡坍江田地约有四万二千余亩……而江南新涨滩田九万八千余亩，渐成沃壤。”[⑤]在无为州，由于南岸洲滩日长，以致江水北刷日甚。州属沿江地带，自明至清初，“民田渐次陆沉于江者四十余里，所筑捍水堤接连坍塌入江者四遭”[⑥]。与此同时，南岸却淤生大面积沙洲。沿江洲岸的坍塌从官府对田赋额的蠲除中也可得到佐证（见表4）。下表所示，基本上是江宁府及丹徒县的情况。

明清时期，与人口增长对土地需求急迫相一致，对沙洲的利用也很急迫，争夺也在加剧。“每一洲出，则大豪宿猾人人睥睨其间，毕智殚贿，百计求请。或连势人以摇官府，必得乃已。”[⑦]有“望水以升科，留粮以待补”[⑧]者。豪强霸占，加上沙棍把持，洲保

① 参见《安徽沿江沙洲开发历史和现状探讨》，《中国农史》1990年第1期。
② 《明孝宗弘治实录》卷10，弘治元年闰正月乙亥。
③ 光绪《丹徒县志》卷3《舆地志·川》。
④ 邵丰锿：《丈洲地记》，见《新洲县水利志史料专辑》，第160页。
⑤ 《明世宗实录》卷79，嘉靖六年八月壬申。
⑥ 光绪《安徽通志》卷61《河渠志》。
⑦ （明）唐顺之：《沙田记》，见光绪《丹徒县志》卷3《舆地志》。
⑧ （清）《严禁芦洲丈费碑》，见光绪《续纂句容县志》卷4《实政》。

表4 部分沿江州县蠲除坍没田地事例表

时间	属地	豁除面积
康熙十三年（1674）	丹徒县	坍入大江田4000余亩
康熙二十七年	丹徒县	豁免坍江田地17000亩旧欠、额征
雍正三年（1725）	丹徒县	豁免滨江坍田额赋银1620两，米1977石
乾隆十四年（1749）	沿江	豁免坍没芦洲田、滩课银4129两
乾隆十五年	上元等县卫	豁免坍荒田地额征银37000两
乾隆二十一年	上元、江宁等县	豁免低瘠田地100383亩额赋
乾隆二十六年	常熟、丹徒等	豁免坍没田地12247亩额赋
乾隆三十一年	句容	豁免滨江坍没田地873亩额赋
乾隆三十八年	上元、江宁、六合	豁免坍没民田4011亩额赋
乾隆三十九年	六合、江宁	豁免坍没民、卫田10035亩额赋
乾隆四十年	上元、江宁	豁免坍没民、卫田3442亩额赋
乾隆四十二年	丹徒	豁免坍没田地6049亩额赋
乾隆四十九年	丹徒	豁免坍没田地3178亩额赋
乾隆五十三年	六合	豁免江占民、卫田1942亩额赋
乾隆五十六年	上元	豁免坍没地836亩额赋
乾隆五十八年	丹徒	豁免坍没地6335亩额赋
嘉庆三年（1798）	六合	豁免坍没地2400亩额赋
嘉庆十四年	六合	豁免坍没地1922亩额赋

资料来源：清代历朝实录。

作弊，“故洲之争未已，新洲之争又起”①，以致引起大规模械斗、仇杀。史称“德化、瑞昌、黄梅三邑民争芦洲，累岁相斗杀”②；丹徒为争芦洲，“构亡命，挺矛槊，隐贼公哄于丛苇高浪之间，相杀或数十人”，争洲狱案满筐箧，积十数年不能结，成为有关州县一大累疣。③清人陆玉书有《悯沙田》诗记述争占沙洲情景云：

---

① （明）唐顺之：《沙田记》。

② 《清史稿》卷479《循吏四·冷鼎亨传》。

③ （明）唐顺之：《沙田记》。

沧桑真无常，变幻只转瞩。遂有谋利徒，开垦事耕筑。
始焉养水草，继焉植蔬蔌。日久渐成田，居然稻可熟。
黠者更作俑，机巧百端伏；敛钱诱乡愚，结党共邻族；
但知利可图，辗转相贩鬻；致开争竞端，纷纷烦案牍。
……①

又据《丹徒县志》、《安徽通志》等记载，当时对芦洲征课分为以下类别：芦田、埂划塘、芦地、草滩、泥滩、上水影、下水影等，表明沙洲之被垦殖利用，并未等到它完全成为农田。有关记载中还有一个共同现象值得我们注意，这就是豪猾势家是占垦沙洲的主力军，贫苦百姓是无力与之抗衡争夺的。

官府对沙洲的管理也历经多次变动。始初并无统一措施，“不入版籍，而人据以为私”②。明弘治元年（1488）决定南京工部增设主事一员，主管镇江至九江沿江芦洲。此前，“近江州县并巡检司，每年砍办本色芦柴及折收银两，解送南京工部烧造买办应用”③。据《丹徒县志》记载，嘉靖年间，镇江知府林华为消除争占沙洲的矛盾、争讼，将沿江洲田充公，岁收其租作为班支、坊支两项经费。又据《重刊江宁府志》，该府芦洲田地在明代共征银14684两，设有芦政厅专收。清前期，将芦洲课银收归坐落州县征收，规定五年丈量一次，坍没者除豁，新涨者升科。至同治年间，改为10年丈量一次，并不准沙棍、洲保征收丈量费用，明确规定：“望水升科，预埋争占之根，最为恶习。嗣后如有新涨，必须变成泥草各滩，方许缴

① 光绪《六合县志》卷7《艺文志》。
② （明）唐顺之：《沙田记》。
③ 《明孝宗弘治实录》卷10，弘治元年闰正月乙亥。

价买受，若系水影光滩，不准报买。”“坍即报豁，不准留粮待补。”[1]以杜纷争。但是，由于豪强兼并，有司“交通富民，阿顺势要”，或稽查困难，坍涨无常，沙洲芦课的升除多是一笔糊涂账。

值得重视的是沙洲垦殖对于沙洲发育、形成、固定的促进作用。沙洲一旦被垦种而有收益，占有者自然不会轻易地让其坍没入水，而是希望其不断淤涨扩张，尤其沙洲筑圩成田后更是如此。江中沙洲往往有新生洲、傍生洲之名，而且坍没远远不及淤生之广，正与人为因素起作用紧密相关。

毫无疑问，沙洲是长江水沙流动的产物。但这里我们还必须注意到沙洲对江流的显著影响。沙洲坍涨无常本身是江流摆动所产生的现象，它同时又影响着江流的摇摆、走向，最突出的例子是无为州江段变迁。乾隆初年，无为州知州范从彻考察属境江堤筑防时指出：

> 从前江水顺流堤外，沙滩拥护可以无恐，自前明时涨发新洲，横亘江心，致江水折而北趋，江北沙滩日被汕刷……嘉靖时州守郑谆典帮筑长堤十数里以捍江潮，寻坍入江。万历十六年（1588）后州守陈应龙筑首坝，孙慈筑二坝，陈明熙筑三坝，前后尽坍于江。国朝顺治九年（1652），升任知州佟国桢再筑四坝，江潮旋啮。康熙八年（1669），州守颜尧揆又筑新坝，即今五坝也。[2]

沙洲影响江势而致使北岸不断坍江，堤坝屡筑屡坍。至乾隆中期曾试图采取“釜底抽薪”战术，从根本上制止江水汕刷北岸：“乾隆三

① 光绪《六合县志》卷2《田赋志·芦课》。
② （清）范从彻：《开河筑坝议略》，见光绪《重修安徽通志》卷61《河渠志》。

十四年（1769），勘得江水斜溜，缘江心有太阳洲阻塞，下流不能顺势，遂至回留坝址，屡为倾圮。议于太阳洲首大为开浚，使其势不触流回溜，庶坝基可固而水患可弥”[①]。但在当时技术条件下，在滔滔江水中挖掉方圆数十里的沙洲，谈何容易！何况大势所趋，随挖随淤，最终难免徒劳。由于江流各段情况差异，沙洲影响江水走势亦各不相同，或如上述南涨北坍，或刷南涨北，也有东西相向的情况，甚至江中间沙洲扩张，南北岸同时刷坍。在不同的时期，坍涨并有易势。有的地方陆地坍入江流，再涨淤而为洲地。

洲滩围垦有加剧淤涨的作用，淤涨又影响到江水流势，导致部分区段江岸坍塌，坍塌也危及已成圩田。无为州嘉庆以前滨江坍田数万亩，此后，青山圩、王小圩、张古圩等44圩都严重坍塌，有的“田废过半”，有的“全废”、“尽废”，有的“田废约半”[②]。但总体而论，坍田远不及洲滩占垦之盛。特别是乾隆朝以后，洲滩占垦引起朝野上下的注意，不少有识之士看到了洪涝灾害与洲滩不合理占垦的关系。乾隆五十三年（1788）荆州大水与长江窖金洲的影响有关，更加深了统治者对长江沙洲占垦问题的认识，曾经多次颁布洲滩占垦禁令，只是效果远不理想。

（二）山地垦殖与圩区水利

与长江洲滩日增的现象相应，明清时期，尤其清后期本地区内各支河湖泊也同样表现出“病在淤浅”的共通症状。在句容，“塘坝日淤，湖亦就浅”[③]。在庐州，“诸山之水所由之道，今阔者日窄，

① （清）《挖洲说》，见光绪《庐州府志》卷13《水利》。
② 光绪《庐州府志》卷13《水利》。
③ （清）胡景洛：《南乡水利说》，见光绪《续纂句容县志》卷6《水利》。

深者日浅。水涨满城为壑，而雨止即成陆地”[①]。南陵县有地名沙河涝者，“向为支河，频年沙积，河道淤塞，滩地均筑为圩坝，河已无迹，惟圩坝外尚有低涝，因名为沙河涝”[②]。望江县有漳湖，四面受水，清后期湖中心有沙洲淤生，名漳腹洲。[③]在鄱阳湖区，道光以后水患渍涝严重，“推其原故，固由湖身日浅，亦由河道日淤”[④]。普遍的江河湖泊淤积严重，显然是水土流失加剧的结果，而水土流失又是与河湖上游的山地垦殖相伴发生的。对此，方志文献中多有记述。光绪《广德州志》述建平县状况时说：

> 昔贤大兴陂塘以为旱备，计至远也，今塘迹虽存，浅淤居半。诸溪故多沙砾，而旧时养山止以樵采供赋。其后垦辟渐多，山农莳种麻靛仁草之属，利虽较优，而沙土锄松，水发时辄沙水俱下，水去沙存，溪日益浅，每当春涨秋霖，灌盈不已，骤为泛溢，洪波奔泻而建平为壑矣。或雨泽愆期，向之奔泻者至此皆成断潢绝港，旱即枯涸，膏腴悉为草宅。

江北六安州一带前后对比非常明显，“昔时西去万山，草树蒙茸，虎狼窟宅。近则人烟辐辏，崇山悉开熟地，土松雨涤，逐渐归河……”[⑤]在江宁、皖南的山地垦殖过程中，“客民”、“棚民”起着日益深刻化的恶性影响，而且与当地“生齿日繁”紧密相关。宁国府的客棚垦山自乾隆时已经发生，《旌德县志》称：“种苞芦者都

① （清）黄道日：《山水城池议》，见光绪《庐州府志》卷94《志余》上。
② 民国《南陵县志》卷5《山川》。
③ 光绪《重修安徽通志》卷65《水利》。
④ 《皇朝政典类纂》卷41《水利四》。
⑤ （清）杨友敬：《复高太守询六安州水利书》，见（清）贺长龄：《皇朝经世文编》卷116《工政二十二》《各省水利三》。

系福建、江西、浙江及池州、安庆等府流民租山赁种，用锄开挖冈陇，土松石动，每遇霖雨，石沙随雨奔下，填溪塞路，毁坏良畴。”而且时常与土著发生冲突，命案迭出。乾隆五十四年（1789），省府以棚民挖山引起洪水灾患为由，下令将棚民“概行驱逐”，但至嘉庆时，“棚民更多于昔”①。不仅旌德，整个宁国府属大多如是，“宁郡山陬亦系棚民聚族种白麻苞芦”。施闰章《麻棚谣》说：“山陬郁郁多白苎，问谁种者闽与楚；伐木作棚御风雨，缘冈蔽谷成俦伍……”施氏此歌谣虽针对江西袁州府属山区而作，而实际上也可反映皖南山区的状况。②

《句容县志》载有胡景洛《南乡水利说》和王荣浩《顾家坝水利说》二文，切实具体地记述了本地山区垦殖与水利废坏的关系，而山地垦殖的主体也是棚民。胡文指出：“向者东南诸山林木郁茂，庶草秽芜，山水发作而沙不下，流塘坝者皆清水也，由塘坝而入湖者亦清水也，所以不致壅淤”；到同治、光绪年间，浙江温州、台州、安徽省安庆及湖北、河南棚民、客民陆续来此寄居，以垦山为事，周围浮山、历山、方山、丁髻山、瓦屋山一带，“既经开遍……山之荒者尽转为熟，则草木全无，无以阻涩淤沙，水稍发即随水而下，如黄河之水大半是泥”，“向之水发不厌其多，水去不虞其竭者，今之甫至则见为淹，水稍退即见其涸，则山乡之不患涝者今患之矣，圩乡之不患旱者今患之矣”。将水旱灾害的原因皆归之于开山难免绝对，可是，较为系统地从植被破坏、水土流失、湖塘淤浅与水旱灾害的关系来认识考察山地垦殖，其意义却不容忽视。王文亦

① 嘉庆《旌德县志》卷5《物产》。

② 嘉庆《宁国府志》卷18《食货·物产》。该志有“按语”云：“此诗愚山先生在袁州时所作。自注：袁州人不蓺麻，赁地与闽楚流民。架棚聚族，立魁长，凌轹土著，吏不能禁。今宁郡山陬，亦系棚民聚族种白麻之类，与诗相似。”

是针对山地垦殖立论的，所据现象为渠涧淤塞而非湖塘，但指出植被破坏造成水土流失的道理却是与胡文一致的，其说开宗明义、一针见血："天下事有顾眉睫之利而贻无穷之患者，其开山种谷乎！夫种树于山、艺谷于田，此自然之利也。必欲尽地之利而易山为田，于古未有也。"这种尊重自然规律、兼顾眼前与长远利益的思想，可谓难能可贵。

普遍性的河湖淤浅、湮塞，导致圩区泄水不畅，往往积渍成灾，并由此引发了一些夹杂着地区间、行业间矛盾冲突的问题。如无为州泥汊、神塘二河口的通堵问题，无为州填河筑坝堵塞河口，理由是防止江潮倒灌，却引起二河上游庐江县反对。因为河口一堵，腹内黄皮湖、白湖等湖及山溪诸水皆须绕道入江，道长线曲，使原已泄消不畅的症结更加严重，致成"腹心膨胀之症"，同时导致"舟楫不通，生意清淡，店铺闭歇"，特别是堵河只想到江潮倒灌，未计及山洪；只想到来水多少，未计及蓄泄能力之增减，况且江潮倒灌与江道淤高不无关系，河湖淤浅，蓄水量减少，泄洪能力降低才是问题的根本所在。早在乾隆初年已有人指出此关键所在。

> 巢县之焦湖、庐江之黄白二湖并建于上流，春夏之交，淫雨积旬，又有湖水内涨之患……若沟洫不清，茭葑壅塞，堤闸消纳不速，则国课难完，民生终不遂矣。[①]

事实上，河口于同治十二年（1873）初被堵塞后，恶果很快显露，腹地数百圩面面临水，圩田积渍，户口逃亡，不仅庐江，连无为人

---

① 乾隆《无为州志》卷6《水利》。

也开始提出开河建闸要求。[①] 再如新开六合县朱家山河道问题，自明成化以后，屡屡议开，规划、动工达十来次之多，其中雍正十二年（1734）、乾隆十九年（1754）、嘉庆八年（1803）等年都曾大兴工役，开成新河，却不能维持成果。中间有技术因素、地区间矛盾、商贾争利、自然条件等多方面的干扰和影响。开朱家山新河就是为了解决滁河流域田区泄水的问题，因为滁河原入江的瓜埠口已经“壅沙逼阻，两岸多芦苇，上游水大不能即泄”[②]，对于来安、滁州来说，开新河求之不得，江浦亦主张开新河，但目的在于通过航道收商贾贸易之利，而非为来安、滁州圩田着想。六安持反对意见。据来安知县韩梦周讲：“江南货物转江北者，旧由瓜埠口抵六合，故黠商豪贾聚焉。若黑水河（朱家山河道即其一段）开，则江南估舶直达浦口，其道径便，不利六合商。”因此，“六合商醵金啖官吏，造言开黑水河凿削六合地脉，不便；又言沙土善崩，空劳无益。官吏之墨者张其声势与他邑争。故或议而不行，或行而故谬以败事”。[③] 连六安知县也大讲开新河“十害”，如此，事情就变复杂了，致使滁河流域内圩田长期渍淹。直到清末，才勉强将新河开通，积水“径捷易泄，水不为患，圩田又以渐复”[④]。

渔业与农田水利的矛盾在圩区也多有体现。早在明万历年间铜陵县围绕“沿河凿塘、沿塘筑埂，藏鱼之沼日利其阔，则泄水之河日趋于狭”的矛盾，就发生过反复的讼控。因为“河狭水满，冬来

---

① （清）黄云：《禀请泥汊、神塘二河建闸折》；（清）丁翰清：《请开河建闸禀》，均见光绪《庐州府志》卷13《水利》。

② （清）韩梦周：《开黑河议》。

③ 同上。

④ 光绪《滁州志》卷3《水利》。开朱家山河道案参见（清）韩梦周《开黑河议》；光绪《滁州志》卷3《营建志·水利》；《重刊江宁府志》卷7《山水》；光绪《六合县志》卷1《地理志·水利》；民国《全椒县志》卷3《山川志》。

雪雨已没岸浮涯，夏秋霖雨则产蛙沉灶”，为保护农业生产，每次都以官府行令挖决捕鱼塘埂为终。但渔民以“渔籍”为护符，仍“凿筑如故”，至清不断。[①]在丹阳湖区，高淳、溧水、宣城与当涂二省四县间也屡屡发生因渔业影响农田水利的争讼，争讼的焦点在丹阳湖区泄水的重要河道——花津（地属当涂），当涂民人在花津河道上设置渔筏捕鱼，致壅高水位、影响圩田泄消积水，“数十里内连设四筏，统计遏水不下七八尺，所以圩田积水难消，冬令二麦难种，夏令低田淹没”[②]。因而遭到上游高淳、溧水二县的强烈反对，故禀请官府出示严禁筑筏捕鱼，结果是渔民败诉。同治九年（1870）规定：九、十两个月不得在花津河道设筏插箔，违者严惩。光绪六年（1880），又立碑示禁，并饬令太平府“查提设筏之人，从严惩办”[③]。

上述渔农矛盾，说铜陵的捕鱼塘埂“阻水决堤”和丹阳湖区的“截流设筏，各圩水遏难消”，都强调了捕鱼设施有碍泄水，表明圩区积水消泄在当时的重要性和困难，联系前述江湖淤洲及山地垦殖、水土流失的情况，应该说造成圩区消泄积水困难的主要原因是河湖的淤浅、湮塞和圩田的不合理围筑，不能过分夸大捕鱼方面不利因素的作用。

（原载《古今农业》1993年第3—4期）

---

① （明）崔维祥：《开凤心闸河碑记》，（明）谢荣：《禁占官河碑记》，皆见乾隆《铜陵县志》卷14《艺文志》上。

② 《禁革花津渔筏缘由》，参见光绪《高淳县志》卷3《山川》，光绪《溧水县志》卷2《舆地》。

③ 同上。

传统方志中农田水利资料利用琐议
——以江西省部分地区为例

在中国，水利为农业命脉的观念很早就深入人心，农田水利历来受到重视，历史文献遗留下来的农田水利资料亦很丰富。即以方志而言，自各省通志到各府州县志，包括道、厅志，甚至基层的乡镇村志，无不将水利建设作为重要内容加以载录，成为水利史、农业史研究的珍贵史料。但是，由于多方面因素的影响和制约，不少记载，特别是一些统计数据类资料，却有进行具体分析、辨正而后再用之的必要。本文拟以所见江西部分方志为例，试加辨析以为证。

一、南安府、义宁州属灌溉陂塘辨析

现存记载南安府属陂塘数量及灌溉面积的方志，较早的是明嘉靖十五年（1536）刻本《南安府志》。该志卷一载：

大庾县有陂221处，灌溉面积73956.0亩；

南康县有陂198处，灌溉面积50237.2亩；

上犹县有陂48处，灌溉面积7913.3亩；

崇义县有陂77处，灌溉面积10525.6亩。

这组统计数字能在多大程度上反映本地当时陂塘灌溉的实际暂且不论，值得注意的是所见后来陆续纂修的康熙《西江志》、雍正《江西通志》、同治《南安府志》、光绪《江西通志》及县志的有关内容，除些许因转抄、计算等故导致的差异外，基本与这组记载相同。[①]其误差如大庾县义新都神前等3陂的灌溉面积，嘉靖《南安府志》记作“三顷五十八亩九分”，乾隆《大庾县志》、同治《南安府志》、雍正《江西通志》、光绪《江西通志》皆记作“五十八亩零”。再如南康县有庙前等4陂，嘉靖《南安府志》及嘉靖《南康县志》、同治《南康县志》皆记其灌溉面积为559亩，同治《南安府志》却记作821亩。原因似乎出在同治《南安府志》将紧接庙前等4陂之下的磜口等4陂的灌溉面积821亩记在了庙前等4陂名下，从而漏掉了磜口等4陂，等于把两条材料合为一条，少计了559亩灌溉面积。又如关于南康县严邱、老山、绿村等8陂的记载，上述诸志中，刊行最早的嘉靖《南安府志》及同治《南安府志》中，南康县属并无此8陂内容，而嘉靖三十四年（1555）刻本《南康县志》和雍正《江西通志》、康熙《南康县志》、同治《南康县志》、光绪《江西通志》都将此8陂记在南康县名下，且载明灌溉面积为1263.5亩。所以出现这种差异，当与行政区划变动有关。正德十二年（1517）析分南康县西北乡等地设置崇义县（属南安府），前述8陂实为当时南康县过割归崇义县之数。对此，嘉靖《南安府志》已有明确反映，即将前述8陂记在崇义县尚德里属下（陂名、灌溉面积皆一致，且该里当时仅此8陂），故南康县属当然不再有此8陂。刻本晚于嘉靖《府志》的嘉靖《南康县志》却仍在本县崇教乡下记载

---

① 需要指出的是，有关府志、县志所载陂塘，一般每个都注明灌溉面积，而《江西通志》往往略去灌溉面积较小的陂塘之灌溉面积，而只记载其陂塘名称。又，《江西通志》对灌溉面积之不足一亩的部分多不具体注明，而以“×顷×亩零”记之。

了前述8陂（陂名、灌溉面积皆无变化）。只是这个记载留下了明显的破绽，即该志在统计陂数时并未将此8陂计算在内，如果加上此8陂之数，崇教乡属应是32陂而非24陂，全县总计应是210陂而非202陂。遗憾的是此后康熙《南康县志》、雍正《江西通志》、同治《南康县志》、光绪《江西通志》都沿袭了这个记载，显系以讹传讹。

同治《南康县志》曾有一“按语”值得注意，其按云：

> 旧志所列陂名二百一十处，其间陂、塘、沟、圳，灌润区顷，与时移易，不必皆古所云，第耳目猝难遍及，更纪失实，转滋争执，仍旧录之，不敢意为沧桑也。①

相对而言，《江西通志》的沿袭尤其自相矛盾，它既将前述8陂记在了南康县崇教乡属下，同时又将同样内容记在崇义县尚德里属下。

表1　方志所载义宁州陂塘灌溉统计

乡别	陂数	灌溉面积（亩）	塘数	灌溉面积（亩）	陂塘及灌溉面积合计
泰乡	99	4103	122	7354	221—11457
安乡	123	6672	52	4110	175—10782
奉乡	84	9092	57	4164	141—13256
高乡	69	4338	78	6925	147—11263
武乡	168	11276	103	6445	271—17721
崇乡	63	2950	73	5260	133—8110
仁乡	30	2139	40	2380	70—4519
西乡	61	4823	17	1390	78—6213
合计	697	45393	542	38028	1239—83421

说明：

1. 奉乡陂数实有84，嘉靖《宁州志》误计为88。
2. 武乡塘数实为103，嘉靖《宁州志》误计为101。
3. 西乡塘数因嘉靖《宁州志》有缺页而不详，据同治《义宁州志》补。

---

① 同治《南康县志》卷1《水利志》。

由此可见，自明嘉靖《南安府志》到清光绪《江西通志》，至少有4—6种方志对于南康县乃至南安府的陂塘灌溉状况的记载是近乎雷同的，若以这些记载作为研究数百年间当地农田水利发展变迁的依据，结论可想而知。

义宁州属陂塘灌溉数据，嘉靖《宁州志》记载如上表1。除志中载名陂塘个数与所计总数有个别不符，略有差异外，分乡记陂、塘及灌溉面积相当详细。遗憾的是330年后的同治《义宁州志》除了改正表1中两处统计小误差：将泰乡塘数计作121，同时把武乡168陂的灌溉面积“一百一十二顷七十六亩”误记为“一十二顷七十六亩”之外，与嘉靖《宁州志》所载基本相同。不论330年间编修的其他方志的有关内容是否发生变化，这样的沿袭都不能说是正常的。其他如建昌府属南丰县、广昌县，光绪《江西通志》所载与正德《建昌府志》所载同；瑞州府属上高县，康熙《西江志》、雍正《江西通志》、光绪《江西通志》所载多与正德《瑞州府志》相同等，表明江西地方志有关水利灌溉的内容记载雷同、仍旧的现象相当严重。

二、关于广丰、贵溪、兴国诸县的陂塘

沿袭仍旧的情况，除了后志沿袭前志，新志沿袭旧志，志志相仍，如前述南康县者外，还有一种则是隔跃式仍袭，无轨可循。如广信府属广丰县的情况，所见嘉靖《广信府志》，嘉靖、乾隆、道光《广丰县志》，乾隆、同治《广信府志》，同治《广丰县志》，光绪《江西通志》中，最晚的1881年刻本光绪《江西通志》所载与最

早的1526年刻本嘉靖《广信府志》所载基本相同，[①]而修于这二志之间的各志则又基本相同（至少有关统计数字是相同的），而与前述二志大异。试以嘉靖《广丰县志》所载与嘉靖《广信府志》所载略加对比（如表2所示）。仅就陂塘数目而言，《广信府志》所载该县所属6乡陂72、塘27，合计仅99处，与《广丰县志》所载数目相去甚远。再就灌溉面积言之，如永平乡，《广信府志》所载陂22，灌溉面积为8533亩，而《广丰县志》所载44陂仅灌田3195.5亩。《广信府志》载塘9，灌溉面积为1443亩，《广丰县志》载塘135处，其中有灌溉面积者132，灌溉面积仅3371亩。又，所见《广丰县志》载193陂，灌溉面积为11245亩，而《广信府志》所载72陂，灌溉面积就达26789亩。差异之大是显而易见的。与广丰县类似的还有同府的贵溪、玉山、铅山诸县。

表2 嘉靖《广丰县志》、《广信府志》所载陂塘数对比

乡别	嘉靖《广丰县志》所载		嘉靖《广信府志》所载	
	陂数	塘数	陂数	塘数
永平乡	44	135	22	9
新成乡	81	183	21	1
周安乡	44	135	11	3
崇善乡	5	38	6	10
富城乡	17	87	5	2
玉阳乡	16	58	7	2
合计	207	636	72	27

说明：表中所列永平乡塘数，原书记载为136，实计应为135；新成乡陂数原书记载为83，实计应为81，富城乡陂塘数原书缺页，兹据光绪《广丰县志》补计。

① 对比二志关于广丰县陂塘的记载，差异之处主要是：嘉靖《广信府志》所载99处都注有灌溉面积，光绪《江西通志》注有灌溉面积者仅32处，其余皆因灌溉规模相对小而略去。吴陂的灌溉面积在嘉靖《府志》记作321亩，光绪《江西通志》记作351亩。严塘陂在嘉靖《府志》记作“灌五六亩”，在光绪《江西通志》记作“五顷六亩”。嘉靖《府志》载王公陂“灌六十五亩”，光绪《江西通志》作“六顷十五亩”。嘉靖《府志》载新陂“灌三百亩”；光绪《江西通志》作“三百顷”。

贵溪县灌溉陂塘名数，光绪《江西通志》所载与嘉靖《广信府志》相同，[1]而在此二志相隔的期间编修的乾隆《广信府志》、同治《贵溪县志》、同治《广信府志》所载有关内容皆已发生变化，早已远非嘉靖《广信府志》所计35处，灌田2万余亩之数了。同治《广信府志》引乾隆《广信府志》统计贵溪县共有陂262，塘293，坝11，堰24，井13，湖3，圳1，关1，灌溉面积计312900亩有奇。又载新增陂4，塘1，坝6，扩大灌溉面积1000余亩。同治《贵溪县志》载陂塘坝堰等共621处，除去27处未注明灌溉面积，其余596处灌溉面积总计达319697亩左右。其中单个灌溉面积千亩以上者有陂36，塘23，堰5，坝2，仅此66处灌田即达144694亩。

关于赣州府兴国县陂塘数目的记载较多，若综而观之，难免有“变动纷纭”之感觉，这只要看看道光《兴国县志》的一段按语即可证明：

> 《志林》谓蔡黄二志载水陂二百二十有二，虚列其名而无其地，《通志》因之《大志》，则以为二百五十有六，为数不符。又引袁广文之言曰《宋志》有陂四百八十六，旧额无存，不重录。而深以不重录为是则过矣。今考康熙年间《通志》载兴国陂二百二十四所，与前明赣郡《谢志》同，非本于蔡黄二志。《蔡志》载陂塘二百七十所，备列某乡某里，《黄志》不加考核而直钞之，复去其所注之里，总数又与散数不符。损持太史距修《黄志》时仅二十余载，而故迹茫茫，多不可问，无怪乎以

---

① 主要差异在于嘉靖《广信府志》所载35处皆注有灌溉面积，《江西通志》则略去小规模者11处，仅24处注有灌溉面积。又化行乡新陂，《广信府志》记为灌田60顷，光绪《江西通志》记作70顷。嘉靖《广信府志》的仁福乡新陂在光绪《江西通志》中被记作张陂。

为虚列其名，徒眯观者之目也。然古陂虽废而旧志相传，岂皆凿空无据？……然又窃疑宋志之四百八十六、明志之二百二十四及二百七十或兼陂与塘言之，亦未可知。

按语中所谓《蔡志》为明代万历年间所修《兴国县志》；《黄志》当指清康熙二十二年（1683）刻本、黄惟桂所修《兴国县志》；《志林》应是张尚瑗纂修、康熙五十年刻本《潋水志林》（潋水为兴国县别称），赣郡《谢志》则指明天启元年（1621）谢诏纂《赣州府志》，损持太史似即《潋水志林》纂修者。今见明嘉靖《赣州府志》载兴国县有陂154，统计灌田55242亩，尚为按语所未及。亦未见有沿袭其数者，就清代修诸《兴国县志》而言，乾隆《兴国县志》体例本于《潋水志林》，记事多据《蔡志》。道光《兴国县志》则以乾隆《兴国县志》所载65陂为旧陂，旧陂外所采42陂统名为新陂。同治《兴国县志》不仅照录了道光《兴国县志》的记载，同时也增加了一些新的内容。本县各志所载皆有变化且线索清楚，惟《江西通志》置道光、同治诸《兴国县志》于不顾，仍袭康熙《兴国县志》旧额，令人不可思议。

上述诸种，有《县志》前后沿袭的，有《府志》新旧相仍的，但以《江西通志》的一仍旧说最为普遍、严重。其表现除前述外还有许多，这与《江西通志》本身的沿袭有关。光绪《江西通志》多数是沿袭雍正《江西通志》，而雍正《江西通志》则可能是沿袭康熙《西江志》。一般说来，修志涉及范围越大，越是查报难周，利用原有资料，当在情理之中。但若有更新的，相对更切近现实的资料（包括旧志已有记载在内）而不用，完全不顾实际情况的剧烈变化而一味抄袭陈年老账，显然已丧失了不断修志的意义，也容易给后世研究造成不便和消极影响。

三、影响方志记载诸因素

对于前述前后沿袭、雷同现象，不少方志都曾论及这个问题，综合言之，客观上受两方面条件限制，一方面是实地实物调查的困难。尤其丘陵山地陂塘堰坝类灌溉设施多属小规模工程，有不少修筑简易，改易无常，加上数量繁多，布点分散，地处僻远，查报难周。正如诸志所云："陂塘之属，旋圮旋修。"①"陂塘因溪筑灌，存湮无常。"②"阖邑塘堰甚多……因地修理，开塞随宜。其散见于各都乡者，灌荫本难考核。"③调查统计的难度相当大。此外，少数官修之外，陂塘绝多为民间修建，私家所有或供公用，被侵占为田的现象时常发生，也给实物调查、确切统计带来不便。二是受所能检阅的文献资料限制，如南康府的情形，"星子、都昌陂圩细数邑乘失载，建昌、安义自分析后名目亦多讹舛，姑从《郡志》录其旧额"④。或因天灾，或因人祸，导致某些州县地方文献丧毁殆尽，无可参考，又调查难周，不得不沿袭旧郡志、省志。

客观条件之外，主观方面的某些观念、指导思想也严重影响着方志有关内容及其切合实际的程度，具体到陂塘名数的沿袭而言，其表现主要有二。一是为防止争议和扯皮而宁袭勿变。方志在解释明知记载已与实况不符而仍旧沿袭时以此类理由居多。同治《湖口县志》："阖邑塘堰甚多，范志据沈陈二志不增一口，郭志又仍之。盖塘堰水利，以蓄泄备旱涝，因地修理，开塞随宜。其散见于各都

① 康熙《西江志》卷15《水利志·建昌府》。
② 康熙《浮梁县志》卷首《凡例》。
③ 同治《湖口县志》卷1《地理志·水利》。
④ 康熙《西江志》卷16《水利志·南康府》。

乡者，灌荫本难考核，况民间侵占，易于生非，今仍旧载入。”[①]《弋阳县志》：“陂塘之名，较《通志》、《府志》多至数十倍，不为改易，恐起争端。”[②]《广丰县志·水利》：“志所载陂塘甚夥，一乡中同其名者……六乡中之同名者亦不一其数。相传至久，不能更改。又有土崩沙塞，止仅存留其名者，考其受荫田亩，今昔亦不能无异，然俱不必更改，恐开争论也。故仍旧志载之。”[③]同治《广信府志》：“（陂塘）上饶县旧志失载多矣。然民间自立规程，守行已久，无需官为稽督。若饬查禀核，纷纭滋扰，又或开注多寡不符，转生讼端，姑仍其旧。”[④]二是某些方志所载陂塘名数，某种程度上讲，是为了保存本地曾经有过的，或曾经出现过的灌溉建设旧迹（包括当时仍在发挥灌溉效益者），尽管有些过去曾存在过而后来已经湮废或已变更了的内容仍予载入，为的是敦促人们重视水利建设，以待后来人恢复、重建已废弃或被破坏了的设施。同治《万安县志》的一段按语中可显见此意：

> 旧传永和乡陂塘314所，诚信乡陂塘217所，龙泉乡陂塘86所，旧志所载曾不及四分之一，何哉？缘以洪武二十八年（1395）令郡县凡乡村耕种之所修筑陂塘，旧有额者修之，新可为者筑之，故修志之时，陂塘悉载。后或厌其繁琐，以渐削

---

① 同治《湖口县志》卷1《地理志·水利》。“范志”应指康熙十二年刊刻的范之焕修、陈其禧纂之康熙《湖口县志》。“郭志”应指乾隆二十一年刊刻的郭承缙修、曹河崑、曹天瑾纂之乾隆《湖口县志》。康熙《湖口县志》卷1《舆地志·塘堰》在详列县属20都官民塘堰数量及灌溉面积后指出：“右阖邑塘堰见于初续二志者止此，今以丈量之籍按之，百倍于此不啻焉。然肥遗之尤或犹不免，岂修治之功疏，抑占据之害甚欤！”可知同治《湖口县志》所言非虚。而同治《湖口县志》所谓“沈陈二志”应即康熙《湖口县志》所说“初续二志”。

② 参见同治《广信府志》卷2《陂塘》。

③ 光绪《广丰县志·水利》。参见同治《广信府志》卷2《陂塘》。

④ 同治《广信府志》卷2《陂塘》。

> 减，其实水利所关，正不妨琐也。至今日久，查访益难。即以旧载陂塘名询之里人，不尽识矣。如当日以某陂属某江某溪，某塘属某都某地，岂不易于考核乎？①

《铅山县志》亦明知陂塘规模及灌溉面积已非昔制，仍要“聊存旧志所载以备考核”，为的是“修废坠、复侵渔，不无有望于今日”。“古陂虽废，而旧志相传，岂皆凿空无据？……要不可谓竟无其地，似宜存以备考。兹特分乡附录，庶数百年之因革损益开卷如见，且以为后之兴水利者劝也。”②

四、安远县灌溉水利分析

从长时段而言，陂塘类名数存废的变动应是经常的，没有变化的静止则是不可能的。不过，具体到方志而言，亦并非不沿袭旧载的记载都能反映陂塘灌溉的实际状况，必须根据情况加以具体分析，不可一概而论。有些方志在编修期间，的确通过基层进行了较为广泛的采访调查，在此基础上以新的资料代替旧的资料，尽可能反映当时的实际状况。如同治《万载县志》即在采访的基础上确认本县陂塘堰数目分别为148、18、120，分布在各乡之内（参见表3），打破了长

---

① 同治《万安县志》卷3《建置志·水利》。

② 参见嘉靖《赣州府志》卷3《陂泽》；同治《广信府志·水利》卷2《建置志·陂塘》引乾隆《广信府志》；同治《兴国县志》卷6《水利》引道光《兴国县志·水利》；同治《铅山县志》卷4《地理志·水利》。

期沿袭的本县陂堰塘共166处之说。[①] 实际上旧载166处中与采访结果相吻合的仅77处。“余或迹是名非，或旧有今废，无从查核矣。”[②] 他省之例如乾隆《芷江县志》载县属堰塘134处，亦是经过调查所得较切合实际的数据。该志按语有云：“旧州志载各乡陂塘堰坝之数共五百四十……然则此五百四十之数，其名目基址有存有湮，在昔已不可穷诘若此，兹条其现所有者，为数视昔只五之一。”[③] 又如道光《晃州厅志》在考察旧志所载各乡陂、塘、堰、坝之数后指出：“迄今名目基址昔有今无，抑或更其名所存亦仅矣。”[④] 这些建立在调查采访基础上的记载的变化，无论其名数是增加还是减少了，都应该是基本可信的。

表3　同治《万载县志》所记陂堰塘数目

乡别	陂数	堰数	塘数
万载	17	34	2
进城	5	5	1
怀旧	67	44	6
欧桂西	25	25	4
欧桂东	34	12	5
合计	148	120	18

相反，如果没有扎实的基层调查采访的基础，新志所载与旧志相较无论是否有变动，其反映实际情况的程度都应具体分析。以赣州府属安远县为例，嘉靖《赣州府志》载安远县共有陂塘54处，一陂一塘相搭配，灌溉面积最大者不过472亩，共有4对，其余以灌溉

① 今见最早记载此数的为嘉靖《袁州府志》，该志卷5载：万载陂堰圳塘166内，知县李参（当时任）新修凡44。此后的康熙《西江志》、《江西通志》及道光以前的《县志》多沿袭此说。

② 同治《万载县志》卷6《水利》。附载有护城内外堰2，闸1。

③ 乾隆《芷江县志》卷2《营建志·塘堰》。

④ 道光《晃州厅志》卷10《水利志·塘堰》。该志列出各种水利设施共54处。

450 亩者为多，达 15 对，占 1/2 以上。54 处陂塘共灌田 11485 亩，平均每处灌溉 216.7 亩。明万历年间，赣州府属行政区划发生变动。与安远县相关的是长宁、定南等州县的设立。小石保、伯洪堡、大石保等及有关陂塘划归定南，黄乡保、双桥保、南桥保、劳田保等属 13 对 26 陂塘划归长宁县属，其余仍归安远县属。据道光《赣州府志》记载，划归长宁县的陂塘基本没有发生任何变化——名称、所属、灌溉面积等甚至一陂一塘的搭配都一仍旧貌。属定南、安远者则分别发生了不同的显著变化。定南境内的几处陂塘，灌溉面积都大大减少了；安远县境内陂塘的灌溉面积却成百倍地增加。嘉靖《赣州府志》中张安、洋公等 10 陂，瓢子、游塘等 10 塘的灌溉面积仅 3730 亩，而同是这 10 陂和 10 塘中的 9 塘，在道光《赣州府志》中的灌溉面积却高达 48.5 万余亩，二者之比为 130∶1，亦即灌溉面积增长至约 130 倍。此外，所载安远县属增加了唐家□等 27 陂，长塘、媳妇圳 2 塘，灌溉面积高达 1643080 亩，这样，安远县陂塘总数为 48 处，灌溉面积合计为 2128310 亩。以此面积与嘉靖《赣州府志》所载 54 陂塘灌溉面积之比为 185∶1；若与分割长宁、定南所余之 20 陂塘之比则为 570∶1，增加的幅度大得玄乎（同治《赣州府志》所载同此）。再看《安远县志》的情况：康熙《安远县志》记载只有陂塘圳名数，无灌田面积，自乾隆《安远县志》始，2128310 亩灌溉面积的内容出现在各《安远县志》中。据乾隆《安远县志》“附论”云：“旧志止载某坊某堡陂几、塘几，今照《江西通志》加入某陂灌田几、某塘灌田几。”查雍正《江西通志》未载永安坊所属 8 陂、灌溉 93.2 万亩的内容。因此，《安远县志》所据《江西通志》应是清康熙朝以前所修者。又据康熙《西江志》所云：“江西旧有水利志，其版既毁，明嘉靖癸未（嘉靖二年，1523），参政林庭棉《通志》不立水利一门，殊嫌罣漏。康熙甲子（康熙二十三年，

1684）增修，各县陂塘数目摭拾颇详……”可知所引省志当为康熙《江西通志》和康熙《西江志》。这就意味着在明末清初的一百多年里完成了灌溉面积成百倍的增长，这是我们考察安远县灌溉面积时必须注意的第一点。

其次，2128310亩的灌溉面积，已远远超过了本县的册载耕地面积。同治《安远县志》载该县官民田地塘面积为：洪武二十四年（1391）2083亩，其中田1819亩；嘉靖三十一年12256亩，其中田11156亩；万历四年（1576）（分县后）9294亩，其中田8644亩；万历十一年（清丈后）154062亩，其中田149707亩。

清代成熟田地山塘160214亩，其中田150712亩。即以清代之最大额计，灌溉面积已是田面积的14倍以上。当然，这种情况下不能不考虑册载耕地面积的可信性，特别是纳税土地面积的欺隐不实是明清广泛发生的现象。①但即使耕地面积亦不可能达到210余万亩，因为这将相当于全县国土面积的60%以上，显然与“山多地少”、“万山线田”的土地资源状况不合。因此，这高达210万亩以上相当于耕地面积13倍的灌溉面积殊不可信。

再次，单个陂塘设施灌溉规模的大小也是考察安远县陂塘灌溉面积时必须注意的因素。如前所述，嘉靖《赣州府志》载安远县陂塘数为54处，平均每处灌溉面积为2116.7亩。道光《赣州府志》所载37陂、11塘，平均每处灌溉面积为44339.8亩，就单个灌溉规模而言，平均扩大了200余倍。原额陂塘灌溉面积最大者仅472亩，最小者43亩。而新增诸陂塘灌溉面积最小者即8900亩，其余皆万亩

① 即以安远县本身情况也可看到一些倾向。如嘉靖十五年《赣州府志》所载灌溉面积11485亩已超过了嘉靖三十一年的田面积11156亩。再从万历十一年的清丈把官民田地塘的总面积从万历四年的9294亩提高到154062亩，增加15倍以上的事实也可体现出耕地面积的欺隐状况。

以上，灌溉数万亩者比比皆是。最大者松树陂竟达30万亩，彭陂、猪子陂也分别灌溉20万亩。如此庞大的单个灌溉规模，在“又狭而水浅，即平原田亩，旬日无雨，陂圳不敷灌溉”的赣南山区，受当时技术、社会、自然条件的限制，无论如何是难以实现的。

综上所述，尽管乾隆《安远县志》、道光《赣州府志》、同治《安远县志》等志书对安远县灌溉陂塘的状况记载不无变化——陂塘数目、灌溉面积、对因行政区划变动而发生变化的反映等等，却不能轻易以为其记载反映的是当时陂塘灌溉水利的真实情况。也就是说，和新旧志记载沿袭、雷同一样，这类资料的利用必须慎之又慎，具体分析。

最后还须指出，方志资料存在的上述问题并不限于江西一省，他省方志多有类似情况。相邻的如湖北《兴国州志》云：“旧志所载各里塘堰，其不可考者更多矣。今姑备存其名，而于近日采访所开者概置不录，以防争端。”① 汉水流域如陕西，《直隶商州志》所载“水利论”有云：

> 水泽之利，灌溉为大。商属山多沟涧，凡在平川皆可引渠灌田。稽之《通志》所载，灌田亩数无几，或称可灌若干，今灌若干；或称湮没，或称今废。至雒（南）邑则有废无存。盖《通志》止就旧志、旧册大概登录而已。兹当承平日久，农民尽力田亩，余莅任十数载，亦多方董率，今所开河渠较之畴昔何啻数十倍。余仍照《通志》所载而录之者，非惮于详考也，正欲使东作之民睹旧日之规模，知水利可以随时而兴，于以共相

① 光绪《兴国州志》卷3《舆地志·塘堰》。

勉劝……[①]

又如陕南定远厅，嘉庆《汉南续修府志》载："近日垦田资灌溉者虽数倍往时，而其利终不可恃，（因有山洪冲淤问题）故各渠溉田数目仍循旧志。"[②]

上述所及，皆属灌溉陂塘名数、灌溉面积之统计数据方面的问题，也许并未说清楚哪些数字绝对正确，但若因此引起有关论者注意，重视传统方志资料受主、客观条件的影响而存在的无可忽视的长时段因仍、雷同旧记载、无限夸大、不切合实际等现象，本文的目的也就达到了。它如灌溉塘概念、塘面积、塘科则等记载，亦多有值得辨析之处，限于篇幅，容另文论述。

附记：关于方志所载南康县陂灌溉的概况、贵溪县灌溉面积千亩以上水利设施的统计、诸方志中有关兴国县陂的记载、方志载安远县陂塘水利的变迁等四个方面，原本制有详表，并列了各方志的有关数据，也因篇幅问题不再附于文后。

（原载《中国农史》1995年第2期）

① 乾隆《直隶商州志》卷3《山川》。
② 嘉庆《汉南续修府志》卷20《水利》。参见光绪《定远厅志》卷3《山水志·堰》。

明清时期江汉平原的洪涝灾害与农村社会

自然灾害对中国社会的影响广泛深远，几至无所不在。本文以洪涝灾害与江汉平原农村社会经济生活的互动为对象，主要就洪涝灾害频繁状况下粮食生产与消费的特征，水产捕捞在洪涝灾害期间的意义，洪涝灾害对地籍混乱的影响以及沉重的修防负担等过去注意较少的方面略作探讨，洪涝灾害对人口流徙的影响及区域纠纷等问题从略。囿于见识，所及时间以明清为限。

一、明清时期江汉平原的洪涝灾害

明清时期的江汉平原河湖交错，水面积广大，为典型的水乡泽国地貌。水问题乃农业开发、发展的核心，尤其防水，更是性命攸关，根本所在。堤防成为最重要的水利设施。一代名臣陈宏谋曾这样总结道：

> 湖北襟江带湖，民田庐舍，多在水乡，全仗堤塍坚固，方免水到为灾。历查从前岁之丰款，皆由堤塍之修废。[①]

---

① （清）陈宏谋：《培远堂偶存稿》卷25。

这是就湖北全省而言，江汉平原诸州县更是如此。检阅有关各州县方志，这类记载随处可见。如天门：

> 楚泽国也。景（陵）之为邑，西接石城下流，泛滥不测，谓之西水；东南接荆沔江介，横溢为害甚巨，谓之南水；中流为大河，地卑流迅为患一；河面上阔下束，吐泄不及，为患二。疏瀹排决莫可措手，唯有堵筑一法用为永例耳……历云杜东南接景、潜、沔，一望平衍，每至骤涨，河身高出茆屋，居民仗堤以为命。①

沔阳州：

> 沔居泽中，土惟涂泥……江溢则没东南，汉溢则没西北，江汉并溢则洞庭沔湖汇为巨壑，虽尧横流之时，禹未导之日，不是过也，故民田必因地高下修堤防障之……其不可堤者悉弃为莱芜，莱芜之地，常多于垸。②

再如汉阳、汉川：

> 汉阳……水居其半。当夏秋之际，重湖千顷，淼淼无垠，不独秧针麦浪尽委波臣，而室家飘摇，鸿雁之哀，无岁或免。③

---

① 康熙《景陵县志》卷4《堤防》。
② 嘉靖《沔阳志》卷8《河防》。
③ 乾隆《汉阳县志》卷7《堤防》。

> 滔滔江汉，汉川当其委流。自昔称泽薮焉。洎乎水落土见。垦为阡陌，则因其地之高下，筑堤防以障之……[①]

又如监利：

> 邑前江后汉，东洞庭，北沱沔……平原巨薮，犹恃诸堤以为固。[②]

> 江之利在蜀，江之患乃在楚。楚之江患，荆郡其首也，监利又荆郡之最也……田庐人民，托命于一堤。[③]

故云“民命国赋，专恃堤防”。故有“田之名垸者星罗棋列，其为堤也亦龙跃蛇腾”。其他还有石首：“三乡湖港咸与洞庭相通，洞庭水溢则下地化为波涛，上地悉为侵蚀矣。江湖相凑，弥望一色，其不为波臣者有几？”[④]潜江“潜固水之注也，今县以水名，田鱼相半，能无虞于氓粒乎……顾数十年以来，汉益不用其道，民几为鱼”[⑤]。“北受襄川之流，南接荆岷之派，春夏水溢，防堤稍疏，冲啮为患，田庐淹芜，时漂溺于洪涛巨波之间。人无百年之业……”[⑥]无不强调堤防的极端重要性。

考察明清江汉平原的水灾，有几点值得特别注意。

---

① 同治《汉川县志》卷9《堤防》。
② 康熙《监利县志》卷1《山川》。
③ 同治《监利县志》卷3《江防》。
④ 同治《石首县志》卷1《堤防》。
⑤（明）刘楚先：《万历潜江县志序》，康熙《潜江县志》卷首。
⑥（明）潘之祥：《万历潜江县志序》，康熙《潜江县志》卷首。

首先是总体趋势上水灾愈见频繁，为害日益严重，尤其自明代正德（1506—1521）以后。正德十一年的湖广大水似可视作前后分期的标志。当年全省有50余州县遭受水灾，江汉平原的汉阳、汉川、江陵、潜江、监利、公安、石首、景陵，沔阳等州县为极重灾区。当时有报告称：

> 今岁五月以来，淫水不止，山河冲激，江汉泛溢，下地深及数丈，旷衍之处俱成大湖，八月将终，未见消退。居民人口孳产，漂流浸没，有一户全没者，有一门半存者。巢居舟游，数月未已。验其灾重者奚止十分，轻者亦有八九分。湖广递年节有灾伤，而今岁之被灾为多，川襄之水，两江泛溢，荆岳等处，千里弥漫。无家者搭茅茨以栖身，乏食者采菱芡以充腹，鬻儿卖女，相继流移，男呻妇吟，间填沟壑。①

此后，各州县有关水灾的记载明显增多。

下表是根据地方志记载整理的部分州县元、明、清三代水灾统计，可以看到明代的水灾记载远多于元代，而清代的水灾记载又远较明代为多。在明代的水灾记载中，绝大多数都集中在正德以后。如汉川县69次中有50余次，沔阳州25次中有20次，潜江县27次中有25次，天门县18次中有14次，监利县10次中有7次，公安县14次中有10次，江陵县13次中有10次以上，钟祥县32次中有29次。水灾增多加重的趋势是明显的。灾害史研究证明，16—17世纪为全球性的低温期及大部分地区的灾害群发期，明正德以后灾害的增多当与此时期一致。

---

① （明）秦金：《救荒奏疏》，嘉靖《湖广图经志书》卷1《司志》。

表1 元明清三朝部分州县水灾统计

朝代	元代（共90）	明代（共276）	清代（共268）	备注
钟祥	1	32	45	民国《钟祥县志》卷一
天门	2	18	23	道光元年《天门县志》卷十五
潜江	2	27	69	光绪《潜江县志》卷二
沔阳	4	25	115	光绪《沔阳州志》卷一
汉川	4	69	112	同治《汉川县志》卷十四
汉阳	2	20	27	同治《汉阳县志》卷四
江陵	—	13	82	《江陵县水利志》，乾隆《江陵县志》卷八
公安	5	14	40	同治《公安县志》卷三
石首	1	4	18	同治《石首县志》卷三
监利	1	10	52	同治《监利县志》卷十二

说明：由于记载未必完整（除钟祥、江陵二县外，统计皆截止于修志时），且详略不一，受灾程度、范围等亦无区分，因此，统计表仅供说明趋势时参考。

嘉靖三年（1524）、六年、九年、十六年、二十六年至二十八年、三十九年等年份都是江汉平原较大的水灾年，许多方志都有受灾不断的记载。其中有几次如嘉靖二十六年、三十九年的影响相当广泛、严重。万历《湖广总志》等地方文献，对正德以后的水灾多有记述，其中《汉江堤防考略》云：

先年承（天）襄（阳）一带虽迁徙而无大患者，由湖渚为之壑，三流为之泄也。正德以来，潜沔湖泊渐淤为平陆，上流日以壅滞。嘉靖初年，承天石城故道改徙沿山湾……故水患多在荆襄承天潜沔间矣。（景陵）嘉靖以来，四汊等湖半淤浅平，而竹筒河、牛角湾二处水道中湮，故县治长苦水患。①

① 参见同治《汉川县志》卷9《堤防》。

陈瑞《川江石坝志略》云：

> 楚自庚申（嘉靖三十九年，1560）以来，川汉二水每遇夏秋辄交涨泛滥于荆、承、潜、沔、武、汉之间，沃壤数千里悉成巨浸，虽筑堤浚冗，岁费不下万金，竟委之泥沙，民穷年版筑无休，复不免于漂溺流移者十之六七。

《川江堤防考略》云：

> 嘉靖三十九年决后，殆无虚岁，而荆岳之间几为巨泽矣。

同治《石首县志》亦云："至嘉靖元年一决，终明世无虚岁。"汉川县同样是"自嘉靖迄万历初，无岁不水。庐墓漂没殆尽，民嗷嗷朝不谋夕"[①]。或云"自嘉（靖）隆（庆）以来，无岁不有冲决之患"[②]。沔阳州自正德十一年大水后至嘉靖年间，也是"水患无岁无之"。

明清之际，江汉平原长期处于天灾人祸的双重打击下，水灾增多的趋势在清代并未发生大的变化。[③]

其次，与水灾增多加剧的趋势相一致，连续水灾的现象较为突出。前述诸州县水灾"无岁无之"、"殆无虚岁"的情况，已从一个侧面说明了这一问题。持续水灾的另一含义是堤防溃决，没有或无法修复，致使相应的地区较长时间遭受淹没之灾。万历二年

---

① （明）林若企：《范公南垸修堤碑记》，见同治《汉川县志》卷9《堤防》。

② 同治《汉川县志》卷22《杂记》。

③ 参见拙作：《清代湖北的洪涝灾害》，见《江汉论坛》1984年10期。

(1574)，天门县民禀称：该县嘉靖“三十九年迄今，堤塍无岁不决”[①]，其后，万历十九年至二十一年，连年大水。康熙元年(1662)至四年，连年大水。潜江县则有万历十一年至十五年、崇祯四年(1631)至十二年、顺治十四年(1657)至十七年、道光元年(1821)至八年、道光十二至十六年、道光十八至二十三年、道光二十五年至三十年等多次连年溃堤水灾。其中崇祯四年汉水决于排沙渡，年年堵筑，皆旋筑旋溃，直至崇祯十二年方堵复。[②]明清之际，受战乱影响，不少地方堤溃未筑，持续淹浸数年。

监利、江陵、汉川、沔阳历来是江汉平原水灾严重的地区，明后期至清，持续受灾的现象也十分突出。监利县嘉靖四十三年后连年水灾；康熙四十二年至四十五年，乾隆四十三年(1778)至四十七年，道光十九年至二十二年；江陵县顺治十五年至十七年，乾隆四十四年至四十七年，道光二十二年至二十五年等，水灾都是持续四年以上。[③]汉川县在明嘉靖、隆庆(1567—1572)年间，多次大面积持续遭灾。同治《汉川县志》记载：嘉靖二十六年，汉江水溢，钟祥、潜江堤决而未堵筑，汉川受水患者十多年。嘉靖三十九年，汉水大溢，钟祥、京山红庙一带堤防尽决，汉川又为垫溺所苦，七年相仍。其实，当时遭灾者绝不止汉川一地。天门以下诸州县皆不得免，时有“水淹十八年，青苗是北岸”之俗谚。[④]“沙湖沔阳州，十年九不收”之说，更为人们所熟知。造成十年九不收的原因正是洪涝灾害。崇祯年间，汉水决于潜江排沙渡等地，沔阳

---

① (明)赵贤：《请开复穴口疏》，见康熙《潜江县志》卷10《河防》。

② 康熙《潜江县志》卷10《河防》；光绪《潜江县续志》卷10《河防》。

③ 同治《监利县志》卷12《杂识》；乾隆《江陵县志》卷8《江防》；光绪《荆州府志》卷76《灾异》。

④ 同治《汉川县志》卷22《杂记》。

州麻港一带数十垸十余年无收。[1]

渍灾大面积出现且日益严重，是明清时期江汉平原水灾发生的最值得注意的变化。平原湖区发生渍涝的原因是积水不易排出，或根本无法排出积水，症结则是河湖的淤积，由此导致河身及水位抬高，积水难消。泥沙淤积又与河湖上游丘陵山地的垦辟紧密关联，即如万历《湖广总志·修筑堤防总考略》所云："近年深山穷谷，石陵沙阜，莫不芟辟耕耨，然地脉既疏，则沙砾易崩，故每雨则山谷泥沙尽入江流，而江身之浅涩，诸湖之湮平，职此故也。"前述"潜沔诸湖渐淤为平陆，江河上流日以壅滞"，"京（山）邑泗汊等湖半淤浅平，（汉川）邑西竹筒、牛角湾等河复湮"，"深薮渐涨为平陆"等现象，实即渍涝灾害发生之背景。明代后期，渍淹为灾的现象已经出现，潜江县隆庆、万历年间发生的变化即为一例。史载：

> 今之潜江非昔之潜江也，十年以前，宣泄有路，犹可代景（陵）受水，今监利、沔阳潴水诸湖俱已淤塞，一入于潜，永无消除之期，致令杨林、中洲、黄汉等十垸田悉成沼，间殚为河。[2]

沔阳、汉川亦有类似现象。

渍灾真正成为江汉平原的重大威胁是在清代，越来越多的地方不仅担心溃堤成灾，而且害怕霪雨成灾；溃堤不仅造成洪水之灾，无法排出的洪水还导致渍涝灾害。嘉庆十二年（1807），湖广总督汪志伊《筹办湖北水利疏》统计江汉平原各州县被淹垸田，荆门州55

---

① 光绪《沔阳州志》卷3《堤防》。

② （明）欧阳东风：《与两院议开泗港书》，载康熙《潜江县志》卷10《河防》。

垸，潜江27垸，天门113垸，沔阳248垸，汉川120垸，江陵165垸，监利192垸，总计920垸中，由于积水难消，大部分堤垸系乾隆晚年即遭淹没，渍涝一二十年之久尚未涸出，[①] 足以表明渍灾的范围和程度。

汉川一带是渍灾发生较早且较为严重的地区。乾隆十二年刊《汉阳府志》已有明确的记载。该志《汉川堤防志》云：

> 即使外水不涨，各垸晏然，偶值霪雨愆期，则积潦难消，淹没冲决所不免矣。

嘉庆时知县樊钟英禀报汉川情形时进一步指出："雨水较多之年，大江水涨则汉水亦涨，江汉倒灌则无堤厂畈在在淹没，即有堤垸田，内水无从消泄，田禾受渍水之患，收多歉薄。"[②] 积水能否消退已成为汉川等地堤垸农业生产的关键，特别是较早围筑的堤垸，垸外之地及河湖不断淤高，垸内反而低洼。成垸时间愈早，内外高差愈大。

道光十一年（1831）夏，江汉大水为灾，堤防溃决70余处。主持此次（次年）堤塍修复工程的王凤生以自己的亲历考察为基础，著成《楚北江汉宣防备览》，书中总结道："河身日高，堤内之地日下，设遭溃漫，势若建瓴，皆成巨浸。甚至积潦无从疏泄，仰似钵盆，连岁不能耕艺，此楚北汉水频年与汉水同患之实在情形也。"溃漫之水势若建瓴，则河已有地上之势，排泄积水自然不易。

日益严重的渍涝灾害促使不少有识之士思考有关问题。乾嘉时人林钟任的分析就相当系统。《林氏别录》云：

---

① 同治《汉川县志》卷20《艺文志》；（清）贺长龄等：《皇朝经世文编》卷117《工政》二十三《各省水利四》。

② 同治《汉川县志》卷10《民赋》。

> 汉水性曲，谚曰“十里九湾”，又曰“曲莫如汉”。波浪回荡，其流本浊，重以郢襄诸邑开垦荒山日多，一遇大雨淋刷，土随水泛，泥水交融，支河填塞，水不能泄，泥沙鼓荡，河身日以增高，堤塍因之。河淤、水浮、堤如，理势所至。先年因淤作垸之田，虽称沃壤，淫潦降则田受渍淹，河身高凸，水不能出，上垸或有收成之期，下垸总无不涝之田，而厂畈芦洲，到处沉塌……

上游垦山—水土流失—河湖淤塞—水位抬高—堤塍加高—垸田渍淹，相互关联紧密，逻辑严整，问题清楚。

渍淹严重，长期无法耕种的垸畈田地，不得不降低田地等级，甚或无奈沦为湖沼。乾隆三十二年，汉川最大的官垸刁汉垸被迫废堤以顺水性，重新沦为湖泊，由“红粮”改纳“渔粮”。接着，始修于明代的十八里垸亦援刁汉垸例，废田为湖。[①]道光年间，荆门州小江湖垸亦不得不弃堤放淤，退田还湖。[②]自乾隆年间始，江汉平原各州县间以及州县内频繁发生上下游之间、左右岸之间、上下垸之间的河道开塞争执、堤垸盗决偷筑纠纷乃至大规模水利械斗，命案迭出，其实“均属标症，而病源实由渍水无消、各存壑邻所致”。[③]

明清江汉平原洪涝灾害的上述变化，无疑将对地方农村社会生活产生广泛的影响。[④]

---

① 同治《汉川县志》卷9《堤防》。

② （清）王凤生：《楚北江汉宣防备览》卷下。

③ （清）李翀：《牧沔纪略》卷下；参见拙作：《清代两湖堤垸水利经营研究》，《中国经济史研究》1990年第4期。

④ 关于江汉平原的洪涝灾害，请参考拙作：《清代湖北的洪涝灾害》；《清代江汉—洞庭湖区堤垸农业的发展及其综合考察》，《中国农史》1987年第2期。

二、洪涝灾害与江汉平原农村社会经济生活（上）

明清时期，由于垸田大面积垦辟围筑等因素，包括江汉平原在内的两湖地区的粮食生产取得了显著增长，所谓“湖广米粮”在长江中下游的粮食市场上占有重要地位。①另一方面，在日益频繁、严重的洪涝灾害的影响下，作为湖广商品粮重要产区之一的江汉平原，其粮食生产却表现出一个显著特点，即高产却极不稳定，大起大落，甚或造成民间生活呈两个极端的现象。

天门、沔阳一带流传的民谣“沙湖沔阳州，十年九不收。一年有了收，狗都不吃糯米粥”，是对本地区粮食生产的不稳定性和两个极端现象的生动说明。百姓的生活状况在丰年与非丰年（多即水灾）的差别太过悬殊。所谓“丰年邻壤饥民归之，潦则室庐不保”②这种状况，至迟在明代后期已经出现。嘉靖《沔阳志》反复强调本州经济生活的一大特点便是“地洼泽钟，故岁恒凶。频歉少穰，故民恒瘠”；或云“水衍陆饶，地广物丰，客浮主瘠，潦频岁凶”。③万历年间，就有人指出沔阳州是“十年九涝，闾阎凋敝”，显示了洪涝增多甚或洪涝灾害之年超过丰年的趋向。其他州县方志中亦能见到类似的记载。如监利县：

> 兹邑壤虽卑下，然甚饶沃。阳侯不怒则收倍旁邑。④
>
> 监利滨江介湖土膏脉发，颇号沃衍……若阳侯不为虐，亦膏腴上产也……大抵岁丰则郊原露积，箫鼓报赛，洵为乐士；

---

① 参见拙作：《“湖广熟，天下足”述论——兼论明清时期长江沿岸的米粮流通》，《中国农史》1987年第4期。

② 万历《湖广总志》卷35《风俗》。

③ 嘉靖《沔阳志》卷6《提封志下》，卷9《食货志》。

④ 同治《监利县志》卷4《田赋》。

一值水潦，即荡析离居，甚者漂溺相枕。①

早在明代，监利一带已有“十年不得三稔”②之说，清代更有“十年得一丰，遂为乐土”③之言。类似的地区如孝感县，滨河湖的垣田区也是“堤固则绿畦千顷，决即泽国”，“一岁丰收，其登倍入”。④

与江汉平原相邻的洞庭湖平原也存在着类似现象。益阳县“乐岁则谷米如冈陵，凶岁则庐成泽国”⑤。华容县“经岁不涝，谷物山积”⑥。岳州府、常德府属滨湖州县大多如是。

部分州县方志在记载本地水旱等自然灾害的同时，也收录有当地大丰收的记载，方志中有关丰收的记载有不同说法，有称“有年”、“大有年”者；或称“有秋”，亦有称“稔”、“大稔”者。光绪《沔阳州志·祥异》云：“史例：常事不书，书有年，必大熟，书水旱，必大灾。”⑦从所录水灾和丰收的比例（当然不是很精确的），亦可作为佐证粮食生产的极不稳定性的一个参考。（见下表）

表2 清代汉川、监利、沔阳水灾与丰收年统计

州县	丰收年	水灾年	备注
汉川	8	95	计至同治六年
监利	15	52	计自康熙十四年至同治十年
沔阳	17	115	计至光绪十四年

资料来源：同治《汉川县志》卷14《祥祲》，同治《监利县志》卷12《杂识》，光绪《沔阳州志》卷1《祥异》。

---

① 同治《监利县志》卷8《风土》。

② （清）刘鸿诰：《重筑吴家剅堤记》，康熙《监利县志》卷10《艺文志》。

③ （清）刘懋彝：《古华容有引》，载同治《监利县志》卷11《艺文志》。

④ 雍正《湖广通志》卷20《水利》。

⑤ 民国《益阳县志稿》卷2《堤垸》。

⑥ 民国《重印华容县志·序》。

⑦ 不过，地方志对丰收年分的记录似乎并非持续，更不系统。如光绪《沔阳州志》所载丰年就大多集中在康熙、雍正年间，乾隆、嘉庆、道光以至光绪，一百数十年中仅寥寥数年，故有关丰歉年的比较仅供参考。

在粮食生产极不稳定的情况下，淡水捕捞作为江汉平原农村经济生活的补充起着非常重要的作用。有水乡泽国之称的江汉地区，淡水捕捞有着悠久的历史，“春夏力农，秋冬业渔”成为许多居民的共同习俗。到明清时期，这里仍然具备良好的淡水捕捞条件，仍有相当数量的渔民存在。方志中每见有“以耕渔为业”、“以渔罟耕耨为业”，甚或“田渔相半”之类的记述。①

在此要强调的则是淡水捕捞在洪涝为灾之时所具有的特别意义。荆州地方流传有“鱼贵则米贱，米贵则鱼贱”②的谚语，其间就隐含着水产捕捞和米粮生产互补的意味。特别在价格与供求关系的意义上言之，谚语体现了鱼少米多、米少鱼多的对应关系。鱼和米这样一种贵贱多少的对应，自然与洪涝灾害紧密相关。大水之年，正所谓“江汉弥漫二千里……稻粱虽尽鱼虾肥”。洪涝为灾，粮食作物或冲或淹，甚或导致田地无法耕种，农作失收。另一方面，江汉地区原本河湖众多，水面积广大，加之洪水泛滥，积淹难消，灾区几至一片汪洋，川原莫辨，所谓“舟舣树杪，鱼游釜中”，有时数百里顿成巨浸。由于耕作已无法进行，不少原本以农耕为业的农户不得不弃耒操舟，改以网罟捕捞谋求生计。此时此势，米贵鱼贱当在情理之中。

关于因洪涝为灾农民改以淡水捕捞为生的记载并不罕见。明代嘉（靖）隆（庆）年间有民谣唱道：“我乡本泽国，年丰亦乐土。家家足鸡豚，处处开场圃。奈何迩年来，北溟频作海。一决失邱陵，四望尽江浦。寘身鱼鳖中，出没蛟龙薮。稚子作钓钩，老妻作网罟。虽得

---

① 参见拙作：《湖北通史·明清卷》第五章；又见拙文：《明代湖北的鱼贡鱼课与渔业》，《江汉论坛》1998年第5期。

② 乾隆《荆州府志》卷17《风俗》。

鱼虾食，更被征徭苦。”[①]又有《江汉大水谣》云：“屋又倾颓麦又流，暂搬家口傍墙头。举家饭食无来处，急急寻人且卖牛……夫妇近来无活计，手携缯网取鱼虾。”[②]明人莫与先亦写下了“卖犊操船试逐波，给家鲜食饱无多。泥湖遂作归墟地，荞麦之茂将如何”[③]的诗句。鱼虾水产作为灾荒年月百姓之口食可谓就地取材，以水产救水灾，灾民亦驾轻就熟，视鱼虾水产为当然之救荒物品。

同治《监利县志》载清初邑人刘懋彝诗文有云：“土皆膏腴，衣食不他资。其草食水族，远方所珍，则皆备荒下物耳。”[④]平时作为农耕辅助的水产捕捞，此时则成为救灾的依恃。尤其值得注意的是，《沔阳州志·祥异》有“崇祯二年秋八月汉溢，全境水，通城七十二垸，朱麻十三院皆淹。民丰于鱼，饥不为灾”的记载，耐人寻味。当然，鱼虾之外，菱芡以及苇荻等物，亦往往一并成为救荒之资。直至民国时期，洪湖地区民间仍流传灾荒年间“宁靠大湖，不靠大户”之说，可见鱼虾水产类在江汉平原与粮食生产互补、互动，在救荒中的重要作用。

因水灾而弃农耕，改以捕捞水产品谋生的状况有时是暂时的，也有长期持续的，视灾情轻重为转移。明人张治就沔阳的情况指出：

> 居江汉下流，夏秋水溢，决裂为沴，渺然成巨浸，民处沮洳中。然湖泽之利漶漫不可稽察，黠胥豪商相为乾没，业民捐瘠转徙而浮居，藉鱼虾苇荻自爨食也。[⑤]

---

① 康熙《潜江县志》卷10《河防》。
② 万历《襄阳府志》卷47《艺文志》。
③ 康熙《潜江县志》卷10《河防》。
④（清）刘懋彝：《古华容有引》，同治《监利县志》卷11《艺文志》。
⑤（明）张治：《孙公祠碑记》，雍正《湖广通志》卷113《艺文志》。

汉阳府属的情况与沔阳颇为相似。“地当汉水下流，岁一泛溢，导之不注，防之难遏，则荡为沮洳之场，吏第束手耳，故其民不得不弃耒耜而丐命于湖泽，可念也。”[①]丰富的水产资源，为灾民谋生提供了相对好一些的条件，较之西北地区灾荒年月剥树皮、掘草根、吃观音土以充饥还是要好上许多。

上述状况，并非江汉地区所独有，长江中下游的河湖水乡大多如是。明代著名学者、水利专家归有光曾就太湖地区的水利问题作过如下分析：

> 夫高阜之地，远不如低洼之乡。低乡之民，虽遇大水，有鱼鳖菱芡之利，长流采捕，可以度日。[②]

清初诗人查慎行在《吴江田家行》中也写下这样的诗句：“高田去水一尺许，低田下隰流沮洳。半扉潦退尚□浪，两足泥深难觅路。土墙颓塌茅屋倒，时见牵船岸上住。家家网得太湖鱼，米少鱼多无换处。”[③]因水灾而致米少鱼多、灾民以采捕鱼鳖菱芡等水产品为生的情势，与江汉地区基本相似。

不事蓄积是江汉平原农村社会生活习俗的一大特点，就明清时期考察，此一特点与洪涝灾害的频繁发生亦不无关联。[④]无法排除明清时期的记载有沿袭旧说的成分，但是，亦不能因此而完全否定这

---

① 万历《湖广总志·方舆·汉阳府》。

② （明）归有光：《论三区赋役水利书》，《归震川全集》卷8。

③ （清）查慎行：《敬业堂诗集》卷20。

④ 江汉地区不事蓄积之说由来已久。《史记》中就有“楚越之地，地广人希，饭稻羹鱼，或火耕而水耨，果隋蠃蛤不待贾而足，地势饶食，无饥馑之患，以故呰窳偷生，无积聚而多贫”，“其俗剽轻，易发怒，地薄，寡于积聚”的说法，《汉书》则有“有江汉之饶，春夏力农，秋冬业渔，少积聚，信卜筮”之说。这里似乎并未将无积聚之习与洪涝灾害联系在一起。后代史志中，此类记述不绝。

些记述的时代意义。就明清时期的有关记载而言，其论及“少积聚”时涉及了多方面的因素。康熙《潜江县志》录明成化旧志云：“耕尚卤莽，呰窳偷生而鲜盖藏，岁稔营田屋不计费，一再歉则轻售而徙，故富厚尽归商贾，而土著无素封之族。”这里强调了生产经营粗放方面的原因。嘉靖《沔阳志·风俗》称沔阳州亦是“耕尚卤莽，虽广种而薄收”。勤快不够，丰收之年消费无节制，不重积储因而无积储，遇灾歉则轻易流徙他方，故此土著无素封等现象和影响因素，已基本揭示了江汉平原无积聚习俗的本质特征。从不同着眼点论及此问题的论述则多不胜举。

明人吴亮嗣《论荆楚水灾疏》称：

> 楚地广博，而水乡十居其七，百姓愚而且惰，自耕稼之外，并无商贾别业，故民间毫无积聚，不足以御凶饥，自古而然矣。①

清人刘掞《时务论》亦云：“夫民所以穷，财所以殚者，岂田有未垦，岁有未登，抑上有苛刻聚敛之政欤？皆非也。弊在奢侈滥费，不知节省而已……苟有余财，无不饮酒食肉，衣帛衣裘者矣。”②刘掞所论对象为沔阳，重点在强调俗尚奢靡，“衣食不安俭素，以致室鲜盖藏”③。其他州县亦有类似记述，如孝感，“滨湖地方性靡无积聚”，“岁稍穰即治庭宇、饰裘马，耗费不赀，一遇凶岁，即坐匮告饥”。④孝感县属共五乡，其中广阳、诸赵、宏乐三乡滨湖，丰年粮

---

① 光绪《黄州府志》卷36《艺文志》。
② 光绪《沔阳州志》卷11《艺文志》。
③ 光绪《沔阳州志》卷2《风俗》。
④ 乾隆《汉阳府志》卷16《风俗》，参见光绪《孝感县志》卷5，陈诗：《湖北旧闻录》卷31。

食倍收，洪涝即成泽国，但“有鱼利”。丰年无节制地消费而不事蓄积的行为，是受只顾眼前、不顾长远的思想观念支配的。正如乾隆《汉阳县志·风俗》所云：“然乏深虑远谋，是以人鲜盖藏，虽故家旧族，无屡世称殷富者。”前揭潜江“岁稔营田屋不计费，一再歉而轻售而徙”的行为，亦属此类，以致不少州县“土著无素封之族”。

那么，此方居民何以无深虑远谋，以致不思积聚，室鲜盖藏，族无素封？长期频繁严重的洪涝灾害是重要原因之一。对此，《监利县志》讲得很直截了当，即所谓：

> 呰窳少蓄聚，潦多故也。大抵岁半则效原露积，箫鼓报赛，洵为乐土。一值水潦即荡折离居，甚者漂溺相枕。幸其民皆勤力耕织，或以网罟为业……[①]

江陵与监利紧相邻毗，《江陵县志》亦将民鲜盖藏与洪涝灾害联系在一起来理解，所谓“江邑百二十五里，赋饶役繁，而地常苦水，民鲜蓄积，岁一不登则仰食他乡”[②]。较之前揭潜江、监利、沔阳、汉阳等州县的情况基本相同。

频繁、严重的洪涝灾害影响民间积储，除了洪水导致荡析离居、家产、积蓄付之东流以外，下隰渍涝而不利于粮食久储也是一个方面。当然，洪涝灾害并非造成不思积聚、室无盖藏的唯一原因。

如果将洪涝灾害对民间积储的影响，与洪涝灾害对泽国水乡民居的影响联系起来理解，将有助于加深对问题的认识。

《汉阳府志》曾记载了一种湖区特有的民居——茭簰，该志称：

---

① 同治《监利县志》卷8《风土》。

② 光绪《江陵县志》卷11《户口》。

> 汉川四周皆水，湖居小民，以水为家，多结茭草为簰，覆以茆茨，人居其中，谓之茭簰，随波上下，耕莳牲畜，咸在其中。[①]

值得特别注意的是，由“耕莳牲畜，咸在其中”可知，以茭簰为家的居民显然非纯粹的渔民，茭簰当然亦有别于渔民之船只，尽管其能随波上下。同时，这里虽然四周皆水，却并非无陆居之地。这种可以随水浮动的房屋，成为湖区居民对付洪水袭击、以免荡析离居的有效措施之一，因此，自然也不会仅限于汉川一地，沔阳等湖区水乡地方亦多有搭建。乾隆初编辑的《安襄郧道水利集案》载有《江汉全图》及襄阳、钟祥、潜江、天门、沔阳等州县的堤防水利图多幅，其中特地绘制有《沔阳州茭草牌图》一幅，并题文称：“缘民结草为牌，筑室以居，不时迁移。”可知茭簰之意义当时已引起有识之士的关注。

这种随水浮动的居住方式，令人想到宋元时已出现的架田，“以木缚为田丘，浮系水面，以葑泥附木架上而种艺之。其木架田丘，随水高下浮泛，自不淹浸”[②]。时人有诗称：“稻人种艺巧凭借，既辨土宜和土化。只知地尽更无禾，不料葑田还可架。从人牵引或去留，任水浅深随上下。悠悠生业天地中，一片灵槎偶相假。古人谁

---

① 乾隆《汉阳府志》卷16《地舆·风俗》。同治《汉川县志》卷6《风俗》、民国《湖北通志》卷21《风俗》皆录有此段文字，且同时引录吴邦治《茭簰湖居诗》云：“茭簰具生理，即地即桑麻。俯仰无余事，云英与浪华。”（“即地”，《通志》作“随地”）又《古今图书集成·方舆汇编·职方典》第1130卷《汉阳府风俗考》载：“汉川四周皆水，湖居小民以水为家，多结茭草为簰，覆以茅茨，八口悉居其中，谓之茭簰，随波上下，虽洪水稽天不没。凡种莳牲畜，子女婚嫁，靡不于斯，至有延师教子弟者。”文字与前引乾隆《汉阳府志》所载略有差异，但大意相同。据称此乃录自府志，推测应为康熙八年（1669）刊《汉阳府志》，因未检康熙《汉阳府志》原文，故引录于此以为佐证。另外，这种茭簰居住方式始于何时，一时尚难断定。今见《明实录》相关记载一则，摘录于此以供参考。“督饷御史丘兆麟陈楚地事宜：一曰民穷而无可恋之土。言武、汉以西，荆、岳以北，每多水患，居民仅用芦枝盖居，丰年则耕，凶年则窜，钱粮因无所出，追呼亦何以行？”（《明熹宗实录》卷59，天启五年五月壬戌）

② （元）王祯：《东鲁王氏农书·田制门》。

识有活田，浮种浮耘成此稼。”[1]架田与茭簰，虽一耕一居，一生产一生活，其原理却是相通的，所体现的正是劳动大众顺应自然、利用自然的智慧。

频繁严重的洪涝灾害对江汉平原农村社会的影响并不止于“不思积聚”，“室无盖藏”，由此而导致的洪涝灾害后果更加严重，与其他地方相比，可能百姓更易流徙他方，以致民无定志，地方社会、人文兴废无常。嘉靖、隆庆年间的汉水持续泛溢为灾，致使天门、汉川以下地区大面积受灾，人口大量外移。“荆（州）安（陆）二郡，人民死徙相半”，或云“迁徙山乡以避之”，或云“人民移散，烟火萧条”，或云“流离转徙，糊口四方者十室而九”[2]。天门有掩枪洲，“地极膏腴，沙洋未筑时，人文蔚起，室家隐赈。今则久苦大浸，留少徙多，一望萧条矣”[3]。这是一个具体事例。《江汉旧闻》所谓“汉川地气卑湿，人家兴废无常”绝非无稽之谈。“不思积聚”与洪涝灾害之间的关联是双向的，相互制约，相互影响。洪涝灾害频繁严重促成或加重了“不思积聚”的风气，而“室无盖藏”则削弱了民间的抗灾能力，无疑加剧了洪涝为害的程度，进一步影响到地方社会的持续发展。

三、洪涝灾害与江汉平原农村社会经济生活（下）

地籍所载田地之所在、面积之大小以及田地种类、等则，不仅

---

① （元）王祯：《东鲁王氏农书·田制门》。

② 参见同治《汉川县志》卷9《堤防》，卷14《祥祲》；光绪《沔阳州志》卷3《建置志·堤防》等。

③ 康熙《景陵县志》卷4《堤防》。

为田地所有者衣食所资，且事关赋税徭役负担之轻重，历来受到官府和民间的高度重视。土地兼并、赋役诡寄、飞洒、错讹等诸多弊端，无不与地籍混乱有关。论者谈及地权转移、地籍混乱问题，大多注重对社会因素的考察，如买卖过程中的舞弊、豪强地主的兼并等，忽视了自然因素的影响。事实上，自然因素不仅为地籍混乱提供条件，而且直接导致地权转移，造成地籍混乱。具体到江汉平原而言，洪涝灾害的影响就非常突出。

洪涝灾害导致地籍混乱的中间环节是生态环境和水土关系的变化。如众所知，江汉平原的大面积田地乃垦殖淤积的湖沼低地而成，本身就是与水争地的产物，原本具有坍涨互见的特点，而洪水的冲淤，无疑更加剧了坍涨的交替，以致呈沧桑无常的局面。明代中后期始，日益频繁严重的洪涝灾害在不断袭击江汉平原社会经济的同时，也明显地改变着江汉平原的水土格局乃至地形地貌。对此，有关州县方志无不有相应的记述。潜江：

> 濒汉江下流，地势洼潴，土田崩淤不常，故民无百年恒产，而家无屡世素封。每水涨堤溃，陵谷倏更。所谓吾疆吾理者已不可考。
>
> 自国初（清）以迄于今，二百年来，形势不无变迁，河道因多淤塞……昔年沧海半成桑田。

清人杜洁沄《庚午夏深河潭溃水上作歌》叹道：“我生百罹又逢此，桑田变海一弹指。”[①] 沔阳州：

---

① 光绪《潜江县志》卷3《舆地》，卷10《河防》，卷20《艺文志》。

> 本称泽国，淤沉不一，沧桑屡更。有昔本上粮而今为湖野，有向称荒塌而近成膏腴。完无田之差者所在多有，享无粮之土者不一而足。
>
> 历年既久，陵谷变迁，向之黄壤，今为潴矣，且有沦为巨浸者矣，而其田每亩仅以七八分为率。向之低洼者今则周原朊朊矣，且或以些微水课一望而昀昀旷渺阡陌绣错矣。豪强之兼并割据、厚利丰殖宴然无税可纳者，所在多有。①

天门：

> 地处汉滨，适当陵阜竟处，沧桑辄成洼潴。而自荆（门）筑沙洋，河不西泛而东徙；潜（江）开泗港，河不曲走而直冲，遂无不灾之年，半是不耕之土。今城西南萦环百里间，萑苻如箐，沙碛如边，凄然可念，凡河泊所割据，固千百年赋区也，欲摄而问其额租，一叶随风犹是。②

监利县的变迁最能说明江汉平原的水土演变。监利县旧治上坊里东村，环绕县城诸村皆为沃壤。后来，滨江地方因淤而成饶沃良田，而县治一带则因水而圮。县治不得不南徙，而且县北的36垸因而渐废为湖。与此同时，太马古江之间民居繁盛，县南成为财赋重地。明嘉靖年间，汉水决沱潜堤，以往圮废之地以次成淤，再成沃壤。明末战乱，县南之地又“荒废数十年不治”，“南北既高，中央遂成下下，江陵三湖又渐淤为田，水复自上而灌焉”。③至于滨江洲田之

---

① 光绪《沔阳州志》卷4《赋役》。
② （明）程维瑛：《请均加饷疏》。见雍正《湖广通志》卷91《艺文志》。
③ 康熙《监利县志》卷1《沿革》。

"淤坍靡定"，更是可想而知。

洪涝灾害引起的田地坍涨靡定、陵谷倏更为土地兼并、田地种类和等则混淆以及赋役负担不均创造了条件，提供了机会。前揭沔阳州"豪强兼并割据，厚利丰殖宴然无税可纳"便是一例。与沔阳相邻的潜江、汉川、监利、汉阳、天门等州县都有类似记载，其中尤以潜江最为突出。康熙《潜江县志》载：

> 嘉（靖）隆（庆）间沙洋、夜汉继决，疆畛淤没，有指别项田地侵占民田者，有以民田规避于别项田地者。其渔田旧为湖，后多淤为田，高者反洼而注水。久之，民田内亦自相浚占，贸易推收，高下冒乱，版籍莫可凭借。①

潜江田地，依据不同的标准区分为民田、渔田、粟地、屯田、庄田等名目，不仅有等则、种类之异，且有分属不同之别，赋役负担差别也很大。疆畛淤没、经界混淆的情况下，强者、黠者纷纷乘机上下其手，左右作弊。

明万历五年（1577），潜江县进行了一次较为彻底的土地清丈，主持清丈的知县朱熙洽在其《请清丈详文》及《清田记》中，对洪涝灾害造成的水土变化及产生的地籍混乱影响作了具体记述，《清田记》载：

> 楚故多水患，而潜于楚撮土也。襄汉会流，决口数四，已而浑沙渐积，湮没界址，民惟视强弱爇治，而田额紊矣。且渔湖徙入民田，鱼课轻，富者利粮之轻，非渔田不收，而鬻者亟

① 康熙《潜江县志》卷9《赋役》。

于求收，则以粮田假渔田以售，即存粮不顾也。是以有田者无粮，粮多者鲜田，而粮额又紊矣。[①]

时人袁国臣亦有《清田记》记此次清丈云：

潜之为邑，当汉下流。自嘉靖以来，汉水数涨，涨则田没而民徙，田没则经界淆，民徙则故业失。猾里豪右往往乘此蚕食之，渔田、屯田与民田犬牙错，而民田之税较渔屯所输不啻十之七八，小民欲纾目前之急，率影射以售。故阡陌其田无升合之税，税数十石者地鲜立锥，弊也久矣。[②]

《请清丈详文》则称："岁稞之亏实始于田地之相混，豪强乘利便连阡陌，而赋无升合之输，贫民以赔赋无立锥，而岁受诛求之苦；耕者因无界段而互相争攘，辄以小忿而构大狱，役者因无恒产而终年逋负，积以数两而至数千……淤田冒渔粮之名，而沃土接畛连丘，避重就轻不输租赋……"最典型的例子是县属三湖一带，自汉水决夜汉之后，"淤成膏腴，一望漫弥，莫知顷亩，而粮不满数石"，[③]不少人乘便置产，专务便宜，疆畛之易替，粮渔之冒乱，皆不待言。

毫无疑问，洪涝灾害带来的田地此坍彼涨、疆理混淆等水土关系变化，是影响土地兼并、地籍混乱的不可忽视的客观因素，有些社会因素是借助这些客观条件发生作用的。

沉重的修堤防汛负担对江汉平原农村的影响深重。明清时期，

① （明）朱熙洽：《清田记》，康熙《潜江县志》卷3《舆地》。

② 康熙《潜江县志》卷3《舆地》。参见（清）顾炎武：《天下郡国利病书》卷75，雍正《湖广通志》卷110《艺文志》。

③ （明）朱熙洽：《请清渔粮详文》，康熙《潜江县志》卷3《舆地》。

在河淤、水浮、堤加的情势下，江汉平原治水防水的压力越来越大。一方面，为防水患、减水灾，对堤防的依赖程度愈来愈高，堤防越修越多且日益高厚。另一方面，由于水土关系的变迁（围垸增多，淤积严重，蓄水之地日少，泄洪水道不畅等因素），水位不断抬高，洪水流量增大，致使堤防的可恃程度相对降低。时人称：

> 上无所泄，下无所归，水横溢四溃而桑田沧海之变遂不可问矣。于是，高者修堤，低者亦修堤。堤防既多，水道亦窄，以堤岸丈余之尘土当千里吞天浴日之洪涛，欲其不崩溃而浸没也，不亦难哉！①

但是，在当时条件下，舍堤防又无其他防洪良策，尽管已有人将堤防防洪视为“幸者壑邻，不幸则自壑”之举。②因此，人们不得不硬着头皮和洪水开展一场堤防堵决、加高培厚与水位抬高、溃堤的竞赛。这场竞赛的最终结果如何暂且不论，有一点却是可以肯定的，那就是耗费的人力物力不断增加，农民的修堤防汛负担愈来愈沉重。

据道光年间成书的《楚北江汉宣防备览》及有关方志所载，境内江河堤防（不计垸堤）较长的州县有江陵、监利、潜江、汉川、沔阳等，长者达500里以上（参见下表）。如果再加上数量众多、堤线绵长的垸堤，堤防的长度则更为可观（据不完全统计，汉川垸堤长达14万丈，是江河大堤的三四倍）。如此众多、绵长的堤防，除了极少数堤段如荆州万城堤等曾有过动帑修筑外，绝大部分是由民间按照受益原则分摊修防负担的，或按亩征土，或按亩派夫，或按

---

① 同治《汉川县志》卷9《堤防》。

② 同治《监利县志》卷3《江防》。

亩摊费，形式不一，业民自修的实质无异。[①]

表3 江汉沿岸部分州县大堤长度统计

州县	堤长（丈）	州县	堤长（丈）
江陵	78182.6	监利	77140.6
公安	39576.5	沔阳	36007.5
荆门	28476.0	汉川	41130.0
天门	81724.0	潜江	83600.6

资料来源：光绪《荆州府志》卷18—卷20《堤防》，光绪《江陵县志》卷8《堤防》，同治《公安县志》卷3《堤防》，嘉庆《荆门直隶州志》卷12《水利·堤防》，道光元年《天门县志》卷13《水利》，同治《监利县志》卷3《江防》，光绪《沔阳州志》卷3《堤防》，同治《汉川县志》卷9《堤防》，光绪《潜江县续志》卷10《河防》。

说明：各州县统计标准（如干堤、支堤、垸堤划分，统计到哪个级别等）可能有差别，故堤防长度仅具有参考意义。

堤、垸防洪减灾的投入分在三大部分：一是岁修，二是防汛，即所谓“夏秋守御，冬春修补，岁以为常”[②]。第三则是堵筑决堤。由于倚堤防为命，各州县对堤务极为重视，“邑之所重在堤，则邑政所首者莫如堤工为急”，这不仅是对官府而言，对民间也是如此。修防堵决的投入巨大，仅江汉两大干堤所费就很可观。曾主持江汉堤防工程的王凤生就说：

> 江堤两岸，上自荆州，下至武黄，约长二千余里。汉堤两岸，上自钟祥、荆门，下至汉川，约长千数百里。工段极长，全资民力。近患江河淤垫，沿流堤塍自不能不隆与俱高，培之使厚。无论堵筑溃口经费浩繁，即每年岁修之资，亦复甚巨。[③]

---

① 参见拙作：《清代两湖堤垸水利经营研究》，载《中国经济史研究》1990年第4期。

② 同治《监利县志》卷3《江防》；参见康熙《监利县志》卷1《方舆·山川》。

③（清）王凤生：《楚北江汉现在情形及堤工积弊说》，见《楚北江汉宣防备览》卷上。

以江陵县为例，据《荆州万城堤续志》记载，江陵县长江北岸大堤修防乃照税粮摊派，每税银一两派土多者达50方。户部定例，每土一方价银一钱二分，50方土则合银六两。嘉庆年间改定例为每土一方价钱160文，50方土则合钱8000文，无论计银还是计钱，堤工修防负担都重达税粮的若干倍。如果按照《湖北堤防约言》所载——上田每亩派堤费钱千文，中田每亩六七百文，下田每亩二三百文，则修防负担更远较田粮负担为重，甚者达十数倍。因此，当时江陵民间流传"无粮受福"（似为"无量寿佛"之谐音）之谣谚。[①]

监利县堤工修防与江陵相类似，负担甚或重于江陵。王柏心《上胡中丞书》指出：监利江堤绵长370余里，且险工林立。"岁事挽筑，每石（税粮）派土至百四五十方，方土（钱）百二十文，价亦且二十余千矣。"[②]这些仅仅是江堤修防的负担，尚不包括支河堤防、围垸堤防的投入。而围垸支堤虽小，堤线却长，负担面小，故摊及业户的负担亦重。《江陵县志》载有该县龚家等垸修防状况，其中有"通垸敛费，多至数百金，少亦百余金"之语，[③]虽各垸情形不尽相同，垸堤修防负担之重却可以肯定。

有关州县方志中每见有因堤费负担过重所发的怨苦之声。康熙《潜江县志》载《堤再决》诗称："年年事版筑，穷民趾欲穿。河伯何太侈，易视此金钱。金钱输在官，儿女已各天。"光绪《孝感县志》云："一届新春，堤费繁兴，每斗需钱陆柒百至千余不一，民力几何，既遭歉岁，又负极重之累，是较山居之仅完赋税者不啻天渊也。"[④]民国《钟祥县志·文征》载乾隆初年《修筑利弊并溃漫灾

---

① 参见乾隆《江陵县志》卷8《建置志·江防》。

② 同治《监利县志》卷11《艺文志》。

③ 乾隆《江陵县志》卷8《建置志·江防》。

④ 光绪《孝感县志》卷1《封域·山水》。

饬备览》文称："既溃之后，计亩派夫，工大役繁，每倍于国赋，被灾穷黎何以堪此？即不溃之年，亦岁岁加帮，膏肉有限，欲壑无穷……"堤垸修防负担之重，以致有"田中一亩岁入，不敌一丈堤费"[①]的说法。与监利县相邻的洞庭湖区华容县也有类似问题。《华容县志》称："卫田之堤工尚须百倍于他方"，该县每亩田的修防费用摊征六七百文至一千三四百文不等，以至于"纵遇丰年，佃主有罄一岁所入不足以偿堤费者"[②]。可为平原湖区水乡堤垸修防负担沉重的有力佐证。

修防负担除了派土派费之外，还有一个非常重要的内容——时间支出。冬春岁修，夏秋防汛，岁岁相因，时间投入相当多。有关地方志所载一般情况而言，岁修大多自当年十月相堤估工，至次年二月方才告竣，需时四个月左右，正所谓"岁役修筑，率百余日"。夏秋防汛，视进入汛期早迟及汛期长短，每年可能互有差异，但一般不会少于三个月。也就是说，堤垸受益业户的大部分劳动力，每年用于修堤防汛的时间约在半年以上。有更甚者，据光绪年间刊荆州知府徐家干《守荆略记》载：荆州堤防"岁以冬十月迄春三月修堤，以夏四月迄秋八月防险"。以此计算，堤防受益业户的这部分劳动力投入的时间就远不止半年了。关于平原湖区的修防负担，20世纪50年代的情况亦可供参考。《洞庭湖基本资料》载：湖区劳动力一般是四个月修堤、四个月防汛。每亩田负担堤费平均折合大米110斤。由此可以想见，其他生产和生活活动因此受到的影响。

问题尚不止于此。沉重的堤垸修防负担并未换来江汉安澜，劳动人民的生命财产更没有因此得到保障，相反，而是如《监利县

① 乾隆三十六年六月湖北巡抚李因培奏语，见《清高宗实录》卷739。

② 光绪《华容县志》卷2《堤垸·堤工纪略》。

志·江防志》所云："版筑之费，皆派诸田亩。决与筑相循，征与修无已，民力有尽，江患无穷。"不少人提出"堤防岂足恃哉？"的疑问，甚或倡导废堤防重疏导的防洪主张，[①]无不与修防负担太重的因素有关。废堤的目的之一就在于省去修堤的大役大费。有"末世国士"之称的王柏心便力倡废堤之说，专门撰《导江三议》阐扬其主张，其间对堤费负担问题就非常重视。王氏云："必欲缮完故堤，增卑倍薄，劳费无已，数逢其害，则吾不知所终穷矣。""以（疏河蓄泄之地）迁徙之费与缮治捍御之费较，什不敌一也；以沮洳之苦与覆宗湛族之苦较，百不敌一也。"[②]两相权衡，修堤不如废堤。

乾隆年间，御史张汉奏请疏通江汉水利，疏中有下面一段话，颇发人深思，录下以为本节结束。"是以江汉不疏，终非底定之本；积淤不浚，终失利导之宜，此则楚民之隐忧也。夫三楚富饶，夙甲于天下，谚云'湖广熟，天下足'，一岁两稔，吴越亦资之。今或稍逢水旱，即仓皇无策，致居民不免于贫困，虽不得尽委之河堤之累，然逐年估计，既苦派费之繁多；溃决无时，又虑身家之莫保，岂非河堤之为累乎！"[③]

以上对明清时期洪涝灾害与江汉平原农村社会生活的论述，只是初步的考察，有的想法也不太成熟，尚祈方家不吝指正。

（《自然灾害与中国社会历史结构论集》，
复旦大学出版社2001年版）

---

① 参见同治《监利县志》卷3《江防志》，同治《枝江县志》卷3《地理志下·堤防》，民国《钟祥县志》卷3等。

② （清）王柏心：《导江三议》。

③ （清）张汉：《清疏通江汉水利疏》，（清）贺长龄等：《皇朝经世文编》卷117《工政》二十三《各省水利四》。需要说明的是，由于人类活动、环境演变等因素作用，洪涝灾害之多少、轻重与堤防的关系未可简单断论，本文无意讨论治水方略，在此更只是强调修防负担之重。

清代江汉—洞庭湖平原堤垸农业的发展及其综合考察

唐宋以前，在今日的江汉—洞庭湖平原上，更广泛地分布着众多大小湖泊和无数条纵横河流，“夏秋泛涨，一望万顷茫然”，“冬间水涸，一望群湖有如星罗地上”，[①]呈现着典型的河湖交错、水乡泽国的地貌景观。要在这样的条件下进行农业生产，防水、治水是首要的前提，堤防乃这里先期水利的主要措施。“历查从前岁之丰歉，皆由堤塍之修废。”[②]“倚堤为命”，“岁事丰歉，均系于此”[③]。本文所要讨论的堤垸，便是灵活利用堤防手段，周环防水，垦辟、保护田地的一种水利形式。嘉靖《沔阳州志》称：“民田必因地高下修堤防障之，大者轮广数十里，小者十余里，谓之曰垸。”[④]垸内、堤上，或建有闸剅，或开挖有沟渠、湖塘等设施，兼备有防水、排水、蓄水、灌溉等多种功能。这一形式的出现，对湖区的水、土利用，河湖蓄泄关系，湖广地区农业经济的发展都产生了重大的影响。研究堤垸的发展进程，可以为今天治理湖区提供历史规律的借鉴。

---

① 乾隆《直隶澧州志林》卷4《河渠》。

② （清）陈宏谋：《培远堂偶存稿》卷25。

③ 乾隆《湖南通志·凡例》。

④ 嘉靖《沔阳州志》卷8《河防》。

一、清初江汉—洞庭湖区堤垸农田的发展及其历史背景

（一）明代这一地区堤垸农田的发展和影响

对于堤垸兴起的确切年代，至今尚无定论。但有明一代是堤垸大发展的时期则是肯定无疑的。据有关史志记载，湖区一部分州县，明代已修筑有相当数量的堤垸，如潜江县：

> 大泽重湖，居民各自为垸。故南则陶湖、牛埠；北则太平马猖；西则白伏、成林；东则荷湖黄汉等，凡百余垸。①

沔阳州：

> 沔居泽中，土惟涂泥……故民田必因地高下修堤防障之，大者轮广数十里，小者十余里，谓之曰垸，如是百余区。②

《华容县志》记述本县在明初有68垸，正统时大水后修复为48大垸。其后，“小民因仍，人自为守，得增至百余区”③。其他州县虽无确切统计数目，但其堤垸的大量存在是毋庸置疑的。④

堤垸的兴起，为低洼易涝土地的利用提供了有效的手段，明代流移向湖广的集结，又为这里提供了大量劳动力（详见后文）。于是，江汉—洞庭湖区的广大湖滩河滨较快地被开发，沮洳水乡变成了肥沃农田，耕地面积大大增加了。《楚均田议》作者指出：“楚故

---

① 万历《湖广总志》卷33《堤防考》。

② 嘉靖《沔阳州志》卷8《河防》。

③ 康熙《华容县志》卷3《水坊》。

④ 如监利县，（清）刘鸿诰《重筑吴家剅堤记》云：“监邑田之名垸者星罗棋列，其为堤也亦龙跃蛇腾。”（康熙《监利县志》卷10《艺文志》）

饶湖利，而沧桑徒易靡常，昔为沮洳，今称沃衍者，不啻万万。”[①] 虽然我们无法确切统计湖区各州县围垦的面积，但从这类记载中已可知当时湖田、垸田的数量是不小的。

人口的增加和耕地面积的扩大，推进了原来较为落后的湖区经济，特别是这里的粮食外运开始在长江沿岸，甚至全国的米粮市场中奠定了不可忽视的地位，明人吴应箕《楼山堂集》指出：

> 江南地阻人稠，半仰食江、楚、庐、安之粟。今各方多事，商贩日稀，民饥思乱，其势然也。
>
> 夫徽（州）池（州）之间，人多田少，大半取给于江西、湖广之稻以足食者也。[②]

据何孟春《余冬序录》记载，早在明代前期已经有“湖广熟，天下足”的谚语流传。[③] 湖广米粮重要地位的取得与江汉—洞庭湖区的开发利用是分不开的。我们知道，湖区淤壤，由于水生动植物滋生、腐烂其中而具有高度的肥力，地面又平衍湿润，利于耕作，而明代前期处于初步发展阶段的堤垸，在河湖关系稳定的大前提下，恰恰克服了水乡之大敌——洪涝灾害。因此，其生产能力可高于一般田地。“垸岁有秋，不闻时圮”[④]，湖区呈现出一派兴盛景象。如华容县，“成弘间……洪水不为灾，民物阜昌，西鄙数十里厌菽粟，

---

① 《楚均田议》，（明）章潢：《图书编》第39卷。参见《古今图书集成》卷58《经济汇编》《食货典》《田制部·总论》。

② （明）吴应箕：《楼山堂集》卷10，卷12。

③ （明）何孟春：《余冬序录》卷59《职官部》。（引用此谚语说明湖广经济状况的论著已有不少，但是，有误认为谚语始流传于清代的，有将此谚与“苏湖熟［或苏常熟］，天下足”之谚相提并论的，均值得商榷。已在另文中述及，此不多赘。）

④ 乾隆《华容县志》卷3《水坊》。

隆栋华夏遍芦苇中”[①]。这里所指正是滨洞庭湖的堤垸区域。据估计，华容县垸田区域占全县十分之七，而且地腴产高，所出产的稻米占全县的十分之八九。这里“闾阎殷厚，民出粟实塞下，佐县官费”[②]。沔阳州堤垸区丰年亦被视为“乐土”。

随着堤垸的不断盲目扩张，河湖水道、水面受到压迫，湖区的水蓄泄关系遭到破坏而失去平衡。昔日的洪水游陂之地，不少被围成庐舍畎亩，“垸益多，水益迫……水至不得宽缓”[③]，洪涝之患开始频繁起来。以嘉靖年间长江北岸的分流郝穴被堵筑为标志，江湖关系也发生了重大变化，江水由南北分流变为专注于南。明代江汉—洞庭湖区垸田生产比较稳定的发展，大约持续到成化、弘治年间，此后各州县开始进入洪涝灾害繁剧的年代。万历《湖广总志》描述嘉靖以后的状况云：

> 川汉二水，每遇夏秋辄交涨泛滥于荆（州）承（天，即安陆府）、沔（阳）、武（昌）、汉（阳）之间，沃壤数千里悉成巨浸，虽筑堤浚冗，岁费不下万金，竟委之泥沙……田地荒莱者过半，庐舍坟冢多成故墟，至有百里无人烟者。[④]

各州县地方志中亦有同样的反映。[⑤]

（二）清初至雍正时期湖区堤垸农田的发展

在明清之际天灾人祸的打击下，江汉—洞庭湖区的堤垸农业遭

---

① 康熙《华容县志》卷1《风俗》。

② 康熙《华容县志》卷3《水坊》；隆庆《岳州府志》卷7《职方考》，卷12《水利考》。

③ 嘉靖《沔阳州志》卷8《河防》。

④ 万历《湖广总志》卷32《水利上》。

⑤ 嘉靖《沔阳州志》卷8《河防》：“（自正德十一年以后）水患无岁无之。”“垸塍倒塌，田地荒芜。”同治《汉川县志》卷22《杂记》：“自嘉（靖）隆（庆）以来无岁不有冲决之患。”同治《武陵县志》卷16《食货》：“（万历年间）洪水泛溢，岁以为常。”

到了毁灭性的破坏，到处呈现着垸塌田荒的残破景象。乾隆《汉阳府志》载文记述顺治年间情况，云江汉平原上“处处岸崩，在在堤决，水天一色，川原莫辨，鱼游畎亩，田地悉归河泊”[①]。洞庭湖区各州县的垸田、湖田，亦是“鞠为墟薮，莽无阡陌”，“一望之间，芦荻百里”，“异时堤而防之为田者，今已归还洞庭，无复人烟矣”。[②]

但是，在清政府一系列劝民垦荒措施推动下，尤其康熙朝以后，湖区的农业生产逐渐得到了恢复和发展。江汉湖区的江陵、监利、潜江、沔阳一带堤垸，在康熙中后期已经恢复到了原已达到的最高水平，“地鲜荒而不理者”。潜江县堤垸达到160余处，远远超过了明代数目。雍正初年，有人途经江汉湖区，“见其川原历落，防制划然，或循旧迹，或新堵筑，皆屹若金汤”[③]。洞庭湖区的恢复较江汉湖区略迟，但至雍正乾隆之际，整个湖区的堤垸都在恢复的基础上有了不同程度的发展。沔阳堤垸达到1350余处，包围面积400余万亩。[④]州境由“湖薮襟带、烟波浩渺”的地理景观，又变为“原田每每”的景象。洞庭湖区亦是“往时受水之区，多为今日筑围之所”[⑤]，沅江、益阳、安乡、湘阴等地堤垸，都较明代有了很大增长。这个时期中，清政府先后于康熙五十五年（1716）和雍正六年（1728）两次动用官款助修堤垸，对湖区堤垸发展起了很大的鼓励、促进作用。[⑥]

---

① 乾隆《汉阳府志》卷15《艺文志》。

② 同治《武陵县志》卷16《田赋》；嘉庆《益阳县志》卷8《水利》；（明）严首升：《与当道某丈田书》；光绪《华容县志》卷14《艺文志》。

③ （清）魏世雯：《张成垸碑记》，同治《石首县志》卷7《艺文志》。

④ 光绪《沔阳州志》卷4《食货》。

⑤ （清）严有禧：《查垦湖滨荒土移详》，乾隆《澧州志林》卷20《艺文志》。

⑥ 康熙五十五年洞庭湖区修官围“各县一二十处不等”。雍正六年所修则多达142垸。“官垸堤身比民垸加高，民垸亦不得不高；有垸者加培，而无垸者不得不筑。”参乾隆《湖南通志》卷21《堤堰》；乾隆《澧州志林》卷20《艺文志》；乾隆《岳州府志》卷14《水利》等。

清代早期近百年间堤垸的发展，虽然有局部侵及湖河水面，出现了游陂区域缩小的现象，但从总体上看，对水利蓄泄关系的破坏尚不算严重，这对湖广地区的农业生产有着重大的积极意义。这一时期，湖广的米粮外运在全国米粮流通中，尤其在长江沿岸市场占着突出重要的地位。在最高统治者心目中，长江下游江浙一带，几乎要仰赖湖广的米粮供应。康熙三十八年六月皇帝谕云："江浙百姓，全赖湖广米粟。"① 雍正帝亦曰："楚本产米之乡，素为东南所仰给。"② 此时解决米粮问题，无论官方拨运、委员采买等，较多以湖广为主要米谷货源地。③ 至于民间商贩运销量更是可观。东南最大的米粮市场苏州，"湖广之米日至苏州者不可胜数"④。江浙一带米价低昂很大程度上决定于湖广及江西米粮销到此地的多少。康熙皇帝南巡江浙，询问地方米贵的原因，"百姓咸谓数年来湖广米不至，以至价值腾贵"⑤。康熙后期，李煦、曹寅等向皇帝报告苏松常扬一带米价时，每每以湖广米粮运到与否或运到多少为当地米价升降原因。⑥ 其他如广东、山东、陕西、山西诸省，亦屡见有受济于湖广米粮的事例。⑦

---

① 《清圣祖实录》卷193，康熙三十八年六月戊戌。参见《清圣祖圣训》卷23。

② 雍正元年十月十六日杨宗仁奏折，《雍正朱批谕旨》卷4。

③ 雍正五年七月十四日署理湖南巡抚布兰泰奏折就有"今春广西、江南诸省俱委员来楚买米，兼以商贩络绎，难以禁遏，以致米价骤昂"之语。(《雍正朱批谕旨》卷12下）参见（清）王庆云：《石渠余纪》卷4《纪邻谷协济》。

④ 雍正四年五月十四日福建巡抚毛文铨奏，《雍正朱批谕旨》卷13下。

⑤ 《清圣祖实录》卷193，康熙三十八年六月戊戌。参见《清圣祖圣训》卷23。

⑥ 康熙五十一年八月八日李煦奏：苏松扬一带，"因湖广客米到得甚多，所以米价仍贱"。(《苏扬米价并进晴雨册折》，故宫博物院明清档案部编《李煦奏折》153，中华书局1976年版，第123页）康熙四十八年曹寅奏报当年江南米价平减的原因是"江西、湖广米粮贩到"。(《宫中档康熙朝奏折》)

⑦ 参见乾隆《河源县志》卷11《农功》；（清）陈宏谋：《培远堂偶存稿》卷26；雍正二年闰四月二十五日漕运总督张大有奏，雍正五年七月十四日署理湖南巡抚布兰泰奏，《雍正朱批谕旨》卷52，卷12下；雍正十一年四月十一日湖广总督迈柱奏，《雍正朱批谕旨》卷213；雍正十一年十一月二日署理陕西巡抚史贻直奏，《雍正朱批谕旨》卷207等。

当时，几乎是谈米谷者言必及湖广，湖广在人们心目中成为实实在在的天下粮仓。于是乎，“湖广熟，天下足”谚语，得到了更加广泛的传颂。早在康熙三十八年（1699）就有谕令引用了这一谚语。[①]康熙五十八年六月十九日，湖广总督张连登报告湖北早稻收成及米价情况，皇帝朱批又云：“俗语云：‘湖广熟，天下足’，湖北如是，湖南亦可知也。”[②]雍正皇帝和乾隆皇帝亦有类似的批谕。其他大臣奏折中的引用就更多不可数了。[③]

湖广米粮之所以能够丰如上述，虽然有多种因素影响，但堤垸农田的粮食生产在其中的显著地位是不可忽视的。首先，堤垸发展所造就的大面积农田，在湖广地区占有很大的比例。沔阳、潜江、监利、华容、安乡、汉川、沅江等州县，大部是堤垸农田，湖区其他州县堤垸亩额亦相当可观，只是限于史料的记载尚无法作出准确的统计。其次，清代堤垸不仅在数量上远远超过了明代，同时在质量上亦大有提高。垸的规模、堤之高厚、堤垸的形制、机能也更加高大、进一步完善化、系统化。在湖河蓄泄关系相对平衡尚能维持的条件下，堤垸内田地的生产能力要相对高于其他田地。以监利县为例：从田地等则看，全县共有田45万余亩，垸内田有43万亩，占94%，全县划为上则的田40万亩，垸内就有上则田38万亩，占96%；垸内地所占上则比例亦很高，田地合计，垸内占全部亩额的78%，而上则合计，垸内则占到了85%。再从税粮科则方面看，如下表所示，在上中下三则各类田地中，每一同等则中的田或地，垸

---

① 《清圣祖实录》卷193，康熙三十八年六月戊戌。参见《清圣祖圣训》卷23。

② 台北“故宫博物院”：《宫中档康熙朝奏折》，1976年。

③ 如雍正八年四月二十日鄂尔泰奏折，《雍正朱批谕旨》卷125。（清）朱伦瀚：《截留漕粮以充积贮札》，（清）贺长龄等：《皇朝经世文编》卷39《户政》十四《仓储上》；（清）张汉：《请疏通江汉水利疏》，（清）贺长龄等：《皇朝经世文编》卷117《工政》二十三《各省水利四》等。

内类所科征的总要高于垸外类，堤外类所科则又低于垸外类。当然，无论田地分则或者税粮科则，在不同地区间不可能有统一的划分标准，但基本的科则精神必定是以田地的相对生产能力为高下的。上述监利县情况，是在全县经过一次统一丈量后所定，垸内田地生产能力高于垸外当属无疑。

表1 监利县田地科则

田地类别	上则	中则	下则
垸内田	秋粮米二升七合六勺有零	二升四合五勺有零	一升六合有零
垸外田	秋粮米二升五合七勺有零	二升二合	一升三合有零
堤外田	秋粮米一升八合有零	一升一合有零	四合五勺有零
垸内地	秋粮米二升一合五勺 夏粮五合六勺有零	秋粮米二升	秋粮米一升三合
垸外地	秋粮米一升八合五勺 夏粮五合六勺有零	夏麦九合九勺有零 桑丝三分七厘四毫	大麦三升，小麦四合六勺
堤外地	大麦三升，小麦四合六勺	大麦一升八合	大麦一升六合

资料来源：王柏心：同治《监利县志》卷4《田赋志》。

正是由于这样，不少人在讲到湖广米粮生产时，首推江汉及洞庭湖区。乾隆《澧州志林》在指出“大江上下，浙水东西，每岁采运湖南者，帆樯相望不绝”的米粮外运盛况后，接着指出：

> 盖缘隆古所重者黍稷，非所利于涂泥。厥后粳稻之种植渐广，泽国皆成沃壤，因地之宜，顺物之性，阜国裕民。①

这里明确认为，当时米粮生产盛况，是原来洼地泽国被开发利用的结果。乾隆初年御史朱伦瀚在《截留漕粮以充积贮札》中所列湖广产米州县，明确包括了湖区的长沙、岳州、澧州、常德、汉阳、武

① 乾隆《澧州志林》卷5《食货》。

昌等府。[①] 咸丰年间，湖南巡抚骆秉章讲到湖南产米区域时，更直接指出滨湖之垸田农业区为省内生产米粮的主要基地。[②]

同样，湖区各地方志在谈到本州县内的米粮生产时，又皆首推县内垸田区域。益阳是洞庭湖区输出米粮的重要州县之一，其县内"产米区以下乡为最盛……堤垸相接，弥望绿野，实膏腴之地"[③]。孝感县情况类似，垸田"一岁丰收，其登倍入"[④]。洞庭湖东北部的巴陵，县内田地分旱田、垄田、塝田、垸田等种类，堤垸在其间只占很小比例，分布在县西湖滨，光绪《巴陵县志》在讲到本县物产时特别指出："若垸田、洲田最称肥美，所产稻粱菽麦黍稷芝麻菜子棉花，远胜东乡。"[⑤] 垸田生产能力既高于其他田地，堤垸区农民的生活状况也较其他山区农民要好。华容县"垸农一岁之收，可抵山农数岁之收。垸民至厌粱肉，山民恒苦莱食"。滨湖垸田区成为县内其他区域通融度荒的依靠。[⑥]

二、乾隆至清末湖区围垸垦殖的大发展

(一)乾隆时期围垸的大扩张与清廷的禁围

乾隆朝是清代经济发展的鼎盛期，也是湖区堤垸经过康雍时期的恢复之后，急剧扩张，一发不可收拾的年代。在这个时期中，江汉湖区和洞庭湖区各州县都展开了大规模的与水争地活动。特别是

① (清)朱伦瀚:《截留漕粮以充积贮札》。
② 《骆文忠公奏议》卷9。
③ 民国《益阳县志》卷4《农业》。
④ 雍正《湖广通志》卷20《水利》。
⑤ 光绪《巴陵县志》卷7《物产》。
⑥ 乾隆《华容县志》卷3《水坊》。

乾隆五年“特下广劝开垦之诏零星地土听免升科”措施推行之后，对湖区围垦给予了极大的推动。在洞庭湖区，“富民争起应之，报垦无虚岁”[①]。由于不科征赋税，原来不宜耕垦或因效益不高而无人耕垦的地方，一下子成为众人争相围垦的目标。据《湘阴县志》统计，该县清代所筑堤垸共100多处，其中绝大部分兴筑于乾隆朝初期十数年间。当时的驿盐长宝道曾有报告云：

> 至乾隆五年，钦奉上谕，凡零星土地可以开垦者，听民开垦，免其升科，随有傍湖居民，招徕四方认垦之人，复以湖滨各处筑堤垦田，号曰“民围”。数年以来，民围之多，视官围不止加倍。约计公私报册堤塍，不下九万余丈，积八十万步，当千里稍赢，往时受水之区，多为今日筑围之所。[②]

湖区大部分州县的堤垸，在这个时期都得到了长足的发展，出现了“堤垸如鳞”的局面。乾隆朝部分州县围垸概计如表2。

乾隆《湘阴县志》描述湖区围垸状况道：“新旧堤堰参伍错综，拭目遥瞻，如星罗，如棋布，如蚴蚪蜿蜒，如碧碗团圆。遐迩之民，皆于此蔀屋，于此菑畬矣。”[③]

乾隆朝的大发展，由于是在康熙、雍正两朝恢复发展、达到基本饱和的基础上开始的，故其围垦与水利蓄泄的关系更愈紧密，有不少围垸已经属直接围垦湖、河水面而成的。首先在湖河水面中人为地制造淤积，然后围筑成垸，成为乾隆以后筑垸围垦的重要途径

---

① 光绪《湘阴县图志》卷22《水利》。

② （清）严有禧：《查垦湖滨荒土移详》，乾隆《澧州志林》卷20《艺文志》。

③ 《河西流沙五总垦田记》，乾隆《湘阴县志》卷28《艺文志》。

之一。在湖南，“废水利而图田功”的形式应有尽有，“不独大江大湖之滨及数里数顷之湖荡，日渐筑垦，尽失旧迹，即自己输粮管业、数亩之塘，亦培土改田，一湾之涧，亦截流种稻”。“又溪涧之水，远近取资，若徒恃己业，截垦为田，则上溢下漫，无不受累。”① 这些活动对于水利蓄泄的有害影响是不言而喻的。水道的湮塞、湖泊的萎缩以及陂塘的填垦，导致了无路通泄、无湖消纳、无水灌溉现象的出现。同时，也引起了部分有识官员的担心，禁围堤垸的呼声开始出现。

表2 乾隆朝部分州县围垸统计

州县	垸数	统计时间	备注
潜江	156	记至康熙朝	康熙《潜江县志》卷10
沔阳	1357	记至雍正朝	乾隆《沔阳州志》
天门	109	记至乾隆前期	乾隆《天门县志》卷6
汉川	44	记至乾隆朝	乾隆《汉阳府志》卷15
江陵	150	记至雍正朝	乾隆《江陵县志》卷8
孝感	56	记至乾隆朝	乾隆《汉阳府志》卷15
湘阴	133	记至乾隆朝	光绪《湘阴县图志》卷22
益阳	108	记至乾隆朝	民国《益阳县志》卷2
沅江	98	记至乾隆朝	《沅江县水利志》1985年稿
龙阳	74	记至乾隆朝	光绪《龙阳县志》卷3
澧州	30	记至乾隆朝	乾隆《澧州志林》卷12
华容	33	记至乾隆朝	乾隆《华容县志》卷3

说明：各地堤垸形制、面积大小、统计标准皆有差别，所谓堤垸数量仅供参考。

早在乾隆初年，已先后有安襄郧道王概、荆宜施道屠嘉正，议将未有之垸永禁私筑，已溃之垸不准修复的建议。② 湖南巡抚也“曾

① （清）杨锡绂：《请严池塘改田之禁疏》，（清）贺长龄等：《皇朝经世文编》卷38《户政十三》《农政下》。

② 《皇清奏议》卷44。

遍阅（洞庭湖滨）各处堤塍，题明历年筑围垦占已多，湖势怒放，难于壅筑，奉部议允”[①]。接着有乾隆九年（1744）御史张汉、乾隆十二年湖南巡抚杨锡镐、乾隆十三年湖北巡抚彭树葵等人的连续奏禁。[②]彭树葵《陈湖北水道疏》云：

> 三襄之水，性浊多沙，最易淤积。有力者因之趋利如鹜，始则于岸脚湖心，多方截流以成淤，继则借水粮鱼课，四周筑堤以成垸。在小民计图谋生惟恐不广，而不知人与水争地为利，水必与人争地为殃……嗣后，即以此次所查著为定数，听民安业，此外，永远不许私自加增，即一垸之内，亦不得再为扩充。[③]

杨锡镐的奏请亦云“各属滨湖荒地，永禁筑堤垦田”，这些奏请都很快得到了朝廷的批准。禁围令甲颁行之早、之繁，于此可见一斑，但事实上却是禁而不止，愈禁愈增。

乾隆二十八年，湘抚陈宏谋就洞庭湖区情况指出：“各州县俱有私围，共数十处，皆私筑于乾隆十二年禁筑之后。”鉴于效果如此，他建议加强对有关地方官的责任考成，“令各属将准留旧围若干处，此外不许再筑缘由勒碑湖滨，永远示禁，每于年底饬取州县及专司水利各官并无增筑私围结状，送查备案，庶可永杜私筑”。并且首先以湘阴知县、县丞为典型，治其因循姑息境内私筑杨林赛

---

① （清）严有禧：《查垦湖滨荒土移详》，乾隆《澧州志林》卷20《艺文志》。

② （清）杨锡镐：《查勘滨湖堤垸情形疏》，（清）彭树葵：《查禁私垸滩地疏》，（清）马慧裕：《湖田占水疏》（嘉庆七），（清）贺长龄等《皇朝经世文编》卷117《工政》二十三《各省水利四》，乾隆《安乡县志》卷7《艺文志》、卷9《县纪》等。

③ 《皇清奏议》卷44。

等围垸之罪过，革职查办，“以为玩视水利者戒”。[①]乾隆五十四年，因荆州万城大堤溃决造成巨大损失，查与江中窖金洲涨淤有关，清廷曾令将私自垦种窖金洲的肖姓地主交刑部议罪，没收其全部家产。相关禁令之行亦是比较严厉的。[②]结果却仍不能遏止筑垸围垦之风。

乾隆年间，在禁筑围垸的同时，还曾有过酌情允许一些堤垸退田还湖的措施。汉川汈汊湖垸变迁的反复便是一例。汈汊本为汉川境内一大湖泊，后来“小民贪利，与水争地”，将其围筑成一大田垸，堤长7500余丈。但因地势低洼，加之周围蓄水之地渐被围垦成地，故每遭遇洪涝之灾，修堤、赈灾费用浩繁，数倍于税赋之额。统计垸内每年额征银1200余两，米80石，而乾隆二十六年、二十九年、三十年三次被水，免征、赈济、贷借等项，约已计费万两以上，业民尚有沉重的修堤负担。统筹合计，废田还湖，征取鱼课，每年官府仅减少收入200余两，却可省去赈灾、修堤等巨额支出。更重要的是，可以为周围田地恢复排洪泄水之地，保证大面积农田丰收。经过多次奏报讨论，于乾隆三十二年获准废堤改粮，退田还湖。类似的还有该县十八里垸，澧州魏家、上下夕阳三官垸，以及龙阳菖蒲障等等。这项举措，当时就被称为于“国计民生，两有裨益”，[③]然而，也和筑围禁令一样不能持续推行下去。

（二）清后期垸堤的盲目发展

乾隆朝的禁围措施，虽然一时声势大张，却不能收得相应的实

① （清）陈宏谋：《严滨湖私筑之禁以杜水患事》，道光《湘阴县志》卷27《政绩》。

② （清）倪文蔚：《荆州万城堤志》卷8《私堤》。

③ 《请酌改垸粮疏》，《皇清奏议》卷56。乾隆三十年六月，湖北巡抚李因培奏陈水利事宜，亦有“田中一亩岁入，不敌一丈堤费，遂有决后不肯再修者。现在汉川堤垸，民情颇有甘废之意”等语。（《清高宗实录》卷739）

效。围垸不但未被禁止，在稍受顿挫之后，反而愈益向着河湖水面的深度和广度扩张。嘉庆、道光、咸丰时期，堤垸在屡屡禁令之下继续发展。此时期中，由于自雍正、乾隆开始的“上游秦蜀各处垦山民人日众，土石掘松，山水冲卸，淄挟沙行”，淤积江河中，洲滩日生日广，滩垸、洲垸成为围垸发展的重要内容。沿江之枝江、石首、监利、江陵等县在两岸洲滩上“私筑堤垸”，“报升垦成田亩”，成就了不少洲滩围垸。[①]与此相应，专门针对洲垸的禁令频频颁发。继乾隆五十四年（1789）和嘉庆元年（1796）饬禁之后，道光十二年（1832）又谕令：以后江河有续涨淤出洲滩，一概充作官荒，“永远禁止认种升科”，并责成有关各州县官，每年亲诣所辖江面，周历查勘具报。[②]此后，各府州县也屡有刨毁洲滩私垸的具体命令，只是收效甚微。有不少私垸，几经点名刨毁却仍存留如故。[③]据有关地方志记载，自乾隆至咸丰时期，汉川县堤垸由44处增加到300余处；天门县由109处增加到169处以上，益阳县由108处增加到137处；江陵县则达到了350处以上；沅江县也由98处增加到了124处。[④]

咸丰、同治年间，是长江、洞庭湖关系发生急剧变化的又一个转折时期。长江南北的堤垸演进也自此进入了一个新的阶段。咸丰十年，长江南岸藕池口溃决而未能堵复。同治九年，南岸又溃一口松滋，重蹈藕池覆辙。于是，虎渡、调弦、藕池、松滋四口分流洞

---

① （清）倪文蔚：《荆州万城堤志》卷8《私堤》；同治《枝江县志》卷3《堤防》。

② 光绪《大清会典事例》卷931《江防》。

③ 嘉庆元年、道光十九年、道光二十四年等多次饬令中皆有古埂谢家等私垸便是明证。见（清）倪文蔚：《荆州万城堤志》卷8《私堤》，光绪《江陵县志》卷8《堤防》，《江陵堤防志》，第91—92页。

④ （清）田宗汉：《汉川图记征实》第四册；（清）胡林翼：《乞蠲缓各属本年应征钱粮各项疏》，民国《益阳县志》卷8《艺文志》、卷2《建置·堤垸》；《沅江县水利志稿》1985年等。

庭的格局形成，长江水沙倾向洞庭湖的数量不啻倍蓰，水多易成灾，沙多则成淤广。洞庭湖区堤垸首先经历了江水南注的冲击，不少垸田溃废沦为湖沼。接着，泥沙淤积又为围垦提供了新的场所。自此，在洞庭湖区这个广阔的舞台上，来水来沙和人为活动交互作用，演出了一场田一变而为水、水再变又为田的沧桑变迁剧。

表3　光绪年间洞庭湖区部分州县围垸统计

州县	垸围数	资料来源
华容	20	《湖南省水利志》1984年稿
安乡	310	《湖南省水利志》1984年稿
澧县	133	《湖南省水利志》1984年稿
汉寿	44	《湖南省水利志》1984年稿
沅江	47	《沅江县水利志》1985年稿
南县	216	《南县水利志》1985年稿
益阳	15	民国《益阳县志》卷二
常德	16	《湖南省水利志》1984年稿

说明：南县216处内，应包括各州县划归南州厅的堤垸。

约在同治、光绪之交，荆江四口来沙形成的冲淤三角洲日渐增长，首先在华容、安乡、常德、龙阳、沅江五县之间出现了广袤几达二百里的南洲，成为大规模围垦筑垸的主要沙场，使得江汉湖区的筑垸活动也瞠乎其后。首先是“四方土豪蜂起，云集涎利，纷争其地”[①]；接着，各地移民亦纷纷涌入，“五方杂处”，争相围垦。至光绪十八年（1892），南洲已围成田20多万亩。在“已淤洲地，势不能以人力强为疏浚复还为湖，流寓民人，亦断难驱逐资遣致令失所”的消极指导思想支配下，清廷决定划疆定界，设立专官管理南

① 徐蔚华：《洞庭湖七十年变迁记》。

洲，招民围垦。堤垸如雨后春笋般地在湖区诞生。[①]至宣统年间，除了南洲以外，洞庭湖区澧州、安乡、巴陵、华容、武陵、龙阳、沅江、湘阴、益阳等州县都陆续加筑了一大批围垸。（详见表3）湖区堤垸，“栉比鳞次”。曾继辉在《保安湖田志》中估计，清末洞庭湖区堤垸面积已达近600万亩。

清代后期，江汉湖区在地理条件上虽无洞庭湖区那样急剧的变化，围垸也没有数量上的猛增，但由于围垦是在早已饱和的基础上进行的，对湖河水面的蚕食程度却很严重，新增堤垸几乎皆以湖泊、河滩为对象，汉川县起于湖野厂畈的堤垸达四五十处，乾隆年间废田还湖的汈汊、十八里湖等，在咸丰、同治年间又重新被围成垸。[②]泽湖、龙车湖、段庄湖、汪泗湖、台湖等都在这个时期被围消失。江陵县大军湖、永丰湖、台湖、玉藻湖、打不动湖，松滋县谢家湖、雷家湖、杜家湖、张泊湖、天鹅湖等都成了围垦对象，渐至消失。四口分流之后，江堤压力减轻，相对稳定，溃决减少，也为洲滩筑垸提供了条件，长江两岸出现了“几于无段无洲，无洲无垸”的状况。[③]

在封建统治下，湖区围垦全无规划，堤垸愈多，分布愈乱，王恢先对民国时期洞庭湖区堤垸状况的描述，用于清代也不会过分。“滨湖堤垸，均系就地修筑，原无系统计划，甲县与乙县之间，无不各自为政，不相为谋。有一垸先修而后附修数垸者，有一洲独修屹立湖中者，其形状有椭圆形、长方形、圆形、方形等，均各随地势

① 参见（清）张熙：《清丈南洲淤地折》，湖广总督张、湖北巡抚谭、湖南巡抚吴：《奏复洞庭西湖疏淤塞口议》，光绪《南洲厅志书草稿·历史》；民国《南县乡土笔记》；民国《南县志备忘录》等。

② （清）田宗汉：《汉川图记征实》附《存堤垸数目》，《涢南堤防》。

③ 同治《汉川县志》卷7《山川》；《万城堤防辑要》上《勘测全案》。

而定，堤之高宽，则视业主之经济状况为转移……有顺湖临河者，有包修数层无水道相通者……其进出水道，有修石涵者，有修瓦管者，有修木闸或土闸者，有留泥到口者，种种复杂情况，罄笔难述。”[①]堤垸的盲目发展，导致了整个河湖水系愈益紊乱，蓄泄关系遭到严重破坏，积重难返，洪涝灾害日益增多。

三、堤垸农田发展利害问题考察

（一）人口问题与开垦政策

考察堤垸农田的发展过程，不难发现这样一个引人注目的问题，即堤垸的发展与湖区人口的变动紧密地联系在一起。人口增长压力，成为推动围垦筑垸的强大动力。

宋元以前，湖广大部分地区处于人口相对稀少的状态，特别是湖区更是如此。自明代开始，众多的各地流移客户始向湖广流动，这里成为全国流移集结的中心之一。据成化年间项忠奏报，仅荆襄山区一次招抚出流民即达150余万，[②]湘、资、沅、澧诸水中下游的广大地区在明代也有过数量可观的外地客户落居。[③]湖区各州县筑垸围垦者中，流移客户占着很大的比例。沔阳州，“湖多易淤，土旷易垦，食物旋给，它方之民萃焉……故客常浮于主”[④]。潜江县，“占

① 《沅江县水利志稿》1985年。

② 《明宪宗实录》卷99，成化七年十二月辛巳；卷105，成化八年六月乙酉；（明）项忠：《报捷疏》、《抚流民疏》等，见（明）陈子龙等：《皇明经世文编》卷46。

③ 谭其骧：《中国内地移民史——湖南篇》，《史学年报》第1卷第4期，1932年。

④ 嘉靖《沔阳州志》卷9《食货》。

田多者，皆流寓豪恣之民”[①]。岳州府，“湖乡多北人”[②]。澧州直隶州，“客寓恒多……遂俾客浮于主”[③]。天门县，“编氓二十五里，佃民强半，流徙至相倍蓰”[④]。湖区中上游的垦辟，特别是荆襄流民以其掠夺性的滥砍乱伐经营，造成了严重的水土流失。泥沙淤积河湖，为下游湖区围垦创造了条件。湖区的流移客户对土地的需要，则直接推动着围垦筑垸的发展。

清代前期，尤其康、雍、乾时期人口的急剧增长，几乎在全国范围内都显现出前所未有的“人满”感。湖广地区的人口增长速度远远高于全国平均水平。如表4、表5所示，原来人口基数较低的湖广地区，乾隆十四年（1749）的人口密度已经超过全国平均数，且在不断加大着距离，两省如是，湖区各府州更甚于是。

农业社会人口的增长，势必引起对耕地需求，此乃天经地义，人所皆知。于是，各种方式的寻求耕地活动到处出现。“近山者率以开垦为务”，“虽高岩峻岭，皆成禾稼”。[⑤]山区垦伐山林，湖区

表4　清代湘鄂两省人口增长进程

年代	乾隆十四年(1744)		乾隆末年(1795)		嘉庆十七年(1812)		咸丰元年(1851)	
项目	口数	密度	口数	密度	口数	密度	口数	密度
湖北	7527486	41.10	19711667	108.64	27370098	150.85	33809892	181.34
湖南	8672033	38.80	16308167	72.95	18652507	83.43	20647752	92.36
全国	177495039	33.15	296991000	55.49	361693379	67.57	431894047	80.69

资料来源：《清朝文献通考》，梁方仲《中国历代户口、田地、田赋统计》等。
说明：原稿列有康熙、雍正两朝按丁均口推算的人口数量和密度，由于计丁方法、丁的含义各地不同，仅具参考价值。人口密度计算单位：口／平方公里。

---

① 万历《湖广总志》卷35《风俗》。
② 隆庆《岳州府志》卷7《风俗》。
③ 嘉靖《澧州志林》卷3《地理》。
④ 嘉靖《沔阳州志》卷6《风俗》。
⑤ 同治《枝江县志》卷3《地理下·堤防》，同治《郧阳府志》卷1《风俗》。

表5　江汉—洞庭湖人口密度比较

区别	人口密度	各府与本省比较	备注
湖北省	150.86	—	嘉庆十七年（1812）
武昌府	394.53	+243.98	嘉庆二十五年
汉阳府	248.42	+97.57	嘉庆二十五年
安陆府	251.91	+101.06	嘉庆二十五年
荆州府	209.78	+58.93	嘉庆二十五年
湖南省	83.43	—	嘉庆十七年
长沙府	115.32	+31.89	嘉庆二十五年
岳州府	162.81	+79.38	嘉庆二十五年
常德府	101.65	+18.22	嘉庆二十五年

资料来源：梁方仲：《中国历代户口、田地、田赋统计》。

自然围湖造田，不少地方“向称汪洋巨浸，今已弥望田畴”[①]。

面对生齿日繁的趋势，统治阶级自始至终以土地垦辟为解决国计民生问题的唯一手段，屡屡颁发劝垦诏令，强调全国达到“野无旷土”、“地无遗利”的境地。雍正元年（1723）诏谕：“念国家承平日久，生齿殷繁……将来户口日滋，何以为生？惟开垦一事。于百姓最有裨益……”[②]乾隆七年（1742）诏谕亦云：“生齿日繁，凡资生养赡之源，不可不为急讲。……督抚大吏，身任地方，所当因地制宜，及时经理。其已开垦成产者，加意保护；或荒墟榛壤以及积水所汇，有可疏辟者，多方相度筹画，俾地无遗利，民无遗力。”[③]另一方面，为了供应庞大的国家机器运转，得到充足的财政来源，统治阶级亦不得不劝垦开荒，广收赋税。于是，有一系列相应措施推行，前述康熙、雍正两朝动用官项助民修垸和乾隆五年的小块土地免科诏令便是其重要体现。

① （清）鄂尔泰：《垦筑务须勘明无碍水道疏》，乾隆《益阳县志》卷20《艺文志》。
② 《清朝文献通考》卷3《田赋考》三《田赋之制》，参见同治《余干县志》卷首。
③ 《清朝文献通考》卷4《田赋考》四《田赋之制》。

这种国计民生政策的实践，固然对缓和人口的压力，解决粮食问题效果颇著，但是，对包括围垸垦田在内的滥垦滥伐活动的推波助澜作用也是显而易见的。“向来地方官止就目前情形计度，每见湖内涸出之地，即以为应听民报垦升科，可以尽地力而充国课。”[①]前述官项修垸和小块土地听免升科令制的推行，对湖区围垸的巨大影响状况已可见一斑。豪强地主每每“借口升科”而肆意围垸，地方官则因“田地钱粮较塘粮加重，以改则升科为劝垦之功”，盲目支持填筑湖塘溪涧为田的活动。[②]清代末期，湖南藩司为了解决财政困难而发售“垦照”，招民纳资承垦洞庭湖区，可谓“图一时之微利，贻百年之大害”的举措。[③]

将清代人口增长压力的出现与乾隆以后历禁围垸而不止的问题联系在一起，可知清政府严令禁围之时，正是人口剧增、迫切需求耕地之际。包括湖区各州县在内，耕地普遍紧张，达到了“凡有稍可得收，无论高低，决无不垦之土”的程度。其后，人口增长并未停止，加上外地移民不断进入湖区，对耕地的需求愈发急迫。[④]各州县地方志中充满着由于“人满于土”而“硗确尽垦”、“滨湖筑堤垸”、“山童泽涸”的记载。如此局势之下，欲禁造田、开荒，岂可得乎！

（二）粮食增产与灾害增加

堤垸的兴起，大大扩展了江汉—洞庭湖区的耕地面积，对缓和

---

① （清）鄂尔泰：《垦筑务须勘明无碍水道疏》。

② （清）杨锡绂：《请严池塘改田之禁疏》，（清）贺长龄等《皇朝经世文编》卷38《户政》十三，《农政下》。

③ 民国《安乡县志》卷3《水利》。

④ 参见（清）孙良贵：《九江新收泚水说》，嘉庆《沅江县志》卷29《艺文志》；《河西流沙五总垦田记》，乾隆《湘阴县志》卷28《艺文志》；（清）严有禧：《查垦湖滨荒土移详》，乾隆《澧州志林》卷20《艺文志》。

人口增长造成的耕地、粮食压力具有重大的意义。然而，也正是这个压力促使人们一味追求眼前的利益而违背生态经济规律，导致堤垸走上了盲目扩张的道路，由防水护田的水利形式一变而为加剧洪涝灾害的因素之一。

现将湖北省及湖区各有关州县的洪涝灾害情况列表如下，显示堤垸农业的大发展，在取得一定的经济效益之后，随之而来的是洪涝灾害频繁发生。恩格斯曾经指出："在今天的生产方式中，对自然界和社会，主要只注意到最初的、最显著的结果，然而人们又感到惊奇的是，为达到上述结果而采取的行为所产生的比较远的影响，却完全是另外一回事，在大多数情况下甚至是完全相反的。"[①]盲目围筑堤垸正是如此。联系洪涝灾害的周期趋势与湖区堤垸的发展进程一起考察，可以发现：水害急剧增多之始，恰是堤垸经历过蓬勃发展之时。从整个过程上讲，16世纪是堤垸在江汉湖区迅速开发过程中首次急剧扩张，之后，16世纪以后的水灾与此前相比开始成倍增多。从明清两代来看，水灾之发生皆是后期较前期频繁、严重。明代以正德朝为界，汉川县69次水灾中有50余次在正德朝以后，沔阳州25次中有20次，潜江县27次中有25次，天门县18次中有14次，沅江县28次中有21次。清代则以道光朝始，受灾周期远较以前为短。这个现象与堤垸在各朝代的发展规律——前期恢复或缓慢发展，中期急剧扩张是一致的，亦即是说，水患的加剧出现在堤垸盲目大发展之后。

湖区农业生产最惧怕洪涝为灾，"乐岁则谷米如冈陵，凶岁则田庐成泽国"[②]，是湖区粮食生产的最大特点，湖区米粮输出所表现的

---

① 《马克思恩格斯选集》卷3，第520页。

② 民国《益阳县志》卷2《堤垸》。

极大不稳定性也是与堤垸的进程相照应的。不仅如此，洪涝灾害还给湖区人民的生命财产造成了重大的损失。地方志中多见洪水“漂没田庐”，“溺死无算”，“官私堤障尽溃，漂没民居无算，低乡绝户，漫无可稽”的记载。①

表6　湖北省水灾统计

时代	朝代纪年	水灾年次	间隔（月）
1301—1395	元大德五年至明洪武二十八年	44	30
1404—1500	明永乐二年至弘治十三年	46	24
1501—1599	明弘治十四年至万历二十七	82	14
1601—1700	明万历二十九年至清康熙三十九年	78	15
1701—1800	清康熙四十年至嘉庆五年	85	14
1802—1899	清嘉庆七年至光绪二十五年	97	12
1901—1949	清光绪二十七年至民国三十八年	45	12

资料来源：《湖北省自然灾害年表》。

表7　江汉湖区部分州县元、明、清三朝水灾统计

朝代	元代（共90）	明代（共276）	清代（共268）	备注
钟祥	1	32	45	民国《钟祥县志》卷一
天门	2	18	23	道光元年《天门县志》卷十五
潜江	2	27	69	光绪《潜江县志》卷二
沔阳	4	25	115	光绪《沔阳州志》卷一
汉川	4	69	112	同治《汉川县志》卷十四
汉阳	2	20	27	同治《汉阳县志》卷四
江陵		13	82	《江陵县水利志》，乾隆《江陵县志》卷八
公安	5	14	40	同治《公安县志》卷三
石首	1	4	18	同治《石首县志》卷三
监利	1	10	52	同治《监利县志》卷十二

说明：由于记载未必完整（除钟祥、江陵二县外，统计皆截至修志时），且详略不一，受灾程度、范围等亦无区分，因此，统计表仅供说明趋势时参考。

① 光绪《沔阳州志》卷1《祥异》，光绪《龙阳县志》卷11《灾祥》等。

表8　洞庭湖区各州县水灾趋势

年代(公元)	间隔年数	岳阳	华容	湘阴	常德	汉寿	澧县	安乡	沅江	益阳
618—1524	907	21	16	12	29	19	19	15	18	16
1525—1859	335	17	37	18	46	42	27	59	45	37
1860—1949	90	18	18	20	15	18	13	14	19	17
1950—1979	30	3	4	8	3	6	6	4	6	3
合计	1362	59	75	58	93	85	65	92	88	73

资料来源：《湖南省志水利志》湖区水利篇1984年稿。

(三)生态平衡被破坏的严重后果

作为水乡泽国的江汉—洞庭湖地区，需要有相应的水蓄泄调节系统，这就是所谓的分流穴口、枝河和调泄湖泊等各地理因子的有机结合。在这个系统相对平衡之时，湖区的水表现为宣泄有路、调蓄有地的状态。但是堤垸的盲目扩张，加速了河湖的堙塞、水面积的萎缩，平衡的蓄泄关系遭到了严重的破坏。

江汉—洞庭湖区的湖河堙塞现象，自明代后期已为人们重视。《万历湖广总志》曾经指出：

> 平成既久，民多滨水为居，或填筑而业之。故潜沔之间，所谓沧浪旬雍诸滏皆大不容刀（刀即小船）；甚或至不可辨，而澧水与江相去凡百余里……[①]

沔阳州，“顷年湖多淤为田庐”[②]。汉川县，“湖泽大半淤平”[③]。潜江县，“陂泽渐成高陇”[④]。监利县，“潴水诸湖俱已淤塞”[⑤]。经历

① 万历《湖广总志》卷33《水利》。
② 万历《湖广总志》卷35《风俗》。
③ 同治《汉川县志》卷7《山川》。
④ 康熙《潜江县志》卷3《乡区》。
⑤ 康熙《潜江县志》卷10《河防》。

了清代的大肆围筑之后，河湖堙塞远较明代加重了。各州县被淤垦的湖泊难以尽数，试举数县为例：

汉川县：河港有算河、夹河、牛角湾河、秋江河、金带河、竹筒河、重石河、义漳河、张陂港、沙篙港、螺师港、马港、臼水、旧襄河、死港河、城隍河、白鱼赛等。

湖泽有南湖、横湖、江西湖、溢港湖、泽湖、龙车湖、桐木湖、上零残湖、梅湖、段庄湖、木头湖、彭公湖、播义湖、汪泗湖、白土湖、李湾湖、赵家湖、滥泥湖、张陂湖、大山湖、菱角湖、沉下湖、三台湖、中注湖等等。①

天门县：被堙淤的湖泽有菜子湖、老鹤湖、岳港湖、龙潜湖、上帐湖、下帐湖、涟马潭、陡湖、河湖、双湖、石泉湖、滥泥湖、三角湖、龚家湖等等（乾隆以前的情况）。②

以上所列，仅为有关史志中所见之有名可稽者，实际淤堙之湖河远不止此数。据李国栋《两湖水利条陈》所云：南岸松滋县“各湖尽成田垸”，仅存数湖。洞庭湖滨石首县，原有河港12条，清末只存4条，湖泽原有65个，清末仅存12个。洞庭湖面积萎缩更是可观，有人估计，1825年至1896年70年间，洞庭湖面积缩小达600平方公里。③

人类在进行社会生产和再生产过程中，占用和耗费一定量的劳动不仅会产生一定的经济效益，同时还要产生相应的生态效益。生态效益和经济效益之间存在着错综复杂的对立统一关系，如果正确认识和把握了生态经济规律，就会有利于维持和提高生态平衡的水

---

① 同治《汉川县志》卷7《山川》，(清）田宗汉：《汉川图记征实·田赋》；嘉靖《汉阳府志》卷2《方舆志》等。

② 乾隆《天门县志》卷1《山川》。

③ 湖南水电局：《认识洞庭湖，改造洞庭湖》，1972年版。

平，提高生态效益，从而也取得更好的经济效益。否则，只重视当前的经济效益而忽视生态效益，虽能在短时期得到较好的经济效益，最终必然导致生态、经济效益的同时降低。这就是前述堤垸农田从利到害演变的辨证过程，堤垸扩张之所以导致洪涝灾害频繁加剧，其中间桥梁便是上述的河湖堙塞，造成的水利生态平衡的严重失调。

生态平衡的被破坏，除导致了繁剧的洪涝灾害外，还引起了与此相关的下列后果：

第一，沉重的修防负担。堤垸的扩张，不断地加重着湖区治水、防水的压力，因为淤积和蓄水之地的萎缩都在抬高着水位。当时条件下，水患的威胁越大，对堤防的依赖程度愈深，因此堤垸愈围愈多，堤防愈修愈高厚，形成了恶性循环。其结果是修堤防汛耗费的人力物力负担沉重地落在劳动人民身上。在沿江沿汉各州县，首先有绵长的江河大堤防线，各州县万余丈至七八万丈不等（见表9），此等堤防工巨费繁，有时业户负担甚至远较正项税米为重。据《荆州万城堤续志》载：江陵县江北大堤修防负担乃照税粮银两摊派，每税银一两派土自十数方至50方不等，一般在30方上下，按照

表9　江汉沿岸部分州县大堤长度统计

州县	堤长（丈）	州县	堤长（丈）
江陵	78182.6	监利	77140.6
公安	39576.5	沔阳	36007.5
荆门	28476.0	汉川	41130.0
天门	81724.0	潜江	83600.6

资料来源：光绪《荆州府志》卷18—卷20《堤防》，光绪《江陵县志》卷8《堤防》，同治《公安县志》卷3《堤防》，嘉庆《荆门直隶州志》卷12《水利·堤防》，道光《天门县志》卷13《水利》，同治《监利县志》卷3《江防》，光绪《沔阳州志》卷3《堤防》，同治《汉川县志》卷9《堤防》，光绪《潜江县续志》卷10《河防》。

说明：各州县统计标准（如干堤、支堤、垸堤划分，统计到哪个级别等）可能有差别，故堤防长度仅具有参考意义。

当时户部定例，每土一方价银一钱二分，即照每税银一两30方土计，便合银三两六钱，为正项赋税负担的三倍多。[①]监利县负担更重。县人王柏心曾指出："江堤绵长三百七十余里，险工林立，岁事挽筑，每石（税粮）派土至百四五十方，方土一百二十文，价亦且二十余千矣。"[②]各州县围垸堤防工程虽远不如江河大堤规模巨大，但堤线绵长（见表10）每顷田地均摊堤防长达六七十丈，业户负担亦是不轻。有围垸州县的地方志中多见有关堤费负担过重的怨苦之声。光绪《孝感县志》云："一届新春，堤费繁兴，每斗需钱陆柒百至千余不一，较山居之仅完赋税者不啻天渊也。"[③]《华容县志》云："华邑以最下之田纳最上之赋，卫田之堤工尚须百倍于他方。"[④]据统计，该县修堤费用摊至每亩六七百文至一千二三百文，以至"纵遇丰年，佃主有罄一岁所入不足以偿堤费者"[⑤]。堤费负担之重，达到了不堪的地步。当时已有人将湖区的贫困归结于堤垸之累，"逐年估计，既苦派费之繁多；溃决无时，又虑身家之莫保，岂非河堤之为累乎？"[⑥]早在乾隆年间，已出现堤防溃决后

表10 汉川等四县堤垸田、堤比额举例

州县	垸数	堤长（丈）	田地（顷）	田均堤丈／顷	备注
汉川	36	138044	1934	71	同治《汉川县志》
湘阴	69	123766	1670	474	光绪《湘阴县志》
常德	16	44401	726	61	同治《常德县志》
南县	13	25200	342	74	民国《南县备忘录》

① （清）舒惠：《荆州万城堤续志》卷6《经费·摊征》。

② （清）王柏心：《上胡中丞书》，同治《监利县志》卷11《艺文志》。

③ 光绪《孝感县志》卷1《封域·山水》。

④ 《王侯田赋文》，乾隆《华容县志》卷10《艺文志》。

⑤ 光绪《华容县志》卷2《堤垸·堤工纪略》。

⑥ （清）张汉：《清疏通江汉水利疏》，（清）贺长龄等：《皇朝经世文编》卷117《工政》二十三《各省水利四》。

不愿修复的现象。①

第二，水患频仍导致钱粮蠲免、缓征与赈灾费用巨大，给国家财政收支造成了重大影响。堤垸农田之扩张，重要目的之一在于拓广赋税来源，支持财政。而围垸过度却导致水患繁剧，以致在很多年份里，政府不仅得不到其赋税，反而要支出许多钱粮来维持灾后的局面。仅从湖北省情况看，因灾蠲免、缓征、赈恤的年次相当频繁（见表11）。除雍正、嘉庆两朝较低外，其余各朝多在60%以上的年份有因灾免征、缓征、赈济的举措，全部清统治时间平均亦高达67%。有不少年次的支出数额是相当可观的。（见表12）从示例表中

表11　清代湖北省因灾免、缓、赈年次

朝代	统治年数	有免缓赈年数	有免缓赈年数比例（%）
顺治（1644—1661）	18	10	56
康熙（1662—1722）	61	43	70
雍正（1723—1735）	13	5	39
乾隆（1736—1795）	60	38	63
嘉庆（1796—1820）	25	10	40
道光（1821—1850）	30	28	93
咸丰（1851—1861）	11	9	82
同治（1862—1874）	13	13	100
光绪（1875—1908）	34	21	62
宣统（1909—1911）	3	2	67
合计（1644—1911）	268	179	67

资料来源：民国《湖北通志》卷49《经政七·蠲恤》；《清朝文献通考》卷45《国用考》卷7《蠲贷·灾蠲》，卷46《国用考》卷8《赈恤》《赈济》；《清朝续文献通考》卷79《国用考》卷17《免科》，卷80《国用考》卷18《灾蠲》，卷81《国用考》卷19《赈恤》。

---

①《清高宗实录》卷739载：乾隆三十年六月，湖北巡抚李因培奏称："湖广滨江临湖，原系潴水之区，宜听水所归，不与之争地。乃小民贪目前微利，畚土成圩，冀堪种植，且有只图收麦一熟者。迨潦水忽至，决口频仍，地方官不得不督率兴筑。而田中一亩岁入，不敌一丈堤费，遂有决后不肯再修者。现在汉川堤垸，民情颇有甘废之意……得旨：是。若原系水区，可以让水者，究以复旧为妥。"

可以看出，免征数额一次自数千两至数十两不等，一次赈济粮谷最高额达800余万石，赈银高达500余万两。仅表列20余例中有具体数额的年次统计，免征银达200多万两，赈济谷米2000多万石，银1000多万两。当然表列乃灾情较重年份，并非次次如此，不过，将前后两表联系考虑，可知此类支出是不断的，总额仍是巨大的。从经济效益的角度考察，生态平衡被破坏的意义亦是严重、深远的。

表12 清代江汉平原部分灾害赈济概况示例

时间	灾区	蠲免缓征额（两）	赈济粮（石）	赈济银（两）
康熙五十五年	武昌、沔阳等州县水	免赋银53833	212822	—
雍正五年	武昌安陆等府水	免赋银431046	—	80000
乾隆七年	武昌等州县水	免赋银100000	513909	—
乾隆十四年	沔阳等州县水	免赋银4600	134179	—
乾隆二十六年	潜江等七州县水	免赋银52305	700150	—
乾隆二十九年	汉阳等七州县	免赋银31934	568883	—
乾隆三十二年	武昌等十三州县	免赋银49485	1027975	—
乾隆三十四年	武昌等十四州县	免赋银43903	983636	—
乾隆四十三年	武昌等三十一州县	免赋银177309	5269413	600000
乾隆四十六年	潜江等五州县	免赋银17383	1012517	—
乾隆四十七年	武昌等十三州县	免赋银49976	1012557	—
乾隆五十年	武昌等四十七州县	免赋银384156	8966860	5000000
乾隆五十三年	武昌等十五州县	免赋银384156	1549288	2000000
嘉庆元年	沔阳等州县水、兵	免赋银361337	—	873987
嘉庆七年	潜江等州县水	—	—	80000
道光七年	江陵等州县	新旧额赋	—	50000
道光十二年	天门等州县	—	口粮籽种	300000
道光二十七年	沔阳等州县	新旧额赋及民欠堤费60000	—	600000
道光二十九年	汉阳等州县	免、缓钱粮	—	1000000
同治八年	汉川等州县	免、缓新旧钱粮	—	300000
光绪十五年	江汉平原各州县	免、缓钱粮	—	150000
宣统元年	武昌汉阳等州县	免、缓钱粮	—	340000

资料来源：《湖北通志》卷49《经政七》。

明清以来江汉—洞庭湖区堤垸发展的考察表明，作为一种土地利用形式的堤垸，在湖区的开发利用过程中有着举足轻重的地位。它的兴起发展，对本区的生态、水土、水利、粮食生产等都产生了巨大的影响。首先是经济效益的获得。大面积土地的垦辟，为湖广米粮生产、外运的兴盛创造了条件，对解决人口压力具有积极的意义。然后是对生态平衡的影响，由于盲目扩张围垸，没有合理规划水利蓄泄，引起了一系列关系的失调。最终又导致了经济效益的降低，这就是人类改造自然界时同时产生经济效益和生态效益的对立统一体现。只有既注意获得经济效益又同时注意生态效益，才能促成经济的持续发展。任何片面的或只图眼前利益的做法都是不恰当的。人口变动在湖区堤垸发展过程中具有重要的意义。无论明代或者清代，人口的增长都是围垸的重要动力。尤其清代人口的自然剧增，成为历禁私垸而不止的客观原因。禁止围湖造田，绝非一纸行政命令所能奏效。

历史遗留下的问题——江汉—洞庭湖平原的洪涝灾害威胁至今犹存。水是流动的，治水不是孤立的，它涉及广大的地区和复杂的条件。围湖造田与上游山区的垦辟及社会人口问题紧密相关，仅仅着眼于湖区，解决不了湖区的问题；局限于自然的水，根治不了水患。禁止围湖造田，甚至退田还湖，固然不失为暂时延续河湖水面存在、缓和矛盾的手段，然而，绝非稳定河湖水利关系、重建生态平衡的治本措施。山青才能水秀，全流域的合理规划，水土兼治，才能从根本上解决问题。而妥善解决人口问题，对于防止上下游、山区湖区的滥伐滥垦都具有重大的意义。

（原载《中国农史》1987 年第 2 期。
本文乃笔者硕士学位论文之一部分，
是在导师彭雨新先生的直接指导下完成的）

“湖广熟，天下足”述论
——兼及长江沿岸的米粮流通

正像人们常用“苏湖熟，天下足”或者“苏常熟，天下足”的谚语来形容宋代江浙地区农业生产水平一样，“湖广熟，天下足”之谚，亦被用作说明两湖地区农业发展的有力论据。[①] 无可否认，这一谚语的产生、流传，当与湖广地区的农业发展有密切关系。通过对谚语背景、条件的剖析考察，将有助于正确把握本地区的经济成长过程。下面是笔者在读史过程中遇到的一些资料以及有关想法，提出来供大家参考。

一、关于“湖广熟，天下足”谚语的文字流传

就目前所见，此谚语在明代已有流传，只是见诸文字记载的不多。可到了清代前期，其传播更为广泛，尤其普遍见于文字中。皇帝批谕、大臣奏折以及士人著述中皆有引述。（详见后文）以致有论者误认为这一谚语出现于清代，并进一步以此来论证清代两湖地区

---

① 日本学者有加藤繁：《支那经济史考证》下卷，有关内容又见《东洋学报》第31卷第1号。重田德：《清初湖南米市场考察之一》，见《东洋文化研究所纪要》第10册等。国内学者引用者更多，此不赘举。

农业生产的发展水平。[①]可以说，此谚语在清前期被广泛地在肯定意义上加以引用，说明当时两湖地区的米粮在全国着实有着不可忽视的地位。不过，若以为因此而出现了这一谚语，就难免有误了。

明人著作引载"湖广熟，天下足"谚语者，今见有二：一为吴敬盛等编《地图综要》，一为何孟春所著《余冬序录》。为便于查对，分别摘引如下。前者在内卷湖广部分写道：

> 湖广，古荆楚地。江汉若带，衡荆作镇，洞庭云楚为池。……中国之地，四通五达，莫楚若也。楚固泽国，耕稼甚饶。一岁再获，柴桑吴楚多仰给焉。谚曰"湖广熟，天下足"，言其土地广沃，而长江转输便易，非他省比。

后者在卷59，《职官》部分一文中则云：

> 今两畿外郡县分隶于十三省，而湖藩辖府十四，州十七，县一百四。其地视诸省为最巨，其郡县赋额，视江南、西诸郡所入差不及，而"湖广熟，天下足"之谣，天下信之，地盖有余利也。[②]

《地图综要》为明末著作，有清初刊本。[③]《余冬序录》之作，则早于此。本书乃何孟春辑旧作而成。据光绪六年（1880）陈氏重刊本终元卷之59，外篇，职官部分，以上引文前有页上注明为"送大

① 《清代湖南形成米谷贸易货源地问题的浅探》，《求索》1983年第4期等。

② 国内外论者有引此文者，但文字颇有差异。本文所引，据光绪六年刊《余冬序录》，同治三年改订本《余冬录》，影印万历刊本《纪录汇编》节选部分等书，文字皆同。

③ 据该书序文及纪事时间计。

参曹公之任湖藩序”。此曹公似指弘治年间任湖广右布政使的曹凤。[①]序文之作应相对应。若此推论成立，则“湖广熟，天下足”的谚语，至迟在成化以前的明代前期已经出现、流传。对此，尚有待于进一步考证。

二、“湖广熟，天下足”与“苏湖（常）熟，天下足”

众所周知，宋代曾广泛流传“苏湖（常）熟，天下足”的谚语，后人亦常以此形容江浙一带农业生产在全国的主导地位。[②]“湖广熟，天下足”谚语的出现，使得论者往往将两个谚语联系在一起，甚或以为明代的湖广取代了宋代江浙的地位，湖广地区的粮食生产可与江浙媲美，且大有潜力可挖。但是，将两个谚语的经济、社会背景加以具体考察、比较，则可发现它们是貌合神离，有着诸多明显差别的。

首先，宋代的苏、湖、常、秀一带，是以其领先的生产水平和开发程度而取得了农业、尤其粮食生产在全国的统治地位的。宋人吴泳指出：

> 吴中之民，开荒垦洼，种粳稻，又种菜、麦、麻、豆，耕无废圩，刈无遗垄……所以吴中农事，专事人力。故谚曰“苏湖熟，天下足”，勤所致也。[③]

---

① 据《湖北通志·职官》，《新蔡县志·人物》。

② 论者颇多，此不赘举。

③（宋）吴泳：《隆庆府劝农文》，《鹤林集》卷39。

高斯德亦云：

> 浙人治田，比蜀中尤精，（蜀中已为当时的高生产水平地区）虽遇旱暵，可保无忧。其熟也，上田收五六石，故谚曰"苏湖熟，天下足"。虽其田之膏腴，亦由人力之尽也。[①]

秦观曾谈到吴越之田地沃衍，肯定"其亩所出，视他州辄数倍"，原因在于"培粪灌溉之功至也"。[②]由于高水平的精耕细作，集约经营，苏湖常秀地区才成为了宋代米粮生产最丰富的地区。也正是在此基础上，得以在人口密度最高的情况下，成为全国的财赋重地和米粮外销基地。

第二，人口稠密，赋税额大。关于宋代江浙一带的人口分布状况，可参考表1。早在北宋时期，这里已是中国人口稠密区，密度远高于全国平均水平。到了南宋，急剧的人口迁移变动，导致了人口进一步集中。嘉定十六年（1223），两浙路以占全国约7%的面积，集中了全国约17.52%的人口。[③]据《苏州府志》和《杭州府志》记载，二府属的人口在北宋元丰初年（1078—1080）至南宋咸淳（1265—1274）、德祐（1275—1276）年间，都增长了将近一倍。分别由173969户和202816户，上升到329603户和391259户。[④]如与同时期的其他路、府相比较，差距甚为悬殊。以致"吴蜀有可耕之人，而无可耕之地；荆襄有可耕之地，而无可耕之人"[⑤]；或云"闽浙之

---

① （宋）高斯得：《宁国府劝农文》，《耻堂存稿》卷5。

② （宋）秦观：《淮海集》卷15《财用》。

③ 人口数据《文献通考》卷11，面积据袁震：《宋代户口》。参见梁方仲：《中国历代户口、田地、田赋统计》，上海人民出版社1980年版。

④ 梁方仲：《中国历代户口、田地、田赋统计》附表1，第430页。

⑤ （宋）史尧弼：《均税策》，《莲峰集》卷4。

邦，土狭人稠，田无不耕，固不待劝”；而“潮（州）之为郡，土旷人稀，地有遗利，不容不劝”。[①] 不少人提出了“去狭就广”的调节人口分布措施。

表 1　北宋苏湖常秀及两浙户口概观［崇宁元年(1102)］

区别	辖县数	户数	县均户数
全国总计	1265	17301008	13676.67
两浙路	79	1975041	25000.52
平江府	6	152821	25470.17
湖州	6	162335	27055.83
常州	4	165116	41279.00
嘉兴府	4	122813	30703.25

资料来源：梁方仲：《中国历代户口、田地、田赋统计》甲表 38，上海人民出版社 1980 年版，第 152—160 页。

至于江浙财赋所出，早在唐代后期，这里已经成为朝廷的主要财源地。到了宋代，国家更是“实仰东南财赋。而吴中又为东南根柢。语曰‘苏常熟，天下足’”[②]。范仲淹明确指出：“苏、湖、常、秀膏腴千里，国之仓庾也。”[③] 对此，可谓人所共知，无须赘述。需要指出的是，本地区在人稠赋重的情况下，仍有大量的米粮投入外销市场，供应其他地区。

第三，在当时的米粮流通市场中，这里是首屈一指的米粮贸易货源地。时人王炎指出：“若夫两浙之地，苏、湖、秀三州，号为产米去处，丰年大抵舟车四出。”[④] 当时的都城杭州，“人烟稠密，城内外不下数十万户，百十万口”。这里的食米，是“赖苏、湖、常、

① （宋）许应龙：《初至潮州劝农文》，《东涧集》卷 13。
② （宋）陆游：《常州奔牛闸记》，《渭南文集》卷 20。
③ （宋）范仲淹：《上吕相公并呈中丞咨目》，《范文正公集》卷 9。
④ （宋）王炎：《上赵丞相》，《双溪类稿》卷 21。

秀、淮广客米到来”。[①]附近的福建省对浙西米的需求量也很可观。“虽上熟之年，犹仰客舟兴贩二广及浙西米前来出粜。”[②]浙西米粮到闽的多少，直接影响着闽地米价的涨落。[③]苏、湖、常、秀诸州的米粮外销尚不限于国内，运往国外的也不乏记载。[④]当然，宋代有剩余米粮外销的地区尚不止于江浙苏、湖、常、秀，其他如两广、湖南等地亦有记载。只是这些地区的剩余与苏、湖、常、秀不同，乃是“生齿不蕃，食货不多”且赋税不重所致，“非诚多谷也”。[⑤]

所有上述史实，作为“苏湖（常）熟，天下足”谚语的背景和条件，无论从粮食生产抑或粮食运销他地言之，应该是比较充分的。

那么，“湖广熟，天下足”谚语流传的明代，湖广的经济状况如何呢？

首先应指出其生产水平不高，特别是与江浙地区相比，湖广大部分地区尚处落后地位。嘉靖《沔阳州志》云：“耕尚卤莽，虽广种而薄收。”[⑥]嘉靖《常德府志》则明确指出：“土瘠而民寡。每岁田亩所获，不能当江浙上郡十之四五。”[⑦]衡州府亦是“地有遗利，民有余力。甘为惰农，衣食多窘”[⑧]。万历《湖广总志》概括各地情况，结论基本一致。

> 今扬土腴沃甲天下，而泻卤瘠空莫楚之疆甚矣。山原树艺，雨泽不调则倚耜而待槁，其即皋隰沿陂堧而耕者，潦至弥

---

① （宋）吴自牧：《梦粱录》卷16《米铺》。

② （宋）赵汝愚奏疏，《历代名臣奏议》卷247。

③ （宋）朱熹《与赵帅书》云：“又闻浙西（米）来者颇多，市价顿减，邦人甚喜。”（《朱文公全集》卷27）

④ 参见全汉升：《南宋稻米的生产与运销》，《历史语言研究所集刊》第10本第2分册。

⑤ （宋）周去非：《岭外代答》卷4。

⑥ 嘉靖《沔阳州志》卷6《风俗》。

⑦ 嘉靖《常德府志》卷6《食货志》。

⑧ 嘉靖《衡州府志》卷1《风俗》。

望，龙蛇鱼鳖且宫之矣。[①]

> 矧楚疆辽邈，度其一县之地可当江浙一大郡，而井庐稀阔，民俗颛固，即同里而居，有白首不相识者。[②]

> 且以楚之一郡，其生产蓄积，安能当江东之一大县。[③]

以地论之，一县可当一大郡；以生产论之，反以一郡不当一大县。水旱皆不可敌，"耕耨之功未逮"，虽未免夸张，然对比之下，生产水平与开发程度之高低差距，明显悬殊。

然而，包括江浙在内的一些地区，确有购食湖广米粮的事实。明人丘濬指出："江右之地力所出，不足以给其人，必资荆湖之粟以为养也。"[④]再往长江下游走，"徽（州）池（州）之间，人多田少，大半取给于江西、湖广之稻以足食者也"。"江南地阻人稠，半仰食于江楚庐安之粟。"[⑤]这种情况，并非仅指灾歉或不正常的年份，通常情况亦大体如是。汪伟记述徽州一带民食状况是"耕获三不赡一，即丰年亦仰食江楚十居六七，勿论岁饥也……一日米船不至，民有饥色……"[⑥]江南民间曾有"吴以楚食为天"之说。何以出现这种情况呢?

（一）人口与耕地的因素。从人口密度上比较，湖广地区远远低于

① 万历《湖广总志》卷10《田土》。
② 万历《湖广总志》卷26《徭役》。
③ 万历《湖广总志》卷11《户口》。
④（明）丘濬：《江右民迁荆湖议》，《大学衍义补》卷13《治国平天下之要·固邦本·蕃民之生》。参见陈子龙等：《皇明经世文编》卷72，《古今图书集成·食货典》卷18。
⑤（明）吴应箕：《楼山堂集》卷10、卷12。
⑥（明）汪伟：《请禁遏籴疏》见《古今图书集成·食货典》卷103；康熙《休宁县志》卷7；道光《徽州府志》卷4《营建志》二《水利》。

江浙等地。南宋以后全国人口分布状况没有什么根本变化。明代洪武年间，江南、浙江、江西三省以七分之一的土地面积，集中了全国二分之一的人口。仅苏、松、常镇四府，人口数量即与"其地视诸省为最巨"的湖广行省相当。时人一致认为，长江以南的人口分布是"最稀者湖广，最密者江浙"。① 特别是随着江汉湖区和洞庭湖区广大面积湖田的被开发利用，"昔为沮洳，今称沃衍者不啻万万"②，湖广地区的人口数量虽有增加，人均耕地面积仍大大超过江浙。

（二）粮食生产和商品经济发展的因素。明代的苏、松、嘉、湖地区，经济结构发生了很大变化。农业中棉花种植面积和蚕桑经营的扩大，大大压缩了生产稻米的耕地面积。据估计，以上海为中心的广大植棉区用于种棉的耕地已达到50%，太仓州达70%，嘉定县更高达90%。松江一带百姓包括租庸在内的完纳支应，首藉棉布。嘉湖一带则靠蚕桑。③"为生计所资，视田几过之"，不少农家亦靠商品粮生活。④ 加上棉纺织、丝织业的发展，大批手工业商业市镇的出现，江浙一带的"不农之人"数量剧增，加剧了"仰食四方"的态势。

湖广的情况则恰与江浙相反，商品经济水平不高，"耕稼之外，并无商贾别业"⑤。经济作物的种植生产亦不发达，农家的一切用度俱取给于稻米。隆庆《岳州府志》记述道："盖岳之民，皆务本食力，非有商贾之资、工艺之事也。米菽丝絮，日用之常。生之则难，贸之则贱。官租私负，取给于斯。土豪富室，视以规利，刀杼未停，仓厢已竭矣。"⑥ 为完偿公赋私租，农民不得不将自己辛勤耕

① （明）于慎行：《谷山笔尘》卷12《形势》。

② 《楚均田议》，（明）章潢：《图书编》第39卷。参见《古今图书集成》卷58《经济汇编》《食货典》《田制部·总论》。

③ 正德《松江府志》卷4《风俗》；（明）王士性：《广志绎》卷4《江南诸省》。

④ 乾隆《湖州府志·物产》引（明）谢肇淛《西吴枝乘》。

⑤ （明）吴亮嗣：《论荆楚水灾疏》，光绪《黄州府志》卷36《艺文志》。

⑥ 隆庆《岳州府志》卷11《食货志》。

种的粮食随即出卖给商贾富户，“秋成辄偿富贾”，造成了这里一方面是出售米粮，另一方面则“秋稼甫登，即便告贷。一遇荒歉，遂至流离”的矛盾现象。[①]舳舻转运下游的米粮，乃是商贾富户集中千家万户农民的、包括部分非剩余产品在内的结果。

湖广与江浙相比的另一个显著差异是漕赋税额悬殊。“韩愈谓赋出天下者江南居十九，以今观之，浙东西又居江南十九，而苏、松、常、嘉、湖五府又居两浙十九也。”[②]这是明人丘濬对当时赋税负担的描述。查洪武年间，全国米麦共征2900余万石，浙江布政司征275万石，苏州一府征280余万石，松江一府征120余万石；常州府征65万石，仅此一省三府便占了全国总额的1/4以上。相比之下，湖广的赋粮负担要轻得多。以常德“一府四县之赋计之，则不能当江浙壮县之一”[③]。

上述诸因素对两地区的米粮余缺关系有着重大影响，加上湖广地居长江中游，便利的水路交通为调剂米粮供求提供了条件。显然，“湖广熟，天下足”谚语与“苏湖（常）熟，天下足”的谚语内涵有着极大的差别，将二者相提并论，说湖广取代东南地位是不尽恰当的。

三、“湖广熟，天下足”再析——两湖在清前期米粮供求关系中的地位

清代前期，可谓“湖广熟，天下足”谚语得到广泛传颂的时代。时在康熙三十八年（1699），皇帝谕旨中就引用了此谚。[④]康熙五十八年六月，湖广总督张连登奏报湖北收成，康熙帝朱批道：“俗语云‘湖

---

① 隆庆《岳州府志》卷11《食货志》。

② （明）丘濬：《大学衍义补》卷24《治国平天下之要·制国用》。

③ 嘉靖《常德府志》卷6《食货》。

④《清圣祖实录》卷193，康熙三十八年六月戊戌。参见《清圣祖圣训》卷23。

广熟，天下足'，湖北如是，湖南亦可知也。"[①] 雍正八年(1730) 鄂尔泰奏称："湖广全省，向为东南诸省所仰赖，谚所谓'湖广熟，天下足'者，诚以米既充裕，水又流通之故。"[②] 雍正十二年，雍正皇帝在湖广总督迈柱奏折上亦曾批过："民间俗谚，'湖广熟，天下足'，丰收如是，实慰朕怀。"[③] 其他场合，此谚亦多有所见。[④] 如此盛誉之下，事实如何呢?

(一)湖广米粮与江浙地区

清前期湖广米粮在全国，尤其在长江沿岸米粮流通中不可忽视的地位，乃是上述谚语传颂的主要现实背景。由于前述明代已经产生的各种因素影响的继续存在或进一步发展，长江下游的江浙及闽广等广大地区，缺粮现象更加严重，而湖广则成为人们心目中的粮仓，几乎是谈米粮者言必及湖广。康熙皇帝云："江浙百姓，全赖湖广米粟。"[⑤] 雍正皇帝则说："楚地本产米之乡，素为东南所仰给。"[⑥] 因此，自康熙中后期始，官方拨运或者委员采买米粮，多以湖广为主要货源地。雍正十一年甚至特别议定，浙江每岁于秋收后即到湖广采买所需米粮。[⑦] 至于民间商贩运销数量更是可观。东南最大的米粮市场苏州，

---

① 台北"故宫博物院"：《宫中档康熙朝奏折》，1976 年。

② 雍正八年四月二十日云贵广西总督鄂尔泰奏折，《雍正朱批谕旨》卷 125。

③ 雍正十二年九月十五日湖广总督迈柱奏折，《雍正朱批谕旨》卷 213。

④ （清）朱伦瀚：《截留漕粮以充积贮札》，（清）贺长龄等：《皇朝经世文编》卷 39《户政》十四《仓储上》；（清）张汉：《请疏通江汉水利疏》，（清）贺长龄等：《皇朝经世文编》卷 117《工政》二十三《各省水利四》。

⑤ 《清圣祖实录》卷 193，康熙三十八年六月戊戌。参见《清圣祖圣训》卷 23。

⑥ 雍正元年十月十六日杨宗仁奏折，《雍正朱批谕旨》卷 4。

⑦ （清）王庆云：《石渠余纪》卷 4《纪邻谷协济》。雍正五年七月十四日湖南巡抚布兰泰奏折就有"今春广西、江南诸省俱委员来楚买米，兼以商贩络绎，难以禁遏，以致米价昂贵"之语。(《雍正朱批谕旨》卷 12 下）参见（清）王庆云：《石渠余纪》卷 4《纪邻谷协济》。

“湖广米日至者不可胜数”[①]。在运出一方，湖广总督在一次奏折中曾估计，当年江浙商贩从湖广运走米谷500余万石。[②]

江浙一带市场上的米粮价格，在很大程度上取决于湖广以及江西米谷运到的多少。康熙皇帝在南巡过程中曾经查询过江浙地方米价高昂的原因，“百姓咸谓数年来湖广米不至，以致价值腾贵”[③]。安插在江浙地方的皇帝心腹李煦、曹寅等，多次向朝廷密奏苏、松、常、扬一带米价，每每以湖广米粮运到与否和运到多少为当地米价平贱高昂的原因。康熙四十七年（1708）六月李煦奏称：

> 松江、苏州、常州……总望湖广、江西客米一到，方得价平。[④]

康熙五十一年八月八日又云：

> 苏州、扬州，因湖广客米到得甚多，所以米价仍贱。[⑤]

康熙四十八年曹寅亦奏称，当年七八月间，江南米价平减，原因是湖广、江西米粮贩到。[⑥]湖广米粮接济的地区，尚不局限于江浙一带。其他如广东、山东、陕西、山西诸省，亦屡见有受济于湖广的事实。广东：“米谷不敷，仰赖广西，兼资湖楚。”《清高宗实录》

---

① 雍正四年五月十四日福建巡抚毛文铨奏，《雍正朱批谕旨》卷13下。

② 雍正十二年五月十五日、七月八日湖广总督迈柱奏折，《雍正朱批谕旨》卷213。

③《清圣祖实录》卷193，康熙三十八年六月戊戌。参见《清圣祖圣训》卷23。

④《一念和尚已获解浙折》，故宫博物院明清档案部编：《李煦奏折》63，中华书局1976年版，第55页。

⑤《苏扬米价并进晴雨册折》，故宫博物院明清档案部编：《李煦奏折》153，第123页。

⑥ 台北“故宫博物院”：《宫中档康熙朝奏折》，1976年。

卷573载，仅乾隆二十三年（1758）一次就拨运湖南米30万石济广。陕西省亦是"楚省之荆襄等府，拨运米石济陕，亦历经准行有案"①。

（二）湖广米粮与四川等省

江浙等地仰食湖广米粮的记载已如前述，然而，这仅仅是长江流域米粮供求关系的一个环节，或者说尚未揭示湖广米粮供求的完整面目，在清前期长江沿岸的米粮流通中，不仅四川、江西米粮占着非常重要的地位，而且，在湖广向下游输出米粮的同时，还存在着四川米粮大量输往湖广的情况。

如江西，人们讲到长江下游对中游米粮的依赖时，往往将江西与湖广并称。康熙三十七年（1698）三月谕大学士等云："湖广、江西地方粮米素丰，江南、浙江咸赖此二省之米。今此二省米价腾贵，诚为可虞。"②康熙五十七年六月，康熙皇帝在江西巡抚白潢奏折上又朱批道："湖广、江西大熟，天下不愁米吃了。"③江西米谷乃江浙民食仰赖的重要来源之一。

四川省自康雍之际生聚垦辟之后，米谷生产日渐发展，加上人口稀疏，故多有余剩，顺江而下，接济他省。在湖广运往江浙的米粮中，就包括有大量川米。湖广米粮的集散地汉口，"向来聚米最多者，皆由四川土饶人少，产米有余，本地谷价甚贱，故川民乐于出

---

① 参见乾隆《河源县志》卷11《农功》；（清）陈宏谋《培远堂偶存稿》卷26；雍正二年闰四月二十五日漕运总督张大有奏，雍正五年七月十四日署理湖南巡抚布兰泰奏，《雍正朱批谕旨》卷52，卷12下；雍正十一年四月十一日湖广总督迈柱奏，《雍正朱批谕旨》卷213；雍正十一年十一月二日署理陕西巡抚史贻直奏，《雍正朱批谕旨》卷207等。

② 《清圣祖实录》卷187，康熙三十七年三月戊子。

③ 台北"故宫博物院"：《宫中档康熙朝奏折》，1976年。

卖（至汉口）”[①]。湖广、江西亦委员前往川省采购，“接踵而至”，商贩又直接运销江浙，“络绎不绝”。甚至有所谓“向来楚省民食，全赖川省商贩”的说法。[②]雍正皇帝也认为：“江浙粮米，历来仰给于湖广，湖广又仰给于四川。”[③]

和湖广米谷与江浙市场相似，川米运到的多少，也在一定程度上影响着湖广的米粮价格。雍正五年，朱纲在赴任途中经过湖广，曾问及荆襄一带米价，“皆云四川大熟，川米已下湖广。目今荆襄米价每石八九钱不等，常德府米价更平”[④]。雍正十二年（1734）湖广总督迈柱亦谈到由于四川米谷弛禁，湖广米价才甚为平减的情况。乾隆初年，湖北武汉仍有待川米到来而后价格减的说法。[⑤]

综上所述，可知以长江为中心交通路线，贯通了四川、湖广、江浙等重点省区，形成米粮流通网络。其供求方向又恰与江水流向一致，自上而下。四川居首，江浙为尾，出入关系较为明晰。唯湖广地处中游，居流通过程之中间环节，承上受川米输入，启下出米粮至江浙，具有中转或集散市场的职能。因此，我们不能轻易认为，湖广所接受的四川米粮，都是供湖广消费了；也不能简单断定，自湖广运往下游江浙的米粮，全部是湖广所产。据估计，从汉口每年运出约1000万石米谷，以当时的生产水平及消费量计，绝非一省所能余有。只是由于具体统计阙如，我们尚无法准确分清各省数额而已。湖广米粮价格，既受江浙搬运多少的影响，又受川米运到数量之制约，这正是其中介地位关系复杂的表现。如雍正十年湖

---

① 雍正四年六月一日浙江巡抚李卫奏折，《雍正朱批谕旨》卷174。

② 《清高宗实录》卷386，乾隆十六年四月庚辰。

③ 雍正二年八月二十日四川巡抚王景灏奏折，《雍正朱批谕旨》卷28。

④ 雍正五年九月二十六日云南巡抚朱纲奏折，《雍正朱批谕旨》卷33。

⑤ 第一历史档案馆抄档，朱批奏折，农业类·屯垦耕作273号。

广总督迈柱报告本地米价昂贵的原因是：

川米禁贩不得到楚，江浙等省搬运甚多。①

而雍正八年湖广米价平减，原因则是江南各省大丰收，来湖广搬运甚少，而川省米谷又接踵运来。②如果能在时间上对川、楚各省稍加区别，则如王庆云所说："国初各省惟湖广常有余粟，江西次之。及四川生聚开辟，于是川米贯于东南，视楚米尤多。"③随着人口增长、土地垦辟的消长，米谷的供求关系也在不断地变化。但有两点是可以肯定的：其一为长江上中游川楚各省米价，通常都低于下游江浙各省。其二是各省米价的总体趋势呈上升状态。（详参表1、表2）此乃清代社会经济发展变化的一个重要体现。

表1　江浙赣皖湖广诸省部分时点米价比较

（单位：银两/仓石）

时间	江苏	浙江	江西	安徽	湖南	湖北
康熙五十三年六月	0.9—1.0	0.85—1.2	0.67—0.7	0.9—1.0	0.68—0.75	0.67—0.74
康熙五十五年六月	1.0—1.1	—	0.81—0.85	1.0—1.1	0.7—1.1	0.83
康熙五十六年六月	0.82—0.94	1.2—1.3	0.77—0.8	0.82—0.94	0.6—0.75	0.74—0.75
雍正二年六月	1.25	1.45	0.85	1.21	0.76	0.93
雍正四年四月	1.1	1.2	1.0	—	0.85	0.85
雍正四年十二月	1.3	1.2	—	—	0.85	—
雍正五年三月	1.3	1.4	0.95	—	1.09	0.95
雍正十一年春	1.65	1.75	1.25	—	0.84	1.0
雍正十三年四月	1.0	—	0.8	1.0	0.87	0.83
乾隆十八年五月	1.2—1.7	1.51—2.0	1.05—1.35	1.29—1.65	0.97—1.28	1.1—1.6
乾隆十八年十月	1.29—1.80	1.31—2.0	1.0—1.4	1.25—1.55	0.95—1.34	1.12—1.66
嘉庆元年三月	1.02—	1.5—1.98	1.19—1.42	1.31—1.81	1.24—1.39	1.12—1.37
嘉庆元年七月	1.15—1.44	1.49—2.05	1.15—1.36	1.17—1.79	1.31—1.46	1.1—1.46

① 台北"故宫博物院"：《宫中档雍正朝奏折》第21辑，1977年。
② 第一历史档案馆抄档，朱批奏折，农业类·屯垦耕作273号。
③（清）王庆云：《石渠余纪》卷4《纪邻谷协济》。

表2　清前期湖广米价变动趋势

（单位：银两/仓石）

时间	湖南	湖北
康熙四十八年(1709)四月	0.9	1.1
康熙四十八年八月	0.8	0.8
康熙四十九年七月	0.7	0.75
康熙五十三年六月	0.68—0.75	0.67—0.74
康熙五十五年八月	0.5—0.7	0.78—0.8
康熙五十六年六月	0.6—0.75	0.74—0.75
雍正元年(1723)四月	0.73	0.78
雍正三年九月	0.76	0.80
雍正五年二月	1.09	0.95
雍正八年三月	0.75	0.88
雍正十年七月	0.71	0.77
雍正十一年十一月	1.0	1.0
雍正十三年七月	0.86	0.94
乾隆十八年(1753)一月	1.05—1.42	0.8—1.88
乾隆十八年五月	0.92—1.26	1.1—1.6
乾隆十八年九月	0.89—1.23	1.12—1.66
嘉庆元年(1796)七月	1.31—1.46	1.1—1.46
嘉庆元年八月	—	1.1—1.48
嘉庆二年一月	—	1.1—1.46

资料来源：表据台北“故宫博物院”《宫中档康熙朝奏折》、《雍正朱批谕旨》和第一历史档案馆有关粮价单整理。

综上所述，可知有清一代长江沿线米粮流通的趋势是：范围愈益扩大，各地区间的联系进一步紧密，供求关系趋向紧张，无论整体或局部的粮食价格都在上升。它反映了清代社会经济诸如人口增长、商品经济发展等方面的重大变化。已有研究谈到明清时期两湖地区甚至全国的米粮问题时，不少论者常用“湖广熟，天下足”之谚作为佐证。只是对于这一谚语产生、流传的时代背景、条件，却很少有过专门的论述。就今所见，“湖广熟，天下足”之谚，至迟在明代前期已经流传。考察明清时期两湖地区的经济、社会状况，特别是这一地区及长江沿线米粮的生产、运销情况以后，就不难发现“湖广熟，天下足”谚语包含或与之相关的历史内容是多么丰富；进一步将此谚语与宋代流传的“苏湖熟（或作苏常熟），天下足”之谚加以比较，更可知基于社会背景、经济条件差异之上，两谚语的含义是大不相同的。简单地将二者相提并论，或者说在米粮问题上，明清时期的湖广取代了宋代东南地区在全国的地位，都是不尽妥当的。

（原载《中国农史》1987年第4期）

洞庭湖区农业发展论略

一

洞庭湖区拥有发展农业的优越条件。土地资源丰富，光热资源充足，生物资源丰富多样。本区有悠久的农业开发历史，长期以“鱼米之乡”享誉全国。明清时期流传成颂的“湖广熟，天下足”、“湖南熟，天下足”之谚，对湖南的粮食生产地位给予充分的肯定，其中，洞庭湖区的功绩尤不可没。[①]人们讲到湖南米粮大量运销各地的盛况是：“大江上下，浙水东西，每岁采运湖南者，帆樯相望不绝”，而这样的盛况，正是“泽国涂泥”大面积被垦辟成为沃壤的结果。[②]有人推算，清代前期湖南米接济江浙等地每年达3000万—4000万担，其中1／3以上为洞庭湖区所产。

改革开放以来，洞庭湖区的农业生产得到了新的发展。湖区大部分县（市、区）先后被国家和湖南省列为多种农产品商品生产基地，全区被确定为全国九大商品粮基地之一。从1978年开始，洞庭湖区就被国家列为全国十大淡水商品鱼生产基地。本区主要农产品

---

① 参见拙作：《“湖广熟，天下足”述论——兼及明清时期长江沿岸的米粮流通》，《中国农史》1987年第4期。

② 乾隆《直隶澧州志林》卷5《食货》。

的产量及商品量都有了大幅度提高。1990年，洞庭湖区农业总产值达到了137.66亿元，占湖南省农业总产值的34.6%。其中，稻谷生产量占全省的33.6%，小麦生产量占全省的29.3%，油菜子生产量占全省的59.1%，棉花生产量占全省的94.6%，茶叶生产量占全省的57.5%，黄红麻生产量占全省的97.1%，苎麻生产量占全省的82.8%，芦苇生产量占全省95%以上，生猪出栏数占全省的27.3%，猪、牛、羊肉产量占全省的27.9%，鱼类产量达到了23.49万吨，占全省总产量的45.5%。湖区人均产粮656公斤，居全省第一。农副产品的商品率为全省之冠，粮食商品率为33.8%，棉、麻、鱼等产品的商品率达90%以上。1981—1990年，平均每年向国家提供商品粮14亿公斤，1990年提供的商品粮已达17.6亿公斤，占湖南省商品粮的44%。同时，洞庭湖区内与农业密切相关的食品、轻纺和造纸等工业近年来也发展很快，其产值分别占湖南全省的39%、35%和43%，而这些加工工业的原料，也要靠湖区农业生产持续就近提供。1990年，湖区农业产值人均910.9元，比湖南全省平均高出260.6元。

不仅如此，洞庭湖区的水土资源还存在着巨大的开发潜力。除了大面积中低产田土及低效益水面有待改造提高外，湖区待开发土地资源为10.13万公顷，湖洲22.6万公顷，水面4.5万公顷。此外，在名、优、特农产品开发、农产品加工等方面，潜力也相当可观。经过深度与广度相结合的综合开发，洞庭湖区农业将放出异彩。

二

但是，我们也应该清醒地认识到，洞庭湖区农业生产的现状还不能完全与其拥有的水土资源优势相称，与“鱼米之乡”的盛誉也难说没有差距。从全国范围考察，洞庭湖区的农业发展早已显示出缓慢趋势。与同处长江中下游的江汉平原、鄱阳湖区和太湖地区相比较，农业总产值、粮食总产量等农业生产的主要指标由原来的第二位下降到最后一位，主要农产品的增长速度也大多小于其他三个地区，在全国的地位也有所下降。特别是湖区农业的根本质态仍然局限在传统农业的框架之中，广大农户的经营方式仍是自给半自给的小农经济，农业生产越来越显得缺乏商品农业的竞争能力，致使农业生产的效益衰退，困难重重。问题具体表现为：

农业内部结构不合理。湖区农业受“吃饭农业”观念的支配，长期以种植业为主，林业、畜牧业、副业、渔业被严重忽视；种植业中又以粮食作物占绝大比重，经济作物种植、多种经营的优势不能得到发挥，以至于在不少人的头脑中几乎将农业生产与粮食生产等同起来。改革开放以来，湖区农业生产结构从发挥区域自然资源优势、适应动态变化出发进行了相应调整，种植业比重由1975年的74.6%下降到1990年的60.2%，林牧渔业比重均有不同程度提高，其中以渔业比重的提高最为显著，由1975年的1.4%上升到了1990年的6.1%。尽管如此，仍然远未形成与湖区广阔水域相称的水产业发展优势。

经济作物的种植面积在整个农作物种植面积中占的比例，1980年为11.35%，1985年上升为15.51%，1990年上升到19.54%。即使是按照目前的最新规划，到2000年经济作物的播种面积比重也只有21.14%。

湖区主要农产品从数量上讲增长不慢，但农副产品及其加工产品种类单一，质量不高，既不能满足市场需要，亦缺乏市场竞争能力。尤其是水稻品种，过多地注重追求高产指标，但因为米质差，作为商品粮在市场上缺乏竞争能力，大部分只能用作饲料粮，致使生产的经济效益较差。又如鱼类生产以鲢鱼为主，名优鱼类与特种水产较少，与人们生活水准的提高及出口创汇的需要不相适应，最终导致经济效益不高。

结构不合理、品种单一等问题既不利于经济效益提高，又阻碍着农业综合开发的进行和农村第二、第三产业的发展，影响到湖区轻工业优势的发挥。

土地资源利用效益低下。湖区农业开发历史悠久，土地垦殖程度高，土地利用率高。全区耕地面积94.66万公顷（其中水田74.36万公顷，旱地20.30万公顷），农业人口人均耕地1.24亩，高于湖南省平均0.96亩的水平，为本省人均耕地最多的地区。耕地质量较高，一等耕地占总耕地面积的85%。茶园、果园、林地、草地、水域的面积分别为2.16万公顷、3.04万公顷、106.67万公顷、26.67万公顷、54万公顷。此外，尚有20万公顷荒地和6.67万公顷疏林地没有得到充分利用。在已利用的农业土地中，利用效益不佳现象普遍存在。最新调查资料表明：全区耕地中的中低产田土地面积达78%左右，低产园地达46.5%，低产林地占31.4%，其中低产经济林地占经济林面积的55.4%。也就是说，有相当一部分土地处于“广种薄收”的状态。

生产量至多只能是衡量生产水平的一个方面，更重要的指标仍应是实际效益。农业生产增产不增收的矛盾在湖南表现最为突出。1980—1990年，湖南粮食总产量增加了26.7%，棉花增长了25%，油料增长了274.6%，肉类增长了119.9%，水产品增长了233.1%，水果增长了430.0%，可谓显著，同期农民的纯收入水平却有所下降。1980年农民人均纯收入219.7元，比全国平均水平高28.4元，在全国居第7位。1990年人均546元，比全国平均水平低84元，居全国第19位。1988—1990年三年间，扣除物价上涨因素，农民人均纯收入实际下降比率分别为4.9%、3.4%和3.1%。1990年和1985年相比较，农民收入名义上提高了38.1%，实际上却是下降了4.1%。湖区农业情况在湖南算好的，但产量增长，投入效益明显滑坡，农民收入的实际水平下降的趋势是一致的。

农田水利设施老化，抗灾能力薄弱。（这里从农业角度谈水利设施、洪涝灾害等问题当另文论述。）洞庭湖区受洪涝灾害威胁的严重性为众所周知。本区为长江流域水量最多的地区之一，集雨面积130万平方公里，年径流量3141亿立方米，加之江汉湖群与长江隔绝，分蓄能力大大降低；洲滩围垦，水位抬高，宣泄不畅；导致成灾水量起点降低，防洪难度增大，防汛时间拉长。长江上游和"四水"流域水土流失的后果是洞庭湖区泥沙淤积严重，每年淤积湖内的泥沙量多达0.96亿立方米，致使湖底平均每年淤高3.7厘米，高的地方甚至达10厘米。中华人民共和国建立初期，湖泊面积为4009.8平方公里（容积293亿立方米），到1983年，湖泊面积缩小到2145.19平方公里（容积减少到174亿立方米）。淤积必然伴随着围垦，过量、不当的围垦又加剧着淤积，大面积外湖变为内湖，蓄水湖面变成了垸田，严重影响到洞庭湖的洪水调、蓄、泄能力，水位不断抬高，洪涝灾害频繁发生，灾情加重。

湖区平均每人每年需要用20—40个工日修堤，主要劳力的1/3时间用于修堤和排涝工程，人均每年需50—60元用于防洪、排涝，占人均纯收入的1/5。1949—1986年，湖区兴修农田水利共完成劳动工日20亿个，完成土石方32亿立方米，完成护坡块8.74万立方米，新建涵闸3630处，电力排灌装机52万千瓦，共耗用资金35亿元（其中包括劳务投资在内的群众自筹占24.8亿元），如此巨大的投资，湖区群众如此沉重的负担，并没有换来湖区农业生产的安全。据统计，湖区有40.3%的大堤没有达到防洪标准，30余个民垸，144万人口的蓄洪区，基本上没有完全设施。如再遇1954年洪水，整个湖区群众的生命财产安全将得不到保证。湖区排灌设施陈旧老化。排灌机械中，1/3以上是五六十年代的陈旧产品，水轮泵有50%陈旧到不能运转的程度，多数排灌机械耗能大，事故多。

统计资料表明：洪涝灾害发生的频率在加快。明朝276年间共发生15次，平均18年1次。清朝267年间共发生16次，平均16年1次。民国38年间共发生4次，平均约9年一次。自1950年以来的40余年间，除了1966年等10个年头外，其余30余年都有不同程度的洪涝灾害发生，累计溃垸面积67万公顷，受渍害面积160万公顷。平均每年因渍灾造成的粮食损失为1.6亿公斤，其中受灾最重的是1954、1964、1969、1980、1990、1991年等六年，每年受渍田地面积都在14万公顷以上，造成粮食减产约2亿—2.5亿公斤。

所有这些似乎都在提示我们：洪涝灾害是湖区农业持续发展的重大障碍和威胁，而靠天吃饭的被动局面尚有待于努力去加以根本扭转。

人地矛盾日趋突出。湖区人口不断增长的同时，耕地却在持续减少。1985年湖区人口1249.3万，到1990年增加到了1345.3万。同期耕地却从94.6万公顷减少到94万公顷。人口增长了96万，耕地则减少了0.6万公顷，与此相应，人均耕地由1985年的1.14亩下降到了1990年的1.05亩。在严格控制人口的前提下推算，2000年洞庭湖区的人口将达到1538.4万，2010年则可能达到1800万左右。与此相反，在严格保护耕地的前提下，湖区耕地到2000年将减少为93.5万公顷，2010年则减至93万公顷。这样，人均耕地2000年为0.91亩，2010年为0.8亩左右。人口增长对资源尤其对土地的压力越来越大，即使不断提高粮食单产，人均粮食水平仍将呈下降趋势，进一步加剧湖区人口、资源与农业持续发展的矛盾。

生态环境恶化，渔业资源退化严重。人地矛盾以及盲目的不合理开发方式等长期影响，致使湖区生态环境遭到严重破坏，主要集中在以下几个方面：

一是长江及“四水”上游植被破坏，水土流失，大量泥沙淤积洞庭湖。1952—1977 年的 25 年间，西洞庭湖的七里湖平均淤高了 4.12米，最大的淤积厚度为 7.5 米。目平湖和南洞庭湖平均淤高 2 米，最大淤积厚度达 6 米。实测资料表明，长江“三口”和“四水”每年平均流入洞庭湖的泥沙总量为 1.45 亿吨，其中仅有 25% 的泥沙从城陵矶出湖，约有 1.08 亿立方米的泥沙沉积湖区，导致湖床平均每年抬高 3.5 厘米以上。西洞庭湖已逐渐被淤平，所谓周极八百里的洞庭湖已呈现“洪水尚成片，枯水几条线”的景观。淤积降低了湖泊调蓄洪水的能力，抬高了水位，加剧了水害。

二是盲目围垦等活动导致湖区生态系统破坏。50 年代至 80 年代初提出以“向水面要田”，大规模地围垦湖面，加剧了水面萎缩，亦影响到水产资源利用。盲目种植芦苇，加快了泥沙淤积，阻碍洪道，滋长钉螺，湖区现有钉螺面积 13.3 万公顷，约占全国钉螺面积的一半。大量水利建筑，未考虑鱼类回游通道，严重影响回游性和半回游性鱼类的繁殖和索饵。

三是工农业污染恶化。1988 年，湖区工业污染源已达 2007 处，年排废水入湖量 3 亿—4 亿吨，大面积沿岸浅水域水质遭到污染。还有大量的农药残留及固体废弃物污染。尽管从总体上看湖区水质尚好，但已有少数河段、湖面变成了死水湾、臭水沟。污染水质不仅影响湿地生物繁殖生长，也影响到工农业及生活用水。

湖区生态环境恶化影响最为显著的是渔业资源的退化。洞庭湖本为水产资源宝库，历史上最高年捕捞量达 4.8 万吨。近几十年，淤积和围垦致使湖泊总面积由40万公顷下降到26万公顷，能够从事渔业捕捞作业的面积仅14万公顷左右，而且湖水大面积变浅，“三废”污染湖水、水质恶化等都对渔业生态环境加以破坏，数百座永久性水利闸坝又截流断河，阻断鱼类回游通道，诸多不利因素对鱼类索饵、栖息、回游产卵等都有显著的破坏作用，结果使回游性、半回游性鱼类减少，定居性鱼类比重增加。名贵鱼类如白鲟、鲫鱼、鲥鱼、胭脂鱼大量减少，洞庭名产银鱼已形不成批量生产，经济鱼类中的青鱼、草鱼等比例下降33%，而鲚、鳜等较劣鱼种大幅度上升。以岳阳地区为例，70年代与50年代相比，捕捞水面由430万亩减少到210万亩，鱼类产卵场所由33处减少到12处，幼鱼索饵场由55处减少到12处，越冬场由14处减少到7处。南洞庭湖塞南湖本为闻名的银鱼产卵场，但今水域严重污染而遭到毁灭性破坏。据1985年统计，湖区主要的捕捞场由原有的80多处下降到20多处。20世纪50年代初，洞庭湖的捕捞产量平均每年还有30005吨，到70年代，已下降到14600吨，20年间下降了50%以上。经过近十来年的努力，湖区捕捞量才达到26000余吨，较之历史上最高捕捞量4.8万吨仅1/2稍多。名特产银鱼的产量在50年代尚有7.5万—20万公斤，到80年代减少到了1000—1500公斤。

水产是洞庭湖区农业“鱼米”两翼中的一翼，渔业资源的退化犹如飞鸟之一翼萎缩，欲其高飞、快飞，何其难也。

三

世纪之交，洞庭湖区农业面临着新的机遇和挑战。社会主义市场经济体制的逐步建立；人民群众生活水平的不断提高，生活需求的多层次、高品质；全国乃至世界经济格局的变化；长江沿江改革开放、开发的战略决策；根治洞庭湖工程以及三峡工程的上马等等，都将对湖区农业产生前所未有的影响。只有抓住机遇，正视挑战，扬长避短，才能够摆脱困境，完成一个划时代的转折，把洞庭湖区建成长江流域经济区中具有强大农业产业优势、在全国立于不败之地的综合开发区。这就要求我们下决心在以下问题上作出最大的努力。

更新观念，确立农业发展方向的新思路。传统的农业发展模式，主要追求量的扩张，小规模，自给半自给色彩浓厚。前段的改革，在农业领域仍属旧的框架内的变革，在技术不变或少变的条件下，偏重于数量增长，将粮食排斥在商品经济之外，基本上没有跳出自给性“吃饭农业”的圈子。因此，相关的农业政策缺乏内在动力，只能调动起农民追求温饱的消费价值，不能调动农民追求盈利的价值，甚至在不少人的头脑中形成了“农业不是致富发财的门径”的观念，更谈不上农业经济主体——农民以利润最大化为追求目标。所以，转变观念首先要加强商品农业、市场经济意识，真正把农业看作商品经济，把农业产品推向国内外市场，经受市场的考验，通过市场信号（以价格为主）反映供求情况，据以调节生产。这样，才能把数量优势转化为效益优势，你要想自己的商品有销路、销得好，就必须努力提高产品质量，生产适销对路的品种。其次，要彻底打破农业＝种植业，种植业＝粮食，农村＝农业的狭隘的旧农业观念，树立大农业、开放农业的观念。从横向看，包括种养殖业，农林牧渔业，一、二、三产业相互协调，综合开发，全面发展。其三，加强生态环境意识，树立可持续发展观念。盲目追求经济效益，忽视生态效益，甚至竭泽而渔、饮鸩止渴，以破坏、掠夺自然资源为获取短暂经济效益的开发方式，其恶果日益显露。在人地矛盾日趋紧张，资源、环境等问题日益突出的今天，湖区农业发展必须以资源的永续利用、保持生态平衡为前提，以可持续发展为指导思想，有效地运用农业生态系统中各生物种群共生平衡的原理，坚持环境保护的基本原则，以免重蹈先破坏后恢复、先污染后治理的覆辙。

调整农业生产结构和农村产业结构，走综合开发的道路。种植业比重过大，牧渔林等业比重偏小；种植业中经济作物比重偏小，产值过低；农产品结构与消费结构的变化不相适应等，导致了湖区农业生产结构的不合理甚至畸形，也是湖区农业效益差、摆脱不掉传统农业尾巴和小农经济色彩的重要症结之一。加上农村第一产业比重偏高，二、三产业比重偏低，农产品加工能力相对薄弱，粮食、猪、禽、蛋等初级产品、原料型产品调出为数可观，大大加重了湖区农业的自然经济色彩。调整农业结构的实质就是推动农村经济由自然经济向商品经济转换；由单一结构、畸形结构向合理的多元结构转变；由传统农业向现代农业转变。针对湖区实际状况，结构调整主要应考虑三个方面：

其一，确保粮食生产稳步增长的同时，注重农林牧渔业的全面发展。湖区在粮、猪生产上的成就已相当显著，但在品种、层次上仍需改进、提高。而水产品的巨大优势尚未发挥出来。湖区水域总面积69.70万公顷，为全省水域面积的51.15%。其中江河外湖44.77万公顷，池塘8.55万公顷，湖泊7.77万公顷，水库4.0万公顷，沟港哑河4.54万公顷。水域总面积的26.72%即18.63万余公顷具有人工养殖条件，已开发利用面积16.64万公顷，仅占总面积的23.87%，水域开发、水产品发展的潜力巨大。在已利用的水面中，低产面积相当可观，立体开发不够，利用方式、层次单一。如果加以集约开发，合理利用，湖区仅鱼类一项便可增产数亿公斤。若珠鱼混养、鸭鱼同塘共养以及以鱼为主的鱼猪、鱼禽、鱼桑相结合的复合生态渔业模式加以推广，水产业的效益将更为可观。此外，具有创汇、高效益价值的鳖、鳅、蛙等特种水产品生产也不容忽视。

其二，搞好农产品的加工转化，改变过去农产品原料型生产的落后状况，并以非农产品的发展促进农业资源的开发，增强农村经济实力。

其三，大力发展农村咨询、信息、技术、服务等第三产业。但二、三产业的发展必须以农林牧渔第一产业为基础。

结构调整必须坚持两个原则，即因地制宜，从自然条件、资源优势出发的原则和以市场为导向，围绕人民生活、工业原料和出口创汇，建设高产量、优品质、高效益农业基地的原则。

洞庭湖区调整农业结构，发展多种经营，强调经济作物绝不是忽视粮食生产。粮食生产是湖区的第一优势，不发挥粮食优势，绝对是避长趋短之举。这不仅是由湖区优势决定的，也是粮食在全国乃至世界上的地位决定的。

1991 年国家制定的《国民经济和社会发展十年规划和第八个五年计划纲要》写道："在中国，解决十多亿人口的吃饭问题是头等大事，是经济发展、社会安定、国家自主的基础。"1994 年，中国从美国购进了价值 11 亿美元的农产品。同年，中国有超过 176 万英亩的耕地被挪作他用。中国目前已是小麦最大进口国，又有资料进一步向我们表明：21 世纪初，中国将每年消耗 3000 万—5000 万吨进口小麦。到 2030 年，中国进口的小麦数量将达到 9000 万吨，大约为现今世界小麦出口量总和的一半。中国不能不重视粮食生产，洞庭湖区更不能不发挥粮食生产优势。粮食生产应该有利可图。然而，重视粮食生产、发挥粮食优势绝不是简单地追求粮食产量的增加，必须把粮食优势提高档次，进行更深层次的开发，改善品种结构，提高品质，建立粮食系统转化、加工的机制，把湖区建成全国性乃至国际性稳定的粮鱼畜禽棉麻丝茶竹旅游等有特色的商品基地和综合农业区。

推进农业科技进步，提高农产科技含量。农业的持续发展，农村经济的繁荣和农村社会的进步，最终要取决于科技进步。科技水平的高低、科技含量的大小也是以经验为基础的传统农业向现代农业过渡、转变程度的主要标志。农业先进技术的投入和应用，完整的农业技术生产系统的建立，是农业取得优质高效的保证。所谓高产优质高效农业，其实质就是大农业中运用先进生产技术和科学管理手段，实行劳动、技术密集型生产经营，最大限度地实现各种生产要素的最佳组合。显然，科技是关键因素。

中华人民共和国成立以来的农业改造和改革，一直是注重于生产关系的变革。在现有生产力基础上变革生产资料所有制形式、经营方式和运行机制，而社会生产力却很少变革。每次生产关系的变革，无不是想调动人的积极性，充分利用现有的生产资料，只是这样的变革本身并没有新的物质技术要素注入，仍然是以简单的低智能劳动力、传统手工工具和畜力以及粗放型劳动对象为主要内容，以大量的活劳动投入为特点，显然不能从根本上摆脱农业的落后状态。

有人这样表述生产力和科学技术的关系：生产力=(劳动者+劳动资料+劳动对象)×科学技术。在科学技术的作用下，生产力的其他基本要素能够得到提高和改善，并实现最优的组合，从而以较少的投入创造出较多的产出，获得优良的经济效益和社会效益。发展高优农业，科学技术是关键因素。正如邓小平同志所说，农业发展问题，“最终可能是科学解决问题”。现代农业劳动生产率的提高，有60%—80%是靠应用科学技术取得的。美国农业生产量的81%和劳动生产率提高的71%都是科学技术的功劳。在中国，科技进步在农业增产因素中仅占35%左右的比重。症结之一在于农业科技推广效益差，科技成果转让率低，实际效果更差。不少地方的生产工具还停留在曲辕犁时代。

洞庭湖区有中央和省属农业科研单位4所，地市县属农业科研单位71所，专业技术人员1000多人。如能进一步结合本区农业发展，加强科技研究、推广，在优质品种的培育与推广、科学施肥、提高栽培和养殖水平、高新技术利用等方面切实发挥作用，将大大加速传统农业改造、向现代农业转化的进程。

提高农民文化素质应是推进湖区科技进步、提高农产科技含量的应有之义。生产力的发展，根本在于人的发展，以往的农村发展战略忽视了农村人的发展，应该说是严重的失误。农民是农业科技进步的接受者，是将农业科技成果转化为现实生产力的实施者，农民的科技文化素质如何，对农业科技进步的速度和效益至关重要。洞庭湖区人口密集，农业劳动力资源充足，但受教育程度不高，仅受过小学教育的人口占总人口的43.60%，更有11.27%的15岁以上不识字或识字很少的人口。这样文化素质的农民，与发展现代高产优质高效农业的要求存在着相当大的差距。重视教育，尤其是农村教育的措施不落到实处，湖区建设现代综合农业基地的战略终究成为空话。

严格控制人口增长，保护耕地，保护环境。在人地矛盾中，矛盾的主导方面是人口。人均耕地的减少、耕地总面积的减少、耕地质量的下降等等，无不与人口增长相关。现实又无情地向我们显示着控制人口增长的艰难，特别在农村，更是难上加难。人口与生态环境问题亦大致类此。人地矛盾、生态环境恶化已不仅仅是关系湖区农业能否优质高效的突出问题，而是社会经济能否持续发展的生死存亡问题。

主要参考文献

湖南省农业区划委员会编：《湖南省农业区划》，湖南科学技术出版社1986年版。

郎一环主编：《长江中游沿江产业带》，中国科学技术出版社1995年版。

袁伯涛、彭辰主编：《中国高优农业发展研究》，武汉大学出版社1993年版。

（原载《经济评论》1997年第3期）

明代湖北的鱼贡、鱼课与渔业

一、渔业与鱼贡

江汉地区有“楚壤半陂泽，渔罟之课输与田赋等”；“田渔相半”之称，[①]直至明清时期，淡水产品之天然捕捞业仍然兴盛，在一些描写地方风情的诗词中多有表述。如“水国舟为市，渔家苇作樯。菱芡充常贡，鱼虾售远商。最爱停舟处，渔舟送夕阳”[②]。又如“我乡本泽国，丰年亦乐土。置身鱼鳖中，出没蛟龙薮。稚子作钓钩，老妻作网罟。虽得鱼虾餐，更被征徭苦”[③]。又有民谣唱道：“一家一个打鱼舟，日日朝朝水上游。有女十三郎十四，朝朝相见只低头。”[④]

丰富的鱼类产品不仅供捕捞者以及当地食用，而且以所余贸易四方，成为重要的商品种类之一。鄂东蕲水：“邑西南一带，居民近江湖，得水族之性，故多善渔。而取鱼之具为网、为罟、为钓、为罩、为箔之类不一。其用为鲜、为鲊、为□、为腌鱼、为干鱼，滨

---

① 嘉靖《汉阳府志》卷2《方域志》。

② （明）何乔新：《竟陵书事》，（清）陈诗：《湖北旧闻录》卷31《风俗》引《椒邱集》，湖北人民出版社1999年版，第1337页。

③ 康熙《潜江县志》卷10《河防志》。

④ （清）洪良品：《巴船纪程》。

江之民取焉，邑及乡人贩而贸焉，资其利以给衣食者，盖十之一二矣。”[①] 在江汉平原的中心地带，水产捕捞业因河湖众多、水面积广大而更为发达。《沔阳州志·艺文》载童承叙《与余方伯论鱼牙书》云：

> 沔沮洳之区，蓬苇之泽，诚鱼蜃之所聚，网罟之所集也。
>
> 沔之民固皆以捕鱼为业，然苟得寻尺之鲤，则相顾而喜矣，故鲂、鲙、鰋、鲤、鳜、鲋、鳝、鳝，此沔之所服食而商贩之所贸也。

童文之本意在于免除鱼牙之贡，强调本地并无特大的鱼类出产，尽管如此，仍不难从中看到沔阳渔业生产、贸易的发达。

汉阳刘公洲、汉川刘家隔、荆州沙市以及汉口等市镇码头，都是重要的鱼类等水产品集散地，贸易额相当可观。如刘公洲，“冬春水落，四方舟楫聚焉。郡人一渔一薪，朝夕为市。公室之输，私家之养，多赖于是”[②]。一般说来，进入市场贸易的产品种类，大抵不外乎鲜鱼、腌鱼、干鱼等。《江陵县乡土志》称：“鱼有鲜鱼、腌鱼之别，因本县东南多水，颇饶鱼利。鲜鱼除销售本境外，多由长湖、三湖、白鹭湖行销邻近各州县；腌鱼则每年冬季有四川人到沙市来采办，合计不下数千担，合钱数万串。”乾隆《汉阳县志》则云：“土人捕鱼晒干，载至江西，卖之饶、信人。”一些名品、珍品所行尤远，如银鱼、鲥鱼等。

鲥鱼之类珍稀水产品，不仅是贸易中的俏货，还是朝廷贡取的

---

① 光绪《蕲水县志》卷2。

② 嘉靖《汉阳府志》卷2《方域志》。

对象。黄冈、汉阳等地皆有鲥贡，相沿成例。《郎潜纪闻三笔》卷4载："长江渔船，每岁四月，向有贡献鲥鱼之例，沿明制也。康熙朝奉谕停止，而地方有司改为折价，向网户征收，解充公用。胥吏因缘苛索，沿江居民捕鱼为业者苦之。乾隆初年，复奉特旨豁免，永著为例。"此外，还有鲟鱼、鳇鱼等皆有进贡。

鱼鲊是进贡鱼产品的主要形式之一。据《明实录》记载，明代早期，湖广地区并无进贡鱼鲊之例，成化七年（1471），某镇守太监为讨好皇帝而进献2500斤。成化十七年以后，进献数量增至20122斤，进贡用运输船多达十一二艘。到弘治二年（1489）四月，孝宗皇帝加以裁减，"造办如成化七年之数，船止用二艘，科扰需索为害者罪之"①。一种原本无例的无端科派索取就这样被固定下来了，只因减去了恶性膨胀的部分，还被作为统治者的德政记录下来了。不过，就连减去恶性膨胀这一点，也难以维持下去。《万历野获编》对此事有系统记述：

> 楚中鱼鲊之贡始自成化初年，盖镇守内臣私献耳，为数不过千斤。后渐增至数万，改属布政司，贡船至十二号。孝宗仁恕，仍命属中使，减去船十只，累朝因之。今上壬辰（万历二十年，1592），以楚贡粗恶，至褫左方伯官为编氓，盖又属藩司，但不知改于何年耳。此等事皆职贡成例，敝规既立，贻累无穷至此。②

所谓"职贡敝规"，"贻累无穷"，的确正中要害，但若说弘治年间的

① 《明孝宗实录》卷25，弘治二年四月辛丑。

② （明）沈德符：《万历野获编》卷1。同书卷17又云："今上顷年，以湖广鱼鲊不洁，斥左布政使武尚耕为编氓。"

裁减定例得“累朝因之”，却又难免武断。其后的变化有案可稽。《明世宗实录》载：“初，湖广镇守太监李景儒岁进鱼鲊，巡按御史沈俊、武昌府知府王銮各疏请罢之。礼部议：额外进献不免烦民，每岁科敛动以千计，罢之便。诏禁毋科敛扰民。”[①] 此事在《明史·王銮传》中亦有记载：“嘉靖初，迁武昌知府。镇守中官李景儒岁进鱼鲜多科率，銮疏请罢之。”[②]

湖广岁进鱼鲜之贡是否真正停罢，不得而知，万历年间仍在贡进却是事实。沈德符所记因贡品不合意而革左布政使官职一事，亦见诸《明神宗实录》记载，被革者为当年自四川按察使升任湖广布政使的武尚耕。为此，大学士赵志皋、礼科给事中薛三才、河南道崔邦亮等皆曾上疏解救，其疏云：“不宜以方物之贡谴罚多人，且事在左布政职掌，经历、呈案不可概罪。”得旨：“武尚耕、王文运照前旨行，余免降调。”[③] 可见当初惩罚的还不止一人。可以想见，经此事件之后，进鲊之事更为神圣，无人敢轻易指责，对质与量的提高、增加自然容易。尽管具体情况无从查考，但天启三年(1623)十月的一道诏令，就足以说明问题。其诏称：“湖广贡鲜，止照原额办进，其续加并改折、添补，俱免办，以省地方驿递之累。”[④] 原额鱼鲊之外，又有续加、改折、添补诸名目，不一而足。

除了贡进鱼鲊，统治者还不时有些特别索取，下述记载发人深思：

> 巡抚湖广右副都御史秦金等言：“近言有旨取鲟、鳇鱼秧，

---

① 《明世宗实录》卷36，嘉靖三年二月辛酉。

② 参见（明）王世贞：《弇山堂别集》卷98《中官考》九。

③ 《明神宗实录》卷279，万历二十二年十一月戊戌。

④ 《明熹宗实录》卷39，天启三年十月辛巳。参见《续文献通考》卷29《土贡二》。

> 今湖广频年灾伤，川襄泛滥，弥漫千里，饥者资食菱芡，鬻及儿女。此令一出，贪吏乘之，指一科百，民其能堪？且鲟、鳇大者千斤，小亦数十百斤，生育巨海，非池沼中物也，借使采取以进，物违其性，中途必不能活，虽罪解送之吏，饲守之人，亦无所致力，只增怼怨耳。”不听。①

正德十二年（1517），湖北发生大水灾，灾区面积广大，无家者搭茅茨以栖身，乏食者采菱芡以充腹。灾民鬻儿卖女，相继流移。官府虽曾进行赈济，却根本不能解决问题。巡抚秦金曾专门奏报灾情，请求加赈。“讵意赈恤之命未下，采取之旨先来，求欲恤之而反扰之。”②无论秦金等怎样疏请、解释，终不能免。可见统治者当时并未真正把老百姓的死活放在心上，只一味追求自己的享乐。

前录有关记载已经表明，湖区水乡之外，淡水捕捞于丘陵山区溪河间亦有存在。顾彩《容美纪游》载：“渔者刻木一段为舟，牵巨网截江，度其中有鱼，则飞身倒跃入水，俄顷两手各持一鱼，有口中复衔一鱼，分波跳浪登舟，百无一空者。”这是鄂西南山区的情况，鄂西北山区各州县亦见有于溪河中淡水捕捞的记载。

还应该特别提到的是长江沿岸的鱼苗捕捞经营。长江中游河段是鱼类产子孵苗的理想场所，据说滨江地方唐代就有捕捞鱼苗的，宋以后更多。周围不少地方，包括长江下游部分地区都仰赖长江中游的鱼苗进行水产养殖生产。明代蕲州征纳的鱼课种类中，就有鱼苗课钞一项。据乾隆《荆州府志·风俗》记载：“鱼当生子时，必上浮归州新滩，子形细如针眼，下流至江陵肖其洼马头，谓之鱼苗，

---

① 《明武宗实录》卷152，正德十二年八月丙午。

② （明）秦金：《传奉事奏》，见嘉靖《湖广图经志书》第1卷。

取之，用木作箱，布罗于底。土人有‘新滩产子，马头饲箱’之谚。凡豫、滇、黔诸省池塘蓄鱼者，必贯鲲鲕[1]于此。”长江下游养鱼，亦多购买中游的鱼苗，九江鱼苗最为著名。湖广鱼苗运销吴越，亦见诸明代文献。王士性《广志绎》载：

> 其鬻种于吴越者为鲢鱼，最易长，然不种子。或云楚人来鬻者，先以油饼饵之，令不诞也。细者如针，千余头共一瓯盛之，在彼无不活者，吴越人接手中，即以渐死，若随接随入池中，又无不活者。入池当夹草鱼养之，草鱼食草，鲢则食草鱼之矢，鲢食矢而近其尾，则草鱼畏痒而游，草游，鲢又随觅之。凡鱼游则尾动，定则否，故鲢草两相逐而易肥。

上述记载不仅记述了湖广鱼苗运销长江下游的情况，而且还涉及养鱼的有关规律。

二、河泊所制度与鱼课征收

河泊所是为征收鱼课的专设机构，其制并不始于明，元代已有河泊所设置。[2]元末陈友谅在湖广地区亦曾有鱼课之征及湖官之设，且有相当的规模。刘辰《国初事迹》载：

---

① 鲲者，鱼子之总称；鲕，未成鱼之谓也，又称鱼花、水花。

② 《元史》卷89“百官五”第2261页载：“安庆等处河泊所，提领、大使、副使各一员。”“建康等处三湖河泊所，提领、大使、副使、相副官各一员。”“池州等处河泊所，提领、大使、副使各一员。”参见《新元史》卷60，志第27。

> （明）太祖谓李善长曰："陈友谅用普颜不花提调湖池鱼课，今既得湖广，仍用普颜不花为应天府知府，兼提调鱼课，其原有湖官三百余人，仍旧与职名办课。"后因亏欠课程，太祖疑普颜不花与湖官通同作弊，克落入已，俱罚筑城以赎罪。[①]

当年陈友谅的统治范围有限，设置收办鱼课的湖官竟然多达300人，可知陈氏对鱼课的高度重视。同书又载："太祖谓李善长曰：'江西、湖广湖池设官办课，岁得谷一百余万担，中间岂无情弊？尔每岁差官覆体，有欺隐者罪之。'"不仅办课官多，收课额亦很可观。身为渔家子的陈友谅，对水产、渔业当有相应的认识，看中鱼课为财政收入对象肯定不是偶然的。方志中又见有"伪汉陈友谅以北河渔利充侍妾脂粉费"[②]的记载，知陈氏在湖广征收鱼课之事不虚，其利用鱼课亦普遍。

朱元璋占领湖广以后，江汉地区成为其重要财赋来源地之一。在李善长的具体措置下，很快建立起河泊所制度，鱼课成为一个非常重要的赋税项目。《明卿绩纪》卷三载："太祖为吴王，善长为左相国。请赐祠彭蠡死事者，定楚地鱼税。该隐匿，岁得数百万顷。"朱元璋为吴王，时在元顺帝至正二十四年（1364）正月。当年二月克武昌，立湖广行中书省。李善长定楚地鱼税，应在是年。也许正因为鱼课在明王朝建立过程中的重要作用，才使得鱼课在有明一代备受重视。此前论及明代河泊所及鱼课征收制度时，往往忽视了元代已有制度与元明之际的陈友谅、朱元璋这两个相互传承的环节的作用

① （明）邓士龙辑：《国朝典故》卷4。

② 同治《监利县志》卷2。同书卷11《艺文志》有潘学植《胭脂湖曲》："湖在县北七十里，相传伪汉陈友谅以此湖渔税供后宫脂粉，载县志"，"胭脂湖水深半篙，十里五里聚鱼舠。湖名肇赐五百载，回首伪汉冰山消。伪汉亦是渔家子，元季抢攘投竿起"。

或影响。

有关方志所载当地河泊所设置的时间与李善长定鱼税的记载亦是一致的。今见明代河泊所的设置，最早的时间为元顺帝至正二十四年，岁在甲辰，而设置河泊所最早的地区就在湖北境内。据正统《嘉鱼县志》卷上记载，本县有太平小白龟湖河泊所、黄冈湖河泊所、头陀港湖河泊所、嘉鱼致思湖河泊所等四处，皆建于甲辰年（1364）。又据嘉靖《大冶县志》卷三记载：

> 张家湟河泊所，在县治东三十里，甲辰开设，所官管所旺草创署事。十四年总旗龚昌建正厅、私居房各三间，库房门楼各一门（间），今仍旧。
>
> 华家湖河泊所，在县治东北四十里，甲辰年开设，所官毛添福草创署事。十四年总旗周成起建正厅三间，私居三间，门楼、库房各一间，今仍旧。
>
> 河泾凌家湾河泊所，在县治西北九十里，甲辰开设，所官刘得兴建正厅、私居各三间，门楼、库房各一间，今仍旧。

上述记载为我们了解河泊所制度在明代的建立和湖广在河泊所制度建立过程中的率先意义提供了宝贵的资料。其他如武昌长港江套河泊所、西湟湖河泊所、炭门湖河泊所亦开设于甲辰年（1364），而武昌之碛矶湖河泊所开设于丙午年（1366），钟祥之城北湖河泊所则开设于乙巳年（1365），皆在明王朝建立之前。

明代对鱼课征收非常重视，在有关地方官授职到任须知的规定中，专门列有“鱼湖几处，岁课若干，备开各湖多少”一项，具体内容是：“所属境内若有鱼湖，须报总计几处，岁办鱼课若干，内某湖坐落某处，岁办若干，逐一开报，以凭稽考。”[①] 河泊所几处，河泊官几员，当然也同时是必须掌握的情况。这在元以前是不多见的。

河泊所设官征收鱼课，称河泊所大使，或称河泊所官；官下有吏，称攒典。设官多少，与征课数额紧密相关。明初规定：河泊所依每年鱼课额多少设置官员：300 石至 1000 石者，设官 1 员；1000 石至 5000 石者，设官 2 员；5000 石至 10000 石者，设官 3 员。[②] 但是，在湖北尚未见到设官 2 员、3 员的河泊所。

湖广不仅是明代全国设立河泊所最早的地区，更是设置河泊所最多的布政司。自元顺帝至正二十四年（1364）纳入朱元璋的势力范围始，湖广境内设置了一批又一批的河泊所，今见文献中有记载的湖北境内的河泊所多达 117 所（见表 1），最多的沔阳一州就设置达 30 所以上。无论从绝对数或者河泊所所及州县的面（湖北至少有 27 州县设有河泊所）来看，湖北都堪称全国之最。

表 1　明代湖北境内的河泊所

河泊所名	所属州县	开设时间	裁革时间	备注
南湖河泊所	江夏		正统九年(1444)	
赛湖河泊所	江夏		正统九年	
长江罾网局河泊所	江夏			在县西北 3 里
郭郑湖河泊所	江夏			在县东 10 里
严家□港河泊所	江夏			在县东 40 里
梁子湖河泊所	江夏			在县东 60 里
汤孙湖河泊所	江夏			在县南 15 里
余家湖河泊所	江夏			在县东北 5 里
斧头湖河泊所	江夏			在县西 120 里
金口垱河泊所	江夏			在县西 60 里

① 万历《大明会典》卷 9《吏部八 · 关给须知》。

② 《明史》卷 75《职官四》。

（续表）

河泊所名	所属州县	开设时间	裁革时间	备注
鲁湖河泊所	江夏			在县西80里
长港江套河泊所	武昌	甲辰年(1364)		洪武三年(1370)建立衙门
磺矶湖河泊所	武昌	丙午年(1366)		洪武三年建立衙门
西湓湖河泊所	武昌	甲辰年(1364)		洪武三年建立衙门
炭门湖河泊所	武昌	甲辰年		洪武三年建立衙门
马饮浆湖河泊所	武昌	洪武元年(1368)		洪武三年建立衙门
乌翎湖河泊所	武昌	吴元年(1367)	嘉靖三十三年(1554)	洪武三年建立衙门
太平小白龟河泊所	嘉鱼	甲辰年	嘉靖十五年	设立时间据正统《嘉鱼县志》卷上
黄冈湖河泊所	嘉鱼	甲辰年		嘉靖《湖广图经志书》云："俱洪武元年创置。"
头陀港河泊所	嘉鱼	甲辰年		
致思湖河泊所	嘉鱼	甲辰年		
五重湖河泊所	嘉鱼		正统八年	
长河河泊所	蒲圻		万历九年(1581)	嘉靖《湖广图经志书》云："洪武七年创建。"
咸宁湖河泊所	咸宁	洪武十四年	嘉靖十五年	
海口湖河泊所	兴国		隆庆元年(1567)	
富池湖河泊所	兴国		万历九年	
沣源湖河泊所	兴国			
张家湓河泊所	大冶	甲辰年		
华家湖河泊所	大冶	甲辰年		
河泾凌家湾河泊所	大冶	甲辰年	久革	
长江局河泊所	汉阳			在县治南
三沦湖河泊所	汉阳			在县治北25里许
平塘湖河泊所	汉阳			在县治西25里许
桑台湖河泊所	汉阳		建文二年	据姜氏秘史卷三
马影湖河泊所	汉阳		建文二年	据姜氏秘史卷三在县治西南60里

（续表）

河泊所名	所属州县	开设时间	裁革时间	备注
蒲潭湖河泊所	汉阳			在县治西南60里
新潭湖河泊所	汉阳			在县治南130里
安汉湖河泊所	汉川			在县治北20里许
上零残湖河泊所	汉川		隆庆二年	在县治南25里许
沉下湖河泊所	汉川			在县治西南100里许
后湖河泊所	黄州府			在府东南5里
王九塘合土卯湖河泊所	黄冈	洪武初	嘉靖四十三年	嘉靖四十三年三月裁革王九塘等五所并入巴河口溭湖等三所
巴河口派湖河泊所	黄冈	洪武初		
团风口河泊所	黄冈	洪武初	正德十年(1515)	因湖面淤塞而裁革
鲍湖河泊所	黄冈	洪武初	嘉靖四十三年	
樟松湖河泊所	黄冈	洪武初		
黄汉湖河泊所	黄冈	洪武初	嘉靖四十三年	
零残湖河泊所	黄冈	洪武初		
旧州长河河泊所	黄冈	洪武初	嘉靖四十三年	
窑埠安仁湖河泊所	黄冈	洪武初	嘉靖四十三年	
阳历湖河泊所	蕲水	洪武中	万历九年	
蒲圻湖河泊所	蕲水	洪武初		
赤东湖河泊所	蕲州	洪武元年		正统十年拨归荆王府
源感湖河泊所	黄梅	洪武初	隆庆六年	
桂家赛河泊所	黄梅	洪武初	正德十年	因湖面淤塞而裁革
杨家穴河泊所	黄梅	洪武初	正德十年	因湖面淤塞而裁革
南北柴池湖河泊所	黄梅	洪武初	正德十年	因湖面淤塞而裁革
黄泥湖河泊所	黄梅	洪武初		
太白湖河泊所	黄梅	洪武初		
白水塘河泊所	黄梅		正德十年	因湖面淤塞而裁革
武山湖河泊所	广济		万历九年	
马口湖河泊所	广济		隆庆二年	
府河湖河泊所	安陆		嘉靖十五年	
三台湖河泊所	应城		隆庆二年	

（续表）

河泊所名	所属州县	开设时间	裁革时间	备注
注泉湖河泊所	孝感		嘉靖三十三年	
东山沦河泊所	孝感		万历七年	
拓林白沙湖河泊所	江陵			
吴河二洲河泊所	江陵			
倚南湖河泊所	江陵		隆庆二年	
崔家套河泊所	江陵			
倚北湖河泊所	江陵			
洋港湖河泊所	公安		万历九年	
小岳套河泊所	石首	洪武初		
田坪址湖河泊所	石首	洪武初	隆庆六年	
上津湖河泊所	石首	洪武初	隆庆六年	
李金湾河泊所	石首	洪武初		
冷水湖河泊所	石首	洪武初	弘治十年	并岁课入李金湾河泊所
太马长河泊所	监利	洪武初	嘉靖以前	
家绿湖河泊所	监利	洪武初		
分盐湖河泊所	监利	洪武初		
夷陵州河泊所	夷陵	久革		
柳林等套河泊所	宜城		正统九年	因潭套湮塞冲决，征课困难
谷城县河泊所	谷城		正统九年	
城北河泊所	钟祥	乙巳年(1365)	已革	即正德以前之安陆府
赤马野猪湖河泊所	钟祥	洪武五年	嘉靖三十三年	
芦洑湖河泊所	钟祥	洪武初	嘉靖三十七年	
黄蓬湖河泊所	沔阳		正德十年	因课少民贫，并入许家池河泊所
下伍湖河泊所	沔阳			州东南 280 里
阳名湖河泊所	沔阳	嘉靖三十三年		州东 170 里
司马小阳河河泊所	沔阳			州东南 90 里
上帐湖河泊所				州西北 180 里
下帐湖河泊所	沔阳		隆庆六年	州东北 180 里
阳孟池河泊所	沔阳			州东北 120 里
马骨泛河泊所	沔阳			州北 80 里

（续表）

河泊所名	所属州县	开设时间	裁革时间	备注
中下襄河河泊所	沔阳			州东北60里
(水壹)马潭河泊所	沔阳			州西北30里
葫芦三湾河泊所	沔阳			州西130里
白云三汊河泊所	沔阳			州西北200里
风波蒿台湖河泊所	沔阳			州西北200里
青山湖河泊所	沔阳		正统十二年	鱼课并入风波蒿台湖河泊所
刭河新掘口河泊所	沔阳			州西北120里
刭口百石湖河泊所	沔阳		正统十二年	鱼课并入刭河新掘口河泊所
段下小港河泊所	沔阳		嘉靖三十三年	
长下河河泊所	沔阳		正统十二年	鱼课并入段下小港河泊所
直步湖河泊所	沔阳			
官港湖河泊所	沔阳		正统十二年	鱼课并入直步湖河泊所
螺子渎河泊所	沔阳		正统十二年	鱼课并入直步湖河泊所
赛港湖河泊所	沔阳		正德十年	鱼课并入直步湖河泊所
西湖河泊所	沔阳		隆庆六年	
西港湖河泊所	沔阳		正统十二年	鱼课并入西湖河泊所
李二河河泊所	沔阳		嘉靖三十三年	州东南120里
张家池河泊所	沔阳		正统十二年	
乌流湖河泊所	沔阳		正统十二年	鱼课并入张家池河泊所
白螺湖河泊所	沔阳			
千金湖河泊所	沔阳			鱼课并入白螺湖河泊所
许家池河泊所	沔阳			州南200里

资料来源：《明实录》，《明会典》卷36，嘉靖《湖广图经志书》及有关州县地方志。

由于无法确知明代全国到底设立过多少河泊所，因此，也不能得到湖北境内河泊所在全国所占的准确比例，只能根据万历《大明会典》河泊所的有关统计，列表以供参考。该书第36卷“鱼课”

载：万历年间（1573—1620）全国现设河泊所102所，已革河泊所215所，总计全国共设过河泊所317所，而今湖北境内的河泊所无论在哪一项中都占有较高的比例，特别是在现设的河泊所中，湖北竟占到全国近60%的比例（详见表2）。

表2 《明会典》所载河泊所

现设			已革			总计		
分布	数量	比例(%)	分布	数量	比例(%)	分布	数量	比例(%)
全国	102	100	全国	215	100	全国	317	100
湖广	67	66	湖广	59	27	湖广	126	39.7
湖北	60	59	湖北	41	19	湖北	101	31.8

说明：现设有河泊所的地区涉及南北直隶和浙江、江西、湖广、福建、广东、云南诸布政使司；已革的河泊所涉及顺天府、南北直隶和浙江、江西、湖广、福建、广东、广西、四川、云南诸布政使司。

三、鱼课与渔业变迁

明代鱼课的实质是对渔业生产征税。各河泊所都管辖一定数量(面积)的河、湖水域，对在水上从事渔业生产的渔户征收鱼课。如汉阳县桑台湖河泊所所辖水域有重盛湖、赤莲港、东西湖、郎官湖、太白湖等23处，蒲潭湖河泊所辖水域88处，新滩湖河泊所辖水域29处，马影湖河泊所辖水域66处，平塘湖河泊所辖水域38处，长江局河泊所辖水域3处，下零残湖河泊所辖水域65处，三沦湖河泊所辖水域32处。[①]因此，产鱼水域和捕鱼业户是征收鱼课不可缺少的两个因素，也是河泊所管理的主要对象，鱼课在有的州县亦称为湖课。

鱼课所征，始初似多为米粮，并非水产本色。前揭《国初事

① 参见嘉靖《汉阳府志》卷2《方域志》。

迹》载，朱元璋曾对李善长说："江西、湖广湖池设官办课，岁得谷一百余万石，中间岂无情弊？尔每岁差官复体，有欺隐者罪之。"洪武十五年（1382）定河泊所官制之时，确定河泊所规模大小的标准也是岁课米石的多少而不计其他，可知米粮为早年鱼课的主要征收物，并非后来改折的结果。相反，洪武十八年规定："各处鱼课，皆折收金银钱钞。"[①]此后，鱼课征米极少。宣德七年（1432）又明确规定湖广、广西、浙江等地"鱼课办纳银者，每银一两折钞一百贯"[②]，于是，钞成为鱼课征收的主要内容，同时有部分地区征收银、铜钱或米麦。

除户部系统征收的钱钞银粮之外，还有工部系统征收的内容。《明会典》卷200《河泊麻铁等课》载：

> 河泊所旧制，设官管征麻、铁、鱼油、翎、鳔等料，以为造船之用。原解本色，如遇丁字库收贮数多，间改折色。嘉靖四十二年（1563），以广东、广西、福建、四川地远，全征折色，其余司库，仍征本色。万历三年（1575），丁字库黄麻、熟铁、络麻、翎毛收贮数多，将浙江、江西、湖广并南直隶十四府州题改折色，其余各料仍解本色。

工部所征，除麻、铁、鱼油、翎毛、鱼鳔外，还有铜、生漆、桐油、鱼线胶、牛角、牛筋等物。麻有黄麻、白麻、黄络麻、苎麻，铜铁有生铜、熟铜、生铁、熟铁。论者或以为上述诸物之征，非鱼课内容，其实不然，所征既属河泊所项下，当属鱼课无疑，只不过

---

① 万历《大明会典》卷36《课程五》。有论者以为鱼课本征鱼、鱼油、鱼鳔等，后来改征折色米谷，似不确。

② 万历《大明会典》卷36《课程五》。

征课为工部系统所用，归工部征管而已。所见诸多地方志所载，此类课征皆列入鱼课项下。

对于鱼课征收的内容及其变化，明代有关地方志中都有反映（参见表3、表4、表5）。从中可以看到，各州县鱼课征收的具体内容不尽相同，如沔阳州所征不仅种类多，而且数额巨大，鱼课钞竟至20余万贯之多。联想到其境内河泊所多达31处，又要完成如此巨额的

表3　正德年间部分州县征收鱼课

项目	安陆	应城	孝感	合计
河泊钞	3533贯	3588贯	4783贯	11904贯
鱼油	114斤	884斤	1492斤	2490斤
鱼鳔	93斤	18斤	70斤	181斤
黄麻	1758斤	—	14300斤	16058斤
翎毛	20045根	45800根	18850根	84695根

说明：本表数据系据嘉靖《湖广图经志书》卷5，省去了不足斤、贯的零数。

表4　嘉靖《沔阳志》载本州鱼课

项目	数额	项目	数额
鱼课钞	202120贯	黄麻	75417斤
莲子课钞	924贯	白麻	27582斤
菱角课钞	40贯	鹅翎	359082根
鱼油	20750斤	雁翎	106935根
鱼鳔	2369斤	鸭翎	221265根

说明：表据该州志卷9资料编制，省去了不足贯、斤的零数。

表5　汉阳府征收鱼课（一）

课征项目	数额
鱼课钞	92844贯390文
鱼油	51912斤9两
鱼鳔	667斤8两
鹅翎	226971根
鸭翎	119623根

资料来源：嘉靖《汉阳府志》卷5引"旧志"。

表5 汉阳府征收鱼课（二）

课征项目	汉阳县		汉川县	
	数额	折银	数额	折银
起运北京干鱼	4444 斤	166 两	1871 斤	70 两
起运南京干鱼	1256 斤	25 两	529 斤	10 两
鱼油鱼鳔等改折	—	1041 两	—	427 两
合计	—	1232 两	—	507 两

说明：表据嘉靖《汉阳府志》卷5编制，省去了不足斤、两的零数。

鱼课任务，亦可在一定程度上想见其水产捕捞业的规模以及渔户劳作之辛苦。汉阳亦是鱼课数额较大的地方，从《汉阳府志》的记载中可以看出前后的显著变化。

明朝初年，朱元璋曾对鱼课征收颁布了一系列禁令，如严禁对“小沟小港、山涧及灌溉塘池，民间自养鱼鲜池泽，皆已照地起科，并不系办课去处”派征鱼课，严禁河泊所对“所在湖池，民舟经涉”而妄取水面钱①；特别是明确规定“各处鱼课，有湖池堙塞坍塌，无从采捕，累民包纳者，所在官司申按察司及巡按御史，踏勘分豁”②。这些禁令对于维护鱼课征收合理、均平地进行，保证鱼课收入起着重要作用。所谓“法禁甚严，小民畏威”，“众轻易举”③正是明前期的状况。

如前所述，湖广尤其湖北地区是明代河泊所设立最多的地区；而且，就今所能见到的资料也表明，湖广是征收鱼课最多的地区（参见表6、表7）。统计数据表明：无论是户部项下还是工部项下，湖广布政使司所征都远远高出其他布政使司。在户部项下，就征钞而言，湖广布政使司所征1265424贯，是其余征钞各布政使司、直隶、

① 万历《大明会典》卷36《课程五·鱼课》。
② 同上。
③（明）王光裕：《七所鱼课说》，万历《汉阳府志》卷5《食货》。

应天府等所征总和544094贯的2倍以上。如果加上折征银两的（按宣德七年规定，每银一两折钞100贯）各布政使司，全国总计征收鱼课钞(户部系统）约为293万贯，其中湖广一地约占40%以上。在工部项下，若就所折征银两部分计，湖广一地所征占总数的46%以上。即使加上其他未折部分（主要是浙江、南直隶各府），湖广所占的比例仍然可观。

一般而言，河泊所的多少与鱼课征收额成正比，但这并不意味着只有河泊所才能征收鱼课，更不能说没有河泊所就没有鱼课。从表1已可看到，明代河泊所的变动很大，尤其到中后期，许多河泊所被裁革了。然而，鱼课额的变动并不大，河泊所被裁革或者被归并，并不表明该河泊所的鱼课也相应地被裁减。尽管洪武年间有湖池堙塞坍塌而无法进行捕捞时分豁鱼课的规定，但所见文献中豁除

表6 万历六年（1578）户部征收鱼课

地区	征钞额（贯）	征银额（两）	备注
直隶	38271	—	
应天府	99049	—	
南直	190202	674	常州府另有铜钱69964文
浙江	182969	—	
江西	—	1485	
湖广	1265424	—	
福建	—	7100	
山东	344	—	
河南	7268	—	
陕西	23912	—	
广西	2079	—	
四川	—	337	
云南	—	1253	另征米麦350.5石
合计	1809518	10849	

说明：表据《明会典》卷36编制，省去了不足贯、两的零数。

表7 万历年间工部征收鱼课

地区	课征内容	折征银两	备注
湖广	麻铁等料	13631	逢闰加834两
江西	黄麻铁等	1972	逢闰不加
福建	麻铁鱼线胶	95	逢闰加7两
四川	麻铁鱼线胶	576	逢闰加34两
广东	麻铁鱼线胶	929	逢闰加79两
广西	麻铁鱼线胶	436	逢闰不加
浙江	麻铁鱼线胶	1560	逢闰加119两。另有白麻493斤、苎麻452斤、生铁1303斤、熟铜526斤、生铜936斤、鱼线胶1702斤、银朱144斤、生漆226斤、桐油595斤
应天	黄麻熟铁鱼胶	580	有白麻8319斤、鱼线胶438斤
南直	黄麻熟铁鱼胶	9730	逢闰有加不等。另有白麻108817斤、生铁2864斤、鱼线胶6088斤、生铜1399斤、桐油1469斤
合计		29509	

说明：表据《明会典》卷200编制，省去了不足两、斤的零数。

鱼课的实例却极少。湖北地区的明确记载仅有一例，即正统九年(1444)正月裁革宜城县柳林等套河泊所并罢其征。《明英宗实录》载：

> 湖广宜城县知县廖仕奏：本县柳林等套河泊所所领潭套，或湮塞，或冲决，而课征仍旧，民实贫困，请罢其征，革其官吏，从之。

绝大多数裁革河泊所的场合，都不豁除鱼课。《明会典》卷36“鱼课”明确记载：“各河泊（所）衙门累朝建革不一，其已革衙门，鱼课仍于各该府州县带管，或归并附近河泊所，岁办不缺。”也就是说，鱼课额的变动幅度极小，同时表明州县征收渔税的情况是存在的。随着河泊所被裁革数增多，州县代管鱼课的现象也会增加。

正统七年，关于湖广地区河泊所的裁革标准诸事宜，明政府曾作出专门的决定：

> 令湖广所属府县河泊所，岁办课钞不及三千贯，（鱼）油、鳔、黄白麻不及三千斤，翎毛不及十万根者，俱裁革，该办课程，归并附近河泊所管办，无河泊所处，令州府县带办。[①]

因此，在湖北一些没有河泊所的州县，也看到有鱼课征收。

另一种情况是本县未设河泊所，但有产鱼水域，也有鱼课，只不过鱼课要由邻县河泊所代征。潜江县即是如此。该县西南有课水域附属江陵倚北湖河泊所，东南附属监利分盐湖河泊所，东面附属沔阳刭河新掘口河泊所，东北则附属景陵（今天门）葫芦三湾河泊所，每年由上述各所代征，不再专门设官[②]。在这种情况下，鱼课在当地文献中就未必能得到准确的反映。

明后期，由于豪强贵族强占河泊水域，负担不均，加上河湖水土关系的自然变迁，导致鱼课征收弊端丛生。前揭王光裕《七所鱼课说》指出：

> 不期时异事殊，法久弊生。除各子湖（𬙊）埠约帖顶补，业有定主、课有定额者不敢混淆外，其余水面，虽载在赤历，而人无定主，其邻近土豪，奸刁可摄小民，机变可乱成法，小民一堕计中，惟言是听，由是数十里河水悉归兼并之家，又贿

---

① 万历《大明会典》卷36《课程五 · 鱼课》。

② 康熙《潜江县志》卷9《赋役志》。

嘱吏书，将原载数百石课米捏作无征，不纳官府。逐年业总不过一二人，弱者不敢言，愚者不能察，以致鱼利并于奸豪，而虚赔累及业总……①

土豪之外，分布在湖北境内的王府是占夺河泊水域的一股主要力量。嘉靖十七年（1538），巡抚湖广的顾璘曾奏报此事，其疏云：“湖广芦洲之利延袤千里，及额外子湖、没官湖多被王府占种，或权豪侵夺。”②正统四年（1439），封于荆州府的辽王贵烚被废为庶人，其罪恶之一：便是“侵占办课湖港，强网学舍池鱼”③。同时，对于通过奏讨获得的河泊水面，也是任意加重负担，以致佃民渔户弃业逃亡，鱼课不均④。

早在天顺元年（1457），明政府就命令各地河泊所查勘逃亡业户，以新置船只罾网者顶补，说明渔户的逃亡问题已开始显露出来⑤。据《明英宗实录》卷102记载，仅正统八年二月一次蠲免荆州府所属河泊所逃亡业户的岁课，就有米16400多石，钞43082贯有零，鱼油、麻28996斤，鱼鳔191斤，翎毛185165根。由此可见河泊所业户逃亡数额之大。

另一方面，在洪水、泥沙等冲积作用下，江汉湖区的水文演变也很剧烈。到明后期，经历了正德年间（1506—1521）、嘉靖年间（1522—1566）几次大洪水之后，冲崩坍塌、淤浅堙塞互为交替，

---

① 万历《汉阳府志》卷5《食货》。

② 《明世宗实录》卷210，嘉靖十七年三月戊子。

③ 《明英宗实录》卷53，正统四年三月庚申。

④ （明）李维祯《郭中永惠政记》云：“（汉川）邑故有沉（下）安（汉）二（河泊）所，征鱼课五百金有奇，自归景（王）邸而加赋十倍之……”见同治《汉川县志》卷20《艺文志》。

⑤ 万历《大明会典》卷36《课程五·鱼课》。

"其渔田旧为湖，后多淤为田，高者反洼而注水"[①]，以致田粮与鱼课冒乱，莫可究诘，赋逋民惫。豪强乘机兼并冒滥，"以秋粮捏作渔粮者有之"，"以渔粮罩占民田者有之，甚至田在腹内，冒名渔田，而秋渔二粮两无输纳者有之"[②]，"川泽淤而成壤，鱼不得畜，而赋载赤历，额输户工二部者，责之壤地，犹逋以年，积拷禁瘐死，不可胜纪"[③]。

来自社会和自然两方面的影响，使得鱼课的征收困难重重，地方文献记载的诸多集中体现在鱼课征收中的弊端，也在不同程度上反映着明后期水产天然捕捞业的变迁。

（原载《江汉论坛》1998年第5期）

---

① 康熙《潜江县志》卷9《赋役志》。

② （明）朱熙洽：《请清渔粮详文》，见康熙《潜江县志》卷3《舆地志》。

③ （明）尹大本：《昌侯去思碑记》，见同治《汉川县志》卷20《艺文志》。

清代湘鄂西山区的经济开发及影响

有清一代，曾是中国经济开发在空间上大扩张的时期。由于受时代、空间、社会条件诸因素的影响或制约，清代新开发地区的资源开发过程表现出诸多明显的特点，大开发所形成的经济、社会格局对此后的经济、社会进程也产生了深远的影响，甚至至今仍隐约可见。考察这个时期被开发的各地区及其相关因素，可以为本地区及类似地区、待开发地区的经济、社会发展规划提供必要的历史参考。

一、清代大开发前的湘鄂西山区自然、社会概况

本文所论湘鄂西山区的地理范围，大体包括现在的湖北省建始、利川、恩施、五峰、宣恩、咸丰，鹤峰、来凤和湖南之龙山、桑植、永顺、大庸、保靖、花垣、古丈等县。截至明末清初，这里大部分为诸土司属地，除极少数的点外，尚处极低的开发程度。所谓“土广人稀，荒山未辟”[①]；“茅花界外不知甲子，砍畲挖地不分

① 同治《利川县志》卷4《物产》。

界址”[①]。明清之际的长时间战乱冲击，使原有的薄弱开发基础也遭到摧残，到处呈现出一派荒僻、落后的状况。如原渔洋、山羊隘等地：“人烟稀散”，“荒郊旷野”，“虎豹潜迹，禽鸟结巢，渔洋一不毛之区耳”。[②]原来开发水平较高的如建始县，自明季屡被兵祸蹂躏，致使部分地区“绝人烟者十余年”[③]。恩施、慈利等州县及相邻的巴东，四川丰都、石砫等厅县，皆约略相同。[④]

由于本地区处群山之中，在自然资源、条件方面具有以下特点。第一，幅员广阔，山多田少，素称“九山一田”。第二，交通不便，既不利通舟楫水运，亦不便行车马陆转，绝大多数的运输是通过人负畜驮来完成的。[⑤]第三，以森林为基础的土特产资源丰富。各种名贵木材、药材、桐油、茶叶、漆、山果、飞禽走兽等等，可以说是遍地皆有，种类繁多。

大致说来，本地区不宜以粮食生产为主的农业经营，尤其不宜稻谷生产。《永顺府志》云：“郡地多山少田，土寒水冷，树艺无法，稻谷不蕃。”[⑥]《巴东县志》称：

> 农人依山为田，刀耕火种，备历艰辛。地不能任旱涝，虽丰岁不能自给，小祲则粉蕨根为食。[⑦]

---

① 乾隆《甄氏族谱序》，见中共鹤峰县委统战部、县史志编纂办公室，中共五峰县委统战部、县民族工作办公室：《容美土司史料汇编》，1984年编印，第491页。

② 乾隆《甄氏族谱序》，第491页。

③ 同治《建始县志》卷3《风俗》，卷4《户口》。

④ 各有关厅州县志记载例：慈利“百里无烟”。利川县“土广人稀”。长乐“人民逃散”。石砫“土著澌灭无遗”。恩施“土著无多”。

⑤ 同治《恩施县志》卷7《风俗》云：“恩施在万山之中，舟车之所不至。”“山路崎岖，贩运惟驮载负为便。”同治《咸丰县志》卷7《风俗》载：“水陆不通，生计太薄，惟服牛负贩，自食其力。”

⑥ 乾隆《永顺府志》卷10《风俗》。

⑦ 光绪《巴东县志》卷10《风土》。

《长乐县志》则云："山石硗确，膏腴地稀，农人终岁辛苦，所获无几。且邑地势高寒喜晴，一遇暑雨积淫，稻叶生虫，苞谷软根，秋成歉薄。"[①]川鄂交边的石砫厅反映相同，"幅员虽廓而山多田少，产米无多……况雨阳寒燠不同内地，十岁九歉耶"[②]。然而，事实却恰恰相反，从各有关地方史志所载看，本地区基本一致的生产经营习俗是专务本农而不事他业的。部分州县连妇女亦是以种田为主，"俱力农如男子"，而百工技艺之经营者，则专属外来者。[③]商贾亦"多属广东、江西及汉阳外来之人"[④]。而且，农业又基本上是以生产粮食为唯一目的而很少种植其他作物。这一点，从各州县的一些习惯上亦可看到。如施南府属定量土地，不直接论顷亩面积，"但就谷种数之。家产以此分厚薄，契券以此定价值"[⑤]。以粮为主的观念可谓普及且根深蒂固。这就为本区的经济成长隐伏下了危机的因素。

二、大开发的促动力及经济成长特征

清统治建立以后，随着其他已开发地区的恢复进程的逐渐完

---

① 光绪《长乐县志》卷12《习俗》。

② 道光《石砫厅志》卷2《田赋》。

③ 光绪《长乐县志》卷12《习俗》云："百工技艺，土人甚少。制器作室，多属流寓。近时土著之人，间有习艺业者。"参见光绪《永顺府志》卷10《风俗》；道光《涪州志》卷5《风俗》。

④ 参见光绪《长乐县志》卷12《习俗》；道光《鹤峰州志》卷6《风俗》等。

⑤ 参见同治《恩施县志》卷7《风俗》；同治《利川县志》卷3《风俗》；同治《施南府志》卷10《风俗》等。来凤县及宣恩县部分地区则以"运"计田地。同治《来凤县志》卷28《风俗》云："俗以七斗为一运。水旱田地，不以种计，不以石计，但曰每田一运值钱若干。家产之厚薄由此分，契券之低昂由此定……俗之粜谷，谷不以石计，钱不以千计，但以钱一卦粜谷几斗为准。一卦者，八百钱也。"

成，湘鄂西山区则开始进入大开发阶段，而推动这个开发浪潮的动力乃是本地区人口的急剧增长，改土归流则是与此相联系的一个重要事件。改土归流本身就与已开发区的人民大量移徙此地有关；改土归流的完成，又极大地推动了这个人口移徙运动。于是，邻近的各已开发区人民源源不断地涌进这个被视为“土旷人稀”的地方。乾隆十七年(1752)，湖广总督永常就此曾向朝廷报告道：

> 施南一府僻处万山……自雍正十三年（1735）改土归流以来，久成内地，以致附近川黔两楚民人，或贪其土旷粮轻，携资置产；或借以开山力作，搭厂垦荒，逐队成群，前后接踵。[①]

对此，各州县方志中亦多有反映。利川县，“自改土归流，远人麇至”[②]。恩施县，“四处流人闻风渐集。荆、楚、吴、越之商，相次招类偕来”[③]。建始县，“由是荆州、湖南、江西等处流民竞集”[④]。长乐县，“外来各处人民挈妻负子，佃地种田，植苞谷者，接踵而来”[⑤]。因此，各州县的人口构成就表现出一个明显的特点，即所谓

① 乾隆十七年十二月二日湖广总督永常奏折，台北“故宫博物院”：《宫中档乾隆朝奏折》第4辑，1982年。《清高宗实录》对此亦有记载：“湖广总督永常奏：湖北施南一府，自雍正十三年改土归流以来，久成内地。附近川黔两楚人民，垦荒者接踵而往。近田土拐带案牍，日见纷纭，必得另立章程，妥为安置。嗣后外省及各属人民入施者，请照入川给照之例，开造眷属清册，呈报本籍，给照前往，交与该地方官查验，收入保甲，一体编查。其现在落业民人，凡有夫妻子女者，无论流寓久暂，悉予编保。其单身游手之徒，限三月内查明，取具亲邻保结，方准编入。”（卷429，乾隆十七年十二月）此前，早在乾隆十年四月署理湖广总督鄂弥达就奏报过改土归流地区人口的显著增长。其奏称：“湖北容美土司地方，于雍正十三年改土归流，建置鹤峰一州、长乐一县，该县渔洋关，为土汉门户要隘。陆续招垦，生齿日繁。兼有枕近渔洋之仁和坪，烟户甚众。”（《清高宗实录》卷238）

② 同治《利川县志》卷3《风俗》。

③ 同治《恩施县志》卷7《风俗》。

④ 同治《建始县志》卷4《户口》。

⑤ 乾隆《甄氏族谱序》，第491页。

流移客户占有较大的比重（参见表1）。

如此众多的客民移徙于此，造成了本地区人口短时间内急剧增长，同时为此后的人口继续增长提供了较大的基数（参见表2）。

表1 部分地区移民比例

区别	总户数	客户数	客户比例(%)	备注
恩施典史汛	16856	3527	21	同治年间
来凤县	10758	8446	78.5	雍正十三年
桑植县	20741	12547	60.5	乾隆二十五年
龙山县	18417	7071	38.4	乾隆二十五年
永顺县	34187	9155	26.7	乾隆二十五年

资料来源：各有关县志。

表2 部分州县人口增长示例

府县	乾隆元年(1736)	乾隆二十五年	道光十二年(1832)	同治末年	备注
来凤	47445	—	76572	98396	口数
施南	27718	—	118795	180865	户数
桑植	—	51592	—	180000	口数
永顺	—	385165	—	839894	口数

资料来源：各有关府县志。

类似的趋势在紧邻的川东石砫厅亦可见到。乾隆二十二年，厅属人口96188口，至乾隆四十年，即猛增至198685口，净增一倍有余。①

随着人口的剧增，势必给本地区的生产资料和生活资料增添巨大的压力。如建始县，“户口较前奚啻十倍……户口渐增，谷价日

① 道光《石砫县志》卷2《田赋》。乾隆十二年八月，户部等部议覆湖广总督塞楞额疏称：“湖南永顺、龙山、保靖、桑植四县，苗地粮轻，汉民希图贱买苗地，佐杂防汛各员每多滥批给照，外郡民源源挈眷而来。”（《清高宗实录》卷296，乾隆十二年八月己未）

昂，危岩峻岭，价等膏腴”[①]。石砫厅亦出现了“人稠土贵”的感叹。超重的人口负荷，首先是引起对粮食的需求，谷价日昂可为其表现之一。对粮食的需求，又将引起耕地的迫切需要，地价上涨是其表现之一。以养活诸多增长的人口为目的的开发经营，最易产生急功近利的弊端，导致不合理地利用土地资源、盲目开荒种粮。而如前所述，本地区乃不宜以粮食农业为主的山多田少区，这就产生了一个严重矛盾。

当时，本地区的开发水平还不高，刀耕火种，乃是农业生产的主要手段。如诸多地方志记载：“方春视山可垦处，伐木烧畬，种植杂粮。悬崖峭壁皆满，而包谷尤多。”[②]

> 山农耕种杂粮，于二三月间薙草伐木，纵火焚之，冒雨锄土撒种，熟时摘穗而归，弃其总藁。[③]

作为农业生产命脉的农田水利建设水平亦相当低下。巴东除少数点之外，“地不能任旱涝，虽丰岁不能自给”[④]。永顺府属的塘堰水利灌溉非常少，乾隆年间，知府、知县都屡次告示当地人民，开塘筑堰，以资灌溉。[⑤]来凤县的灌溉则是“稍高则不能引之使上也”；“若遇有沟壑不能接笕处，则任其泄放，无术引远矣”。因此，“仰承雨露为生活者尚多耳”。[⑥]

以上述落后的开发手段和水利条件，在不宜农粮的山区进行以

---

① 同治《建始县志》卷3《风俗》。
② 同治《来凤县志》卷28《风俗》，卷15《食货》、《水利》。
③ 乾隆《永顺府志》卷10《风俗》。
④ 光绪《巴东县志》卷10《风土》。
⑤ 乾隆《永顺府志》卷10《风俗》。
⑥ 同治《来凤县志》卷28《风俗》，卷15《食货》、《水利》。

糊口为目的的开发经营，决定了其以下特征：

第一，急功近利的经营观念，单一的生产。以种植较高产的旱作物、杂粮为主，尤其以苞谷和红薯为最多、最普遍。建始县：

> 山多田少，居民倍增，稻谷不给，则于山上种苞谷、洋芋或蕨蓄之类。深林幽谷，开辟无遗，所种惟苞谷最夥。①

宣恩县，“地黄土赤，山多土瘠，境内播种谷属惟苞谷最多。地不择肥瘠，播不忌晴雨……”② 永顺府属，“土苗穷幽跻险，攘剔烧薙以蓺黍稷菽粟，民食所资，杂粮为多”③。来凤县，“乡人居高者恃包谷为接济正粮，居下者恃甘薯为接济正粮”④。单纯为糊口而垦殖，甚至达到了连为穿衣所资的苎麻都难以容存，“病其多占谷土，欲从禁制”的地步。⑤

第二，以经营空间的扩大为主要开发形式，而缺乏进行深度利用、多层次开发，亦即属于超薄型平面垦殖形式。所谓“悬崖峭壁皆满，而包谷尤多”，“从前所弃为区脱者，今皆尽地垦种之……绝壑穷颠，亦播种其上，可谓地无遗利，人无遗力矣”。⑥ 可知其垦殖广度，而前述之刀耕火种情况，则标示其利用的集约程度。

第三，以消耗甚至破坏自然资源为实现经济增长的主要途径。

---

① 同治《建始县志》卷3《风土》。

② 同治《宣恩县志》卷10《风土志·土宜》。

③ 乾隆《永顺府志》卷10《风俗》。

④ 同治《来凤县志》卷28《风俗》，卷15《食货》、《水利》。此类情况不止于来凤县，又如宣恩县：“宣民居低山者，除稻谷外，以甘薯为接济正粮；居高山者，除包谷外，以洋芋为接济正粮。遇岁荒则挖蕨度日，谓之‘开土仓’。”（同治《宣恩县志》卷10《风土志》）

⑤ 同治《利川县志》卷4《物产》。

⑥ 同治《恩施县志》卷7《风俗》；同治《利川县志》卷3《风俗》；同治《建始县志》卷3《风俗》等。

毁林开荒，竭山而伐，进行索取性开发。无论耕地面积的扩大还是粮食总产量的增加，主要是由相关资源的不合理利用或者被破坏换来的。

正因为如此，本地区的经济发展缺乏后劲，从而表现出特别明显的脆弱性、不稳定性和无持续性。在此应当指出，清政府的有关财经政策，对本地区的开发产生过重大影响。这首先表现在清政府广泛推行的奖励垦殖政策上，湘鄂西山区的垦殖即在此大前提下进行，而且，鼓励政策有着特殊的作用。保靖县有开垦百亩以上受赏的规定；更有改土归流后开放诸土司官山，任民垦种，一无禁例的政策。①

其次，清廷对本地区“优惠”的财经政策，大大地增强了这里对外来人口的吸引力。主要是对各改土归流州县实行特殊的财政征收，甚或不惜倒贴的扶植措施。如鹤峰、长乐各设州县后，仍按原来土司时旧制，而“不计田地多寡”课征赋税，以一州一县之地，赋仅不足百两，当正常征科的十之一二。供本地方的财政支出尚需另加补贴。②如此“优越”的开发环境，当然会吸引更多的垦殖者。前引湖广总督永常奏疏中所云“贪其土旷粮轻，携资置产”，当属此意。

---

① 民国《永顺县志》卷32。

② 第一历史档案馆抄档，乾隆二年十二月二十九日德沛奏折。关于改土归流地区的赋税征收，《清实录》有如下记载：乾隆三年正月乙亥“命湖北改土归流之县贡赋悉照原额。谕曰：湖北忠峒等土司改土归流，增设施南一府，统辖恩施、宣恩、咸丰、利川、来凤、建始、六县。除恩施系属旧县，建始自川省改归，并恩施分归咸、利二县之田地人丁，向有定额，无庸另议外，其余改土地方，新入版图者，该督抚现在查勘，分别升科。但该土司向来输纳秋粮不计田地多寡，每年统计止纳七十三两六钱四分，今若照内地科则征收，必至加于前数。朕心爱养土民，望其共受国恩，原不计贡赋之多寡。乾隆元年曾降谕旨，将容美司改设之鹤峰、长乐二州县成熟田地，即照原额秋粮银九十六两之数作为征收定额。今忠峒土司与容美事同一例，著将查明成熟田地，即照原额秋粮银七十三两六钱四分之数”（《清高宗实录》卷61）。

三、大开发影响评价

如何评价这个时期湘鄂西山区的资源开发？毫无疑问，我们首先应该看到的是前述开发活动在解决大量增加的人口的粮食问题方面的意义。无论是机械增长还是本地自然增殖的人口，都在这个垦殖过程中获得了生存，这是直接的作用。间接方面，通过人口移徙此地而相应地缓和了其他人口稠密地区的人口压力。但是，这些仅仅是问题的一个方面，而这个方面在过去常被当作主要的甚或唯一的方面。实际上，实践和科学的发展都证明，仅从这单方面看问题是远远不够的。因为，这只是反映了经济开发的现象，或者说生产的量的增长。一定的时期内，一个地区只要还有荒可垦、有林可烧，它的生产总值总会有所增长。然而，这里有一个付出的代价问题，即经济效益问题；还有一个长远利益问题，即自然资源的开发利用合理与否的问题。尽管某些活动在当时是卓有成效的，或者某些有消极后果的活动在当时是被迫的，我们的评价、考察都不能不注意它的另外一面。与前述诸特征相联系，湘鄂西山区清代的大开发，也留下了一系列的消极影响，试析如下。

首先，以森林为中心的自然资源的不合理开发利用、浪费甚至破坏严重。如前所述，以森林为基础的动植物资源丰富乃是本地区的一大优势，可是，经过大规模的薄型平面垦殖浪潮之后，各州县的森林资源都遭到了不同程度的破坏。以建始县为例，乾隆初年以前和其后形成了鲜明的对比。

> 城外尚多深林大箐，虎狼猛兽窟宅其中。附近如踼沙坡等处，树密如织，夏日行人不畏暑日。
>
> （其后）居民倍增，稻谷不给，则于山上种苞谷，洋芋或蕨

蒿之类，深林幽谷，开辟无遗。①

由林深箐密，一变而为“巨阜危崖，一望皆是”玉米的景象，从而导致了“峻岭丛林，剪伐殆尽，不特香楠、瘿木甚少，即成材之古杉古柏亦不易觏也”的恶果。②利川县与四川丰都交界处的桂子山区，原为“深林密箐，虎踞鹿口，霞蔚云蒸，蔽天障日”的原始森林，至乾隆年间，在人口压力的驱使下，两县居民争相伐垦，并引起了大规模长期争讼，几经履勘，立定界碑。③附近的石硅厅，“山多树，流寓刊之种包谷”，加上其他采用，以致大山坪等处铁厂“以近厂木尽而封闭”。④

乾隆末年编修的《甄氏族谱序》回忆、对比了乾隆朝数十年间，长乐一带发生的变化，指出：康熙时尚有“取之不尽，用之不竭”之感的山羊隘地方，“至乾隆年间，始种包谷”，加上开铁矿、烧石灰等各种活动，数斧齐下，“叠已青山为之一扫光矣。禽兽逃匿，鱼鳖罄焉，而外来各处人民挈妻负子，佃地种田植苞谷者接踵而来”⑤。经历嘉、道、咸、同、光各朝的持续垦殖，各州县的森林遭到了进一步的毁伐。湖南永顺府属普遍出现了“山渐童”的趋势。⑥

森林的大面积毁灭，致使“山童岭秃”，连锁反应又造成了与此相关的多种经营枯竭。利川素擅多材，然至清代后期，仅余茶、罂粟、漆等寥寥数项，其余“物之与土宜者”，如薏苡、樟、楠、松、

① 同治《建始县志》卷4《户口》、《物产》。
② 同治《建始县志》卷4《物产》。
③《桂子山界碑记》，同治《利川县志》卷9《艺文志》。
④ 道光《石硅厅志》卷2《田赋》。
⑤ 乾隆《甄氏族谱序》，第491页。
⑥ 乾隆《永顺府志》卷10《风俗》。

柏、竹、瘿木、黄杨等则“概置不讲”。[①]恩施县，“最高之山，惟种药材，近则遍植洋芋，穷民赖以为生”[②]。永顺府属基于丰富的林木而盛产的黑白木炭，后因山童而薪贵。名贵的楠木、黄杨亦“近皆不可多得”，“良材尽矣”，[③]慈利县的情况则是：“嘉道以往，县名饶材竹薪炭，自顷民多耕山，山日童”而物产渐竭。[④]

山林消失萎缩，野生动物诸类随之绝迹或减少。永顺府属昔多山牛、马、山羊、麝、猬等，后皆不见。[⑤]长乐“设县初山深林密，獐、虎、麂、兔、鹿之类甚多，各保皆有猎户。今则山林尽开，禽兽逃匿，间有捕雉、兔、狸、獾者，皆农人暇时为之，而饲鹰畜犬者罕矣”[⑥]。鹤峰亦是以山林渐少，猎户甚少。建始、石硅等地都有类似的记载。[⑦]

清代湘鄂西山区森林植被的大规模破坏以及过度山坡地的垦殖，在当时已经显现出了相应的水土流失现象或倾向。史称：

> 穷岩邃谷，尽行耕垦，砂石之区，土薄水浅，数十年后，山水冲塌，半类石田。[⑧]

就短期而言，这样的垦殖因焚烧草木而具有一定的肥力，暂时可收到一定的效益，但从长远的眼光看，这种垦殖不仅没有后劲，甚至要付出“倍蓰”的代价。正如《鹤峰州志》所云：“初垦时不粪自

① 同治《利川县志》卷4《户口》。
② 同治《恩施县志》卷7《风俗》。
③ 乾隆《永顺府志》卷10《风俗》。
④ 民国《慈利县志》卷6《实业》。
⑤ 乾隆《永顺府志》卷10《风俗》。
⑥ 光绪《长乐县志》卷12《风俗》。
⑦ 同治《建始县志》卷4《物产》。
⑧ 同治《利川县志》卷4《物产》。

肥，阅年既久，浮土为雨潦洗尽，佳壤尚可粪种，瘠处终岁辛苦，所获无几。”以致鹤峰一带竟连基本的温饱都难以保证，不得不反现出“民人多远徙”的现象。[①]尤其不堪设想的是，湘、鄂、川、黔一带山多石岭，植被被破坏后，土层容易被剥光，形成“石田”，既无土可流，亦无土生长草木，恢复极其困难。这应引起我们的高度重视。

毋庸讳言，以上所考察的清代湘鄂西山区的现象，在当今边远地区的经济开发过程中尚多有存在，尽管有些不尽相同的因素作用。例如，贵州省属山区毁林毁草、陂坡开荒、刀耕火种、广种薄收的垦殖方式绝非少见，前几年全省每年约有40万亩火烧迹地和70万亩伐林迹地，其规模远非清代所能及。湘鄂西地区的森林覆盖率在继续急剧下降，水土流失面积则在继续扩大，如此等等，不一而足。因此，如何合理开发利用现有山区的自然资源，做到既要发挥其潜在优势，尽快摆脱其贫困状态，又要避免盲目滥开发、乱利用，浪费或破坏自然资源，注意综合效益，谋求长远发展的后劲，仍是急需高度重视的问题。

（原载《中国社会经济史研究》1987年第4期）

① 道光《鹤峰州志》卷6《风俗》。

清代湘赣交边山区的棚民与经济社会

明清时期，南部中国各大山区出现了一种流寓民户，他们始初多居住在山内用茅柴搭盖的棚寮中，利用周围山区的丰富资源进行农业、手工业等生产活动，这些民户在当时被称作棚民。《清史稿·食货志》指出："棚民之称起于江西、浙江、福建三省。三省山内向有民人搭棚居住，艺麻种菁，开炉煽铁，造纸制菇为生。"后来，其分布地区逐渐扩展。棚民问题对当时当地的经济、社会都产生过重大影响，本文的考察，以清代江西、湖南交界的山区的棚民为对象。

一、棚民开发之前的湘赣边山区

清代以前的湘东赣西交边山区，包括义宁州（今修水县）、万载、浏阳、醴陵、萍乡、攸县、莲花、酃县、龙泉（今遂川）等州县，地处幕阜、武功、罗霄、万洋诸大山之中。境内除部分小块盆地、平地之外，大部分是高山峻岭，正所谓"翠叠群峰，回环千里，枕吴头，压楚尾"。区内自然条件多样，相互差别大，山高水险，交通不便。相应的，其经济社会发展也表现出如下特征：

首先是发展不平衡。以宋室南迁为契机，江南各地的开发面貌一新。在此浪潮之中，湘赣边山区亦不例外。随着人口的增长，区内各州县大部分较易垦殖的土地被开发利用，不少地方成为富庶之区。如萍乡县，在宋代已“以繁剧称。厥壤沃而辟，厥民夥而富”[①]。但是，由于条件的限制和需求的关系，大部分山区仍处于“空旷”状态。就整个湘赣边地区而言是如此，一个州县之内亦是如此。仍以萍乡县为例，直至清代早期的大开发之前，这里虽然“开垦日广”，但仍限于“止耕平地”，“高冈峭壁”之垦殖乃后来之事。[②]义宁州，“其间复嶂层峦，林深箐密。阴晦险阻，尚多人迹未经之处。他如谷内小孟婆洞、大孟婆洞、黄金洞、滑石洞、葫芦洞等处，岩穴幽暗，丛木蓊郁，向为异物所据”[③]。如此自然条件和开发不平衡的存在，为以后人口流徙与疏散提供了场所。

其次，两省交边，稽察难周，统治薄弱，使人口流移、落居相对便利。湖南浏阳县，“毗连江右，流窜之民朝发而夕出境，凡有逋欠，即携家挈族潜往萍乡、万载、宜春、袁州、宁州等处”[④]。而江西袁州府属则是“地逼长沙，逋民客户，颇难稽察”[⑤]。随着统治者统治范围的扩大，这种情况虽会有所改变，但仍会产生相关的其他问题。

自明代中后期始，随着全国人口的持续增长，平原地区的人口压力日渐加大。就江西省来说，吉泰平原已达到了相当开发程度，尚不能容纳继续不断增加的人口，以致“土瘠民稠，所资身多业邻郡”；“土瘠薄物力无所出，计亩食口仅得十三，民多取四方之资以

① （宋）卓津：《县官题名记》，《昭萍志略》卷12《艺文志》。
② 嘉庆《萍乡县志》卷9《风俗》。
③ 同治《义宁州志》卷2《地理》。
④ （明）冯祖望：《浏民八难七苦详》，同治《浏阳县志》卷5《食货》。
⑤ 同治《万载县志》卷3《形势》。

为生”。[1]东南部的闽南粤东地区，自南宋以来逐渐产生的人多地少问题日趋严重，至明代开始出现大规模人口流徙现象。邻近的湘赣其他州县也有不少民户为逃避赋役潜匿此间。如湖南平江县，明代后期已开始大规模垦山。“人满地尽，更无可垦之土。其拼力攫种者，只幸获于万一。故重梯作垄，不能一收；半岭凿塘，不藏勺水。有挖种陡塝，一雨翻成石块者；有挖种深坡，十耘仍系草莱者；或防川堵套，川溃而套作深潭；或担土填沙，土去而沙成积岛……”[2]相对而人稀地广的交边山区，便成为流移人口集聚之地。

湘赣边山区之集聚“棚民”的第一阶段就开始于此时。约与流民来源相关，蔓延的趋势是自南而北，赣南及赣、粤、湘交界的万洋山区首当其冲。明《穆宗实录》记述道：“江西万羊山跨连湖广、福建、广东之地，旧称盗薮，而各省商民尝流聚其间，以种蓝为业。”[3]越过赣南到达湘赣交界中北部地区的亦为数不少。据《袁州府志》、《宜春县志》、《醴陵县志》记载：

> 明嘉靖间，闽人避倭之乱入赣，于宜春县北三关九图之地凿山种麻。初尚寥寥，冬归春集。迨后粤东之人亦至，蔓延至数十万。其人习劳尚武，男女并耕，结棚而住。[4]

这个过程方兴未艾，被明清之际的大动荡打乱了。尽管在这个时期的起义、叛乱中，可时常看到“棚民”、“棚寇”的记载，但受到材料限制，难以对其作出全面的论述。故本文之论棚民，以清代为主。

---

① 光绪《泰和县志》卷2《风俗》；光绪《吉水县志》卷9《风俗》。
② 同治《平江县志》卷14《赋役》。
③《明穆宗实录》卷26，隆庆二年十一月乙卯。
④ 民国《醴陵县志》卷6《氏族志》。

二、清代棚民的集聚及其山区垦殖活动

清朝统治基本稳定之后，湘赣边山区各州县的流民、棚民已经普遍存在，而且在不断地增长，有关州县方志对此都有较为明确的反映。试自南而北观之：

南部龙泉，据乾隆《龙泉县志》记载，康熙初年，龙泉县境已有闽粤籍流寓数万之众。“三藩之乱”时期，部分棚民曾与吴三桂部取得联系，“纠闽粤流寓数以万计，先期举事”；事后，多数“降卒”仍留在当地从事垦殖。时人周埙曾说：“泉山故多荒棘，康熙间，粤闽穷民知吾邑有山可种，渐舆只身入境，求主佃山。”随后“相续流至者愈多”，龙泉县属境内“崇山密箐，棚寮杂布”。①

与龙泉交边的湖南桂东、酃县一带，早在顺治年间已是“赁耕半外来之民”，还有大量的开矿冶炼之众，亦多为外来。②湘东攸县：

> 迩来闽粤之民侨居吴楚，自吉、袁至楚南各郡县所在皆是。以为主户则本非土著，以为客户则已无他徙。而其人又皆居山而不居泽，凿冈伐岭。③

中部醴陵，“明末清初，重罹浩劫，土旷人稀，播迁远来者则什九为闽粤两省汀江、东江流域之人”④。萍乡县亦是“闽广人纷至，男女并耕”⑤。顺治年间，袁州麻棚入籍编甲者达2400多户。

---

① 乾隆《龙泉县志》，《风物》、《序》等。
② 同治《酃县志》卷20《拾遗》。
③ 同治《攸县志》卷7《户口》。
④ 民国《醴陵县志》卷6《氏族志》。
⑤ 嘉庆《萍乡县志》卷9《风俗》。

北部义宁州、万载一带，“棚民最多，洵多险要之区”。与中南部不同的是，江西北部棚民垦山者有自湖广而来。武宁县至清前期就有“自楚来垦山者万余户”[①]。

综观各地流移来源，造成流移的原因，除了由人口增殖的压力而导致的自发迁徙之外，社会其他因素亦可促成人口流移。如明代后期的倭寇侵扰，清初期的“迁海令”等等，都曾迫使闽广沿海居民大量内迁。

从本区各州县人口统计数字上看，清前期有一个突增阶段。以下列各县为例：[②]

万载县：明嘉靖间有户13111，口84720；清顺治时降为9665户，51974口；至乾隆年间，增至25796户，187333口。

义宁州：明嘉靖时有户12554，口145132；中经明清之际，至乾隆年间，户达48882，口达249905。

萍乡县：明嘉靖时有户16595，口118637；清顺治时仅余2956户；到乾隆中叶，人口高达140515；嘉庆中则有46891户，194771口。

醴陵县：明嘉靖时有户4782，口36817；到清嘉庆中，户数达49235，口数至291890。

酃县：清初仅存1200口，到乾隆朝，猛增至97834人。

攸县：清康熙间方有户8213，口44510；同治初年，户、口各增至5倍，分别达到47203户，226702口。

人口在较短的时间内何以得到如此之快的增长？自然增殖的因素作用当然是肯定的。但是，更值得重视的是外来流移人口的入

① 乾隆《武宁县志》卷10《风俗》。
② 分别据有关各州县方志《户口》部统计。

籍。雍正初年，江西巡抚一次奏报编甲棚民达1.5万余户。[①]下列州县的清代人口构成情况颇能说明问题。

表1 山区部分州县土客籍统计

县别	总额	土著	客籍	备注
酃县	117143	26481	906621	统计单位：口
醴陵	572	377	195	统计单位：氏族。明以前为土著，清为客籍
萍乡	590	264	326	同上
浏阳	267795	200019	67776	统计单位：口

资料来源：同治《酃县志》卷7《户口》；民国《醴陵县志》卷6《氏族志》；民国《昭萍志略》卷3《氏族表》；同治《浏阳县志》卷5《户口》。

在上列各州县中，清代来居的流移人口占总人口数的比例是相当高的，有的甚至超过了土著。由于在一些地方，流移、棚民入籍并非易事，因此，从户口册籍上反映出来的尚非流移和棚民的全部人口。正因为如此，我们无法估计本区北部一些棚民确实不少、但入籍限制特严的州县，如万载、义宁州等州县的棚民比例。从“泉邑丁口，半出流寓”看，南部龙泉的棚民亦达50%。[②]

大量流移人口、棚民的到来，不仅仅是一个本区人口一时剧烈增加的问题，其意义还在于大大加大了此地区的人口基数，成为后期巨额人口的基础。

在清初的社会、经济环境中，大量外来流移人口的涌入，对本地区经济的恢复和发展无疑具有积极意义，尽管可能是暂时的。史载：“袁（州）吉（安）皆罹‘献贼’及左宁南兵，残毁略尽。袁郡

---

① 《清史稿》卷292《裴率度传》，中华书局1977年版，第10312页。裴率度疏言：“棚民良莠淆杂，去留无定，或散居山箐，或为土民佣工垦地。臣饬属严察，凡万五千余户，编甲造册，按年入籍。”

② 乾隆《吉安府志》卷33《户口考·龙泉县》。

之民无土著，流人占籍自耕。”[①]正是这种意义的体现。但是，我们在这里强调的，或者说注重的是进入山区的棚民以及棚民对山地的垦殖。这些棚民，绝大多数是在其他地方无法谋生的人口，被迫向垦殖难度较大，甚至不宜农业垦殖的山区进军。为了获得粮食，首先是取得耕地。随着山区人口的急剧增加，可以说形成了一场耕地扩张高潮。只是由于历史统计数据欠缺，我们只好以各州县地方志中的一些描述性记载来反映当时的状况。

桂东县：“生齿日繁，谋生者众，深谷高阜，种植杂粮，几无隙地。”[②]

攸县：“攸东乡多山，重岩复岭，延袤百余里。闽粤之民利其土美，结庐山上，垦种几遍。”[③]

萍乡县：“自闽广人纷至，男妇并耕，高冈峭壁，视土所宜，漆、麻、姜、芋之利，日益滋饶。”[④]

义宁州属原有很多深山老林之处，这时候也被“闽广之民，结棚赁垦”[⑤]。

本区的山地经营，首先是种植适宜山区生长且产量较高的陆稻，特别是玉米和红薯得到了普遍的推广。据各地方志记载，这些作物是随着棚民在各地生根的。《醴陵县志》记述本地杂粮生产时指出：

> 产量之巨，首推番薯……康熙、乾隆间，闽粤之人迁移至醴，乃挟其种以俱来。

① 《施愚山先生年谱》卷2。
② 同治《桂东县志》卷9《风俗》。
③ 同治《攸县志》卷54《杂识》。
④ 嘉庆《萍乡县志》卷9《风俗》。
⑤ 同治《义宁州志》卷2《地理》。

《攸县志》亦云："番薯，攸邑客民种以代粮，近则土著之民尽种之。""山上并无古木老树，非栽桐茶，即种苞谷。"南部龙泉县在乾隆年间的情况是：薯蓣"山中种植更广，可充粮食"。"苞粟，山中园内俱种。"[①]《义宁州志》则云："苞芦宜于瘠土，山乡多种之。"受到各种条件的限制，不少州县的山民主要以玉米、红薯为食粮。

粮食作物以外，种植经济作物也是山地垦殖利用的重要形式之一，这是值得重视的一个现象。经济作物的种类主要有油桐、油茶、麻、茶叶、松杉木材等。如义宁州，"桐树，山中高下并植。三年始花，其实繁"[②]。龙泉的经营形式则是先开荒种植旱稻等粮食作物，数年后改植经济林，或林粮套作。[③]

棚民对湘赣交边山区的大规模开发垦殖，扩大了土地利用面积，增加了粮食产量，对养活人口，减轻人口稠密地区的压力具有明显的积极意义。而且，经济作物的种植，繁荣了山区经济，自闽广诸省的来者将原当地的一些经营观念带到这里，通过交流融合，促进了山区经济、社会的成长，缩小了山区与开发较早地区的差距。特别值得指出的是，闽广流移对活跃山区商品经济所起的作用。浏阳、桂东、武宁、醴陵诸州县，原皆不习商贾等"末业"，闽广客户成为商业、手工业中的主要经营者，且对本地土著有一定的推动作用。

三、棚民与土著的融合及竞争

棚民客户大量进入山区及其对山区的大规模垦殖，在取得上述

---

① 乾隆《龙泉县志》，《风物》、《序》等。
② 同治《义宁州志》卷8《物产》。
③ 同治《龙泉县志》卷15《物产说》。

积极效益的同时，由于受到时代条件的限制及其本身的盲目性，也带来了一系列值得注意的后果，对湘赣边山区的经济发展和社会前进产生了深远的影响。下面试从土客民矛盾、竞争和对自然资源的不当利用两个方面略加论述。

一般说来，大部分地区的棚民客户和土著基本上能够相安，亦即融合的趋势是主流。即使在当时，人们也认为“土客何常之有，今日之棚客即异日之土著也”。“今日之土著，安知昔不有为客籍者？”[①]前述土客民在土地经营、生产技术和工具以及其他方面的交流与协作便是很好的说明。受到种种因素的影响，边区各州县亦或多或少不同程度地存在着土著与客民的竞争、矛盾。主要表现为以下几个方面：

其一，棚民入籍困难，土客分籍。自雍正初年始，清廷对于棚民施行编查保甲法，置有产业并愿入籍者，准编入土著，一体当差。此后，大部分地区的棚民客户得以编入当地户籍，但在湘赣交边山区的部分州县，却未能彻底贯彻。在义宁州，“从前流寓俱归客户，是以创置田产，有粮无丁”。清廷安辑棚民、编甲入籍之政令颁行后，义宁州则按照下述原则进行：“耕山者概编保甲，有产者另立都图，以怀远为名，隐寓招携之义”，只有那些“居宁最久之老客户，原有庐墓田产、姻娅亲族之可征，迥与客户不同，又各援例改客为土，不在此例”。[②]除了少数与土著有亲缘关系、有庐墓田产之老客户以外，对于大多数棚民客户并非一视同仁，而是作为“附籍”、“客籍”对待，虽然入了籍，严格说来，只是入了国家、官府的赋役籍，土、客差别并未消除。万载县情况大体类似，“查明造

---

① 同治《义宁州志》卷12《户口》；（清）刘绎：《道光己酉土著志序》，同治《万载县志》卷29《艺文志》。

② 同治《义宁州志》卷12《户口》。

册，设有客都、客图、客保、客练，然顶入本籍图甲者亦不少”①。直至道光年间重修本县方志，竟然还区别为《万载土著志》和非土著志两部分修，畛域之分别严格，可见一斑。其他如萍乡“别有客图以处外来者”②；攸县之“非主户亦非客户”观念；③鄢县、桂东、浏阳户口册统计，一直以“土著烟民”、“寄籍烟民”区别项目，严格清晰，至同治年间沿袭不易。④这些都可在不同程度上反映出土客间身份上的差异。其中尤以万载县、萍乡县为严格。其客户都图名称相沿不改。

> 与土著中界限本自判然，虽同处一邑之中，而土民向存歧见，不与客籍迁居城内，亦不缔结婚姻。⑤

萍乡县在嘉庆十三年（1818），以保正100余人名义呈请官府禁止外来者加入本籍，“书有公约，呈官立案”⑥。

其二，教育竞争，土客分学。棚民客户既然在身份上与土著存在差别或被土著歧视，故在经济上稍得立足之后，必谋求途径来改变这种状况，提高自己的地位。在当时，读书求仕可谓第一捷径，于是有土客间教育上之竞争。与允准棚民编甲入籍之令同时，清廷对棚民子弟入学、应试亦作了相应规定：“江西棚民有读书向学之子，果系入籍二十年以上，有田粮庐墓者，准其应试，于额外酌量

① 道光《万载县志》卷7《学校》。
② 嘉庆《萍乡县志》卷2《地理·乡里》。
③ 同治《攸县志》卷7《户口》。
④ 参见各县方志《户口》部。
⑤ 同治《万载县志》卷7《学校》。
⑥ 嘉庆《萍乡县志》卷2《地理·乡里》。

进取。”[①]各州县在实施过程中，一般皆以棚童50名进取一名为准，名曰“一体考试”，但“卷面令注怀远字样”。棚童不足50名者，才准与土著一体应试，凭文录取。[②]由于棚民子弟多有“卧薪尝胆”之志，所以学习用功，进取者不少。万载客籍“嘉庆六、七年取进棚童五名七名之多，占去土籍之半”[③]。客籍“生殖日众，学校渐兴，遂有主客之形不能相下”[④]。棚童取进者较多，威胁到土著童生之进取名额，正是另开棚考、另额进取的原因。乾隆年间曾议准裁革棚考，但是部分州县争讼不休，仍有分别开考的。双方在竞争过程中，土著学堂不准客籍子弟入学，客籍则集资兴学，永宁、鄢县、萍乡、万载、龙泉、义宁等地都有不少客籍学校。

其三，经济竞争。土著和棚民客户在经济领域内的竞争，既是土客矛盾的表现，又是其根本所在，其他冲突表现无不与此相关，在此基础上产生。而经济竞争的焦点又集中在主要的生产资料——土地上。明清之际，战乱四起，人亡地荒，故棚民所至，矛盾不甚突出，甚至可以占耕较为肥沃的熟荒田地。如前引袁州府属的情况，流民可以占籍自耕便为一例。初期的土客关系是和谐的，甚或相互接济。随着棚民客户的日渐增多和生活上渐趋富裕，土著似乎感到了某种于己不利的因素。本区北部的义宁州，闽广客户初到之时，可得肥沃旷土耕种，纳甚轻之田租，加上“其力倍勤，故不数年家给人足，买田置产，歌适乐郊矣”[⑤]。南部龙泉县为另一种类型。棚民租山种树，始初种植各种旱作粮食，继之以林、粮兼作，最后专营经济林。在这期间，由于棚民辛苦勤俭，已可基本立足。

---

① 道光《万载县志》卷7《学校》。
② 嘉庆《萍乡县志》卷6《学校》；同治《万载县志》卷10《户口》。
③ 同治《万载县志》卷7《学校》。
④（清）刘绎：《道光己酉土著志序》，同治《万载县志》卷29《艺文志》。
⑤ 同治《义宁州志》卷12《户口》。

> 逮二十年后，售木受价，或百或千。山主得之于意外，尝以耗靡竭之；佃家得之于辛勤，更以节俭饶之。于是佃室日益饶，主家日益竭。佃家始而佃，继而并主之业以自成业主。主家始而业，继而委业于佃，至欲求为佃者之佃而不可得。[1]

这种情况的出现，不能不引起土著的忧虑。特别在清代人口急剧增长的趋势下，人口与土地的矛盾日趋突出，“土著者不得不以失业为虑”[2]。因此，有“追悔无及”欲收回已出租之山者；收业不成，有强行占夺或重加租额者。龙泉、永宁、万载、义宁州等州县都不同程度地存在着这类事实。前述萍乡县100多名保正联名请禁棚民新入本籍，为什么？名为杜绝相互争讼，实则担忧被棚民抢去“饭碗”。万载县土客间矛盾又为什么表现尤为激烈？因为“万载棚民其来较早，占美田宅，与土著争富矣”[3]。

当然，我们也不能否认政治斗争、封建宗法观念及风俗习惯对土客融合的阻碍作用。所谓政治斗争的因素，主要指明末清初，各地棚民曾先后参与了郑成功、金声桓、朱益吾、温上贵等反清力量与清统治者的斗争，遭到清军的残酷镇压。“搜杀之余，继之以驱逐。”[4]在这个过程中，也直接给当地土著造成了严重的生命财产损失。这势必使得土著对棚民落居本乡心怀戒悸，持不欢迎态度。另外，清统治者的棚民政策亦加重着土著对棚民的惧避心理。雍正三年八月曾谕令各地，“棚民留住之地方，皆责成本处地主、山主出具保结……倘有作奸犯科而地主、山主不行举首者，一体治罪”[5]。由

---

① 同治《龙泉县志》卷15《物产说》。
② 嘉庆《萍乡县志》卷2《地理·乡里》。
③ 同治《袁州府志》卷2《风俗》。
④ 民国《醴陵县志》卷6《氏族志》。
⑤ 同治《义宁州志》卷12《户口》。

于怕受牵累，产生拒避棚民的心理是不足为奇的。攸县、义宁州、桂东县都有类似的忧虑。有的州县甚至请求官方驱逐棚民。①

封建宗法观念，乃本地区各州县所共同具有的重氏族祖宗、崇谱牒族祠的传统意识，也可以算作一种习惯风俗。加上语言和其他习俗的差异，共同形成了一种双方相互排斥的因素。如萍乡县根据“始于其祖宗，子孙世承之”的图，来“别其同异，防其伪冒”。②酃县则是“因四方杂处，土辟人满，各自为俗，好斗健讼，亦在所不免”③。《龙泉县志》讲得更清楚：

> 龙泉丁口，半出流寓。服食异制，语言殊音，婚姻不通，交际不协。实与它邑不同。积重难返之势，匪以强分秦越也。④

虽然如此，就总体而言，引起土客竞争，导致土客矛盾的主要不在于此，人口阶段性饱和以及土地兼并和由此带来的主要生产资料分配紧张乃是问题的根源。而此时期产生的土客矛盾，其对本地区社会影响之深远，直至在近现代中国革命的进程中，亦强烈地表现出来。

四、棚民垦殖的遗留问题

大量棚民陆续涌入湘赣边山区，进行以粮食种植为主的垦殖，其规模、程度已如前述。由于求温饱心切、耕垦急迫以及当时的多

---

① 参见各县方志《户口》部。

② 嘉庆《萍乡县志》卷2《地理·乡里》。

③ 同治《酃县志》卷7《风俗》。

④ 乾隆《吉安府志》卷33《户口考·龙泉县》。

方局限，其垦辟不可避免地带有很大的盲目性，其结果势必给自然资源或生态环境留下一些消极影响。

首先是森林植被的过度垦伐损坏。乾隆《武宁县志》指出："近十余年，自楚来垦山者万余户，蓁巇密嶂，尽为所据。焚树掘根，山已童秃。"邻近的崇阳县山区亦出现了"山童水竭"的情况。[1]《攸县志》则云："树木为山皮毛，古木老树又为民间房屋之用。山既开尽，木皆砍伐，即始凤岭一带，杰宝、人献各乡，地处深山……山上并无古木老树。"其他如醴陵、浏阳等处，大都出现了"山童"的趋势。随着森林面积的减少，与此相关的林产品亦呈消减状况。武宁县原盛产木炭，"四时不绝"，"今垦山者众，四山皆童，薪炭尽矣"。其余如榧木、葛、牛、熊等动植物，皆因伐木耕山而"斩伐殆尽"，或"悉遁去"。[2]

森林植被的过度耕垦，直接后果便是水土流失加剧，导致河溪、湖泊以及其他水利设施的淤塞，田地的瘠确退化。仍以武宁为例，乾隆《武宁县志》记载：

> 比年以来，楚人来武耕山，斩五围木，划十丈崖，伐鼓种玉芦。久则崖谷陵洞变迁，水涌沙石以出入溪渚，轧陂堰……[3]

《攸县志》载知县裘行恕《告示》云："山既开挖，草根皆为锄松，遇雨浮土入田，田被沙压。""泥沙石块渐积渐多，涧溪淤塞，水无来源，田多苦旱"，"小河既经淤塞，势将沙石冲入大河，节节

---

① 同治《崇阳县志》卷4《田赋》。

② 乾隆《武宁县志》卷7《土产》。

③ （清）梁鸣冈：《南浒重修太保堰记》，乾隆《武宁县志》卷25《艺文志》。

成滩，处处浅阻。旧有陂塘或被冲坏；沿河田亩，或坍或压”。[①]水土流失除了淤塞下游河、田之外，另一端则是山地土流成石。“棚民垦山……十余年后，沃土无存，地力亦竭。”武宁县属太平山等处，“山形骨立，非数十年休息不得下种”[②]。这样，势必造成山区继续贫穷，不少州县“地利尽民力亦尽”，“虽丰年不足自赡”的困境，被迫陷入继续扩大耕植面积，再“火山而种包粟”的恶性循环之中。[③]此类问题，当时已经引起人们注意，但遗憾的是未能、当时也无能加以妥善解决。

以上概略地考察了清代湘赣交边山区的棚民集聚及其对山区的垦殖情况，目的是想说明中国封建社会后期在人口增长迅速等经济、社会压力之下进行的内地山区的垦殖扩张，既有其积极的一面，亦有其消极的一面。因此，文中对棚民垦殖的积极方面未作具体论述，而将消极影响作为讨论重点。但是，在当时社会制度和社会条件下，造成土客矛盾以及山区盲目垦殖的责任，不能简单地归咎于土著或者棚民某一方，必须站在封建社会的本质和中国人口与中国社会的矛盾运动的高度去认识问题。否则，就难以得出科学的结论。

（原载《争鸣》1988年第3期）

---

① 同治《攸县志》卷54《杂识》。

② 乾隆《武宁县志》卷10《风俗》。

③ 参见同治《鄠县志》卷20《拾遗》；同治《桂东县志》卷9《风俗》；同治《平江县志》卷20《物产》等。

17—19 世纪秦巴山区的人口变动

明清时期，秦岭—大巴山区虽然在行政区划上分属川、陕（甘）、楚、豫数省，但由于其自然地理条件具有诸多类似，以及在此基础上形成的历史、社会、文化方面的共性和紧密的相互关联，因此，具有作为一个整体进行区域研究的条件和意义。尤其在人口变动方面，不仅交边各省区都接纳了数量可观的外来人口，而且相互间的人口流动亦甚普遍。已往的有关研究，在分行政区域的考察方面取得了很好的成果[①]，而将秦岭—大巴山区作为一个区域整体进行的探讨较少。加之分朝代进行的研究往往将事件过程割裂，影响到对相关事务的完整认识。本文的考察，在前此对明代所作初步探讨的基础上，以17世纪至19世纪（大约包括明代晚期至清代前中期）为研究时段，以秦岭—大巴山区为空间对象，注重有关省区之间人口变动的关联和差异。

---

① 如萧正洪：《清代陕南的流民与人口地理分布的变迁》（《中国史研究》1992年第3期）等文，曹树基：《中国移民史》卷6（福建人民出版社1997年版）等。湖广填四川的研究论著较多，此不赘举。

一、由剧增到锐减：17世纪的人口变动

（一）明代后期的转折

明代前中期，秦巴山区成为四方流民集聚最为集中的地区，不仅豫西南、鄂西北如此，陕南、川东北亦不例外，整个秦巴山区的人口因而空前增加。[①]仅几次大规模编查流民入籍的数字即可见一斑。成化十二年（1476）原杰的编查、抚治为论者所熟知，一次编查达10余万户，40余万口。但并非如有的研究者所说，此乃最多的一次，更不是最后的一次。

秦巴山区编查流移入籍人数最多的一次，当推弘治、正德之交都察院左佥都御史、刑部右侍郎何鉴和抚治都御史孙需主持的流民清查。不妨以正德元年（1506）三月和十月何鉴、孙需奏报的数字相参照，可较为完整地看到此次清查的基本情况。何鉴的奏报是：

> 清查过荆、襄、南阳、汉中等处流民235600余户，739600余口。其愿附籍者，请各给户由，收入版籍。

据此，每户均约3.14口，不及原杰抚治时的户均口数多。但没有言明附籍的具体户口，颇为遗憾。半年后孙需的奏报是：

> 续清出荆、襄、郧阳、南阳、汉中、西安、商、洛等府州流民118971户，愿附籍者92370户。

---

① 详见拙作：《明代秦巴山区的封禁与流民集聚》、《明代秦巴山区流民的附籍与分布》，分别载于《中南民族学院学报》1998年第2期、1999年第2期。

愿附籍之户的比例约占 77.6%。若由此推算，此次清查中前后附籍的流民约为 275196 户，864115 口，远较成化十二年（1476）原杰主持抚治时附籍的数量为多。也就是说，如果加上其他几次数量较大的编查，截至正德初年，除了原杰于成化十二年主持编查入籍的近 40 万人口以外，在秦巴山区还先后有过 130 万以上的流民附籍，这还仅仅是有数可稽部分的统计，其实际附籍的数字可能更高。

据不完全统计，至弘治、正德年间，秦巴山区内由于新设州县而增加的里保数达 150 个以上，基于原有州县里保数量增加而新添里保数约 290 个，二者合计，里保增加总数可达 450 个以上。虽然明中后期之编立里甲已不像明初那样严格按照 110 户的标准，但一般情况下，新编每里的户数多会超过 110 户。因此，里甲数量的大幅度增加仍能从一个重要方面支持山区人口大幅度增加的结论。[①]

然而，秦巴山区的人口并不是在整个明代都呈增长趋势，亦不是到明末农民起义爆发后，山区人口才因战乱而死亡、逃徙，从而出现人口减少的。实际上，山区人口自明后期，具体来说是在嘉靖以后，已经出现外流现象。万历中叶始，山区经济残破明显，人口逃移严重。

吴桂芳[②]《条陈民瘼疏》所述颇为详明：

> 湖广之郧阳、襄阳、荆州、河南之南阳、陕西之汉中五府，及西安府属之商州五州县，皆属万山深阻，生理稀疏，土著之民十仅三四，而五方流寓居其六七……特立抚治都御史官提督三省九边，控制安辑，规模详密，地方底宁，将及百年于

① 参见拙作：《明代秦巴山区的流民与资源开发》，《人文论丛》1999 年卷，武汉大学出版社 2000 年版。

② 吴桂芳，字子实，号潭石，江西新建人。嘉靖二十三年（1544）进士，授刑部主事，历扬州知府至浙江左布政使，以左佥都御史巡抚福建、抚治郧阳，进右副都御史总理河道，提督两广军务，升工部尚书，总理河漕。万历六年（1578）卒，赠太子少保。

兹矣。缘时移事迁，威惠渐愒，加以天时之灾沴不常，有司之抚循无状，政烦赋重，转徙相仍……

夫何迩年以来，百姓输将之困既倍于前时，而长吏抚字之风尤拙于往日，遂至土著之老户变为逃亡，附籍之流徙潜归乡井。昔时版籍之实民，今多纸上之虚数。人户产业，名有实无。近值大造之年，节据各属申称：人户逃亡，不成里分，乞要查核归并。如河南南阳县旧二十一保，今实不及十保。陕西商南县旧管一十二里，今止见在三里……①

从吴氏条陈中可见，到嘉靖晚期山中户口逃流的现象已相当严重。不仅附籍的流民逃流，土著之老户亦逃。以至于里甲图保不能满员，难以承受官府的徭役负担，不得不进行归并。于是，成化、弘治、正德年间的附籍和增设里甲图保之举措，嘉靖时又有相反的归并对策。也许吴氏举的是问题较为严重的例子，但无论如何，自成化至嘉靖发生如此的变化，不能不令人吃惊。其间缘由更值得深思。

导致山区居民逃亡的主要原因，其一在于赋役繁重，其二在于自然灾害。这两点与山外的流民成因基本上是相同的。②流民附籍后，到赋役征收的优惠期满，加之官府、胥役的额外盘剥，很快也就背上了繁重的赋役负担，终至于不得已而重新逃、流。早在嘉靖

① （明）陈子龙等：《皇明经世文编》卷342。

② 关于灾荒与流民的报告甚多，如成化元年（1465）户科等科给事中袁芳等奏："比年以来，救荒无术，一遇水旱饥荒，老弱者转死沟壑，贫穷者转移他乡。至今南阳荆襄等处流民不下十余万人。"（《明宪宗实录》卷19）成化六年五月辛卯，礼科给事中张宾言："荆襄流民，皆各处被灾、公私急迫而来者也……今各处奏报灾伤，户部必复勘而后停免，勘实之命未报，而征敛之期已急，况又水旱相仍，衣食不给……"（《明宪宗实录》卷79）

初年，抚治郧阳地方的副都御史潘旦[①]就曾有报告称：

臣莅任二年，时加询访，中间流民，有先年附籍，数姓朋户，今众至二三十丁，或五六十丁，自有附籍之心，后因官府科差烦重，随复逃移，版籍为虚者。[②]

吴氏所称“百姓输将之困既倍于前时，而长吏抚字之风尤拙于往日”，亦表明同一意旨。在以往的研究中，灾害因素往往被忽视，其实是一个值得探讨的问题。

此外，山区人口五方杂处、流动频繁的环境，也成为山区人口较易逃、流的重要因素，地方官每称山区之民“来去无常”、“易动难安”，不无此意。

（二）明清之际秦巴山区的人口损失

明末清初数十年间，秦巴山区又陷入长期的动荡、战乱之中，致使清初出现了与明初相类似，但比明初更残破的景象。由于清初的动荡反复持续，时间更长，恢复得也更慢。对于明末鄂西北郧阳山区的残破情况，崇祯中督师山区的卢象升是这样说的：

兵燹频仍，一望荒郊，孑遗殆尽。臣每介马而驰于穷崖绝谷中，百里不见炊烟，不逢人迹。即有一二鹄面鸠形之辈，寄息山岩石窟之间，所食皆草根树皮，遥望官兵，辄骇而他匿……山民本非土著，生理鲜少，落落晨星，一当寇警，死者十三，逃者十

① 潘旦，字希周，江西婺源人，弘治十八年（1505）进士。嘉靖八年擢右副都御史，抚治郧阳，平寇有功，升刑部右侍郎。

② （明）梁材：《议处郧阳流逋疏》，见（明）陈子龙等：《皇明经世文编》卷105。

> 七，就中投入贼伙者亦多，迄今地亩抛荒，庐舍煨烬，几于千里不毛。[①]

具体到各县言之，竹山是遗民“十不及一，又皆散栖山寨。荆榛满地，野无炊烟”[②]。到了康熙三年（1664）房县才有编户170户，耕地1616亩，夏秋粮63石。[③]这些还是各县“多方招徕抚循”之后的情况。

竹溪县的情况最为典型。康熙二十九年知县黄晖烈的《政事纪略》对此有具体记述：

> 明季流寇煽乱，张献忠肆虐于蜀楚之交，而溪邑尤甚。灭其人，火其庐，堕其城。凡仓廪、学舍、署廨、庙宇之属，付之一烬，而昔之樊然蔚然者，盖荡然无存矣。献忠窜蜀，余寇之负固者十有三家，各据一山，自为雄长，道无行迹，邑无居民，蒿莱之所窃宅，猛兽之所游嬉，鸟鸢之所栖息，如是者又二十年。然吏之分符至此者，寄署山寨之巅，求所谓城社遗墟，但见蓬蒿迷目而已。至康熙之二十年，山谷廓清，榛莽荡涤，民之瞻乌靡止者，稍知所归息焉…未几，甲乙之交，吴逆不轨，杨来嘉附之，谢、洪二贼肆其咆哮，负隅作慝，流血成川，积骨成邱，如是者又七年……（其后）多方招徕，惊鸿始集，然而积岁以来，野无三户之村，村无半缗之蓄。焚畲而田，筑堰通水，伐树为薪，其事已毕，高壤则望泽于天，布缕

① （明）卢象升：《停征修城积谷疏》，见《卢象升疏牍》卷1。
② 同治《竹山县志》卷19《名宦》。
③ 同治《房县志》卷4《赋役》。

麻枲文史楮笔则取资于外……[①]

陕南山区的状况，据顺治年间总督山陕四川粮饷的户部侍郎王来用报告："秦中地方自明季以来，数十年兵劫奇荒，流毒之惨，盖无一块干净土地也。在贼杀不尽而苦凶荒饿杀，饿杀不尽又苦传染病杀……田则满目荒草，庄则徒存破壁，人烟几断。触目伤心，真天老地荒之象。"[②]报告中所举商州山阳县情况是：

寇乱十载，城破三次，卷焚吏亡。当年二十里，今并一里；当年七千六百余丁，今止五百有零；原地九百顷，今止耕一百顷有零。

兴安州白河县：

于县治地方逐处步行，但见白骨遍地，草木迷天，百十里无熟地一席，鹿豕成群，行一日无居民一家……再查旧粮原额九百零二石，人丁一千五百余，岁派额银四千有零。今查熟粮止四十二石，人丁二百零一丁。

汉中府凤县：

县治设在云栈之中，四面峻山，乃系盗贼渊薮，屡遭残破，人烟几断，山内无人，自崇祯年间至今，并未开征。

---

① 同治《竹溪县志》卷12《艺文志》。

② 《户部抄档·地丁题本·陕西三》，见彭雨新：《清代土地开垦史资料汇编》，武汉大学出版社1992年版，第1—4页。

邻近的甘肃两当县也是“在万山丛中，自万历年来，人民渐少，田地日荒”。崇祯年间又屡遭劫掠，城陷民散，人丁由6300余减少到400余。[①]

地方志对上述状况亦有记载。康熙《山阳县志》载山阳知县秦凝奎颁行于康熙三十二年的《广生示》云：“本县自孟冬由商州赴任，目击山阳一路万壑千溪，猿啼鸟语。而民间草舍，五里一遇，十里一逢，余地皆属丘墟。即所遇烟火数家，又皆鹄面鸠形，茕茕孑立之辈。”

紫阳、西乡、宁羌、文县等巴山之中州县大多类是。

再看川东北山区。顺治中，湖广道御史、巡按四川的郝裕疏陈川北情况：保宁、龙安、顺庆三府及潼川州属共29州县，皆一望丘墟，垦熟田地统计235顷。百姓死于战乱、灾荒者十室而九，每县平均不足30户。历年招徕，29县合计才得9350余口，县均320口左右。[②]清政府曾于顺治十年（1653）在川北大巴山区的广元、昭化地方拨军兴屯，2000人垦熟田地170顷余，到顺治十六年撤走驻屯军后，所垦田地竟无人承接。当时的广元县“惨遭劫变之后，人民故绝，满道蓬蒿……田地无人承种”；昭化县“自遭献贼屠戮，军民士庶百不存一二，庐舍田园鞠为茂草……自定鼎至今，节次开过上中下田地一百一十二顷余亩……劝谕开垦每岁不过十数余亩”。[③]到康熙三年（1664），川抚张德地经大巴山区进川赴任，所历情形是：

由广元入境，沿途瞻望，举目荆榛，一二孑遗，鹑衣菜

① 《户部抄档·地丁题本·陕西三》，见彭雨新：《清代土地开垦史资料汇编》，第1—4页。

② 《碑传集》卷64，《郝裕行状》。

③ 顺治十六年四月二十日川抚高民瞻揭帖，《户部抄档·地丁题本·四川二》，见彭雨新：《清代土地开垦史资料汇编》，第75—76页。

色，见臣经临，环臣号泣称："自遭屠惨，旄倪殆尽，间有流移，招抚还集……"惟兹境内行数十里，绝无烟爨。迨至郡邑，城鲜完郭，居民至多不过数十户，视其老幼，鹄面鸠形。及抵村镇，止茅屋数间，穷赤数人而已。①

川北保宁府、龙安府乃清廷获取较早的川地，为巩固这块根据地，曾想方设法进行招抚，成效未显，又遇"三藩之乱"。"保宁为蜀北咽喉，苍溪当利、阆水陆之冲，贼兵蹂躏，民不聊生，俱逃避深山穷谷中。"②

从明末崇祯初到清康熙间"三藩之乱"平定，秦巴山区社会动荡不安长达50年之久。在此期间，山区各州县幸存的人口，有相当大的比例居住在僻远的深山穷谷中。前引各记载中所谓"寄息山岩石窟之间"，"散栖山寨"，"逃避深山穷谷中"以及"存在绝峒密箐中"，"除少数避迹山寨者，余皆无人迹"等说法，表明清初山区人口的分布，存在着与明初相类似的现象，即山地人口甚或多于平地。竹山县的情况就很能说明问题："明季遭寇，土人各据险以避乱，而九社之地遂析为寨，旧志所载凡二十有四。"③他们在深山中刀耕火种，兼取林产、野味维持生计，有的甚至定居下来。

战乱的破坏，人口的丧亡无疑是严重的，但若据方志或一些记述中"百无一二"、"千不存一"甚至"万不存一"的说法来确定当时幸存的实际人口数量，就大谬不然了。我们要作定量分析，必须考虑以下因素：首先，有关记述中不同程度地存在着对当地破坏程度、凋敝气氛的渲染，尤其当联系赋役问题论及人口数量时，渲染

① 康熙《四川总志》卷35《筹边》，转见彭雨新：《清代土地开垦史资料汇编》，第13页。
② 民国《苍溪县志》卷13《杂异志》。
③ 同治《郧阳府志》卷2《建置志》。

成分更多，重要目的之一是尽量减少或减轻当地的赋税、徭役负担。其次，城治所在区域与其他地方的关系、差异。作为交战双方争夺的主要对象，城治所在经历战乱破坏的程度一般高于穷乡僻壤，被攻占过的城治更是如此。再次，平地居与山地居的关系、差异等等。不然，建立在此基础上的人口增长数量、移民数量以至人口增长率等，都要折而扣之。

与明初不同的是，清初不仅没有宣布对秦巴山区封禁，而且较早开始招流垦荒。清初至“三藩之乱”发生前的一段时间里，各地已有陆续招集流民、垦复荒地的措施推行。如归州，康熙《归州志·贡赋志》：“明末诸寇出没，盘踞蹂躏数十年，州属百姓逃亡殆尽。我大清康熙三年（1664）八月初五日，天兵剿平巨寇李来亨之后，前后招抚到州难民共一千三百三十七户，俱编保甲，安插各乡渐次开垦复业。”只是由于环境尚未安定、起科急迫等原因而成效甚微。前述高民瞻在川北招流垦荒，尽管大张告示：不论有主无主，任人尽力开垦，永给为业。结果却是“迄今数月有余，而复业垦荒者犹是寥寥然，未有成效可观”。原因之一就在于川北土地瘠薄，“居者恐差粮为累而不肯疾于开垦，流者愈虑资身无策而不敢轻于复业也”，因为三年就起科，是未必食开耕之利，而复愁差粮之忧。陕南山区的情况类似，“民间每以地力瘠薄，不能常年耕种，或一二年后力薄不收，惟恐报垦升科，有赔粮之累，遂致废弃不垦”[①]。至于外地人口，一时亦未能有大量剩余从远距离进入山区，所以，尽管清初不曾有如明代那样的山区封禁，在最初的数十年中，却也没有太多的流移人口进入山区。

顺便提及，时人在记述明末清初地方残破时，多提及明代盛时

---

① 乾隆《镇安县志》卷10。

的景象以加以对比，如康熙《郧阳府志·赋役》称：

> 郧地山之数十之八，可耕者仅十之一二耳。在昔人余于地，山冈不毛，犹肆力焉，乃今开垦之令日下，而应者绝少……

乾隆《续商州志·食货》亦称："商州四面皆山，凡近河通渠平原沃壤，本属有限……在昔烟户稠密，无地不耕。自前明兵燹以后，地广人稀，荒芜日积。"其他如紫阳、汉阴、淅川等地都有同样的记述。我们说，这样的对比记述，不无烘托反差的意思，但仍然在一定程度上支持了前述关于明代盛时山区人口大增、资源开发程度大幅度提高的看法。

二、18世纪山区人口的空前增长

约自康熙朝晚期开始，各地流民陆续不断地进入秦巴山区，直到道光朝止。在这个过程中，以嘉庆初年为界限，表现出前后两个阶段。而清代流移集聚秦巴山区的第一个高峰出现在乾隆朝。

（一）人口政策与山区吸引力

清代出现大规模的流民运动是清代社会经济发展变化的结果，其最基本的背景是人口的急剧增长，其他如土地兼并、自然灾害诸因素亦关联密切。具体到秦巴山区而言，所以有大量流民来到这里，自有其吸引力所在。

首先，本区有面积相对广大的原始森林或未垦荒土，在时人心目中仍是谋生资源丰富的地方。如前所述，有明一代，本区已以此为基本条件吸引了数以百万计的流民，在山区内展开了空前规模、程度的开发，取得了显著的绩效。但是，与一些主要的传统农业区相比较，起码从一些外在指标如人口密度、垦殖指数等上面看仍属开发不足的地区，加之山区本身社会经济发展的持续稳定性差，尤其经历了明末清初长期动荡之后，更显得土旷人稀。时人称其地“多良材，产铁矿，竹可纸，木生耳蕈，食宜包谷、荞、豆、燕麦。不当徭纳粮，但给地主数贯，即可赁种数沟数岭”[①]，与其他一些开发程度较低的边远地区相比较，本区还具有地理位置适中的优越条件，其地界连四省，有“壤地相接，易于搬移”之说，为流民进入提供了不同程度的便利条件。

其次，与山区自然条件紧密相关，本区具有的某些社会条件亦对流民具有相对的诱惑力。一是本区界连数省，地形犬牙交错，政府在山区的社会控制相对薄弱，政治、军事统制如是，赋役征发亦如是。所谓“山内州县，地瘠赋轻。大者周围一二千里，小亦常五六百里，地方辽阔，令尉固耳目难周，营讯亦晨星落落。遇地方失事，数日开报，数日至失事处所，常远扬不可追捕。故居恒互相隐讳，浸淫酿成大案，迨以疏防参劾，事已无济。且省各有界，犬牙相错，不能越境而谋。勤能之吏，亦只自固其圉。各边徼距会城远者二三千里，近者千数百里，不请命则专，请命则缓不及待，况事连两省，大府咨商往返，动需数月”[②]。这样一种“耳目难周”、“鞭长莫及”、“路歧如麻”及“咫尺隔省”的情况，不仅仅如以往研究者所说的有利于反政府活动的进行，而且有利于流民的顺利进入潜居和某些经济活动（如开矿、经商）的能动展开，在一定程度上摆

① （清）严如熤：《规画南巴棚民论》。见（清）贺长龄等：《皇朝经世文编》卷82《兵政十三·山防》。

② 同上。

脱官府的干预、约束，减少贪官污吏的盘剥勒索，表现为一种相对自然的过程。当然，对于那种有逃避罪责性质的流民来说，这种“三不管”的环境具有强大的吸引力，也是无可否认的。

地方辽阔，相互交错，不仅是相对于川、陕、楚三省之间而言，亦不仅仅在行政区设置稀疏之时如此，各州县之间亦存在着类似状况，即使清中叶增设较多厅县以后，山区行政区划间的相互交错及由此导致的矛盾或冲突，仍是地方社会控制面临的棘手问题之一。如川东北，“东乡界连达（县）、太（平），达邑之界，间有插入东邑腹地……其地四畔又系东土。太邑之地，亦有插入东邑腹地，四畔亦俱系东土，去太城数百余里，俗均谓之插花地。现奉扎编连保甲，各厅州县自一体遵行。惟此插花处所，户口原归各管，东邑自不便入编连。但思若不相为联络恐各该处恃非东邑人民又去该管之城太远易于藏奸则清查又未周密”①。

在赋役负担方面，由于山内土地相对宽广，科则本来就不重，加之田地的丈量、登籍都不是那么严格，更有折亩等因素影响，使实际摊到每亩田地上的赋税负担相对为轻。照严如熤的说法，只有商州、南郑、城固、洋县、西乡等少数州县的征银额达到万两，其余的兴安、保宁、夔州、郧阳、宜昌各府州属县大多不过三四千两，小县只有数百甚或数十两。流民之大量涌来山区与赋额的直接关系是：

> 国初定赋，人户荒凉，原定之额不能符数，土著百姓以纳课为难，募人领地承赋，其承纳之课不过几钱几分，领地则广

① （清）徐陈谟：《奉行保甲筹议六条》；嘉庆《东乡县志》卷33《艺文志》。

数里。至离县袅远者，一纸执照之内，跨山逾岭，常数十里。[①]

亦即卓秉恬所谓“老林之中地方辽阔，宜种包谷荞豆燕麦，徭粮极微。客民给地主钱数串，即可租种数沟数岭”[②]。于是，“附近省民利其地方赋轻，襁负而至，佃山结屋，垦土开荒”[③]。对于早期来到山内、从事种植业的流民来说，较轻的赋税负担是他们心向往之的主要目的。

与赋税负担较轻相类似而且有密切关联的另一个重要方面是佃租不重，其前提之一亦是因山区田地面积宽广而计亩不严，再加之山地零散且不规整，量算不易准确。所以，“完课既为不多，故其赁佃之租，亦不似外间按亩而定也”[④]。佃租不重的另一前提条件是(当时)早期土地宽广而劳动力缺乏的现实。拥有较多土地的地主要缴纳国家赋税而不致土地长期荒废，有时不得不以较低的租额来吸引流民承佃，也就是说，劳力稀缺使流民在租佃关系中站在了有利的地位。早期佃农得以获取较富裕的生活，甚或“数年起家”，“数年至巨富”[⑤]，即得益于此。而部分致富的佃农又起着榜样、号召的作用，招致更多的山外流民前去走他们的路。

其三，清政府有关土地垦殖、人口等政策的影响也不可忽视。从理论上讲，经济政策是直接、经常影响经济生活的因素，而且，政策通过政权来推行，因此，影响、作用的力度也最大。清初，面对地荒人亡的状况，清廷何尝不欲尽快恢复。兴屯、招垦，劝惩官员、奖励绅衿，供给牛种，延长起科年限，各种措施似乎面面俱

① (清) 严如熤:《三省边防备览》卷11《策略》。参见《三省山内风土杂识》。
② 《清宣宗实录》卷10，嘉庆二十五年十二月壬辰。
③ (清) 严如熤:《三省边防备览》卷11《策略》。
④ 同上。
⑤ 乾隆《平利县志》卷2。

到，何以收效甚微？一是与客观条件相脱节，如科征太急等，其次是政策多变。如起科年限规定，顺治朝定以三年起科，而某些地方，如陕西则定以次年起科。康熙十年（1671），改为三年后再宽一年起科。康熙十一年，再改为六年起科。康熙十二年，谕令户部："嗣后各省开垦荒地，俱再加宽限，通计十年方行起科。"[①]可是，到康熙十八年，又回复为六年起科。康熙二十三年，部分地区仍循三年起科之例。这样变来变去，显然不利垦殖扩展。直到雍正朝，才最终确定升科之例，"水田仍以六年起科，旱田以十年起科，著为定例"[②]。

自乾隆五年（1740）始，清代之垦殖政策有一大刷新，而与人口进山、山区垦殖关联尤为紧密者为垦种山头地角等零星土地免科的政策。作为缓解人口增长导致的民生困难的对策，当年七月乾隆帝发布上谕称：

> 则壤成赋，固有常经；但各省生齿日繁，地不加广，穷民资生无策，亦当筹画变通之计。向闻山多田少之区，其山头地角闲土尚多，或宜禾稼，或宜杂植，即使科粮纳赋，亦属甚微，而民夷随所得之多寡，皆足以资口食。即内地各省，似此未耕之土不成丘段者，亦颇有之，皆听其闲弃，殊为可惜！嗣后凡边省内地零星土地可以开垦者，悉听本地民夷垦种，免其升科。[③]

① 《清朝文献通考》卷2《田赋考二·田赋之制》。

② 《清世宗实录》卷6，雍正元年四月乙亥。参见《清朝文献通考》卷3《田赋考三·田赋之制》，光绪《大清会典事例》卷166《户部·田赋·开垦一》等。

③ 光绪《大清会典事例》卷164《户部·田赋·免科田地》。

对于这道诏谕，我们应该给以足够的重视，在今天看来，它不仅仅是一项普通的鼓励开垦政策，或者是一般的减轻百姓负担的措施，其意义亦不仅仅在于人口进山方面，它蕴涵着一个时代性的转化，这在中国历史上是空前的，当然，乾隆帝主观上未必意识到了。

首先，它是在中国人口空前膨胀即“生齿日繁”的时代背景下，一般意义上的土地垦辟趋向饱和，而民生仍嫌不足的处境中，统治者提出的“变通之计”，尽管此计并非什么“奇策”，而只是注意到了一向被忽略不计的、或被认作不可垦辟的山头地角，孜孜注目于“多辟尺寸之地”，即可多收升斗食粮。但是，这种处境及其对策毕竟是过去不曾出现的。

其次，此一决策对垦殖扩张的影响是深刻的，对中国资源、生态的影响是深远的。千百年间，赋税一直是中国小农（主要是自耕农）的沉重负担之一，它对农业生产、农村经济的影响是复杂的（这里并无否定其存在合理性的意思）。即以清代土地垦殖而论，其影响已足以引人注目。前述招垦之成效不显，新垦田地隐而不报，乃至“小民畏惧差徭，藉绅衿报垦，自居佃户”等，无不与赋税徭役有关。那么，一旦卸掉这个负担，或者说有几类田地不需要承担任何义务，它对农民的吸引力会有多么强烈，恐怕是不言自明的。清代真正扩张性垦殖的高潮（相对于回复前代垦殖规模、垦殖水平的垦殖而言）就出现在乾隆五年（1740）以后，许许多多过去认为无垦殖价值或不宜垦殖的土地在这期间被垦殖为田地，而对山区森林山地的影响尤其深远。这就是各地流民所以涌入山区的奥妙所在。这种状况不由得让人们联想到康熙晚年的“滋生人丁，永不加赋”以及雍正年间的“摊丁入地”等重大举措对清代乃至此后中国社会、经济的影响，而乾隆五年的“山头地角，听垦免科”则足以与其相提并论。

遵照乾隆帝的诏谕，户部很快根据各省的报告和具体情况议定了免科的标准、界限。与秦巴山区相关各省的规定分别是：

湖北所属，山头地角硗瘠之地，止堪种树；高阜之区，止种杂粮；及旱地不足二亩，水田不足一亩者，均免升科。

陕西、甘肃所属，地处边陲，山多田少，凡山头地角，欹斜逼窄，砂碛居多，听民试种，永免升科。至平原空地，如开垦未及升科之年，地或碱卤，许其据实呈报，地方官查勘取结，停种免科。

四川所属，地处边徼，山多田少，田赋尚分上中下三等按则征粮。如上田、中田，丈量不足五分；下田与上地、中地，丈量不足一亩；以及山头地角，间石杂砂之瘠地，不论顷亩，悉听开垦，均免升科。

河南所属，上地不足一亩，中地不足五亩者，均免升科。至高冈砂瘠之地，雨多之年仅有薄收，稍旱即致失望；下湿低洼之地，干旱之年略有收成，稍涝即致荒歉，此等地亩属下等者，毋论丘段亩数，永免升科。①

从中我们可以看到，山头地角类硗瘠之地免科的标准是相当宽泛的，而且是主要的免科土地对象。

陕南山区的招垦政策对流民集聚、土地垦辟的影响就非常显著，特别在乾隆六年的招垦新规定出台之后。在此之前，由于政策不明确，优惠措施不力，招垦的成效较差。直到乾隆五年，仅商州一地还有 3 万余亩可垦隙地荒废。“荒地一经垦熟，即有豪强告争，

---

① 光绪《大清会典事例》卷 164《户部 · 田赋 · 免科田地》。

愚民畏惧争讼，则预行退缩，是以长年抛弃。”[①] 后经巡抚张楷等奏请户部议准：陕南无主荒地，官为插标招垦，给照为业。本地人力无余，准许邻近无业之人承垦，给照领业之后，即编入土著保甲。有主荒地，本主自认无力开垦的，定价招垦，亦给垦户执照为业。所垦土地，根据具体状况，分别以3、4、5亩折正1亩，10年后起科。为防止包占，平衍易收之地，每一壮丁准垦50亩；沙石难收之地，每一壮丁准垦100亩；一家中父子兄弟均系壮丁，可酌量加增。[②] 此后，陕南山区便迎来了一次流民集中垦殖的高潮。

值得特别注意的是，为解决人口少、劳动力短缺问题，除了人们较为熟知、且经常提到的招徕之举外，亦有采取各种措施以加快本地人口自然增殖的对策，今见最典型的例证是陕南山阳县。康熙三十年（1691）前后，山阳在知县胡范、秦凝奎任职期间，先后颁行过多道有关条例、告示，其中，《广生示》一道颇引人注目。该示之目的即“培植男女婚姻、以蕃生齿、以广户口”，共有针对性地提出了十条措施，其中除“善安插流移”和“禁止本地移徙”二条外，其余皆围绕促成婚姻来达到加速人口自然增殖之目的。主要如“禁止抛溺女孩”，“（结婚）男女（双方）年纪宜均”，“禁无故鬻妻”，“男女禁度僧尼、禁止鬻卖”，“婚姻门户宜均”，“生女不许轻配远地”，“联结异县居民（婚姻）”，“孀妇各宜自审”等。这些措施或为了“将来男子可少旷鳏”，或为防止“阴阳违时，生育不广”、“男女虚耗，生齿无出”、“男多鳏身，户口无出”。为了及时生育、多生育，告示特别提出男女应“早订婚姻结束，无令虚度岁

① 《乾隆六年七月初八日吏部尚书纳亲等题》，《户部抄档·地丁题本·陕西四》。见彭雨新：《清代土地开垦史资料汇编》，第333—334页。

② 参见乾隆《直隶商州志》卷6《田赋志》；《清高宗实录》卷146，乾隆六年七月壬申；卷172，乾隆七年八月丁亥；光绪《大清会典事例》卷166《户部·田赋·开垦一》等。

月”；反对晚婚。因为“女年长大不为纳聘，卒之草草定婚，而男女两造暮年，生嗣无几，即就木焉”。更有甚者，不惜一反理学教导，鼓励寡妇改嫁。告示称：“妇女丧夫，自矢守节，朝廷所重。但有家贫无嗣，一时意见，亦欲守志，究之不能终其事，反蹈失身之丑。不若自揣身分，或于周岁之后，满服之年，听公姑改嫁，则不惟衣食有托，而实生嗣可广。”[①]

（二）乾隆朝流民进山的高潮

在秦巴山区，小规模或零散的人口流动从来就没有停止过，明清之际的战乱时期亦是如此，甚或为躲避战火而更加频繁。长时段考察该区域的人口流动，有必要区分两种不同类别，一种是该区域内的流动，如人口在陕南、鄂西北与川东北之间的相互迁徙、流动，以及更小的行政区划之间，如陕南区内汉中府与安康府（兴安府）之间、川东北区内夔州府与保宁府之间、鄂西北区内郧阳府与宜昌府或襄阳府之间的流动。另一种则是该区域与区域外其他地区之间的流动。

在流民原居地区的推力和秦巴山区客观上的引力以及主观上的号召力等多种力量的作用下，继明代之后，秦巴山区又一次成为四方流民集聚的中心之一。在第一阶段中，零星的流民进入山区早就出现，甚至可追溯至顺治年间。康熙初年，张德地经陕南历川北赴川抚任，“闻有川民避难汉中，即出示招徕，遂有杜文秀等一百一十五名口见臣告示，赴臣禀控，皆愿归还故里……备察流移之众，秦中最多，楚、滇、黔亦有”[②]。在社会环境尚未安定之时，山内各州

① （清）秦凝奎：《广生示》，康熙《山阳县初志》卷5《艺文志》。
② 康熙《四川总志》卷10《贡赋》，转见彭雨新：《清代土地开垦史资料汇编》，第366页。

县间的人口流动同样存在，非止山外流民进入山区一种情况。汉中龙江乡谭氏就是这样："原籍系湖北郡，国初播迁于汉，居郡城之北郊……不数年复迁于兹，乃定厥居。"[①] 表明即使较早进入的流民也有在山区落居下来的。

康熙晚期，已见有较具规模的山外流民进山。康熙《西乡县志·招徕始末》记载，有湖南郴州桂阳县宁如先等，康熙五十一年（1712）自四川辗转落居陕南西乡县，然后回湖南家乡接取家眷，并在家乡联络了55户，男女约600人迁往陕南。又有湖南永州府零陵县陈咸亨等，亦已在西乡县获得土地，承顶钱粮，于康熙五十三年回乡接取家口，亦同时招集有本地流民数百口。这两拨流移千余口尽管分别被湖广以违例为由而拦截，但却反映出这个时期流民进入山区的趋势，估计仍有流民未被拦截而进入山区。其他地方志中亦有反映。康熙《山阳县初志》云：

> 鼎革以来，邻境之民有垦荒占籍者，有顶粮入版者，有招亲替户者，五方杂处。
>
> 阳邑林峦什袭，物产岂乏？胡邑人智力不施，弃货于地，而令牟其利者皆外地人哉！[②]

流民的落居及其经济活动引起修志者的高度关注，表明流民的数量、地位皆已不可小视。

乾隆年间，流民进入山区形成了一次高潮。处于山区东部的商州，在乾隆七年（1742）时人口已有较大幅度增长，达到了19197

① 光绪十九年刊《新建祠堂碑》，见陈显远编：《汉中碑石》，三秦出版社1996年版，第349—351页。

② 康熙《山阳县初志》卷3《风俗》、《物产》。

户，174531 口，其中便有不少是流民落居的结果。[①] 其后，流民集聚益多。在商南县，“乾隆二十年后，江南安庆数县人襁负迁商，爰得我所，闻风兴起接踵者日益众，此商南有‘小太湖’之名矣”[②]。在雒南县，“乾隆二十年以后，始有外来流民向业主写山，于陡陂斜岭之间，开作耳扒、木筏，追扒筏罢后，或种包谷，或种苦荞”[③]。“乾隆初，中干山南老林未开，土地荒芜。及四十三、四等年(1778—1779)，安徽、两湖数省屡被灾祲，小民流徙，络绎前来，多散布于山谷间，渐次开垦，安然乐业，遂成土著。”[④] 乾隆晚期，王昶路经商洛山中，至商南县普谷河，见“河崖二百余家，多楚豫及皖人。明季商洛为贼薮，居民俘戮殆尽，故远方无业者来此垦种”。而雒南山区亦已得相当程度开发，呈一派繁荣景象，“山势迤坦，高坡下陇皆植高粱、苞谷、荞麦、蘼子，人烟相望”。他还就山阳境内流民垦山留下了宝贵的记录：

> 自（商）州而东南，峰峰互抱，中通一线，石骨立无肤，如锯断，如斧削，树益荟蔚丛密，仰不见天日，深红浅绛，微黄浓绿，俨一副锦绣步障。远人来种山者，先燔其树而倒之，故枯槎焦卉，攲侧岩谷。[⑤]

著名学者、乾隆年间长期巡抚陕西的毕沅，多次言及陕南的流民状况，其《陕省农田水利牧畜疏》称：“汉中、兴安、商州各府州属，

① 乾隆《直隶商州志》卷 6《田赋志》。
② 民国《商南县志》卷 2《风俗》。
③ （清）何树滋：《禀恳山地免升科》，见嘉庆《山阳县志》卷 12。此文为何氏乾隆五十一年(1786) 在雒南知县任上的通禀稿，被收入其修纂的《山阳县志》中。
④ 光绪《雒南县乡土志 · 人类》。
⑤ 皆见（清）王昶：《商洛行程记》，收于《小方壶舆地丛钞》。

延亘南山，水土饶益，迩年楚蜀陇豫无籍穷黎，扶老携幼前来开垦者甚众，但疆里绵邈，高原下隰，闲旷尚多，乾隆四十三、四等年，两湖偶被灾侵，小民流徙，络绎前来……分令就地开荒，男妇不下十余万人，俱得安然乐业，遂成土著。”[①] 其《兴安升府奏疏》又云：

从前俱系荒山僻壤，土著无多。自乾隆三十七、八年（1772—1773）以后，因川楚间有歉收处所，穷民就食前来，旋即栖谷依岩，开垦度日。而河南、江西、安徽等处贫民，亦多携带家室，来此认地开荒，络绎不绝，是以近年户口，骤增至数十余万，五方杂处，良莠错居。[②]

在洵阳县：

今流寓日多，大抵皆荆扬之人也。舍沃壤而趋硗土，伐木栖山，刀耕火种，岂其情哉！荆扬之乡视南山诸州邑不为狭，特为生齿日繁，口分之田，豪强兼并，较之南山诸州邑土广人稀则狭矣。而又宾至如归，主无欺客，故轻出其乡而不恤也。[③]

这里明确指出了引起人口流移的两个主要因素：“生齿日繁”，“豪强兼并”，应是切中要害、很有见地的。

在紫阳县，乾隆中期就因流民大量进入而发生众多的土客纠纷，时人有“紫阳地方，山深境僻，籍混人多，认地开荒，欺扰土

① （清）贺长龄等：《皇朝经世文编》卷36《户政十一》《农政上》。
② 乾隆《兴安府志》卷25《艺文志》。
③ 乾隆《洵阳县志》卷11《风俗》。

著，逞刁健讼，遇事风生”[①]之说。乾隆三十五年在任的县令张志超，即以调处土客关系而政绩显著。他认为：“一邑之荒地渐开，四方之穷民攸赖，况兹扶老携幼移家就食，土人固虞其欺扰，而有司何忍其流离？”[②]但是，远人新来，必须具结编入保甲。汉中府属西乡县之大巴山区也是“自高宗（乾隆）三十年后，川、湖、两广生齿日繁，人稠地窄，来南山开种者日益众”，随之有诸多川湖会馆的修建。[③]

民间遗存下来的反映移民时间的碑石也反映着上述过程。道光二十六年（1846）刊立西乡县《王维才与妻合葬墓碑》：

> 昔我祖籍，乃黔阳平越府余庆县、小地名水漩江人也。自乾皇年间，始迁来秦地，至今五辈人也。吾父落于西邑上高川龙洞河，克勤耕培。[④]

道光三十年刊立西乡县《陈克相妻黄氏墓碑》：

> 吾父讳克相老大人，祖籍广东嘉应州程乡人，于乾隆四十一年（1776）自粤迁秦，卒则葬于石泉县之熨斗坝。[⑤]

同治十一年（1872）立西乡《王维智夫妇合葬墓碑》：

---

① 参见《邑令张志超禀复毕中丞饬查寄籍讼棍匪类由》，光绪《紫阳县志》卷1《地理志·险要》。
② 《紫阳邑侯张公德政碑记》，见光绪《紫阳县志》卷8《艺文志》。
③ （清）马允刚：《川湖会馆记》，见光绪《定远厅志》卷25《艺文志》。
④ 陈显远编：《汉中碑石》，三秦出版社1996年版，第278—279页。
⑤ 同上。

父原籍贵州平越府鱼庆县河江里，小地名水漩江人氏，母系四川绥定府大竹县汪家坝，小地名兴隆湾人氏……我父母于乾皇年间迁秦，辛勤置业于西乡县上高川罗拐沟。[①]

同县光绪十三年（1887）立《何太喜夫妇墓碑》：

昔吾祖籍系湖南辰州府沅宁县大黎树人氏，乾皇年间自楚至秦，迁驻佛坪东石门之地，至嘉庆又移本邑上川狮子坪，小地名锅厂立业。想祖父生儿父兄弟六人……（道光）二十八年，兄弟六人，此时丁盛人繁，分居另迁，儿父阄占周家坝。[②]

道光二年的平利《洪永容墓志》云：

原籍湖南衡阳，祖元忠，于乾隆九年（1744）乔迁平邑连仙河口。[③]

又，嘉庆七年（1802）立平利《洪朴避难记碑》亦云：

朴，平邑人也，祖居湖南衡阳。乾隆九年来邑，家东乡连仙河口。[④]

嘉庆五年立《白河重修东岳庙碑》：

---

① 陈显远编：《汉中碑石》，第315页。
② 同上，第344页。
③ 张沛编：《安康碑石》卷4，三秦出版社1991年版，第124—125页。
④ 张沛编：《安康碑石》卷3，第101—102页。

太皇在位之十五年（1750），予先君廉正公讳泽本，字中也大人，偕予兄长亿口、次亿亮□□□□□□自楚之秦，建业于白河县圣母山。四顾峰峦，茂林奥草，时逢六月，不知其暑。[①]

嘉庆四年立白河《马光显夫妇墓碑》称：

公讳光显，字元谟，康熙辛丑年（六十年，1721）十二月初三日午时生于湖北武昌府蒲蕲（圻）县黄龙街皂角村，幼而贫乏，于乾隆十五年（1750）由楚入秦，随山刊木，筑室于白河南乡南岔沟白果坪而创业焉。[②]

乾隆四十一年立紫阳《陈亮远夫妇墓碑》：

原系湖广武昌府武昌县今（金）牛镇马八里河田港民籍陈士胜家，于乾隆十一年徙居陕西兴安州紫阳县洞河口落业。[③]

乾隆五十五年腊月立砖坪《叶仁安夫妇墓碑》：

生于楚北通山邑，欢欣移居至秦境，生于康帝五十五（1716）……殁在乾王庚戌（1790）春，安葬此处平利境，木马河尾小地名。[④]

---

① 张沛编：《安康碑石》卷3，第99—101页。
② 同上，第98—99页。
③ 同上，第82页。
④ 同上，第89—90页。

同治五年（1866）立汉阴《涧池王氏后裔请鉴祀典禀词及汉阴抚民分府批示碑》：

如生族者，祖籍衡南。乾隆初年，曾祖昆季十余人，自楚来陕，卜居治城路涧池铺，耕读治家，勤俭励己。[①]

光绪三十四年（1908）立紫阳《钟资万墓碑》：

资万钟老太翁，湖北崇阳籍。幼随父来紫，创业营居，慷慨有大志，素为桑梓所尊。嘉庆初，教匪窜境……[②]

道光二十九年（1849）的洵阳《祝方厚墓志》：

先世安徽安庆宿松县人也……府君生于乾隆十七年(1752)壬甲岁九月初三日子时，甫五岁，随大父集成翁由宿迁郧西，遂家焉。[③]

此墓虽在洵阳，而墓主自安庆流迁落居地实为郧西。其他如白河《焦文展夫妇合墓碑》、洵阳《徐盛泰墓碑》、安康《胡焕堂先生暨得配陈孺人合葬墓志铭》、安康《罗着臣墓志铭》等，记述焦氏自荆北迁居白河、徐氏自镇安迁居洵阳、胡氏自皖南迁居安康、罗氏自湖南浏阳迁居安康的时间，皆在乾隆年间。[④]

---

① 张沛编：《安康碑石》卷5，第234—235页。

② 张沛编：《安康碑石》卷6，第351—352页。

③ 张沛编：《安康碑石》卷4，第170—172页。

④ 李启良等：《安康碑版钩沉》，陕西人民出版社1998年版，第56—57、108—113页。

有关家谱中亦有大量人口迁移资料可以说明上述问题。陇西堂《李氏宗谱》载：清朝乾隆至道光年间，该族第十一世至第十三世中，先后有如瓒、如光、如万、如珩、如有、如燔、如德、如刚、如方、如琅、如冯、如清，必志、必义、必照、必光、必英、必寿、必明、必庚、必廉、必序、必庆、必贵、必高、必华、必荣，世章、世友、世荣、世槐、世富等数以十计的家庭，自湖北武昌府咸宁县迁往陕南山区的白河、洵阳等县，其子孙繁衍甚多。

又据考亭堂《朱氏宗谱》记载：咸宁朱氏自十四世至十五世后代中，先后有明作、文林、祯方，正智、正名、正策、正治、正都、正俊、正仕、正韬、正垣、正宗、正曜、正武、正友，新榜等数十人，于康熙末年至乾隆间迁居陕南山区的商南、镇安、白河等地。

其他如青莲堂《李氏宗谱》、宝善堂《熊氏宗谱》、彭城堂《金氏宗谱》、南阳堂《韩氏宗谱》、汾阳堂《郭氏宗谱》、友爱堂《赵氏宗谱》、十思堂《魏氏宗谱》、垂远堂《柯氏族谱》以及《何氏宗谱》、《杨氏宗谱》等，都载有较多的人口迁移资料，迁移时间以清朝乾隆年间最为集中，而陕南的商州、商南、镇安、白河、洵阳、平利等州县则是迁居的主要空间。

秦巴山区的族谱亦从来源上反映出流移集聚山区的状况。如陕南山区商州属的《田氏家谱》、《余氏族谱》、《李氏族谱》、《陈氏续修家乘》、《彭氏家谱》等等。

陕南之外，鄂西北、川东北山区在康熙、雍正年间流民已落居较多的基础上，乾隆年间仍持续有流民迁入。郧阳府属自不必说，乾隆末年，章学诚修《湖北通志》，其《食货考》对各地风土习俗均有概括，论及鄂西北时指出：“郧阳多山，往昔居民颇少，近迁入者众，郧阳开垦水田，多外来人，衣食自裕。”房县亦是“少土著，多新迁者”。[①]新设宜昌地方接纳的流民数量相当可观。史有“自设府以后（雍正十三年，1735），流庸浮食者众，五方杂处，风俗大变，井邑十倍其初”之说。[②]川东北山区在众所周知的“湖广填四川”人口运动中接纳了数量相当可观的流移人口，严如熤《三省山内风土杂识》云：“川北、川东风土与汉南相近，自明以来，荆襄流民即聚此数郡之间。明末遭张献忠杀戮之惨，遗民所存无几。承平既久，民多外省搬入，而湖广之人尤多，以其壤地相连，易于搬移也。”与陕南邻近的地方，陕西人迁居者亦复不少。如广元县，“献贼蹂躏后土著者少，其四方侨寓者率皆秦、楚、吴、粤之人”[③]。陕西人似乎比楚人还多。当然，不可绝对、静止地加以断定。对四川接纳流民的情况，论者已多，在此从略。

关于流民进入山区的情况，乾隆年间著名的监察御史钱澧，曾据自己的亲见专门赋诗记述其事，《赴随州》诗云：

> 仲冬凛凛宵何长，欲鸣不鸣鸡冻僵；起驱羸马不识路，募人为导心怅惶……蹭蹬觉及二十里，渐有来人啾道旁；或负或担步或坐，或持儿女扶爷娘；东南回首觊出日，晨风吹破单衣裳；心怪不敢前致讯，后来益众辞何伤；江湖本自有家业，男躬耕稼妻蚕桑；不关官吏有驱迫，不关水旱为灾殃；百年生息人渐满，土毛不复供填肠；闻溯襄郧上沔汉，广谷呀豁山昂藏……编篷作居地无税，高下随力堪垦荒；疏引水泉拒雀鼠，一亩数斛黄赤粱；人生所愿适乐土，终然惜汝轻去乡；祖宗坟墓寄谁所，谁供麦饭酬椒浆；况彼水土既未习，疾病医药求谁良；谁为相

---

① （清）章学诚：《湖北通志检存稿》卷1《食货考》。

② 同治《东湖县志》卷5。参见同治《宜昌府志》卷11《风土志》。

③ 乾隆《广元县志》卷7《风俗》。

> 保谁相爱，相恤寇盗周婚丧……云色渐低碎雪落，饥火内发烧难当；嗟汝昨夕止何所，蓐食岂辨茶与汤；至此时腹岂犹果，岂皆血气如我强；观汝菜色无老少，沾襟血泪倾淋浪；且得无作沟中瘠，后日生事堪徐商……①

钱澧途中所遇，显然皆为失去本籍生计的贫民。“百年生息人渐满，土毛不复供填肠”之语尤其发人深思，尽管“不关官吏有驱迫，不关水旱为灾殃”不无为当时政治开脱之嫌，但人口的急剧增长是导致大量流民产生的重要因素却无可否认，乾隆以后更是这样。我们相信，进入山区的流民，大多数属于这种状况，即迫于生计，不得不背井离乡，历尽千难万苦，奔向他们希望中的“乐土”。他们心目中的秦巴山区，“广谷呀豁山昂藏”也好，“编篷作居地无税”也好，“高下随力堪垦荒”也好，与我们前面分析的秦巴山区之吸引力是基本一致的。

三、嘉庆白莲教战争与山区人口

（一）战乱中的人口损失

嘉庆初年，秦巴山区爆发了对清王朝统治影响重大的白莲教起义，战乱致使流民入山的过程一度中止。从特定的意义上讲，白莲教起义所以在秦巴山区爆发，与前此大量流民集聚、落居山区不无关联，而起义及其被镇压，又成为引发新一轮流民入山高潮的契机。

白莲教战争后，山区人口锐减。史称陕南“自白莲教乱，富者

---

①（清）钱澧：《钱南园遗集》卷2。

去而之他，贫者流而为匪，川楚无业之徒纷纷前来，开荒种地”[①]。川东北“民间既戾于贼，复扰于兵，奔窜流离，千村荆棘”[②]。由于白莲教起义规模虽大，持续时间亦长，但最终并未导致改朝换代，也许正因为如此，不少文献对战乱中的人口损失记述语焉不详，更少刻意渲染。然而，持续近十年之久的战乱中，作为战争主战场的秦巴山区，人口损失是相当严重的。

具体言之，人口损失来自两个方面。其一是被镇压的起义者的牺牲。由于参加起义队伍的绝大多数是山区内的各种居民，因此，历经十年之久的镇压起义过程，其实在很大程度上就是对山区那部分特定居民的屠戮。其二是镇压起义过程中镇压者的牺牲。众所周知，由于八旗、绿营军队的腐化，战斗力下降等原因，由当地人组成的乡勇、团练担当了镇压白莲教起义的主力，而且，清代兵制决定了不少地方的驻军亦主要由当地人构成。也就是说，白莲教战争中，交战双方牺牲的都是秦巴山区的人口。至于战乱过程中被交战双方所杀害的一般百姓，更勿论也。

受资料限制，被镇压者的牺牲尚难有具体数字统计，仅以部分州县方志所载，示镇压者一方牺牲的数字之例如下：

同治《郧西县志》卷13《人物志 · 武仕》云：“嘉庆初年，白莲教乱作，其间效力疆场者指不胜屈。”据嘉庆《郧西县志》卷4的不完全统计：嘉庆初年战乱中阵亡1464人，其中包括生员9人，军功12人，卡首18人。

同治《保康县志》卷3《祠祀》载有昭忠祠，所祀皆嘉庆初、咸丰初战乱中的殉难者，以嘉庆初年的占绝大多数。仅据载有姓名

① （清）卢坤：《秦疆治略》。
② （清）吴振棫：《养吉斋余录》卷5。

者计，死于嘉庆初年战乱者有，官员 7 人，生员 24 人，另有各种职衔者 19 人，其他兵勇 2122 人。

同治《竹山县志》云："竹邑于嘉庆元年（1796）贼匪滋扰，其从征血战及遇贼不屈而死者，至今凛凛有生气焉。"又云："嘉庆元年二月贼陷城治以后，接年打仗阵亡及遇贼不屈，死者不可胜计。其姓名可考者悉记之。"[①] 按名而稽约计 2085 人。同书所载《列女》中，亦多嘉庆战乱中殉难者。

同治《郧县志》卷 8《人物 · 忠节》载：嘉庆间战乱中阵亡外委以上军官（本县人）38 人，兵丁 322 人，阵亡义勇 1188 人，死难 71 人。妇女尽节者众，不计。

据光绪《均州志》卷 11《忠义》，嘉庆年间御教匪阵亡者，仅入祀昭忠者（未计营兵）有生员 6 人，勇目 9 人，乡勇 536 人。殉难民人及殉难妇女亦未计在内。

嘉庆《达县志》卷 17《祠庙》载：昭忠祠入祀嘉庆战乱中阵亡官员 32 人，生员 16 人，达县籍兵丁 51 人，典史 2 人，乡约 5 人，团勇 363 人，良民 234 人。自缢良民 3 人，烧毙良民 20 人，共计 726 人。

白莲教战争中，参战的乡勇人数众多，伤亡程度严重、数量可观。光绪《太平县志》载："是年（嘉庆二年）川省重兵分入陕楚剿贼，川中之兵不敷调遣，以乡勇继之。太平随征各路乡勇，生还者仅数十人，余皆打仗阵亡，湮没无考。"[②] 全县入祀昭忠祠者，不计官员、兵丁，仅乡勇、绅民等就多达 4700 余人，在各县中是较多的。县人袁大统，由原籍湖南辰州迁居而来。父子 7 人皆善猎，枪无虚发。嘉庆初年的白莲教战乱中，7 人俱充乡勇，随军作战，先后

---

① 同治《竹山县志》卷 21《忠烈》。

② 光绪《太平县志》卷 5《武功》。

阵亡。同书卷8《列女》中，嘉庆初年战乱殉节者亦多达883人。

普通百姓无论参战与否，如果村寨被破，生命损失无可避免，甚或损失惨重。很多是一家、一门甚或同村同时遇难。如保康县，“罗文海，邑庠生。嘉庆元年二月贼起，文海纠弟文润、侄武生光华、族人文潜、文涧等，携家属登寨固守，未几贼群至，文海等战没，寨破，阖家男妇四十七人俱死”。“周之珩，邑人，偕其子生员锡禄、兴畹，兴畹三子谟、毅、寅，男女共十三口，同时殉难。”[①]

（二）白莲教战后的流民进山高潮

清代人口经历了所谓“康乾盛世”间的空前增长，人口与土地的矛盾愈益尖锐，加之兼并因素的作用，越来越多的人被排斥在土地之外，而不得不到新的领域或新的空间寻求生计，流民潮几乎成为腹地各省的普遍现象。与前一阶段相比较，除了秦巴山区本身的吸引力之外，山外存在广泛的、充裕的流民来源这一因素起着更为重要的作用。与此同时，清政府面对战乱后的现实，在山区推行更为明确的开放、开发政策，嘉庆四年（1799）、五年先后有数道诏谕敦促山区推行垦辟，其一称：

> 总之，有恒产方有恒心。或将查出叛产及被贼难民绝产，量为分给；或于旷闲地方，如南山老林等处可以耕种之区，拨给开垦。数年之内，免其纳粮。俟垦有成效，再行酌量升科，庶各安本业，不致复怀反侧。[②]

---

① 同治《保康县志》卷5《人物·忠孝》。

② 《清仁宗实录》卷61，嘉庆五年三月丁卯。

其二则称：

陕西南山老林一带，山径僻杂，延袤广远。与其置之空闲，莫若酌为经理，安置难民，务令得所。将山内老林，量加砍伐，其地亩既可拨给流民自行垦种，而所伐材木即可为建盖营廨、民庐。设良吏、行保甲以实心经理……而失业流民，日久即可作为土著。[①]

尽管始初是以安辑山内难民、流民为主要目的，但并不阻止且无法阻止山外流民闻讯前往。因此，第二阶段流民入山的势头较第一阶段更为迅猛，规模也更大，人数更多。对于这一过程，严如熤、卓秉恬、卢坤等人有引人注目的记述。[②]据《三省山内风土杂识》记载：

流民之入山者，北则取道西安、凤翔，东则取道商州、郧阳，西南则取道重庆、夔州、宜昌，扶老携幼，千百为群，到处络绎不绝。不由大路，不下客寓，夜在沿途之祠庙、岩屋或密林中住宿，取石支锅，拾柴作饭。遇有乡贯，便寄住，写地开垦，伐木支椽，上覆茅草，仅蔽风雨。借杂粮数石作种，数年有收，典当山地，方渐次筑土屋数板，否则仍徙他处，故统谓之棚民。

有一首《紫阳县赋》这样形容流民进山："乃有人远千里，程计五旬，萍踪偶契，鱼贯相因，依瓜葛而叙旧，借水火以比邻。梦里乡

① 《清仁宗实录》卷63，嘉庆五年四月己丑。参见同书卷53，嘉庆四年十月戊戌谕。
② 这些记述较多为研究者引用，但有一点必须明确，即卓秉恬、卢坤记述的多为嘉庆、道光时期的流民状况，用来说明乾隆以前的情况是不合适的。

关，悲故园之渐冷；山中流寓，乐异地之逢春……”[①]随着山区人口的增长，越到后来进山的流民，其落居地点越深入山区，海拔也越高。他们的到来，不仅改变了山区的人口密度，而且也改变着山区的人口分布。

《秦疆治略》对道光初年陕南秦巴山区各州厅县的土客人口状况多有记述，反映着嘉庆白莲教战争后山区外来流民落居的情况，特选录于下：

> 西安府宁陕厅：跬步皆山，居民五方杂处，土著者仅有十分之二。
>
> 盩厔县（今周至县）：向来皆是老林，树木丛杂，人迹罕到。自招川楚客民开山种地，近年各省之人俱有。虽深山密箐，有土之处皆开垦无余。道光三年查明山内客民十五万有奇。
>
> 商州镇安县：跬步皆山，土著者不过十之一二，客民十之八九。依山结庐，星散而处。
>
> 雒南县（今洛南县）：四境皆山，平原甚少。山内皆系川楚客民开垦地亩。
>
> 山阳县：地方幅员辽阔，处处皆山，与湖北郧西交界。向来树木丛杂，人烟稀少，不过一万余口。近则各省客民渐来开山，加至十倍之多，五方杂处，良莠不一。
>
> 商南县：跬步皆山，惟客民过多，五方杂处。
>
> 汉中府定远厅：川人过半，楚人次之，土著甚少。
>
> 留坝厅：土著民人甚少，大半川楚安徽客民，均系当佃山地，开垦为生。

---

① 民国《紫阳县志》卷2《建置志》。

南郑县：在汉江以北者，称为北坝，人民土著居多。自汉江以南，亦系平原，称为南坝，多系四川、湖广、江西等处外来客民佃地开荒。

凤县：新民甚多，土著稀少，多系川湖无业游民佃地开垦，杂聚五方。

兴安府安康县：北乡皆崇山峻岭，土地瘠薄，土著流寓参半。

砖坪厅：土著民少，客户民多。

平利县：民人多系楚蜀迁居之户，全赖开山种地以资生。

白河县：境内四面皆山，外来佃种者十居六七，率多争佃踞庄。

石泉县：自白莲教乱，富者去而之他，贫者流而为匪，川楚无业之徒纷纷而来，开山种地，肆其刁悍。

秦岭北麓及秦巴山区周边部分州县的人口构成状况亦可资佐证。①

蓝田县东西北三乡皆为平原，但其南乡系崇山峻岭，与新设之孝义厅、商州、雒南、镇安等县毗连，“犬牙相错，且有远至二百里以外者，江楚客民殆居大半，虽无开设木厢铁厂处所，佃地佣工之辈来去靡常，每易潜藏匪类……至南山一带，老林开空，每当大雨之时，山水陡涨，夹沙带石而来，沿河地亩屡被冲压……”

华州在雒南之北，其南部“南山崇岗叠嶂，已往居民尚少，近数十年，川广游民，沓来纷至，渐成五方杂处之区。该民租山垦地，播种苞谷，伐木砍柴，焚烧木炭，均属有业可安”。

---

① 亦据（清）卢坤：《秦疆治略》。

长安县：南界镇南县，“南乡……山内川楚客民开垦山地，良莠不一，宜严行保甲，时常抽查……”

周至县：“向来皆是老林，树木丛杂，人迹罕到。自招川楚客民开山种地，近年各省之人俱有。虽深山密箐，有土之处，皆开垦无余。道光三年查明山内客民十五万有奇，兼有大木厢三处，板厢十余处，铁厂数处。供厢之人甚夥，其中良莠不齐，稽查匪易，惟有严行保甲，慎选乡正，时常抽查，方保无虞。又须广为储积，一遇荒年，即赈济平粜，不然，十余万之众，难保不滋生事端。”

岐山县：“地近南山，土著与寄居习气不同……南乡有纸厂七座，厂主雇工均系湖广四川人，往往藏匿匪徒，且路通南山，稽查尤宜严密。”

宝鸡县：“南界凤县一百三十里……西南一百里至黄牛铺即系栈道，重山叠嶂道路崎岖……山内多系川楚贫民佃种山地糊口，缘山内砂石多而土少，各就有土之处垦种，即于其处结茅栖止，零星散处，迁徙无常，尚属安分，并无强梁自逞之徒。境内向无木厢，止有柴厢十四处，纸厂三处，其资本俱不甚大，工作人等亦属无多，皆极安静。”

眉县：“南至八渡河，当太白老山，地俱苦寒，人烟稀少，编户十八里。道光三年查明男女大小共一十一万五千余名口，而山内仅六千余口，且住址俱近山口，半多邻境居民，川湖客民十只一二，稽查甚易。斜峪口内有小柴厢二座，营头口内有小柴厢八座，汤峪口内有小柴厢二座。每处工匠至多不过十余人，尚不滋事。地方风俗淳厚，词讼甚少。士习亦端，皆能读书明礼，号称易治。”

陇州：西南二乡大半川湖客民，开垦山地，零星散处，依山结庐。

约自嘉庆朝中后期至道光朝后期，秦巴山区的人口有过一个持续大幅度增长阶段。

四、山区人口的增长及结构

大量流民进入山区落居，亦可以从各地的人口构成、增长状况中得到证明。嘉庆十七年（1812）刊《汉南续修府志》称：汉中府“土著无多……所云老民不过元明、国初，若新民则数十年内侨寓成家。南、褒、城、洋、沔平坝之中，老民尚多，南北两山及西、凤、宁、略、留、定之属则老民十只二三，余均新民矣，新民两湖最多，川民亦多。次湖籍则安徽、两广，次则河南，贵州间亦有之”①。《三省山内风土杂识》则称：“川陕边徼，土著之民，十无一二，湖广客籍，约有五分，安徽、河南、江西之民约有三四分。”而湖北郧阳府属亦是“流寓多而土著少”，“旧志谓陕西之民四，江西之民三，山东、河南北之民一，土著之民二。今则四川、江南、山西亦多入籍，亲戚族党，因缘踵至，聚族于斯”②。郧西县“迩者五方杂处，山西、陕西、河南、江南、湖南以及本省之武（昌）、汉（阳）、黄（州）、襄（阳）各属州县，锄山稞地者接踵而至”③。竹溪县则又不同，“陕西之民五，江西之民四，山东、河南北之民二，土著之民二。今则四川、江南、山西、广东、湖南，本省武昌、黄州、安陆、荆、襄之人亦多入籍”④。川东北接壤陕、楚的大宁县，“为蜀边陲，接壤荆楚，客籍素多两湖人，风尚所习，由来久

① 嘉庆《汉南续修府志》卷21《风俗》。

② 同治《郧阳志》卷1《风俗》。

③（清）张道南：《营制说》，见同治《郧西县志》卷18。此说作于乾隆三十六年（1771），乾隆《郧西县志·武备》亦有类似记载：“自上津西南至两岔滩塘一百四十里，又一百二十里夹河关塘，三十里为大黄沟塘，均临汉水，山水要害，向来人烟稀少，如此巡防亦觉周密。迩者五方杂处，各省各府锄山稞地接踵而至。夹河一塘又与陕之白河连界，刁徒匪棍允萃渊薮……”

④ 同治《竹溪县志》卷14《风俗》。

矣”[①]。太平厅所辖周围3000余里，界连陕省，“近年开垦日广，客户增多”[②]，道光二年（1822），分拨厅属七、八、九三保增设城口厅。达县“自兵燹之后，土著绝少，而占籍于此者，率多陕西、湖广、江西之客，业已五方杂处，未免各俗其俗”[③]。“川省无土著之民，五方杂处，其性轻于去就。”[④]

以上的引述向我们表明：秦巴山区的人口构成中，外来流民占绝对多数，特别是分布在山地的人口，更是如此。同时，记载中提到的流民来源，籍贯有四川、湖南、湖北、陕西、江西、江南、山东、山西、河南、广东、广西、安徽、贵州、福建、浙江、甘肃、河北等，已涉及全国大部分地区，与明代相比较要广泛得多。有的县一县中的人口来源就涉及十数省区。如鄂西北郧西县：

> 按人户以籍为定，迁流移徙出于不得已，必至期乃入其籍。西邑之民于省则陕西、山西、河南、四川、山东、江南、浙江、江西、广东、福建，俱有其人；于郡则襄阳、荆州、安陆、德安、武昌、黄州，俱有其人。五方杂处，其中淳良者固多，刁顽者亦不少，所以讼狱日滋，案牍之繁较之从前加十倍焉，而户口按籍称为老户，觇其生息权其力征，重邦本也。[⑤]

又如陕南宁陕厅：

> 统计烟户大约楚蜀人居十之五六，江南、江西、山西、河

---

① 光绪《大宁县志》卷1《风俗》。
② 道光二年川督蒋攸铦等奏疏，光绪《太平县志》卷2《沿革》。
③ 嘉庆《达县志》卷19《风俗》。
④（清）龚景瀚：《坚壁清野议》，嘉庆《达县志》卷46《艺文志》。
⑤ 乾隆《郧西县志》卷5《赋役》。

> 南、两广人十之二三，土著者十之一二，最少者山东、直隶、浙江、甘肃数省耳。①

两县流移民来源皆多达十省以上。因此，可以说，清代的流民迁徙已形成全国性的人口运动，因人口流动而造成的影响也是全国性的，尤其流移民集聚的秦巴山区，受到的影响更为广泛、深刻。

不过，若就秦巴山区整体而言，所谓客民、棚民、流寓的来源仍然是以两湖、四川、陕西、江西等省为主，其间有省内的人口流动，但更多的是省际间的流动，而三省间人口的交叉流动非常显著，引人注目，即陕南山区流民以湖广为最多，四川亦不少；鄂西北流民则以秦人为多，江西次之；川东北流民又以楚、陕之人为多。但是，必须明确的是，三省间的交叉性人口流动，绝非局限在秦巴山区范围内的人口循环，而是以山外流民迁徙入山为主体的人口运动。

人口来源构成的空间差异，若进一步具体到府一级言之，同样可以找出各府在流移来源方面相互间的差异。如陕南的汉中、兴安、商州三府州，“兴汉两郡民情土俗大致相同，汉则川民居半，兴则楚民较多。杂处五方，逞刁好讼”②。商洛山区以楚豫为主，如山阳。川东北山区之南部地区以楚（两湖）为主，如云阳。北部地区以陕楚为主。陕南汉兴之南山山区，巴山山区亦有差异。

其次，不可忘记文献中所谓的楚或湖广籍中的湖南因素，诸多迹象显示，清代被统称之为楚或两湖、湖广的流移中，湖南所占的比重至少不会比湖北少。

另外，人口流动过程中的连环推动现象也不可忽视。如由于江

---

① 道光《宁陕厅志》卷1《风俗》。

② （清）童兆蓉：《上陶方伯模》，见《童温处公遗书》卷5。

西、闽广人口不断迁移湖广，从而导致或推动湖广人口向其他省区运动，四川也是一样。严如熤所说的再次迁徙也很典型。他说：

> 益州沃野千里，地肥美，民殷富，三楚三吴流徙之众麇聚其间。川东北边境土沃不及川西，而地广赋轻，开垦易以成业，故流徙亦多。汉川距吴楚稍远，其地之肥饶较川楚边境为胜，谋食更易，故吴楚之侨居蜀者，又复转徙汉川。[①]

由吴楚而巴蜀，再由巴蜀而陕南，间隔时间长短不一；既来自蜀，又籍贯吴楚，情况复杂。因此，对流民的分布、来源构成，难以静止地、绝对地加以断定，千万不可忽略秦巴山区人口是流动的这一特点。

外来流民进入秦巴山区后，并非都是落居一地便永久性定居下来，其中有不少流民曾一而再甚至再而三地迁移，在流民入山的第一阶段，这种不定型移动的特点表现得更为突出。如前引汉中、安康碑石资料中有紫阳毛坝关龙氏，祖籍湖南沅州府芷江县，清初迁四川广安州，乾隆中再迁川东绥定府太平县，嘉庆初年又迁于陕南紫阳县。西乡县何氏，乾隆年间由湖南辰州府沅宁县迁至陕南佛坪东石门，嘉庆年间又迁至西乡县上高川乡狮子坪。汉中谭氏，清初由湖北迁居汉中郡城北郊，数年后再迁于龙江乡。造成部分流民多次迁移的原因各不相同，除了战乱等政治环境因素外，有的是资源或经济原因，有“岁薄不收即徙去”者，有开垦山地耕种数年，“挖土既松，水雨冲洗，三四年后，辄成石骨，又必别觅新山，抛弃旧土”[②]者。有的甚至“今年在此，明年在彼，甚至一岁之中，迁徙数

---

① （清）严如熤：《三省边防备览》卷8《民食》。
② （清）严如熤：《复查山内匪徒禀》，见《乐园文钞》卷7。

地”①。山内土地辽阔，有相对多的移动空间，加之各种各样的厂、矿存在，流民又有较大的迁移自由，甚至不排除少数流民有流动“惯性”，不容易定居下来。这种流移的特点对山区的经济、社会带来的影响是多方面的，也是深远的。

兴安府与商州直隶州及川东北地区的部分地方志中，分别留下了若干年份的人口统计数据，大致可以反映出乾隆到嘉庆、道光初年秦巴山区由于流移民大量进山而造成的人口增长状况，表列如下，以供参考。

表1　陕南兴安府人口增长统计

（单位：口）

州县	乾隆五二年（1787）	嘉庆十七年（1812）	道光三年（1823）
安康县	129583	203579	389300
汉阴县	—	83841	123300
平利县	69070	148099	178600
洵阳县	67688	83972	243500
白河县	35359	51111	90400
紫阳县	15670	59819	126700
石泉县	29794	29947	87900
总计	380125	660368	1239700

资料来源：《兴安府志》，卢坤《秦疆治略》。

说明：乾隆五十二年的白河、紫阳二县人口数仅统计了男口，不包括女口。

表2　陕南商州直隶州人口增长状况

（单位：口）

州县	乾隆七年（1742）	道光三年（1823）
商州	61175	239000
镇安	3810	159800
雒南	30714	172700
山阳	11794	107700
商南	5852	91700
合计	113345	770900

资料来源：乾隆《商州直隶州志》，卢坤《秦疆治略》。

① 道光《石泉县志》卷4《事宜附录》。

表3　川东北部分州县人户增长状况

州县	乾隆间户数	嘉庆间户数	备考
东乡	18900	47651	嘉庆《东乡县志》卷5，卷13
达县	11345	33997	嘉庆《达县志》卷8
太平	13964	26364	光绪《太平县志》卷3
城口厅	—	22287	道光二年分太平县十保中的七、八、九三保，立城口厅
巴州	5994	18269	道光《巴州志》卷4
新宁	3927	24881	道光《新宁县志》卷2
大宁	2691	21712	光绪《大宁县志》卷3
大竹	5741	22795	民国《大竹县志》卷4
渠县	9325	16093	嘉庆《渠县志》卷8
万县	18382	34365	同治《万县志》卷8
苍溪	9751	25619	民国《苍溪县志》卷9
江油	13087	50695	光绪《江油县志》卷9

五、山区人口变动特点

秦巴山区人口变动过程的阶段性亦颇明显，不过并不完全与王朝更迭同步，或者说有其区域特点。

秦巴山区内各省人口有着紧密关联。此处所谓的相互关联体现在两个方面：一是山区内有关各省都接受了大量流移人口；二是山内各省之间人口的相互流动普遍存在。从山区接纳的流移人口之来源看，似乎以两湖、陕西、四川、江西等省为多，其中湖北、陕西、四川亦正是位于秦巴山区内的主要省区，三省不仅有大量山外人口流移到山内，山内人口亦在三省山内府州县之间互有流动。

移进和流出并存是秦巴山区人口变动过程最显著的特点。综观前述诸节不难看到，就在大量流民落居附籍的州县，也前后不同程度地存在着人口逃流的现象。如在邓州，“邑多流民，野有旷土”的同时，又有“迩岁以来，客户集而土著徙”[①]的记载。在汉阴：“其旧在版图者今十存一二，皆各省流民，习尚不一，兼无厚产。或有差役，或罹刑宪，挈家辄逃。”[②]“邑最苦徭役，民不惮捐常业以避征缮。”[③]就是已经附籍的流民也有重复逃移的。

> 臣莅任二年，时加询访，中间流民，有先年附籍，数姓朋户，今众至二三十丁，或五六十丁，自有附籍之心，后因府官科差烦重，随复逃移，版籍为虚者。又有流来年久，迷失乡贯，造屋买田，娶妻生子，不曾报册者；又有近年荒困，流移趁食未归者；又有逃军逃匠避罪不还者……[④]

万历七年（1579）郧阳巡抚杨俊民疏陈商南县“逃户遗产，尽属流民典买”等状况，正是同一地方逃户之出与流民之来现象并存的写照，而且绝非商南一邑所独有。前揭吴桂芳疏在指出明后期山内人口逃流山外的同时又云：“访得各省商贩，并流来迁民，往往潜居各属，举放私债，典课田地，得利至盈千百，粮差不及分毫……甚有宗分数代，人至百十，而册籍通无一名者。夫均是民也，在原籍则称逃户而久废公家之供，在各属则称客商而不认民间之役，两相影射，任意经营，岂非昔人所谓敝民者哉！”

明代如此，清代亦存在外地流移落居的同时，有土著外逃、流移落居后复再逃流的现象，因之有流民“去留无常”之称。造成人

① （明）谌良魁、章焕等有关知州程鹏、王道行先后于正德、嘉靖年间清理、重修陂堰的记载，嘉靖《邓州志》卷11《陂堰志》。

② （明）张大纶：《重修县治记》，见乾隆《兴安府志》卷25《艺文志》；乾隆《汉阴县志》卷8《艺文志》。

③ （明）任惠：《李公去思碑》，见乾隆《兴安府志》卷25《艺文志》。

④ （明）梁材：《议处郧阳流逋疏》，见（明）陈子龙等：《皇明经世文编》卷105。

口来去并存的原因当然有许多，赋役负担繁重无疑是非常重要的因素。有时移来和流去的原因甚至是相同的，即为了逃避原籍的粮差。郧西县的情况颇能说明问题。“西山一带为津阳里，陡壁悬岩，人居皆凭高瞰下，众山在平地人所号为高且大者，西山视之悉如培塿，以故水田绝无，间有沟田，多忧旱暵，其民困于赔累者十居八九。有数升而输数斗之粮，有数斗而输数石之粮，揆其所由，皆由国初定鼎之时，其地去县远且僻，宦是土者徒知多报粮额为考成计，实未尝一履亩焉。五六十年中，其民不过藉所出土产，如山果、木耳、五倍之类，赖有客商相与转移，故正赋不取给于田而取给于山。迨岁月浸久，日就消耗，由是逋赋之民典妻鬻子，继以逃亡，其邻近亲族又以追呼波及，相率而去，所以户口寥寥。不知有食安问饱，不知有衣安问暖？按籍而稽，拖欠累累者皆西山之民也。予是岁三入兹邑……（有百姓某称：）某津阳里民也，津阳共四里，独第二里与某第四里为甚，某之里又独某所居之娘娘山、板桥峡为甚。山腰岭脊，地不盈丈，常以人耕。某名下其始不过载粮二斗，后而某之亲族逃，加若干，又后而某之邻居逃，加若干，今已一石余矣。前岁以追比迫卖一牛，昨岁卖一子，今只夫妇二人，即不已而卖此身，明岁亦无所卖矣！欲止不能，欲去不得，可奈何？”[①]知县及县民所言，正道出了鄂西北山区的实情，即粮食生产非山区所长，经济林特产在经济生活中起着非常重要的作用。而地方官不切实际的滥派乱征是导致山民负担过重的主要原因，而人去赋存且摊征于未逃人户，则无异于雪上加霜。邑人梁尚华《西山谣》亦可为证：[②]

① （清）郑晃（康熙间任郧西知县）：《西山绘图记》，见同治《郧西县志》卷18《艺文志》。

② 同治《郧西县志》卷18《艺文志》。

津阳里民□疾苦，山径崎岖皆瘠土；
畦町确荦耕不成，旱暵经年无稷黍；
田无斗粟赋十千，官吏索之威如虎；
小民何敢辜天恩，鬻妻卖子完仓庾；
居人十屋九流离，转徙他乡免追捕；
非是天家赋不均，额派未曾经目睹；
……

由此导致人口逃移的恶性循环，与明代何其相似！

（原载《明清以来长江流域社会发展史论》，
武汉大学出版社2006年版）

旧抄本《湖北省清厘逆产条款咨案》及所见清代鄂西地区社会经济关系

“叛逆”田产查抄入官，乃清朝成例。[1] 平定较大规模动乱后，每有清理、没收动乱者田地房产之举，如乾隆四十九年（1784）平定甘肃通渭县石峰堡回民起事，乾隆五十一年平定台湾林爽文起义，乾隆六十年平定湖南、贵州苗民起义等，皆有查没“叛产”、“逆产”之举措。[2] 对于嘉庆年间的五省白莲教起义，自然亦不例外。早在起义开始不久，有关地方官以至朝廷即已开始议定相关条例。如嘉庆元年（1796）八月，福宁、观成即开始筹划龙山、来凤等县善后，而“难民产业应严禁侵占”、“逆产应行查明入官”便是

---

① 查抄逆田入官，前代亦有事例。如明代平定宁王宸濠之乱后，有处置“逆产”事例。王世贞《弇山堂别集》卷98《中官考九》载：“工部复江西镇守太监崔和议……一谓宸濠逆产，先后所报银数不同，议行镇巡衙门委官估值，其已鬻而减值过多者，如数补足。议值过多而不售者，量从减鬻。有原主者给还。诏可。”王守仁《王文成全书》卷33《附录二·年谱二》：“九月还南昌……百姓嗷嗷。乃兴新府工役，檄各院道取（宸）濠废地逆产改造贸易，以济饥代税，境内稍苏。”又：“郭升，新建人，事亲以孝闻。预识宸濠之变，避居岩中，卒免于难。居室罹兵燹，官给逆产，坚执不受。”（李贤等：《明一统志》卷49《江西布政司》）

② “兹查盐茶、静宁、隆德、华亭、伏羌、通渭、安定、靖远、庄浪等处，十五厅州县抄获逆产共山川水旱荒熟地五万一千四百三十三亩六分零，瓦房、土房共三千八百三间，土窑六百一十五处。又拆毁礼拜寺七十三间……”（《钦定石峰堡纪略》卷20）又如台湾，平定林爽文起义后，很快“各属禀报已获犯属共有三百余名，已查出叛产共有一万余亩”（《钦定平定台湾纪略》卷65，十月十二日徐嗣曾奏）。

主要内容。[①]嘉庆元年十一月，署湖北巡抚惠龄奏议灌湾脑、凉山二处次第平定后的枝江、宜都二县善后事宜，其中亦有专门条款称："一，邪匪所遗田地房产，应查明变价充公。一，枝江、宜都二县民人骂贼捐躯者应一体查办。"[②]此奏议很快发给军机大臣议行。地方志中亦能找到相关记载，如郧县，同样在嘉庆元年已有"凡逆贼家属，照律缘坐，田产入官"之措施。[③]不过，对于叛逆田产的界定，田产没官过程如何进行，其间有哪些具体规定，没官的田产又如何处理等一系列问题，清朝有关官书大多语焉不详，[④]以致对一些相关问题不甚了了。近得见抄本一册，题称《湖北省清厘逆产条款咨案》，抄录有嘉庆初年白莲教战乱期间湖北省地方关于查处参加白莲教起事者田地财产的咨文及主管之户、刑各部复准之条款数件，为我们了解这一问题提供了难得的具体资料，而且可以从中窥见当时地方社会经济关系。

一

所见《湖北省清厘逆产条款咨案》抄本共92页，每页竖8行(亦有少部分每页为7行)，每行约20余字。总计1.5万字左右。抄录文件共有7件，按其抄录顺序分别为：

1. 户部议复湖广总督毕（沅）等《议拟清厘逆产以备筹办善后事宜分析条款》(嘉庆二年六月)，计17条。

---

① 嘉庆元年八月十四日福宁、观成奏折，《清代农民战争史资料选编》第5册，中国人民大学出版社1983年版，第252—253页。

② 《清仁宗实录》卷11，嘉庆元年十一月壬子。

③ 嘉庆《郧阳志》卷8《兵事》。

④ 如《清实录》、《大清会典》等亦未见有系统的记述。

2. 司道议复郧西知县孔继杆禀议《查办逆产条例》，计9条。

3.《清厘从逆等军及被害家绝并携眷远避各军屯田产业事宜》（嘉庆二年），计11条。

4.《户部复准各属清厘逆产扣除防堵办差公出日期》（嘉庆三年）。

5. 刑部议复湖广总督毕（沅）等议拟《清厘逆产以备筹办善后事宜条款》（嘉庆二年九月），计2条。

6.《荆（州）局议查抄逆匪田产并良民产业分别酌拟各条款》，计14条。

7.《龙山、来凤二县善后事宜》（嘉庆元年十月），计4条。

在7件抄录文件中，时间最早的为嘉庆元年（1796）八月二十六日奉旨准行的《龙山、来凤二县善后事宜》。其中，议定“逆产”入官一款云：

> 逆产查明入官一款。据称逆犯肆恶，房屋赀财俱已焚烧，田产例应入官，早为办理等语。臣等查逆匪罪大恶极，其房屋赀财，虽俱自行焚烧，所遗产业自应照数入官，此时甫经戡定，若办理稍迟，地方奸猾之徒转得乘机私占，该督等奏称：现责令地方官秉公迅速查明顷亩，详报咨部，自系核实之道，应于所奏交该督抚，将各该县叛产作速清查，造册报部，毋许假手吏胥，扰累闾阎，亦不得任意耽延，致遗漏影射之弊。

此为今见最早议及白莲教之役“叛产”问题的奏议，主要强调了尽快查抄办理，以防地方奸猾之徒乘机私占、遗漏影射诸弊。奏议指出的“其房屋赀财，虽俱自行焚烧”的现象，证实了起事之初教徒们义无反顾的决心。

有关清厘“逆产”条例的主要内容，集中在嘉庆二年六月户部议复湖广总督毕（沅）等《议拟清厘逆产以备筹办善后事宜分析条款》，司道议复郧西知县孔继杅禀议《查办逆产条例》、《清厘从逆等军及被害家绝并携眷远避各军屯田产业事宜》、《荆（州）局议查抄逆匪田产并良民产业分别酌拟各条款》等文档之中。

各有关《条例》对清厘事宜，从指导方针到具体办法都作了较为详细的规定，并且有很强的针对性。如：

> 此次教匪蔓延多处，田产印约串票多被焚烧，应将未经被焚契约令各业主尽数呈验，即先行逐一查出，登明界址亩数，分别高下。其契约串票全行被焚，即令地方官出示剀谕，责成户邻保甲佃种人等据实首报，正副义总核实，呈报地方官造册，详明委员勘丈，计亩科粮，分别等则。每查清一段，即标明界址，绘图贴说。仍责成地方官亲身清查，体访确实，统以奉文之日为始，限三个月清查完竣。其变价入官，仍照例核计银数多寡，奏奉部复再行办理之处，均应如所咨办理。仍令该督抚严饬确勘，毋得假手吏胥，扶同抑勒。如有迟延草率情事，即行参究，并将查清地亩分别高下及科粮等则，先行造册报部查核。①

体现出清廷对清厘“逆产”一事的高度重视。

对清厘中存在或可能遇到的各种情况，更有详尽的分析及处理方案。涉及“逆产有与未经从逆之人公共者”、“逆犯分居析业之祖孙父子伯叔兄弟”产业如何对待、“平民田房既卖与贼匪”、“匪犯田产既卖与平民”、“平民田房当与匪犯”、“匪犯田房当与平民”、民

① 户部议复湖广总督毕（沅）等《议拟清厘逆产以备筹办善后事宜分析条款》。

间田房因战乱而致彼此界址淆混、“贼匪籍隶卫军”、“贼民如有未经发觉之先，承顶军户产业”、“贼军如有未经发觉之先，将军产私相典卖民户者”、“军内有从贼为逆者，其所遗之逆产并无应办造运诸务”、“逆军逆民及逃绝之良军，彼此均有互相典当之军民产业并未绝买者”、“平民田房前此卖与逆匪，甫经交价立契，价未全交，即行滋事，契未投税，粮未过割者”、“匪犯田房前此卖与民人，甫经交价立契，或价未全交，尚未投税过户者”、“匪犯平素有向民间借贷者”、“平民有向逆属借贷者”以及抄获之粗细物品、谷米杂粮、田地上所种禾稼等物的处理等等。

其中多次强调清厘过程中要严防书吏舞弊，所谓“在官旧日书吏藏匿册籍，为将来占据唆讼章本”，“书役居民串通侵占”，“毋得假手书吏，致有扶同抑勒情弊”等，[①]从另外一个方面提供了当时吏役把持基层地方事务、营私舞弊现象普遍、严重的佐证，而这正是导致嘉庆元年（1796）白莲教起事的一个重要因素。

二

抄没“叛产”，表面看上去问题似乎颇为简单。但是，如众所知，中国传统社会发展至清代，以土地为核心的财产经济关系已经相当发达，土地之买卖、典当、租佃以及借贷等关系非常复杂，因此，有关田地财产问题，即使没官，处理起来亦甚是棘手，不得不作出一系列繁复详细的规定。另一方面，这些繁复的查抄条例中亦蕴涵着丰富的历史信息，从不同侧面、不同层次上反映着当时的社会生产关系，为我们准确理解清代前期的社会经济提供了重要的资

① 《荆州局咨为详明事》。

料。试举例如下：

反映典当、买卖关系及典价与卖价关系的内容。“据称良民出价当得贼产，请先令良民照原当价银加一倍缴官承买，田归良民管业。其贼当良产者，令良民取赎，照原当价银缴官，田归原主管业……等语。查典质田地，当价有不及一半者，亦有过半者，殊难画一。今议以照原当价银加一倍缴官办理，恐有未协，应即将所当之田，查照奉部准议章程验明老契，并查明时价，作为十分，讯其当价之多寡，按数断给，庶昭公允。”①“一匪犯田房有当与平民者，今该县以孝邑②当产价值系照卖价减半，此系专指该县情形而言，至于各属典当产业，其中或有较卖价不及一半，以及仅及一半者，更有较卖价计在十分之六七者，多寡情形原有不同……”③

反映土流关系的内容。“外来民人觅地耕种，先出银两与业主，拨给地土，名曰寄庄。有良民出寄庄与贼者，无可着追，将来变价时将寄庄银两扣还良民。如贼匪出寄庄与良民者，将良民所得银两追出缴官。”④秦巴山区是明清时期流移人口集聚的主要地区之一，土著与流移的关系是体现该地区社会关系的主要方面。这里所谓“寄庄”者，应即押租之意也。特别点明是外来民人觅地耕种的情况，尤有价值。

清代有军户，隶军籍，乃明代军户制度之遗。清代之军户多为运军，以承运漕粮为主要任务。运漕之军户与漕船结合，赡运屯田乃办漕之资，屯田亦与漕船结合，形成运军、漕船、屯田三位一体之制，维持着漕粮运送体制，承担漕运任务。清《户部则例》载：

---

① 司道议复郧西知县孔继杆禀议：《查办逆产条例》。

② 若局限在湖北省范围内，孝邑当指孝感县。因当时湖北省属各州县以孝名者，仅孝感一县。

③《荆（州）局议查抄逆匪田产并良民产业分别酌拟各条款》。

④ 司道议复郧西知县孔继杆禀议：《查办逆产条例》。

"各卫赡运屯田，旗丁每年应收租籽，责成各省粮道核以每船应派田数、应得租数，注明坐落地方，刊刻木榜，晓谕众丁，以便认田收租。""湖广省屯田典卖在民者，祇许同船之军回赎。如不同船之军回赎，即追给该卫各船资运。""承买此船之田，即当此船之差。"[①]因此，军户田产之承继，与民户大不相同，这在《湖北省清厘逆产条款咨案》中有明确反映，分别摘录如下。

关于民户民产之继承：

> 良民全家被贼戕害，所遗产业，未便籍没入官，应咨该督抚转饬地方官详晰查明，于族中昭穆相当、贤能可以承祧者，准其立继，以昭禋祀，仍将家产给照管业，以免后日争竞。倘已户绝，即传亲女详询确实，令其承管。如有姊妹者，按股均分，以昭平允。其中并无生女者，即请拨充官项，并将前项田产先行造册，报部查核。[②]

关于军户军产之承顶：

> 已归船之运班等军，内有良军被贼戕害，全家尽绝，有案据者，或携眷远避无踪迹者，其所遗之民田房屋，及已未归船之运绝屯田，先尽该良军户族人等由亲及疏顶产，并顶其应办之差，兼承其禋祀。如无此等族人，即着现运此船之丁承顶，照前条所议随船之例办理。但不许该军外戚之民人承顶，以致紊乱军民版籍。[③]

① 《户部则例》卷22《漕运四》。

② 户部议复湖广总督毕（沅）等：《议拟清厘逆产以备筹办善后事宜分析条款》。

③ 《清厘从逆等军及被害家绝并携眷远避各军屯田产业事宜》。

参加了白莲教起义的军户，其田产之查没、承顶则又有不同。“湖北教匪滋事，其各卫所已归船之运班等军从贼为逆者，所遗之产业原应查出入官，第该军所遗田产或已未归船之屯，悉系赡运之资，若将所遗之产业归公，则应办漕差势必贻累别军，今既议令逐一查出，不准该逆军例不缘坐之家户承顶，即着现运此船之丁承顶，留为随船办运之公产，田随运转，事属因公，自应如此办理。仍咨该督转饬该道卫等详细确查，分晰造册，报部查核。”①

加之军户置有民产，民户置有军产；有无造运差务等情况存在，颇为复杂，处理起来相当麻烦。其首要在于田产随船，保证运差。同时，不能紊乱军民户籍。

> 已归之逆军与逃绝之良军，原有一切军民产业，既据（声?）明，应听现泒承顶各差产之人照价收赎办运，应毋庸议。如未归船之逆军、逃绝之良军、逃绝之民人，原有之军产亦应听承顶屯产之人收赎。如系民产，则令州县照例办理。至已归船现存良军将屯民产业典当与已归船逆军绝者，应令该良军向现在顶差之人照价收赎，如典卖与逆民绝民及未归船之逆军绝军者，亦饬令缴价充公，领赎此屯。又归船之现存良军及平民有将已未归船之屯典与逆军逆民者，应即令例应赎买之现运军丁向说良军，良军找价管业，应咨该督将前项产业总以典字老约为凭，如无契约，不得混行查办。仍饬令据实确查详细，造册报部查核。②

又云：“查未归船之班操城舍等军，向无应办造运诸务，如内有从贼

① 《清厘从逆等军及被害家绝并携眷远避各军屯田产业事宜》。
② 同上。

为逆者，所遗民田房屋，应令该督即饬查追入官，以充漕务公用。其所遗原顶别军未归船之屯，据称前已载入绝屯册内，应即着令本卫现在领运各丁照册载价值承买，随船济运，将价照数解道充公。至原顶已归船各军屯田，本系待赎之产，除本卫现运之丁差粮两顶者毋庸缴价外，如向未顶差，或因价值过重难以称值必须酌减者，亦即详细勘明，报部核办。”①

反映地方房租、地租、量制、物价等方面的内容。“贼匪遗有房间，除随田之房屋应给课户住种纳租，不计赁银外，其有在于城市街镇，拟于瓦房每间岁纳租银一两，草房五钱。”“抄获水田、山地、山场，分别三则征收租课。拟以水田每亩纳租谷一斗。山地、山场难以勘丈顷亩，请以估计山地岁收杂粮之数，分半完纳官课。其山场所产柴草，量估课数完官。”“领种佃户，夏收二麦、菜子，免纳课租，令其完纳秋粮。”“市斗大于仓斗二三升及四五升不等，请以各项租课悉照仓斗价值，交银完纳。其稻谷照部价每石五钱，杂粮每石二钱五分。”②虽然上报后难免驳改，最终未必完全采纳照行，但地方官拟定的方案及有关标准，绝非凭空杜撰，在很大程度上反映了当时当地的实际样态。

关于借贷关系的处理，普通民众借“逆匪”者、“逆匪”借普通民众者，各有不同处理办法。

抄本虽以清厘“逆产”条款为名，其内容实不止于此。有关于士绅优恤者，亦有关于难民之产业保护、战乱中死绝良民之产处置的条例。

对比不同时间、不同地区的清查“叛产”或“逆产”章程，不难发现，由于各地社会、经济及其他相关条件不同，“叛逆田产”的处理办法亦互有差别。如石峰堡回民起事后被没收的遗存房产，“先

① 《清厘从逆等军及被害家绝并携眷远避各军屯田产业事宜》。

② 司道议复郧西知县孔继杆禀议《查办逆产条例》。

尽被难民人认买，再及别处居民。如甘省民人承买之外，尚有余剩房产，即令附近甘省之陕省民人认买，但被难贫民谅不能遽有余资交官还值，拟准将所估价值分季摊交。至此外民人如有不能一时交清价值者，亦准分年带交，应与难民稍示区别”[①]。又如乾隆五十一年（1786）平定台湾林爽文起义后，对参与起义者在台湾之田产与在内地之田产之处理迥然有别，“此等逆犯财产，其在台湾地方者，自应详晰查明，尽数入官，以备拨给戍兵之需。至各犯在内地所置田产，不必概行入官，所有此项内地叛产，着于各该犯族众均匀分赏，以示格外恩施而杜争竞。并谕伊等：此系特旨加恩，嗣后倍当安分守法，勉为良善”[②]。还有苗疆，平定后“清查地亩，民归民种，苗归苗产，不许客民侵占滋事。所有逆苗叛产，俱分赏降苗”[③]。乾隆五十一年平定台湾林爽文起义后的“叛产”查抄，对一田二主等业佃关系的新变化亦有明确反映。[④]凡此，对于理解当时当地社会经济变迁皆有参考意义。

此外，条例或咨文中出现的“省城总办军需局”、“荆（州）

---

① 《钦定石峰堡纪略》卷20。

② 《钦定平定台湾纪略》卷64。

③ 《御制诗余集》卷9。

④ 徐嗣曾等酌定《章程》云：“惟此案贼产与寻常犯产迥不相同，缘台湾业户开垦田园，召佃承种，即将所费工本收回，名‘犁头钱’，每甲得银一二百两。每岁止抽分租六石至八石不等。又有佃户自行开垦者，因村黎未谙科则，倩城市殷实之家充当业户，代为经理纳粮，亦祇抽给租数石，名为田面租；其佃户承耕之后，又觅雇工人代耕，牛犁籽种悉系工人自备，佃户与分租息，每年每甲可得数十石，名为田底租；此业户得租数少，佃户得租数多，其田虽系业户出名，而实归佃户承管也。从前抄封案内如翁云宽、杨光勋等，俱系业户犯事，与佃户本无干涉，是以每年止征业租，并未查及佃产。今查此案，逆匪纠聚佃户从贼者多，业户从贼者少，业户从贼如陈泮、蔡纲之类，其佃户无有不从贼者，固应一例查抄。至于佃户从贼，其业户虽未从贼，而不能约束举报，已难辞咎。且业户前已得交犁头钱，即与卖业无异。今佃产既有入官，更未便于官租之内转行抽给业户。此案除雇工人作贼，其产本非所管，应免查抄外，如业户、佃户从贼，则其产概当入官。若仅照旧案办理，但有业租而无佃租，但论其田面而不及田底，适为蠹胥等中饱舞弊。”（《钦定平定台湾纪略》卷65）

局”等官方机构，地方基层存在的“正副义总”等名目，在其他文献中基本未见有过记载，其定制、职能、运作机制等亦值得进一步探讨。

三

有关《条款》表明，关于白莲教战后的“叛产”清查，清统治者企划甚早。那么，这些《条款》推行的情况又如何呢?

可以肯定，诸《条款》多经议准并开始推行。议复孔继杆禀议中有“查奉部复准章程内载：逆匪田地及绝户良民田产，如禾稻杂粮尚未收割者，即令地方官将收割数目造册报部查核。如各项杂粮，即照时价变解，米谷凑补常平缺额等因，是该县收获米谷杂粮亦应仿照一律办理。据称议以稻谷五钱、杂粮二钱五分之处，殊与部定章程不符，未便允行，应即查照章程办理”。“查典质田地当价有不及一半者，亦有过半者，殊难画一，今议以照原当价银加一倍缴官办理，恐有未协，应即将所当之田查照奉部准议章程，验明老契，并查明时价作为十分，讯其当价之多寡，按数断给，庶昭公允。至贼匪出寄庄与良民者，应即按数追缴入官。其良民出寄庄与贼者，应俟估变时再行酌量办理。总须确有契据，不得任听奸猾影射，致滋讼端”等条文，其中所谓“奉部复准章程”、“奉部准议章程”，应即嘉庆二年(1797)六月户部议复湖广总督毕（沅）等《议拟清厘逆产以备筹办善后事宜分析条款》等。

嘉庆三年《户部复准各属清厘逆产扣除防堵办差公出日期》更直接表明，嘉庆二年议准各条款已得准颁行。该文档有“此案既于嘉庆二年二月内咨请勒限三个月清查，自应于奉文之后，严饬属员依限赶紧清查完竣，造册送部核办”[①]等语，正与《议拟清厘逆产以备筹办善后事宜分析条款》规定相合。

但是，由于对白莲教起义之复杂性、镇压的难度等估计不足，战事拖延的时间远远超出各级统治层的预想，所谓“逆产”清理根本无法正常、全面展开，因此，清理之事在许多地方实际上是被搁置起来了。于是，有为无法清查叫苦的，有申请延长清理期限的。

> 楚北教匪自嘉庆元年聚众滋事，东奔西窜，肆其蹂躏。调集各省官兵分驻追剿，其有逆产之地，即属教匪萌生之处，该州县均有防护城乡，办运军火、粮饷之责，刻无宁晷，势难分身查丈。迨至三年正月，长阳终报寨剿捕甫竣，正在办理间，而川匪即由巫山复入楚境，延扰巴东等十八州县，各属又行防剿，运供军需，实不能依限清厘，是以转请展限。从前咨请勒限三月，原期易于剿灭，俟部复到日，必已平定。不意至今尚未宁静，若仍责以三月定限，势必草率完结，弊窦丛生，不得不请扣展。[②]

这段“自白”，恰当地反映了当初清朝地方官员是如何看待、估计白莲教起义的。

嘉庆皇帝对“叛逆田产”清厘相当重视，曾经多次谕令各地方官抓紧办理。而且将“叛产”之清查与战乱抚辑、善后相结合。嘉庆五年三月谕军机大臣等：“现在亟须安抚之人约有三等，一系降贼，一系难民，一系乡勇……总之，有恒产者方有恒心。或将查出叛产及被贼

① 《奉部复准各属清厘逆产扣除防堵办差公出日期》。
② 同上。

难民绝产，量为分给；或于旷闲地方，如南山老林等处可以耕种之区，拨给开垦。数年之内，免其纳粮。俟垦有成效，再行酌量升科，庶各安本业，不致复怀反侧……至清查叛产、开垦荒地，头绪纷繁，均赖良有司宣力妥办，方能经理协宜。将此传谕陕、甘、四川、湖北各督抚，于所属道府州县中，遴选平日居官廉明公正实心爱民者，使之专董其事……"①很显然，嘉庆皇帝重视清厘查抄"叛产"，已不单纯为惩罚参与白莲教起义者，而是同时把清厘查抄之"叛产"作为资助受战乱之影响且战后需安置、抚辑者的主要物资来源之一看待的。见于记载的实例如嘉庆六年前后，陕西巡抚陆有仁"抚辑难民无归者，以安康、白河等处叛产及南山客民荒田，量给安插"②。"嘉庆七年三省匪平，加太子少保。遣撤乡勇，以叛产变价给赏。诏嘉其撙节。"③

嘉庆五年十一月十六日上谕："现在川陕各股窜匪正值穷蹙之际，亟应剿抚兼施，俾始终怙恶者搜捕无遗，而悔罪投诚者各安生业，方足以散贼党而辑民心……朕屡经降旨，令各督抚专派贤员，认真安抚，并清查叛产，酌给难民，勿令稍有失所。反复申谕，至再至三。而该督抚从未将如何酌定章程、实力妥办之处，详悉复奏。"④有关地方官的题奏亦能证明嘉庆皇帝曾多次督饬办理之事。⑤

---

① 《清仁宗实录》卷61，嘉庆五年三月丁卯。

② 《清史稿》卷358《陆有仁传》。

③ 《清史稿》卷357《吴熊光传》。

④ 《军机大臣字寄陕甘、四川、湖北各督抚》，见《清中期五省白莲教起义资料》第2册，江苏人民出版社1981年版，第349页。

⑤ 如嘉庆五年六月二十八日，陕西巡抚台布奏："清查叛产一节，自上年冬间奉到谕旨，经臣会同那彦成具奏后，今又屡奉饬催。而庞洪胜一犯名下产业尤当首先严查，以杜诡寄隐占等弊。惟因山内贼氛未靖，委员不能单骑前进，致有耽延。现在杨、伍等逆陆续西窜，山内肃清，臣已专委延榆绥道杨护前往查办……"（《清代农民战争史资料选编》第6册，中国人民大学出版社1990年版，第491页）

嘉道名臣、宦业与白莲教战事休戚相关的严如熤对“叛产”及绝业非常重视，至于视“叛产”绝业为平定白莲教起义之善后、解决相关问题的重要本钱。

严氏曾经再三强调屯田在解决川、陕、楚交边山区问题时的重要作用，甚至以为可以收到“不能加之兵而使之加，日增之乱民而使之不增”的成效，那么，兴屯之田地从何而来？其答案就是“叛产”绝业。他说：

> 屯田寓兵于农，自古善政，而向苦无田可给。今三省被扰地方，从贼而戮者有叛产，避贼而亡者有绝业，此两项田土不下数千万亩，若用以作屯，可募胜兵二三十万。[①]

又云：“屯政虽系古法，然有实心任事之人，不避劳险，安在不可举行……山内有水田，难以升科，而棚民既有水田，便成土著，亦思为子孙之计，亦畏有贼匪之害。核其田为屯业，编其人为屯丁，即以现有之田定为口分世业，设屯弁以管束之，作屯堡以团聚之，寸土颗粒，官无利焉。再为清出叛产绝业，收其租课，以供屯务之杂用……”[②]他还讲到山内各地设立民壮的经费问题，“窃以山内民壮，当相县之大小，大县设一百四五十名，中小亦必一百名……每名岁支口粮一十二两，此项经费，即查明从前叛产绝业，将佃租动

---

① （清）严如熤：《约束新兵安插乡勇议》，《平定三省乱民善后事宜疏》，《再陈平定三省乱民善后事宜疏》，均见《乐园文钞》卷 7。又《清史稿》载，嘉庆五年，严氏就提出：“三省自遭蹂躏，叛亡各产不下亿万亩，举流民降贼之无归、乡勇戍卒之无业者，悉编入屯，团练捍卫，计可养胜兵数十万。饷省而兵增，化盗为民，计无逾此。”（卷 361《严如熤传》）

② （清）严如熤：《三省山内风土杂识》。

拨，自可敷用”[①]。仍然是指望“叛产”绝业。

然而，因嘉庆白莲教起义而被清厘、查没的“叛产”或“逆产”究竟有多少？所见有关记载甚少，恐已无法知其大概。

四

如前所述，清朝于嘉庆白莲教起义之“叛产”的清厘、查没，规划甚早，可是拖延时间极长，成效不佳。在战事尚未结束的情况下进行“逆产”清厘是非常困难的，或地方官防务、军需粮饷等责任在身，无暇分顾，或战事吃紧，未获安定，或交通阻隔等，皆是清厘“逆产”事宜不能顺利进行的重要原因。不过，这仅是问题的一部分，尤其随着战事的长期持续，清朝有关政策自身的不足或矛盾也在很大程度上影响、制约着“逆产”清厘的进行，特别是清厘的成效。从这个意义上讲，即使到战事结束之后，“逆产”清厘仍然会遇到诸多问题，收效亦难以理想。

首先，尽管有关《条款》、《章程》对“逆产”、“叛产”及与此相关的各种情况、关系作出了不少分析、规定，但是，最基本也是最要害的问题很难把握，即谁是“叛逆”？如何谓“甘心从逆”？又何谓“被贼裹胁”？特别是剿抚并用之策实施后，一大批“从逆”者从白莲教军中投出，这些人又该如何界定？

有记载表明，在镇压起义的过程中，没收“叛田逆产”充公的政策甚至成为一部分人“杀敌立功”的诱因。史称当阳乡勇杀人多为谋财，并不在乎是否白莲教。

---

① （清）严如熤：《三省山内风土杂识》。

> 其时，闻某地某卡杀人以百计，某地某卡杀人以千计。杀书役，曰搜出公文；杀妇女，曰搜出头发书信；杀良民，曰搜出白布……①

甚有遇服丧之家饰白布亦遭杀害者。而对于另一部分人而言，则又是不得已从贼的原因。“又有富者畏祸，贫者贪利，邪教以避灾得财之说，歆而中之，一时不察，翕然信从，然素无不轨之志也。一朝事起，官府访查，邻里执证，既无词可辩，遂无地自容。乡勇利其田宅家产，以多杀为功，一言在教，妇孺骈诛。其存者不得不栖身贼巢，以为苟延性命之计，此愚民误入其教而不能自脱者也。”②“乡勇利其田宅家产，以多杀为功”一语，反映出当时社会问题的要害，亦暴露了清朝有关政策的缺陷。乡勇既以参加起义者田宅家产为利，那么，“叛逆田产”显然不会是被简单地查抄入官而已，不然，何以其积极性高涨至不惜多杀、滥杀。如此，则“叛逆田产”清厘的复杂、困难、成效也就可想而知了。

嘉庆六年（1801），清廷已看到镇压白莲教起义有胜出指望，因此，嘉庆皇帝屡次提到利用查抄“叛逆田产”来善后。二月，谕军机大臣等：“川陕楚大功将次告竣，善后事宜以抚辑难民、饥民，安置乡勇为要。湖北饥民不下数万，川陕亦所不免。其裹挟之人，纷纷投出，不可胜计。除查明叛产分别赏给外，或另有安抚之法，著该督抚通盘筹划，详议具奏。”③十一月，又谕军机大臣等：

> 现在军务即日告蒇，其善后事宜内，惟安插乡勇一事最为

---

① （清）彭延庆：《当阳县避难记》，见《清中期五省白莲教起义资料》第4册，江苏人民出版社1982年版，第269页。

② 合州龚刺史景瀚：《坚壁清野并招抚议》，见石香居士：《戡靖教匪述编》卷12《附述》。

③ 《清仁宗皇帝实录》卷79，嘉庆六年二月丙子。

紧要，屡次谕令该督抚，或酌给叛产、绝产，或令充伍食粮，原为伊等豫筹生计。但闻叛产一项，为数无多，盖各省匪党，皆系无藉之徒，铤而走险，其甘心从贼如庞洪胜之家产饶裕者宁有几人？至被贼裹胁各村民，其本有田产者，一经散出，自必归家，且各处尚有散出难民，均须安插。是叛产、绝产亦岂能遍给无遗？况自贼中投出者，即属良民，此等多系无业之徒，若不妥为安抚，仍令流离失所，亦恐滋生事端。①

看来，在嘉庆皇帝这里，"甘心从逆"与"被贼裹胁"的界限也是含混不清的，是无籍之徒皆系匪党，还是有田产者即属被贼裹胁？更何况还有"自贼中投出者，即属良民"之说，勿论这些人本来多系无业之徒，即使有田产，参加白莲教起义后也大多已被乡勇或官府查抄了。嘉庆皇帝自己也曾讲过，"被胁之人，悔罪投出者甚多。但伊等俱已早失生业，室家田土，荡然一空，名曰回籍，仍受流离颠沛之苦"②。他们散出之后，又如何"各认已业"呢？

嘉庆十九年（1814），川东北东乡知县徐陈谟为均平赋税而为《均拨漏粮示》一篇，其说主要与白莲教起义后的"叛逆田产"清厘相关，摘录如下，以窥清厘之貌，且权作本稿结尾。"东邑前因教匪蹂躏，旧册焚毁，嗣又叠沐皇仁，历年蠲免，而事竣复查变叛产，零星转卖。于是，不肖花户因缘为奸，或将此甲之粮抬移彼甲，或将已名之粮飞拨他户，甚至户籍宛在，尚复狡不具认，遂至条粮脱漏，为数不少。"③

（原载《人文论丛》2007年卷，武汉大学出版社2008年版）

---

① 《清仁宗实录》卷91，嘉庆六年十一月癸巳。

② 《清仁宗实录》卷58，嘉庆五年正月辛未。

③ 嘉庆《东乡县志》卷33《艺文志》。

环境、社会动荡与山区寨堡
——明清川陕楚交边山区寨堡研究之一

寨堡作为一种自保、防御设施，在中国有着悠久的历史。至迟自汉代末年始，以后各朝代皆能看到一种共同现象，即当社会（区域乃至全国）发生剧烈动荡之际，民间百姓为求生存，往往在不同的范围内——或以宗族、或以乡里，或联合、或附属，修建各种自保性质的工事、设施，建立相应的组织，其中最常见的设施形式便是寨堡。[①] 因此，寨堡这一社会事象亦受到后世重视，早在20世纪40年代，已有学者关注寨堡问题，[②] 后来陆续有相关研究成果发表。[③]

---

① 官方的军事据点亦有称堡者，如在明代西北边境防御游牧族侵扰的军事设施中，堡就颇受重视［《民堡说》，见（明）劳堪《宪章类编》卷30］。即以明清时期的川陕楚交边山区言之，官方设置、由卫所官兵或其他土兵等地方武装驻守的堡也有不少，详见后文。

② 如李文治《明末的寨堡与义军》，是较早专门探讨寨堡的成果，对明崇祯晚年及南明时期的寨堡组织的社会背景、组织方式、抗拒流寇的寨堡、民族性质的寨堡等问题进行了较为系统的考察，认为寨堡组织的目的经过三次演变：由防匪自卫转变为打击流寇保卫明室，复一变而为抵御外侮的团体。（见《文史杂志》第3卷第7、第8合期，后收入吴智和编《明史研究论丛》第2辑，台湾：大立出版社1987年版）

③ 近年的研究成果：如杨国桢、陈支平《明清时代福建的土堡》，运用文献与田野调查相结合的方法，系统考察了明清时代福建乡村土堡的演变过程，揭示出福建土堡从最初单纯却敌御盗的军事意义逐渐向军事、生活两种作用并重，以致生活作用超过军事作用的变化；民间土堡与地方乡族势力紧密结合、地缘关系和血缘关系结合等特征；民间土堡与神权、民间信仰结合及其割据性等。（见《中国社会经济史研究》1985年第2期）牛贯杰《十九世纪中期皖北的圩寨》，通过对皖北捻军圩寨和捻军外其他圩寨的考察，分析了19世纪中期皖北社会发生的变化和国家政权为重建统治秩序所作的努力。（见《清史研究》2001年第4期）杨国安《社会动荡与清代湖北乡村中的寨堡》，考察了有清一代

不过，总体上综合考察，关于寨堡的研究还相对薄弱，专论更少。具体到明清时期川、陕、楚交边山区的寨堡而论，无论鄂西北、陕南、川东北等分区还是整个川陕楚交边山区，目前尚无专门研究成果问世。特别是清代嘉庆白莲教战乱期间，川、陕、楚交边山区的寨堡与坚壁清野对策相结合，成为清王朝最终能够取胜的决定性因素之一，对此，有关论者虽然多有论及，却未给予应有重视，甚或一笔带过，语焉不详。不仅如此，嘉庆白莲教战乱期间的寨堡举措及寨堡本身对后来咸丰、同治年间乃至民国初年各地寨堡的发展亦产生了深远的影响，值得系统、深入地加以考察。本文作为系统研究川、陕、楚交边山区寨堡的阶段性成果，对该地区明清时期尤其嘉庆白莲教起义期间寨堡修建的盛衰、寨堡的种类、环境与山区寨堡之盛的关联等问题进行初步探讨，其他如寨堡修建、组织中的官绅民关系、宗族关系，寨堡与团练、乡勇，寨堡与聚落等问题，容另文探讨。

一

川陕楚交边山区的寨堡源远流长，有些寨堡修筑甚早。如鄂西北竹溪县，“溪东县河铺有山如纛……山上有寨，不知昉自何时，自

(接上页注)湖北的寨堡，指出：自明末以至太平天国、捻军起义，加之各地大小不等的各类骚乱，使得整个湖北乡村社会长期处在激剧的动荡之中，兴建寨堡之风盛行，并形成了较为严密的管理制度。在寨堡的修筑、管理过程中，拥有财产和声望的地方士绅无疑扮演着重要的角色。(见《武汉大学学报》[人文科学版] 2001 年第 5 期) 日人谷口规矩雄《关于明末清初的堡寨》，概述了农民战争中蕲黄 48 寨所进行的抗清斗争，认为官僚和绅士在其中起了领导作用。(《东海史学》第 9 辑，1973 年。参见田人隆等译、山根幸夫主编：《中国史研究入门》下册，社会科学文献出版社 2000 年版，第 683 页)

明至今，土人多避乱于此，均无恙焉，人咸祝曰恩山”[①]。均州有保安寨，在州北20里龙泉寺后，即东汉初巨无霸寨故址。川东北南江县有诸葛寨，“县西百里，高五十余丈，四壁峻拔，惟一面有鸟道可上。顶有泉，四时不竭。相传孔明曾驻兵于此，可容万人”[②]。凤县有横山寨，“在县西北。吴玠败金人于仙人关，贼宵遁。玠遣将张彦劫横山寨……”[③]又如西和县，“宋南渡后，金人入寇，命将扼要借以保障全蜀，堡寨连缀，尤为重地”[④]。乾隆《兴安府志》记载了本府境内的众多古关、寨、堡，如安康县乌沟等3堡、双峰等13寨；洵阳县兴平、构皮、黑山等寨；白河县白崖、蛮长老、万全、王、兴隆、隐身、华皮等10寨；平利县之天救等寨；紫阳县乌龙、鄷都、高峰、姚家、天保、清和、保元、松林、纱帽等寨；石泉县三台、香子、遗羊等寨。[⑤]元末明初，山寨已是地方武装保境或自立的重要依托，朱元璋建立政权的过程中，对各地山寨非常重视，多次谕令抚辑招徕山寨势力。如至正二十四年（1364）八月乙未，朱元璋谕徐达曰：“今武昌既平，湖南列郡相继款附。然其间多陈氏部曲，观望自疑，亦有山寨遗孽，凭恃险阻，聚众殃民。今命尔按行其地，当抚辑招徕……”次年七月丁巳，又命襄阳降将元佥院张德山往襄阳招徕未附山寨。[⑥]

在有明一代大大小小的战乱中，堡寨在保境安民及敌我双方的相互攻守中，同样起过重要的作用。史称成化初年刘通、李原、王

① 同治《竹溪县志》卷2《山川》。
② （清）顾祖禹：《读史方舆纪要》卷69。
③ 同上。
④ 乾隆《西和县志》卷1《城池》。
⑤ 乾隆《兴安府志》卷4《关镇》。参见嘉庆《白河县志》卷7《寨堡》；光绪《紫阳县志》卷2《建置》；道光《石泉县志》卷1《建置志》。
⑥ 参见《明太祖实录》卷15，甲辰八月乙未；卷17，乙巳七月丁巳等。

洪等聚众起事荆襄间，“乡人筑寨结乡兵以守，民得安堵无恙”[①]。陕南商州有郑全寨，在“城南一百八十里，山四险如城，中有田有井，可容数百人。相传明景泰时，王彪、刘千斤啸聚山中，邑民郑姓者倡率建寨，众赖以全，因名”[②]。嘉靖《湖广图经志书》、嘉靖《陕西通志》、万历《湖广总志》、嘉靖《四川总志》等，都记载有数量不等的寨堡。鄂西北上津县有姨娘寨、北山寨，竹山县有圣母寨、中山寨，郧西县有金花寨、廖家寨，竹溪县有得胜寨、将军寨、红心寨等。[③]川东北巴州旧有石城、雪峰山等11堡，正德以后又新筑鹰嘴、高眉等10堡，通江县有马鞍寨、花石寨、船头等寨，又有黎树等51堡。南江县有诸葛等寨，又有柏林、两河口等26堡。阆中县有唐清、全子、章溪等62堡，南部县有思依等118堡，广元县有焦坝等堡37，昭化县有曲回等24堡等。[④]其中有不少寨堡即明代修建。

明清之际，寨堡更成为鄂西北山区民间躲避战乱、自保身家之主要依托。史称：

> 若郧之六属，房县、竹山、竹溪、上津、郧西、保康，并城郭俱已平夷，城址俱一片蓬蒿，居民仅存者，俱觅山之高而上有平岗者，结寨以居。大县可三十寨，小县不过十余寨。寨之大者可二百人，小者不满百人，各垦寨下之田以自给。县令至者，亦居寨上。[⑤]

---

① 郧西教谕吴夫杰：《吴忠节应元传》，见同治《郧西县志》卷18《艺文志》。

② 民国《商南县志》卷2《关隘》。

③ 嘉靖《湖广图经志书》卷9《郧阳府·关梁》。

④ 嘉靖《四川总志》卷6《保宁府》。参见（清）顾祖禹：《读史方舆纪要》卷68—69。

⑤（明）高斗枢：《守郧纪略》。

同期各种记载大多对寨堡及其重要作用有所反映。竹溪县："旧分九社，自明季遭寇，土人各据险以避乱，而九社之地，遂析为寨。旧志所载凡二十有四。"[①] 基层社会组织由称社而改称寨，可见寨在当时的重要地位。[②] 同治《竹山县志·忠烈》记载，明末崇祯、清初顺治年间，许多忠烈之士皆曾依山寨保民避乱或抗敌，得到地方民众的敬仰、怀念。

陕南地区亦存在类似情况。嘉庆《山阳县志》云："境内各寨昔有今无，《初志》胪列最详者何也？明季遭流寇之变，深山穷谷，非扼要据险结为栅寨，余民真无孑遗矣。"[③] 紫阳县"明季国初，邑境当川楚流寇之冲，居民筑寨自固"[④]。雒南县亦有练乡勇保聚山寨的传统，明清之际，"流寇之祸重以杆贼，几二十年，所外援之史大勋、杨玉振皆以宿将战没，而斗城无恙，乡落人民终得保聚山寨者，惟乡勇之力"[⑤]。因此，论者对堡寨、乡勇甚为重视。顺治三年（1646）八月提督潘士良揭帖称："兴安于五月三十日已失……兴民之所以叛者，由防兴参将康国安破寨杀良，生端激变……自洵阳抵汉一带寨民，俱已助贼，声势相倚，不下数万。"[⑥] 众多的寨民数量，表明这个时期陕南地区寨堡的普遍存在。[⑦] 明末清初战乱期间，川东北大竹县"多堡寨，邑人据以自守，旋即荡平"[⑧]。广元县修建有尖山寨、姜家寨、天心洞等。[⑨] 巴州有刁家寨、雪峰堡、石城堡

---

① 同治《郧阳府志》卷1《舆地志·山川》。
② 关于川陕楚山区的寨堡与聚落，详见另文。
③ 嘉庆《山阳县志》卷4《关寨》。
④ 光绪《紫阳县志》卷2《建置》。
⑤ 乾隆《雒南县志》卷9《山寨》，《乡兵》。
⑥ 《清代农民战争史资料选编》第1册（上），中国人民大学出版社1984年版，第75页。
⑦ 光绪《紫阳县志》卷2《建置》。
⑧ 乾隆《大竹县志》卷1《沿革》。
⑨ 民国《广元县志稿》卷21《洞寨》。

等。[①]川东城口厅则建有古寨子、桃垭寨、莲花寨、金钱寨、铜城寨、三宝寨、五龙寨、老鹰洞等。[②]

因此，明清之际也成为川、陕、楚交边山区堡寨发展的一个重要阶段，不少有名的山寨即修建于这一时期。如郧阳白马山之金鞍寨，“白马山，城西南百里，高数千仞，四面壁立，西临堵水，北望黄龙……前明时修寨于此，名曰金鞍，可容万余人。咸丰三（1853）四年，又补修之，左有天门山双凤寨”[③]。又有梅家铺堡，在城东北百四十里，乃通河南淅川紫荆关要道，设有塘兵驻守。亦“明末乡民筑，今址尚存”[④]。均州将军寨：“在州南四十里石板滩（南乡五村落之一）东。相传明田将军剿贼至此，以山势陲屭修寨驻军，与城为犄角。至今寨址犹存云。”[⑤]陈刘寨：“在州北六十里茯苓村。山势嵯峨，壁立千仞，东西有蜿蜒曲径可达山巅。明季流寇乱，乡人陈、刘二族创修，因名焉。国朝嘉庆、咸丰、同治间相继增修，垣墉益固。”[⑥]保康县五峰寨，“五峰寨者，古名寨也。自前明李闯作乱，诸人创修此寨，至今遗址尚存……”[⑦]竹溪县峒溪寨，“县西南，距城五十里，有中前后三寨俱相接，其高无极，可容数千人，上有瀑布泉，路仅容足，一夫守险，万人莫登，杨来嘉、谢泗叛，竹溪营拥众登焉，贼累攻不下，死伤无算，遂遁去”[⑧]。邑人徐廷桢《峒溪寨记》亦有具体记载，可相互参照。“邑之西南隅，距城五十

---

① 道光《巴州志》卷1《形胜》。
② 道光《城口厅志》卷4《山水》。
③ 同治《郧县志》卷2《山川》。
④ 同治《郧阳府志》卷1《舆地志·关隘》。
⑤ 光绪《续辑均州志》卷2《镇寨》。
⑥ 同上。
⑦ 同治二年（1863）刊立《万古不朽碑》，见叶植主编：《襄樊市文物史迹普查实录》，今日中国出版社1995年版，第844页。
⑧ 同治《竹溪县志》卷3《寨堡》。

里许有山名峒溪……国初张献忠乱，所过地方，屠戮几尽，土人遂修寨其上，俱获保全，诚旧志所谓一人据险万夫莫登者。同治壬戌（元年，1862）冬，发逆窜溪，大肆蹂躏，至此则望而却步，靡不谓天生险峻，人力莫可如何，尤喜山下石皆成煤，寨人取用……”①

川东北太平县有马鞍寨、高鼻寨，前者“在县西百二十里，山高十余里，四面壁立。一径盘曲而上，顶上可容数千人。相传明末张献忠围攻，百计不破。嘉庆教匪之乱，居者悉获保全”，后者在“西南二百二十里，峭壁撑空，四面如削，彳亍而登，其上可容千户。明末张姓据此，悉获保全，嘉庆教匪之乱亦然。山半有巴州举人张元恺碑记，迄今犹存”。②大宁县老鹰寨，在县西195里处，乃一山寨。该县与此寨齐名者还有保宁寨。大竹县的柳城寨、月城寨、石泉寨、石鱼寨等皆是名寨。

所谓寨堡，只是一种概括的名称，其具体形式除寨、堡之外，还有峒（洞）、山、硐等。寨、堡、洞的名称也不是绝对固定的，寨和堡在有的场合是互通的。洞亦可称之为寨。山寨亦有称堡者，如保康县“龙蟠沟，西二十五里，孤峰耸峙，避乱者梯壁而上。今名万古堡”③。从地方志对龙蟠沟的记述不难看出，龙蟠沟是一处山寨，只不过此山寨被称之为堡。川东大宁县老鹰寨，在县西195里处，从表面上看乃一山寨。“巉崖峻疏，壁立千仞，上多鹰鹞之属，因以为名。山腰一径，逢中忽断，昔人架飞桥以渡之，始达洞门。相传明末献贼肆虐，惟避居于此者保全无害。洞高丈余，阔二三丈，由洞而行里许，一水横流，莫测深浅，亦不知所自出也。”④显

① 同治《竹溪县志》卷12《艺文志》。
② 光绪《太平县志》卷2《洞寨》。
③ 同治《保康县志》卷1《疆域》。
④ 光绪《大宁县志》卷1《地理志·山川》。

然，此寨的实质为一山洞，而非通常的山寨。同志还记载了一处洞寨互称的例子，地名为三潮溪。光绪《大宁县志·水利》载："三潮溪，在县西四十五里，巉崖之下有洞如屋，可容数百人，昔年尝避兵为寨。"该县还有九层楼寨，实亦以洞为寨。史称"九层楼，二墩崖（寨）对岸，洞现石梯九级，若岑楼然，其深不可测。昔人据以为寨，与二墩崖相峙，为县北犄角之势"[①]。与陕南接壤的通江县有安丰寨，位于新昌里五甲之楼子庙，"此寨乃硐也，非寨也。后则依峭壁为全城，前则临清溪为汤池……居民数十户各自为硐，不啻比闾"[②]。保康县的胡家洞寨则是利用天然溶洞为基础，加以瞭望掩体、寨墙、寨门、房屋等人工设施，构成相应的防御体系，白莲教战乱期间，成为周围百姓避乱自保的重要依托。[③]

一般认为，寨堡之修建或分布是山区修寨，平原筑堡。所谓"于平原则筑为堡，于岩谷则修为寨"[④]。或云"山中依险结寨，平原亦挖壕作堡……"[⑤]其实亦非绝对，前文引录的记述已经表明，山区亦在修堡，有些州县堡的数量还不少，而且有的堡就建在山上，甚或寨堡混称。此外，还有就桥修寨的，如大竹县高巩桥，"在县南七十里，邑中桥莫大于此，两岸形势险阻。教匪蠢动时，乡人即桥上作寨以守"[⑥]。

寨、堡、洞等虽然都称之为自保御敌设施，但是，严格区分起来仍不无差别。既然是自保御敌类设施，一般情况下自然不宜主动

---

① 光绪《大宁县志》卷1《地理志·山川》。二墩崖为大宁县名寨。该志称："二墩崖，在县北一里，峭壁千寻，下临溪河，山腰一线危径可登。因崖为寨，可容千余人。"

② （清）徐廷钰：《安丰寨志》，见道光《通江县志》卷9《艺文志》。

③ 叶植主编：《襄樊市文物史迹普查实录》，第756页。

④ 同治《竹山县志》卷23《关堡》。

⑤ 道光《石泉县志》卷1《建置志》。

⑥ 道光《大竹县志》卷12《津梁志》。

出击，嘉庆白莲教及此后的太平天国等战争中不乏经验和教训。竹溪县天保寨之战、葫芦坡之战、水坪塘会战等皆可为例。[①]寨堡如是，洞勿论矣！时人有云："洞专主避，寨兼主御。"[②]也就是说，即使是自保，洞与寨相比较，洞的被动性更为显著。一旦被敌人发现，其自主、机动的程度远低于山寨。郧西黄龙洞惨案即为典型例子。同治二年（1863），蓝大顺部进占郧西县属庙川堡（与陕西镇安县连界），"士民齐避至黄龙古洞，守洞自固，贼诱降不从，索贡弗许，贼愤，积薪洞口焚烧，烟火连天，惨声震地，全洞无一脱者"[③]。殉难者共计300多人。

二

清朝嘉庆年间是川、陕、楚交边山区寨堡大盛期，主要原因是"五省白莲教起义"的爆发。在此期间，鄂西北、山南、川东北、甘南等山区都修建了大批寨堡，不少州县的寨堡数量以数十上百计。(详见表1)

下表不仅告诉我们了一些州县的寨堡数字，同时，从中也可看到部分州县在白莲教战乱期间修筑寨堡的兴盛状况，如甘南徽县，陕南砖坪、紫阳、石泉、汉阴、白河诸州县，川东北云阳、城口、梁山、大竹诸州县，鄂西北竹山、房县、竹溪、谷城、郧县等州县。像石泉县，虽然方志所载寨堡数量仅有3处，但从"各乡处处

① 同治《竹溪县志》卷8《武功》。
② 民国《广元县志稿》卷21《洞寨》。
③ 同治《郧西县志》卷14《忠节》。

表1　清代川陕楚交边山区部分州县寨堡

州县	寨数	堡数	硐数	寨堡硐数	备注
徽县		164			嘉庆四年（1799）七月，“将军下令促筑堡寨，徽县共起堡百六十四”
雒南	32			32	
商南	24				
砖坪	97			97	嘉庆年间“因山筑寨，并村为堡”“星罗棋布”
紫阳				67	嘉庆初年奉上宪谕建立堡寨，建寨众多
宁陕				13	
沔县	33	33		66	嘉庆时“首修寨堡可托堡成，贼不敢犯，沔邑相仿效，成以数百计”
定远	95			95	分布各乡，大多嘉庆、同治间起作用
汉阴				89	“嘉庆二年……生此地者，依山据水，各筑垣墉堡寨，至八十有九……”
白河				35	包括寨、洞
山阳				200	嘉庆九年数
石泉	3			3	旧志所载，仅此三寨，今各乡处处有之，始设于嘉庆五年以后
平利	10				
达县	70			70	
大宁				69	“均自嘉庆初年防剿教匪卷中捡出，附以备考”
南江	15			15	
城口	67		27	94	
云阳	234		43	277	嘉庆时，人谋自卫，寨垒相望。北乡多，南乡少
通江	42		39	81	
太平	79		44	123	“清中叶后，经王三槐、蓝大顺两次寇乱，人谋自卫，寨垒相望。”同名者甚多，有数寨同名者
巴州	40	12		52	
广元				26	
梁山	200			200	（嘉庆初）筑寨200余所，令人自为守。他县流民依集者30余万人

（续表）

州县	寨数	堡数	硐数	寨堡硐数	备注
广安	84				“境内现设寨八十四座，大寨约三五千户，小寨五七百户及千余户不等”
阆中	43			43	皆嘉庆时“结寨”
大竹	139			139	嘉庆初，“乡里之民，栅险而守，一邑之中，有寨百十处，储粮屯聚，四野肃清”
竹溪	53	7		60	邑旧称24寨，自教匪倡乱，乡民结寨保聚亦不可略也，今概存之
竹山	141	10		151	嘉庆初，各乡绅耆修筑寨堡百余处，值边陲告警，居民皆有险固可凭，守望相助……
房县				43	“乡村修筑寨堡，所以备不虞。自嘉庆年间流逆窜房……”
郧县				151	
郧西				36	关寨并列，另有44关
谷城					嘉庆初教匪之乱，窟穴南山老林，川、陕、湖三省备受荼毒，而堡寨兴矣
南漳				180	
均州	12			12	

资料来源：（民国）《商南县志》卷3《建置》。（光绪）《重纂秦州直隶州新志》卷8《教匪之乱》。（道光）《巴州志》卷2《关隘》。（道光）《宁陕厅志》卷3《纪兵》。（嘉庆）《汉阴厅志》卷2《疆域·山堡》。（乾隆）《雒南县志》卷9《山寨》,《乡兵》。（嘉庆）《达县志》卷26《武功志》。（同治）《竹溪县志》卷3《建置》。（光绪）《大宁县志》卷1《山川》。胡炳：（道光）《南江县志》卷上《关隘》。（民国）《云阳县志》卷6《阨塞》。刘贞安：（民国）《广元县志》卷21《硐寨》。（道光）《城口厅志》卷4《山水》。（道光）《通江县志》卷5《武备志·寨硐》。（光绪）《太平县志》卷2《寨洞》。皋岚县志编纂委员会：《皋岚县志》，陕西人民出版社1993年版。山阳县志编纂委员会：《山阳县志》，陕西人民出版社1993年版。（光绪）《紫阳县志》卷2《建置》。（民国）《南漳县志》卷5《建置》。（光绪）《续辑均州志》卷2《镇寨》。（嘉庆）《竹山县志》卷2《关堡》；（同治）《竹山县志》卷23《关堡志》。（同治）《郧西县志》卷3《关寨》。严一青：（嘉庆）《白河县志》卷7《寨堡》。孙铭钟：（光绪）《沔县志》卷1《寨堡》。余修凤：（光绪）《定远厅志》卷4《寨堡》。（道光）《大竹县志》卷11《关隘志》，卷22《武功》。（咸丰）《阆中县志》卷《关隘》。《清史稿》卷362《方积传》。（光绪）《平利县志》卷3《建置》。（同治）《谷城县志》。

说明：表列各州县寨堡数量并非都是嘉庆年间所修建，加之统计标准及统计时间等亦不统一，故表中寨堡数量仅供参考。

有之”可知当时修建寨堡一定不少。还有汉阴，表中所计寨堡之数，应皆为嘉庆初年修建。表中列出的沔县寨堡数量是66，但是，另据时人记载，沔县于嘉庆初年由贡生周曰庠、袁圣增与庠生袁圣益共同捐修可托堡后，“贼不敢犯，沔邑相仿效，成以数百计”[①]。再如川东北达州，据方志记载，嘉庆元年（1796）乡绅杜森圃修建金马坪寨，延袤10余里，以栖乡中老弱。次年，又倡捐3000余金，改修金马坪木寨为石寨，并“于寨东南一带督筑寨落七十余座”[②]。显然，表中列出的70处远非达州寨堡的全部。又如竹溪县，据同治《竹溪县志·建置·寨堡》统计，共有老寨31处，老寨以外，又有22寨、7堡。该志《凡例》称：“邑旧称24寨，自教匪倡乱，乡民结寨保聚亦不可略也，今概存之。”[③]可知所谓老寨者，乃嘉庆初年白莲教之役以前已有之寨，另外20多处，则是自嘉庆初年白莲教之役始所新修之寨。另外，从当时地方大员的奏报中，亦不难获取寨堡修建数量的相关信息。如陕西巡抚陆有仁的奏疏中就有“其西安、同州、凤翔三府与汉南附近川省之区，皆多土著，审利害，每邑结有堡寨或百余，或数百。其汉北山内，近亦一律兴工”之语，[④]有助于我们了解三省交边山区修筑寨堡的总体情况。

关于州县寨堡修建、坐落、居民诸状况，可参见下列表2、表3所示城口厅、白河县的例证。

---

① 光绪《定远厅志》卷4《寨堡》。

② 嘉庆《达县志》卷26《武功志》。

③ 同治《竹溪县志》卷3《建置》。

④ 民国《续修陕西通志稿》卷168《平定教匪》下。

表2 川东北城口厅寨洞

寨名	所在	备注
诸葛寨	七保，距厅北3里赤龙山	嘉庆初居民避战乱于上，修理墙栅，于土中掘出刀剑箭镞等物。
太和寨	七保，距厅南5里，旧名蓝家寨，即金马山	嘉庆初剿办白莲教，曾置粮台于上，居民扎此避乱者千余家，悉赖保全。
五甲寨	七保，厅西10里	嘉庆初城口主簿衙署被焚毁，主簿移驻于此。复置粮台，居民避乱于上者数百家。
龙门寨	七保，厅南30里	两山对峙，皆壁立万仞如门户，各为一寨，极险要，为犄角势。嘉庆初居民避乱于上，数百家悉获保全。
金城寨	七保，厅东200里	一名金钱寨，即金城山。
二甲寨	七保，老鸦口，厅北70里	嘉庆初居民曾避乱于此。
仙人寨	七保，老鸦口，厅北70里	嘉庆十年（1805）太平副将罗思举屯兵于此。
石人寨	七保，岚溪，厅东北120里	极险陡，山顶可容百余家。嘉庆初居民扎此避乱。张汉朝等屡攻不能破，悉获保全。
桃垭寨	七保，金竹湾，厅东30里	明中叶土寇作乱，居民扎寨于此，石砌炮台、垛城遗迹犹存。嘉庆初避战乱者重修，保全百余家。
仙女寨	七保，厅东20里	山高陡险，嘉庆初居民扎此避战乱者四百余家，皆赖保全。
平安寨	七保，枫相沟，厅东40里	山极高峻，嘉庆初居民扎寨避乱，赖以全活者数万人。
石包寨	七保，厅东150里	极陡险，无路可升，人迹罕至。嘉庆初白莲教滋事，居民扎寨以为保固。张汉朝等率众数万，围攻数日不能破。数百家悉赖保全。
龙头寨	有二，九保、十保各一	高峻险要。嘉庆初提督柯（藩）统兵剿白莲教，曾扎营于此。
兴隆寨	七保，厅北80里	嘉庆初剿白莲教，参赞大臣德楞泰屯兵于此。
斩顶寨	七保，厅北10里	嘉庆初居民修砌石墙避乱，保全数十家。
高阳寨	七保，厅东8里	嘉庆初，居民数十家在此避难。
高星寨	七保，龙溪湾，厅东20里	嘉庆初，白莲教滋事，居民避难于上者百余家。

（续表）

寨名	所在	备注
水帘寨	八保，厅南160里	其山险峻，悬崖三层如砌成。可住数十家。嘉庆初，教匪滋乱，居民避难于此。
狮子寨	七保，老鸦口，厅北70里	其山高峻雄厚，悬岩千仞。嘉庆十年（1805），太平副将罗思举扎营于此。
青龙寨	八保五甲，黄阳坡，厅西南160里	其山与太平连界。嘉庆五年居民修寨避白莲教战乱，200余家皆赖保全。
螺蛳寨	八保，了子口，厅南90里	山形如螺髻。绝顶可住数十家。嘉庆初，白莲教滋事，居民扎寨于此，得保全。
梭罗寨	八保，厅南180里	山高峻险要，绝顶宽平，可容数千人。嘉庆初，征剿白莲教，提督杨遇春、总镇田某扎营于此。
明月寨	八保，梭罗寨侧，厅南180里	嘉庆初，白莲教滋事，居民曾修寨于此。
莲花寨	八保，厅东南180里	山如芙蓉。嘉庆初，居民扎寨避乱，数十家皆得无恙。
兴隆寨	有二。一在七保，一在八保，厅东南175里	嘉庆初，白莲教滋乱，居民避难于上，数十家皆获保全。
得胜寨	八保，厅南190里	山势险峻，下临深谷。嘉庆初，居民扎此避难，贼匪屡斗皆败走，以是皆保全，故名。
鸡冠寨	八保，厅南80里	山势高耸，皆石壁，形如鸡冠。嘉庆初，白莲教战乱，居民在此扎寨避乱。
天台寨	八保，厅南160里	山极险峻，高矗云霄，周围悬岩亿万仞。嘉庆初，教匪滋乱，居民扎此避难，有数百家，贼未敢犯。
红岩寨	八保，厅南170里	山高数万仞，皆峭壁悬岩。嘉庆初，教匪滋事，居民避难于此者数百家，悉获保全。
双河寨	八保，厅南180里	山势陡峻。嘉庆初，居民曾避难于此。
罗家寨	七保，厅东50里	可住数十家。嘉庆初，教匪滋事，居民曾在此避难。
长林寨	七保，厅东50里	可住数百家。嘉庆初，居民扎此避难。
马家寨	七保，厅东50里	

（续表）

寨名	所在	备注
金钱寨	九保，厅西90里	山高峰耸，俯视众山，四面皆悬岩。相传明左良玉扎营之所。嘉庆初，教匪滋事，居民扎寨以为保固，与贼首龙绍周等众拒三昼夜，伤贼千余人，贼退不敢复至，一方赖以无虑。
龙头寨	九保，厅西130里	与太平连界。其山自平□大梁来，起叠数百里至此，一峰高耸，三面俱临大河。嘉庆初，教匪滋事，居民扎寨避难于上，赖以保全者数十家。
铜城寨	九保，厅西70里	山险峻坚固。相传明季左良玉屯兵之所。嘉庆初，居民修寨避贼，往往掘出剑戟等器，皆前代物。
韩家寨	九保，平坝河侧，厅西70里	山极险要，绝顶甚宽阔。嘉庆初，教匪滋扰，居民避难于此者保全数十家。
安罗寨	九保，厅西90里	山势雄峻，周围皆悬岩。嘉庆初，教匪滋乱，居民扎寨于上，贼不能至，数百家赖以无虞。
三品寨	九保，石漕水，厅南60里	山雄厚，寨居高峰顶上。嘉庆初，居民避难于上。
石城寨	九保，高头坝，厅西190里	其周围自生石墙，极坚固高峻，人不能上，无路可通。嘉庆初，居民避教匪于上，常于土中掘出铁器等物。
莲花寨	九保，高头坝，厅西200里	亦古寨也。相传明末叶土寇孟君明作乱，居民曾在此扎寨。国朝嘉庆初，教匪滋事，避难于上者数百家，悉获保全。
观音寨	九保，刘家坪河对岸	顶上并峙三峰，惟中一峰最高，三面皆悬岩。嘉庆初，教匪倡乱，居民避难于此，今石砌墙垛犹存。
姜家寨	九保，竹溪，厅西90里	山高峻险固。嘉庆初，教匪滋事，居民避难于上，保全数十家。
瓦冈寨	九保，大寨坡，距厅90里	山极高大，四面皆悬岩，山顶宽敞。嘉庆初，教匪蹂躏，居民避难于上者数百家。贼见险固，不敢犯。
石笋寨	九保五甲，袁家寨，厅西200里	山势最高，四面皆石，上分三岔。嘉庆初，居民避难于上，贼自下望之，退不敢犯。

（续表）

寨名	所在	备注
将军寨	九保五甲，后裕河之双漕子，厅西190里。寨居石笋寨之西	岩有三层，可扎百余家。嘉庆四年（1799），寨甫草创，时参赞大臣德楞泰追贼至董家坡，距寨数里，寨民齐下，两面夹攻，贼几无孑遗。
双乂寨	九保五甲，后裕河大峰山，厅西180里	双峰陡起，形如“乂”，最高险，其上极冷。嘉庆初，居民扎寨于两峰之顶，为犄角势，贼不敢犯。
铜宝寨	九保，厅西40里	嘉庆初，居民在此避难。
龙凤寨	九保，厅西南30里	嘉庆初，居民在此避难。
三宝寨	九保，厅西南30里	相传明时古寨。嘉庆初，居民团练堵御修理墙栅，掘出刀剑马镫等物。
官升寨	九保，厅南40里	嘉庆初，居民避难于此，保全数十家。
二龙寨	九保，厅南40里	相传古寨。嘉庆初，居民重修。
石笋寨	有二。一在九保后裕河，一在九保木坪河。厅东南90里	其山皆石，峭壁万仞如旗杆，与七杆山相连。嘉庆初，居民避教匪于此，保全数十家。
粉壁寨	九保，厅东60里	其山壁立万仞。可住数百人。嘉庆初，居民扎寨避难。
雄麟寨	九保，厅西60里	嘉庆初，教匪滋事，居民避难于上者数十家。
将军寨	九保，高头坝，厅西180里	其山高亿万仞，耸然独峙，故名将军。嘉庆初，教匪滋扰，居民修此避难，保全百余家。
复兴寨	七保，厅东120里	嘉庆初，教匪滋事，居民避难于上者数十家。
牛头寨	七保，厅东120里	嘉庆初，教匪滋事，居民数十家，扎此以赖保全。
磨子寨	七保，厅东120里	其山皆石，上下两重如磨子状。嘉庆初，居民曾在此避难。
王家寨	七保，厅东120里	嘉庆初，教匪作乱，居民数十家扎此避难，悉获保全。
五龙寨	七保，厅东125里	山最险峻，四面皆悬岩，可住数百家。相传明季流寇张献忠之乱，左良玉屯兵于此。至嘉庆初，教匪倡乱，居民于寨坡堵御。
龙门寨	七保，厅东125里	其山皆石，可住数百家。嘉庆初居民扎寨于此避乱。

（续表）

寨名	所在	备注
盘古寨	七保，厅东125里	嘉庆初为避战乱，职员胡焕龙兄弟建修石墙、垛口、寨门并贮水池，俱极坚固。
古寨子	七保，厅东125里	相传张献忠余党杨自修作乱，居民扎此避难。嘉庆初为避战乱重加修葺，与龙门、盘古三寨成鼎足势。
观音寨	七保，厅东130里	嘉庆初居民修寨避乱，旁有洞亦可住数十家。
顺天寨	七保，厅东130里	可住数十家，嘉庆初居民曾避乱于此。
林同寨	七保，厅西70里	嘉庆初居民扎寨避战乱，保全数百家。城口主簿因衙署被焚毁曾住于此。
凤凰洞	七保，厅东50里	洞居高山之畔能容数百人。嘉庆初，教匪滋事，居民住扎于内，以避教匪，因地幽僻，贼未尝至。
仙女洞	七保，厅东20里	洞居仙女寨之畔。嘉庆初，教匪滋事，居民避乱于中，数百人悉全。
观音洞	七保，厅东50里	洞居平安寨山下。洞口宽丈余，内涧数丈深数十丈。嘉庆初，教匪滋事，居民避难于内。
朝阳洞	七保，岚汉印盒山之顶	洞狭小，深丈余。夏不暑，冬不寒。亦昔避乱之地。
老君洞	七保，中坝子，厅东150里	山高十余里，绝顶有老君庙。庙下有石洞，深数丈，能容数十人。嘉庆初，居民曾避难，以幽僻，贼未尝至。
雷神洞	七保，回龙观之山，厅东50里	嘉庆初，居民避难于此。洞口风甚大，声如巨雷。
观音洞	有二。分别在八保、七保木连垭山侧。厅北90里	教匪滋乱时，居民曾在此避难。
蓑衣洞	七保，厅东40里	
观音洞	七保，红花梁山下，厅东120里	洞居大路之旁，中涧数丈深数十里，能容数千人。嘉庆初，居民避难于中，保全一境。
红岩洞	八保五甲，厅南200里	洞居大山之背，悬岩之间。下临绝壑，高数千寻。洞内极宽阔，有泉水。嘉庆初，教匪滋事，居民避难于中者500余家，悉获保全。
柯家洞	八保，柯家坪后山之半	嘉庆初，教匪滋事，居民避难于中者数十家。

（续表）

寨名	所在	备注
太平洞	八保，厅南190里	洞居岩畔，下临深涧，周围险固，其中宽敞，能容数百家，薪水俱佳。嘉庆初，教匪猖獗，一境人民避难于中，无惊无犯，如享太平之日。
朝阳洞	有二。一在七保岚溪，一在八保，厅南180里	洞居山之顶畔，洞门向正东，日出先照。嘉庆初，教匪作乱，居民避难其中者数十家，皆获保全。
观音洞	八保，金锁寨山下，厅东南180里	洞深数丈，下临大河。洞顶有空透光，可住数十家。嘉庆初，教匪滋事，居民避难于内，悉获保全。
伏军洞	九保，厅西90里，金钱寨右	洞居溪中，下有深潭，上有悬岩，进必载筏冒雨而入。可容数百人，相传明左良玉伏兵破贼处。
黄泥洞	九保，厅西南50里	洞前临平坝大河，居悬岩之畔。分上下两洞。嘉庆初，教匪滋乱，曾于此建关隘，设粮台。居民避难于中者数百家，皆赖保全。
猫儿洞	九保，厅西50里	洞居猫儿沟山畔，极险要坚固。嘉庆初，教匪作乱，居民避难其中，贼不敢犯。
太平洞	九保，厅西90里	洞居岩畔，平列二洞。洞口入内数十丈，两洞相通。嘉庆初，居民避难于中者数十家。洞出考金石，可辨金石真伪。
四方洞	九保，厅西80里	洞居悬岩之间，洞门四方，极险陡，无路可入。嘉庆初，教匪滋乱，居民避难于中者数十家，贼不敢犯。
老鹰洞	九保，庙坝，厅西70里	一名老营洞。相传明季征土寇时曾于此扎营，其山险峻。
大洞子	九保，白水洞之右，距厅50里	洞居厚檜山之悬岩畔。其中可容数百人。嘉庆初，居民曾在此避难无虞。
神仙洞	九保，洞居山之峭壁间	有上下二洞，人迹罕至。嘉庆初居民避乱其中，保全数十家。
水帘洞	九保，茨竹溪，厅西90里	洞在壁立悬崖之上，嘉庆初，居民数十家避乱于中。
连环洞	九保，厅西南80里	绝壁半崖间三洞互通。嘉庆初，居民数十家避乱其中。

（续表）

寨名	所在	备注
蒲家洞	九保，庙坝，厅西南70里	嘉庆初，居民百余家扎此避难，修砌石墙、寨门，至今尚存有碑志。
双龙洞	九保，厅西南100里	一为公龙洞，一为母龙洞。
威武洞	七保，厅东125里	嘉庆初，居民避战乱于中者数十家。

资料来源：（道光）《城口厅志》卷4《山水》。

表3　清代嘉庆年间白河县寨堡坐落、规模简表

寨名	坐落地名	距城远近（里）	规模（周长，丈）	进驻户数
黄龙寨	黄龙洞脑	100	97	176
德义寨	蔓营	90	58	75
太平寨	磨石沟脑	80	112	276
狮子寨	西沟扒脑	50	116	229
青龙寨	里端沟脑	80	271	114
兰王寨	东坝	120	190	83
圣母寨	圣母山	140	147	84
永安寨	岩屋沟	90	89	56
兴平寨	西坝枧池沟	120	300	95
马岩寨	安沟	110	110	128
安成寨	乌龙尖	135	126	132
三义寨	枫树沟脑	160	76	175
万安寨	小白石	130	270	143
龙泉寨	南岔沟	140	220	154
万兴寨	柳木沟	100	58	47
龙虎寨	鹦鹉沟	90	56	42
天元寨	长竹练脑	200	114	234
三胜寨	岩屋沟	150	73	203
障楚寨	铁炉沟	200	93	138
岩洞寨	柳树坪	200	高4.2，宽3.5	67
安元寨	孔长沟脑	200	95	253
石嘉寨	关庙河	180	150	149
鸿景寨	红石店	100	69	182
万荣寨	蔓营	160	78	316
太平寨	姚家河	135	73	118

（续表）

寨名	坐落地名	距城远近（里）	规模（周长，丈）	进驻户数
广福寨	小双河脑	140	74	141
清吉寨	黑虎庙脑	180	173	135
松朵寨	乾沟脑	140	150	152
裴家寨	皮家河	170	68	82
双庆寨	张家湾	110	67	142
兴隆寨	秧田河脑	90	54	143
锦壁寨	石板棋	120	53	58

资料来源：严一青：（嘉庆）《白河县志》卷7《寨堡》。

说明：表列白河县32处寨堡，注明因古寨加修而成的，仅兴隆、锦壁二处，其余皆应是嘉庆年间战乱中新修的寨堡。距离县城最近的一处也有50里，其余都在80里以上，距离县城在100里以上者25处，最多的进驻316户，最少的进驻42户，32处寨堡共进驻居民4522户。

在此期间修建的众多寨堡中，有不少在自保、御敌时发挥过重要作用，成为一时甚至历史上著名的寨堡。保康县龙坪镇黄龙寨，自嘉庆三年（1798）始建，历时6年建成。建于海拔1300米高的山顶上，较周围诸峰皆高。顶部平坦开阔，南北约长60米，东西约宽25米，西南北三面悬崖峭壁，唯东面有路至顶，易守难攻。①黄龙寨山下又有黄龙洞，山隐水恶，亦为当地百姓避乱藏身之所。嘉庆三年，生员秦光甲等14人捐银重修。②保康县又有大山寨，“北五十里，接谷城界，周围宽广约六十里，中峰耸峙，双崖壁立，自成石门，门外巨石如屏，容人侧入，绝顶平坦可耕，阔十余亩，又有东西二井，其水不竭，居民避乱者咸赖焉”③。陕南白河县龙泉寨，

① 该寨修建后为后世长期使用，1948年，人民解放军还在此与国民党军作战多次。今见黄龙寨遗存用石砌成，周长126米，高6米，宽1米，东北、西南各开有一门。寨内中部及靠西、南寨墙处有三组石砌房屋，每间均刻有住户姓名。参见叶植主编：《襄樊市文物史迹普查实录》，第755—757页。

② 参见叶植主编：《襄樊市文物史迹普查实录》，第844页。

③ 同治《保康县志》卷1《疆域》。

“居邑南百二十里，踞南岔五龙峰之麓，两崖旁削，中盘一径，逦迤而下，二水环之，巅有旧址，盖昔人已经卜筑，因廓为城，倚北达南，疏为二门，中作通衢，屋居鳞次，望衡对宇，无俟越阡度陌而有互为主客之乐。南下里余，地饶平敞，东西抱崖，扩为大寨，会于丁方而建门焉。而上寨之门，遂为重扃，更扼水置关，而外寨更峻固矣！其内寨周二百二十丈，高一丈八尺，女墙三尺。其外寨周五百丈有奇，高减上之半，女墙同之。关之外则二水交流，俨巨津焉”①。定远厅白岩原寨，“高千寻，与通（江）邑大岩寨相犄角。腰岩覆石台长里许，风雨可蔽。中路忽断，架木为桥，通岩下鸟道，行十里，临大河，半属土壤，可资播种。嘉庆初，教匪入境，循河盗麦，寨民拾石奋斗，毙贼百余人，贼为破胆。土人云：白岩对大岩，贼从何处来”②。

兴安府安康县于嘉庆三年至嘉庆六年在城西70里的衡口镇筑衡口堡（或作恒口堡），堡墙周长640余丈，高1.6丈，女墙高0.8丈，周设5门，耗资白银5300余两。“隍堑甫周，狂氛复炽，西北皆警，环堡数十里之氓，襁负争门而入……”③此外，兴安府境内又有汉阴厅涧池堡、洵阳县蜀河堡、白河县陈家垭堡、吕家山堡等。④汉中栈道宝鸡、凤县、留坝、褒城、宁羌各驿，此时也都筑堡存贮粮硝。其中江口堡“周三里，墙高二丈，广丈有二尺。崇墉屹然，军粮山积。居民争徙，占地营屋。其余九处，经费相仿，总不出五千

---

① （清）董诏：《新修龙泉寨记》，严一青：（嘉庆）《白河县志》卷7《寨堡》。

② 余修凤：（光绪）《定远厅志》卷4《寨堡》。

③ （清）董诏：《衡口堡记》，见嘉庆《安康县志》卷19《文征》。同志载有普晖《郑公祠记》云：衡口镇乃明成化时知州郑福（字伯祥）所开。“地有秦郊衡口，可开为镇。公召数百家宇之，且结茨以宿往来旅。”

④ 叶世倬：（嘉庆）《续兴安府志》卷1《堡寨》。

两”[1]。宁陕厅城北界有焦家堡，乃焦氏宗族建。口隘中宽，可容千家，乃宁陕主要避兵寨堡之一。嘉庆十一年宁陕“新兵”之乱时，当地“官民逃避焦家堡”避乱，叛兵“围攻焦家堡五昼夜，署同知李晶率堡民焦姓凭堡拒战，杀贼数百”[2]。

三省山区名寨堡甚多，此不赘举。

三

论及寨堡，人们大多注重其“民间性”，强调它是民间百姓自卫、并助官军战胜敌人的有效设施，从而忽略了寨堡作为一种客观性军事设施，本身并不具有政治价值判断。简言之，民、官、军、贼都能且都曾经利用寨堡自保、御敌。

（一）官军建堡用寨例

寨堡作为一种防御、自保的工事设施，并非民间的专利，官军同样可以修寨筑堡，以为驻防、御敌之依托。其他地区勿论，明代卫所体制下，川、陕、楚交边山区就建设有不少军堡。官军建堡最集中的一次在成化年间，项忠讨平刘千斤为首的流移起事之后，曾经在湖广南漳县之石门、谷城县之高头山、郧县之南门、竹山县之土官渡、四庄坪、远安县之南襄城，河南内乡县之顺阳、淅川县之荆子口、黄锁里、嵩县之下阳堡、马槽洞，陕西洵阳县之白石河等

---

① 嘉庆六年陕西巡抚台布奏疏，《续修陕西通志稿》卷168《平定教匪》下。

② 道光《宁陕厅志》卷3《纪兵》。

12 处通行要口所在筑堡，各调官军200或300人防守。[①]对于明代鄂西北山区的“官堡”及其变化，万历《郧阳府志·关堡》有如下记载：

（郧县）马山口堡，县西五十里。宣德间，以寇发置。成化五年（1469）奉都察院撮（檄）筑土城周回八十丈，内盖官厅、营房，拨军守御。

（竹山县）洪坪堡，“县南二百里。弘治间山寇野王刚等聚众掳掠，都御史戴珊剿除，立堡，以百户一员、官军一百哨守。正德间移守邓家坝堡，本堡岁佥老人一名、乡夫百名守把”。

（竹山县）官渡堡，县南百二十里，成化间建立，以千户所官军戍守。弘治间，知县杨完以寇发多在洪坪，申请移官军守之。本堡岁佥老人一名、乡夫百名守把。[②]

（竹山县）邓家坝堡，县南三百余里。弘治间立，县佥老人一名、乡夫百名守把。正德间，因山寇作乱，移洪坪堡官军哨守。

（竹山县）四庄坪堡，县西百五十里，成化立，县佥老人一名、乡夫百名守把。后移堡于□□地内，以房县千户所军守之。因调房军回头，堡地又被水冲，嘉靖间知县雍世哲以堡基抵换居民全国卿地，筑堡以防御之。

---

① 这批军堡至弘治八年（1495）部分裁撤。参见（明）项忠：《善后十事疏》，载《明经世文编》卷46；《明宪宗实录》卷98；《明孝宗实录》卷106。

② 同治《竹溪县志》卷2《山川》：官渡堡，县东南200里，二竹、房县交界，通兴山、巴东、谷城要路。明成化间设千户所戍守。弘治间竹山知县杨完以寇发洪坪，请移官兵守之。本堡岁佥老人一名，乡勇百名协守，今废。嘉庆年间，大学士书麟奏设官弁兵丁驻守。邑庠生曾承恩以地形扼要，修筑堡城，民赖以安，即今堡也。

（竹山县）三界堡，县西北三百一十里，古刹青桐关后，北接陕西白河县界，西接竹溪县界。万历二年（1574），知县王祖尧建堡，议将竹山县官军五十一员名哨守。

（保康县）马良坪堡，县南百里，弘治间知县苏惠和建。①

（保康县）望夫山堡，县西北百二十里，嘉靖间知府徐柱建。②以上二堡原以房县千户所千户各一员、军余各百名哨守，仍拨地三千亩，令其且耕且守……③

（上津县）庙川堡，县西北百二十里，嘉靖间因杨文政作乱奏设，以郧阳卫百户一员、军百名守把。④

郧阳府属之外，湖广荆州府长阳县有招来堡，远安县有南襄堡。河南南召县有李清店堡，内乡县有金斗山堡、半川堡、黄耳山堡，淅川县有荆子堡，桐柏县有围山堡，裕州有大关口堡。陕南宁羌州有五丁峡堡，西乡县有黄草坪堡、惊军坝等六堡，商南县有富水堡等。

官军设堡之地或为交通要隘，或地处险僻，或矿徒易于集聚，或为行政区域交边的“插花地”带，总之大多为社会秩序不太安定的地方，堡的建置对弹压地方、维持秩序具有重要意义。对此，万

---

① 万历《郧台志》卷1《建置·关隘》载：马良坪堡，“（房县）南二百里，有径路西通蜀之大昌、巫山，南通远安、当阳，东通荆门、南漳，北通竹山、房县，原公奏设，房县千户所戍守”。

② 万历《郧台志》卷1《建置·关隘》载：望夫山堡，（保康县）“堡有小径达四川，房县千户所官军戍守”。

③ 万历《郧阳府志》卷17《关堡》房县名下亦载有此二堡，内容分别为：“马良坪堡，县东南二百里，成化间创立，委千户一员，领军戍守。”“望夫山堡，县东南三百里，嘉靖二十八年添设，戍守人役同前。”显然与保康县有重复。

④ 万历《郧阳府志》卷17《关堡》。

历《郧台志》的记载较之万历《郧阳府志》更为具体明确。

长阳县招来堡，“设县西北，界连东乡、施南，与容美宣抚司及归、巴、建始三州县交接，夷盗出没，掳掠不常，设堡防御，分拨枝江千户所官军三十一员名哨守”。

远安县南襄堡，“远安形胜岩险，北九十里与南漳、兴山、房县、保康连接，盗贼出没，形胜要害，设堡于其地，额拨远安千户所官军防守”。

南召县李清店堡，“地居万山，矿盗出没，南阳卫官军戍守”。

内乡县金斗山堡，“旧置巡检司，后革。矿徒窃发，移淅川县花园关官军戍守”。[①]

裕州大关口堡，“南阳卫千户戍守，兼巡叶县南六十里文李二矿穴，禁不得发，并佥乡夫同守”。

宁羌州五丁峡堡，“万历十一年（1583）因北栈强贼劫截，自洵阳青桥驿、草凉驿设营堡十五处，委指挥营军、民壮驻本堡，分拨各堡防守”。

商南县富水堡，“（县）东三十里，通南阳，置巡检司”。[②]

对这类要隘、险僻之地，所设防御、治安机构并非固定的，上述记载中我们已经看到军堡和巡检司设置的交替，不仅如此，有的官

---

① 天顺八年（1464），巡抚河南的王恕在河南内乡境内的金斗山，擒拿争矿杀人强徒汪四等20余人，解散矿徒，并抚安流民达2.2万户。（王恕：《石渠老人履历略》，《王端毅公文集》卷6）

② 万历《郧台志》卷1《建置·关隘》。

堡，守卫的武装力量也会根据局势、情况的变化而有所调整，或正规卫所军队，或非正规的民间壮丁、乡夫，甚或军民同守。

上述记载也告诉我们，明代官军所修建的基层军事据点，似乎皆称为堡而不是称为寨，尽管这些据点大多在山区，有的本身就在山上。其间有无什么特别含义（如“寨”这一名称是否专属民间？官府对民间的寨心存忌讳?)，尚需进一步探讨。但是，官军镇守山寨或在战争期间占据山寨以抗击敌军的事例，明清时期多不胜数，如：

平利县金鸡等寨：“县东五十里有金鸡寨，平地突起一山，周环有水。正德中官兵讨贼，尝屯于此。”①

兴山县高鸡寨：“原设夷陵州金竹坪巡检司，隆庆二年（1568)，改本寨镇守。”②

竹溪县峒溪寨：“县西南距城五十里，有中前后三寨俱相接，其高无极，可容数千人，上有瀑布泉，路仅容足，一夫守险，万人莫登，杨来嘉、谢泗叛，竹溪营拥众登焉，贼累攻不下，死伤无算，遂遁去。”③

城口厅五龙寨，七保，厅东125里。山最险峻，四面皆悬岩，可住数百家。相传明季流寇张献忠之乱，左良玉屯兵于此。至嘉庆初，教匪倡乱，居民于寨坡堵御。

城口厅金钱寨，九保，厅西90里。山高峰耸，俯视众山，四面皆悬岩。相传明左良玉扎营之所。嘉庆初，教匪滋事，居民扎寨以为保固，与贼首龙绍周等众拒三昼夜，伤贼千余人，贼退不敢复至，一方赖以无虑。

城口厅铜城寨，九保，厅西70里。山险峻坚固。相传明季

---

① （清）顾祖禹：《读史方舆纪要》卷56。
② 万历《郧台志》卷1《建置·关隘》。
③ 同治《竹溪县志》卷3《寨堡》。

左良玉屯兵之所。嘉庆初，居民修寨避贼，往往掘出剑戟等器，皆前代物。①

太平县花山寨：“西南二百四十里，三面悬崖，顶平，可容万人。经略额侯曾于此驻大军。”②

东乡县“大成寨，在县治西一甲，离城七十里，四围石壁若天造地设。相传明季流贼张献忠入寇，土人依扎，保全甚众。嘉庆二年（1797）教匪倡乱，环寨士民培修入保。代理县事刘清巡视，遂移驻寨上。复谕士庶堵修完固，为总统宜绵、将军明亮行营。设立四门，即以东西南北为名，复设粮台于寨上海船寺，川陕楚省领兵大员往来屯扎”③。

城口厅太和寨，七保，距厅南5里，旧名蓝家寨，即金马山。嘉庆初剿办白莲教，曾置粮台于上，居民扎此避乱者千余家，悉赖保全。

城口厅龙头寨，有二，九保、十保各一。高峻险要。嘉庆初提督柯（藩）统兵剿白莲教，曾扎营于此。

城口厅兴隆寨，七保，厅北80里。嘉庆初剿白莲教，参赞大臣德楞泰屯兵于此。

城口厅梭罗寨，八保，厅南180里。山高峻险要，绝顶宽平，可容数千人。嘉庆初，征剿白莲教，提督杨遇春、总镇田某扎营于此。

城口厅仙人寨，七保，老鸦口，厅北70里。嘉庆十年太平副将罗思举屯兵于此。

城口厅狮子寨，七保，老鸦口，厅北70里。其山高峻雄厚，悬

---

① 以上三寨皆见道光《城口厅志》卷4《山水》。

② 光绪《太平县志》卷2《洞寨》。

③ 嘉庆《东乡县志·营建》。

岩千仞。嘉庆十年，太平副将罗思举扎营于此。[①]

云阳县提督寨，蓬坳。现以熊氏为主。嘉庆初，穆侯屯兵其上，因名。[②]

（二）"贼寇"占据寨堡例

如前所述，寨堡作为一种（准）军事设施，本身并不具有敌我性质判断，或者说敌我双方皆可利用寨堡。另一方面，敌对双方也并非只有一方懂得利用寨堡，起事者虽大多以流动作战为主，亦不无利用寨堡之例。在这个意义上讲，寨堡具有两面性，山寨若为乱者所踞，凭险固守，反成资敌之具。正所谓"贼据之可抗官兵，而百姓守之亦可拒贼"[③]。明清时期"贼、寇"占据寨堡以抗官军之例如下：

紫阳县高峰寨，在洞河内。"明嘉靖间，巨寇李三据洞河高峰寨，立数十营，副使孙铨拒战，擒斩之。"[④]

紫阳县红崖寨、和心寨，"在红崖山顶。顺治初，与板厂山同为寇寨，势极险峻"。"和心寨，即孙守金所据之板厂山也。嘉庆六年(1801)，土人修以御贼，更名和心寨。"[⑤]

巴州有嘶风寨，位于州东260里，因有石孔能作风声而得名。山寨"高峻危险，上有清泉，旱干不涸。嘉庆初为教匪所据，破贼后更名大胜寨"[⑥]。

紫阳县永乐寨，"在五朵云，山势极高，东望万人寨，西望任河

---

① 以上城口六寨皆见道光《城口厅志》卷4《山水》。
② 民国《云阳县志》卷6《阨塞》。
③ 陕西巡抚陆有仁奏疏，《续修陕西通志稿》卷168《平定教匪》下。
④ 光绪《紫阳县志》卷2《建置》。
⑤ 同上。
⑥ 道光《巴州志》卷2《关隘》。

界岭，南望蜀岭，北望汉江，周围数百余里一览毕悉。嘉庆元年，白莲教贼据为巢穴”[1]。

砖坪厅长和乡境内的葵花寨，嘉庆年间，被襄阳白莲教军三十六路都先锋五营总副张世虎占据，成为其抗拒清军的重要据点。[2]

太平县金龟山王家寨，嘉庆元年，此寨为白莲教起义军通江蓝号冉文俦部占据。次年，重庆镇总兵百祥率兵勇围攻该寨，“数月不下”[3]。

郧西县金国均对同一山寨可以被不同的力量利用之事实曾深有感慨，曾赋《登金宝山观罗汉寨有感而作》一首，摘录如下：

> 我忆明史长太息，千斤倡乱先谋逆；二百年来祸变频，郧山屡见枭雄迹；妖僧妖妇纷如麻，王师八次勤搜拿；林深箐密行不到，深山何怪生龙蛇……又闻仁庙登基年，三省邪教称白莲……老稚生灵逾万口，恃有此山为保全；同时立寨竞修筑，兵蹑其后勇踞前；焚无可焚掠难掠，始得次第歌凯旋；我闻斯言倍感慨，同此一山同此寨；有时弃险藏奸人，凭城据社能为害；有时扼险保良民，趋吉避凶实攸赖；安危之判存乎人，成算在胸自不败……[4]

（三）州县官府以寨堡为治所例

更值得关注的是，在明清时期大的战乱中，不少寨堡曾先后成为所在州县的官署，俨然地方统治中心。试举曾经为州县治所的寨

---

① 光绪《紫阳县志》卷2《建置》。

② 皋岚县志编纂委员会：《皋岚县志》，第364页。

③ 光绪《太平县志》卷2《寨洞》。

④ 同治《郧西县志》卷18《艺文志》。

堡如下：

竹溪县敖家寨、中峰寨，清朝初年，竹溪县曾有“令尉皆无衙署，惟依山寨以居”之说，[①]那么，是哪些寨堡有幸成为竹溪县官的治寨呢？对此，（同治）《竹溪县志》有多处较为具体的记载，其一云：“顺治七年（1650），流贼李来亨盘踞兴山县之西山，郝摇旗等耕食房县，时出二竹掳掠……知县事居敖家寨，贼攻围数日，居民众寡不敌，寨遂破。”[②]其二云：曹席珍，康熙七年（1668）任知县，“先是邑令居敖家寨，至此始入城……及谷城杨来嘉、竹山谢泗叛应吴三桂，同攻竹溪，因率民避登中峰寨，有逆奴曹二以绳缒贼而上，寨破，遂被执”[③]。其三云：“中峰山，县西三十里，绝顶有寨，康熙甲寅年（十三年），谷城镇总兵杨来嘉及竹山营游击谢泗叛，知县曹挈民保聚其上，贼不敢犯。”[④]邑人甘杓《天台山记》亦可供佐证，“康熙十三年，马蹶子乱，邑无城可守，明府曹公携家于此，与吾曾祖讳继方者团练乡勇，官兵共处两月”[⑤]。尽管有“寨破被执”和“贼不敢犯”等不同说法，但清初顺治、康熙前期，竹溪知县先后以敖家寨和中峰寨为治所却是可以肯定的。

竹山县蒋家寨、莺岩寨，“谢泰，字汇征，会稽人。顺天进士，顺治七年任。时前明余寇杨明启、老当当据县为巢，郝永忠、刘二虎亦猖獗房、竹间，前令四人皆为贼害，泰至，栖莺岩寨……后移

---

① 同治《竹溪县志》卷3《寨堡》。

② 同治《竹溪县志》卷10《善行》。

③ 同治《竹溪县志》卷7《秩官》。

④ 同治《竹溪县志》卷2《山川》。

⑤ 同治《竹溪县志》卷12《艺文志》。据同书卷10《善行》：甘继芳，字体元。“明季流贼猖獗，竹溪为秦、楚、蜀之交，屠戮殆尽，余匿山中，昼夜惊骇，公纠聚遗黎，团练乡兵，贼至合击，贼去则散归田间，如是者十余年。”又参见卷12《艺文志》黄晖烈（康二十九年任知县）《政事纪略》。

驻铁壁蒋家寨……一时完活三千余人。”①

郧西县南门堡，县令胡廷槐《建郧西县署碑记》载：“（清初）兵燹，旧署尽为榛莽，至国朝顺治四年（1647），县令贺绳烈倚南门废城为堡，废城故有梓潼庙，贺令去庙，立廨居其中以居焉。茆屋数椽，仅蔽风日。荏苒至今，咸以廨署为传舍……乾隆二十三年（1758）始建署。”②

巴州石城堡，堡在州南50里。“顺治初，知州许广大寄理于此，（顺治）十七年始建今治。”③

两当县山城堡，“山城堡，城西山上，知县高腾以西城薄山，筑山城堡以捍之。明末知县徐文献率士民居于城西山顶，即此。”④

成县山堡，“流寇肆氛，官衙民舍焚毁殆尽。数十年来，官斯土者仅筑山堡为城，人日星零，地无起色，旧治之堂基久为禾离麦秀之区……”⑤

商南县永安寨，“明末清初，寇焚城内民居一空，邑令皆侨治永安寨（今永安铺，一名皂角铺，古层峰驿也）。于山之南垒石建寨，康熙间始移入城。”⑥

大竹县月城寨，在“县东九十里，国初时城池荒芜，知县行署在山后者住此。形势奇险，不亚黄城寨”。

大竹县柳城寨，在“县北七十里，山如三层，四围巉截，东西二门，雄镇北境，夐绝高挺。明末之乱，王氏合族保此。国初彭贼造逆，邑宦王士品复令子侄登山守险，贼不能害，旋请兵讨平之。

---

① 同治《竹山县志》卷10《秩官》。
② 同治《郧西县志》卷18《艺文志》。
③ 道光《巴州志》卷2《关隘》。
④ 乾隆《两当县志》《志地第一》。
⑤（明）卢士鹍：《新建官衙碑》，见光绪《阶州直隶州续志》卷31《艺文志》。
⑥ 民国《商南县志》卷3《建置》。

康熙初年，城池荒芜，知县行署在山前者住此。嘉庆初年，教匪骚扰，王氏子孙复聚亲族守焉”①。

明清之际寨堡成为州县官衙的历史现象，嘉庆初年白莲教战乱期间在三省交边山区部分州县重演。

东乡县大成寨，徐陈谟《重修东乡县城碑记》载：“嘉庆元年(1796)，教匪滋扰，攻陷城治，往来蹂躏，城悉平夷，不得已而移驻大成寨。”② 关于大城寨，当时的碑刻称：

> 东邑治西有石山焉，土人名大成寨，周回六七里，形堕而高，巉岩峭壁如城。山上有四阙，前人因阙为关，率崩毁，碑碣年代不传，盖古军民屯聚处也。(嘉庆初年) 适余来抚兹邑，因率众集寨上，凡近乡积储，悉令移运上贮，为之修隘补缺，设楼橹，备矢石，昼夜兼营数日，而守御毕具。由是，贼来野无所掠，乘其饥饿击之，贼遂远循。已而钱塘杨君香海来嗣任，因移治于斯，衙署台馆，焕然一新，居民云连雾列，遂成一大都会。③

巴州平梁城堡，巴州城先后于嘉庆二年七月、十月，两次被白莲教众攻陷，官衙民居皆被焚毁，官民不得不迁驻平梁城堡，直至嘉庆十年，白莲教战事全部结束才移回原州城。④ 平梁城堡在州西25里，“上平坦，四围石壁如城……”⑤

南江县惠民寨，嘉庆二年南江县城毁于兵火，“暂迁治于城西之

---

① 道光《大竹县志》卷11《关隘志》。

② 嘉庆《东乡县志》卷33《艺文志》。

③ (清) 刘清:《大成寨碑文》，见嘉庆《东乡县志》卷33《艺文志》。

④ 道光《巴州志》卷2《关隘》。

⑤ 同上。

惠民寨”①。惠民寨在县西北120里，旧名李家寨。其山“自南山发脉，迤折而来，山顶平而方，四面悬崖，高十余仞，周数里，只西北面可通行人。嘉庆二年教匪陷县城，知县裘良骏迁邑于此，命民修西北角及衙署仓狱，贼至，协力防御，民得安堵焉”②。

通江县安辑寨，通江县城康熙元年（1662）重修，嘉庆二年毁于兵火，“暂迁治于县北之安辑寨，即得汉城。十三年（1808）仍回旧治”③。

城口厅五甲寨，厅属七保，厅西10里。嘉庆初城口主簿衙署被焚毁，主簿移驻于此。复置粮台，居民避乱于上者数百家。

城口厅林同寨，亦属七保，厅西70里。嘉庆初居民于此扎寨避战乱，保全数百家。城口主簿因衙署疲焚毁曾住于此。

四

论及这个时期的寨堡，论者大多注重寨堡在战胜白莲教起义中的作用，强调龚景瀚等人提出修寨筑堡之策的功绩，似乎利用寨堡来自保、御敌是嘉庆白莲教战争期间才出现的策略，而且是当时的有识之士谋划出来的高招。清代及以后的文献中，每见有此类论述。如：

> 教匪之初起也，众皆乌合，行踪飘忽，时而由楚入秦，时而由秦入蜀，继而扰及甘陇，而川陕之出没尤亟。督剿诸帅日

① 道光《南江县志》卷上《城池》。
② 道光《南江县志》卷上《关隘》。
③ 道光《通江县志》卷2《城池》。

> 夜奔命，迄无功效。迨明亮、德楞泰有筑堡御贼之奏，而四川合州知州龚景瀚上坚壁清野议，朝廷饬三省推行，于是，蜀之寨堡先成，而陕鄂旋亦告竣工。于是，匪徒进无所掠，退无所踞，仅窜迹深林密箐中，官军因得施排搜之法。贼遂不支，次第授首。虽其时骁将甚多，旁师如额、德二侯亦威勇忠实，然溯戡定所由，要因各地寨堡修成，得以戢凶锋而殄狂寇。陕省南山教匪余党之终就歼夷，亦莫不由此。[①]

> 嘉庆丙辰（元年，1796），邪匪滋事，发难于荆襄，蔓延于随枣。焚原赫（赭）野，老弱暴骨。大师奉命征剿，下地方官加意抚绥，并申坚壁清野之议，令各村落阻险为固，结寨自卫，于是川陕楚豫大小寨栅星罗棋布矣。[②]

> 自嘉庆四年（1799）勒保在川省令乡民分结寨落，匪始无由焚劫且助官军击贼。其后陕楚仿行，贼势乃促，今三省间阎安堵，实得力此策为多。[③]

诚然，由于修筑寨堡、坚壁清野乃清朝对付白莲教起义的主要措施，而且是在战争进行了数年之后才开始议行的，正是依靠这一举措，清军才勉强打败了白莲教众。因此，考察这一时期的寨堡，自然不能忽略官方的因素，特别是官府的统一倡导、督率（加强组织性）作用。然而，仅就民间利用寨堡自保御寇而言，清朝官府的倡导、督率绝非唯一的因素，甚或不是主要的因素。

---

① 民国《续修陕西通志稿》卷168《平定教匪》下。
② 光绪《襄阳府志》卷6《建置志·堡寨》。
③ 《清史稿》卷344《勒保传》。

白莲教战事中，今见最早提出修寨筑堡对策的时间在嘉庆二年。当年九月二十四日，鉴于村落、市镇无城可守，防堵不及等状况，明亮、德楞泰奏请饬令楚陕交界州县，相地设堡以御贼安民。“为今之计，欲筹收恤难民而困贼匪，莫若饬附近有贼地方州县，于大市镇处所，劝民修筑土堡，环以深宽壕沟。（朱批：未免略迟矣。）其余散处村庄，酌量户口多寡，以一堡集居民三四万为率，因地之宜，就民之便，或十余村联为一堡，或数十村联为一堡……因思前在襄阳，该处绅士梁有谷等亦筑堡防堵，贼匪屡经攻扑不能进扰，实有明验……至于川省情形，川东一带每多险峻山寨，只须令有贼处所居民移往山寨，一如守堡之法，共相保护。”①此奏之要点在于筑堡，于山寨并未加以强调。尽管如此，仍然遭到嘉庆皇帝的坚决反对，除前已引出之“未免略迟矣”的朱批外，最高统治者最后的朱批是：“目今究以尔等率精兵速生擒贼首为要，此折所算过矣，甚不满意，不可。”②

据《东华录》、《圣武记》记载，嘉庆四年正月，“始议坚壁清野之策。勒保用合州知州龚景瀚议，首行于川东、川北；既而那彦成、松筠、台布、长麟行之于陕甘；后书麟、吴熊光行之于湖北。三四载，堡寨成而贼以次消灭。由上年明亮、德楞泰发其端，而诏书申敕行之云”③。所说议行三四载而寨堡成，而且各地推行有早晚迟速之别，如陕甘两省，总督长麟在嘉庆五年二月才加意推行堡寨、乡勇二措施。其奏折开列出陕西、甘肃二省应该修筑堡寨、团

① 嘉庆二年九月二十四日明亮、德楞泰奏折（朱批），见《清代农民战争史资料选编》第五册，中国人民大学出版社 1983 年版，第 443—444 页。参见魏源：《圣武记》，见《清中期五省白莲教起义资料》第 4 册，江苏人民出版社 1982 年版，第 463 页。

② 同上。

③（清）魏源：《圣武记》，参见嘉庆《东华录》，转见《清中期五省白莲教起义资料》第 4 册，第 473 页。

结乡勇的厅州县计有：

陕西省留坝厅、孝义厅、五郎厅、汉阴厅、宁羌州、商州、陇州、华州、南郑县、凤县、略阳县、西乡县、沔县、褒城县、城固县、洋县、安康县、紫阳县、石泉县、白河县、平利县、洵阳县、山阳县、镇安县、洛南县、商南县、户县、咸宁县、宝鸡县、华阴县、长安县、岐山县、临潼县、蓝田县、周至县、郿县、渭南县等共37厅州县。

甘肃省盐茶厅、洮州厅、固原州、岷州、阶州、西固州同、白马关州判、秦州、三岔州判、泾州、平凉县、华亭县、静宁县、隆德县、庄浪县、陇西县、通渭县、会宁县、安定县、宁远县、伏羌县、西和县、漳县、成县、文县、徽县、两当县、秦安县、礼县、清水县、镇原县、灵台县、崇信县等共33厅州县。陕甘二省合计达70州县，从一个侧面窥知当时修筑寨堡的范围广大、地方众多。当然，更可以由此想见白莲教起义的规模、声势之大，转战区域之广。①

上述情况表明，清廷正式议行坚壁清野之策，时在嘉庆四年(1799)。可是，我们可以找到很多证据，表明自嘉庆元年始，至嘉庆四年以前，川、陕、楚三省交边山区的许多州县，已经陆续修建了数量众多的寨堡。

达县：嘉庆元年乡绅杜森圃修金马坪寨。方志载："杜茂材，翠坪乡人，号森圃，乾隆丁酉拔贡充四库全书馆誊录……嘉庆元年解饷至川，归省继母，值逆匪倡乱亭子铺，茂材集义勇御贼……奏留管领乡勇，修金马坪木栅，延袤十余里以栖老弱。又以木栅易朽，而避贼难民日益众，二年，倡捐三千余金，修石寨一座，于寨东南

① 见《清中期五省白莲教起义资料》第2册，江苏人民出版社1981年版，第16—18页。

一带督筑寨落七十余座。是后历著战功。”① 后来，杜氏因此而升任知县。

巴州：嘉庆二年七月，白莲教樊掌柜、徐天德等部攻陷巴州城，“屠戮军民六百余人，于严公祠演戏十日乃去……于是，州属失望，各保一方”。所谓各保一方，即以山寨为根据地。当时的山寨主要有：义首苟敬贤守龙池寨，文生王汝诏守冠山寨，武生何霖（雨澍）守鼎山寨，监生张玉文守太平寨，监生陈良村守虎头寨，文生赵会云守金山寨，王守一守龙头寨，王汝享守龙吼寨，李耶菁守龙台寨，武生李天玉守造山寨，李守忠守忠信寨，军功王三略守鹦鸣寨，孙荣曾守巾子寨，何瀛洲守小宁城寨，吏员张又新守石城寨，职员夏曰瑚守杨柳寨，义首孙腾蛟守红云台寨，张我经守金华台寨。② 此外，嘉庆二年之前已经存在的还有刁家寨、千佛山寨、平梁城堡等。③

汉阴：嘉庆二年，境内居民依山据水，各筑垣墉堡寨，多达89处。④

广安：嘉庆二年二月，“达州贼徐天德寇广安，乡民流离山谷，极追捕裹胁之苦，惟大良城寨烟户十余万始终得全”⑤。

前举被官军、“贼寇”利用以及暂时作为官府治所的寨堡中，有不少即嘉庆元年、嘉庆二年就已经存在的。如东乡县大成寨、紫阳县永乐寨、太平县金龟山王家寨、巴州平梁城堡、南江县惠民寨、通江县安辑寨等。白莲教起事之初，就深知寨堡对自己的利害，为

---

① 嘉庆《达县志》卷26《武功志》。

② 道光《巴州志》卷10《杂纪》。

③ 道光《巴州志》卷2《关隘》。

④ 嘉庆《汉阴厅志》卷2《山堡》。有些嘉庆三年前关于寨堡的记载中也会有“大帅下坚壁清野之令”之类的文字，难免附会之嫌。

⑤《琥西录》转见光绪《广安州新志》卷36《兵戍志》。

了防止百姓进据寨堡，就有针对性地采取了措施，如扬言要先破寨堡，以致当时流传有“上了寨，绝了代；沿山走，年年在”之谚，[①] 以此恐吓百姓。此乃嘉庆二年以前之事。这从另外一个方面说明，嘉庆之初，民间利用寨堡事实的存在。

其实，前揭明亮、德楞泰奏请修建寨堡的奏疏里，亦可找到支持本文观点的论据。如所举襄阳绅士梁友谷推行筑堡防堵卓有成效之例，“川东一带每多险峻山寨”之说等，无不说明寨堡作为白莲教战争中的民间自保御敌设施之一，早在明亮等清朝官员提出动议之前，就已经较为普遍地存在了。

因此，可以说，即使没有清朝官府的倡导、督率，民间也会利用寨堡以自保御敌。之所以如此，主要有以下几个方面的原因。

其一，环境因素。山区的自然地理、聚落地理等环境条件，为山区居民利用寨、堡、洞等设施自保御寇提供了有利的基础，从某种意义上讲，寨洞甚至是山区居民自保御寇的唯一选择。不少地方志作者都谈过本地的环境与社会动荡、民间自保御寇的关联，其中不乏切实、有见地的体会。（道光）《巴州志·形胜》：

> 州境僻远，非四战之地，历代以来，图王霸者所不急争。所虑者山寇窃发，利其险阻，易于窜迹。如明正德中之蓝、鄢，国朝嘉庆初之白莲教匪，皆盘踞、出没久而后平是也。
>
> 全州形势，惟附城一二十里间稍觉平坦，余则崭崖峻阪，无地无止。所以教匪焚掠，各乡结寨固守，多得保全，斯其明效大验。

---

① 《琥西录》转见光绪《广安州新志》卷36《兵戍志》。

（光绪）《孝义厅志·寨洞》：

> 南山之民散处零星，不能称聚落，无村堡可资障卫。又疆界辽阔，去厅城多远，即近者犹数十里。贼至，趋避无及，故避乱之法，或数家、或一家，于附近悬崖危峰之上，砌石为寨；或于峭壁之间凿石成洞；皆一夫守之，万夫莫前。较之山外村堡尤为省工省力。

既非四战之地，又多山寇窃发，乃环境所决定；虽然社会动荡不断且往往持续较长时间，却因有寨堡可资利用而不致崩溃，以环境所造就。同治《竹溪县志·建置·寨堡》亦云："地僻以远，贼易窜伏，依山为寨，筑地为堡，亦有合于昔人坚壁清野之义。"

仔细检阅有关地方志就会发现，山区寨、堡、洞等设施的修建，大多高度依赖环境条件，供主观选择的余地并不大。前揭不少著名的寨堡，都较好地利用了环境条件。如郧阳白马山之金鞍寨、竹溪县峒溪寨、太平县马鞍寨、高鼻寨、保康县龙坪镇黄龙寨、大山寨、白河县龙泉寨、大宁县老鹰寨等。郧县大龙寨建于地处豫楚二省三州县交界处的大龙山上，郧、均、淅三州县七保士民同修，有"所有毗连均、淅各村居民咸附此寨守望相助焉"之称，时人记云：

> 是山孤耸数十丈，正北陡绝，东南俯临深涧，西南稍坦，山顶四平约亩许，上有古刹，即大龙观也。西偏有龙泉二，可共万人饮。殿后有花栗数千株，阴森蔚茂，予与乡人顾而喜曰：薪水为寨中急需，今皆不假外索，此天成之险也。况西望郡城，南望均州，东望淅川，朗若观纹。如果贼至，虚实立

见，以高临下，律以兵策，我得胜算矣。……[①]

除寨门、房舍等一般性必要建筑外，较少人工因素。

修建寨堡不仅要考虑“一人据险，万夫莫登”的天生险阻条件，还要虑及耕地、柴薪、用水等生产生活条件。尤其是水问题，为很多寨堡所特别重视。竹溪县峒溪寨的“尤喜山下石皆成煤，寨人取用”[②]；紫阳县万人寨的“顶侧有泉水可汲”，金峰寨、凤头寨的“雄峻无比，寨内有泉，足供汲饮”[③]；保康县大山寨之“绝顶平坦可耕，阔十余亩，又有东西二井，其水不竭”[④]；郧县大龙寨之“薪水为寨中急需，今皆不假外索，此天成之险也”等等，无不是对寨堡环境条件要求的真实反映。有的山寨之所以失事，同样是环境因素的作用。如郧县孤将山，在城西南70里，“高而不险，避难此山者往往误事”[⑤]。又如水对寨堡的重要性敌方也一样深知，因此，断其水“困以渴”成为白莲教众围攻寨堡的主要战术之一。史称“设木栅困水，民之苦渴较之忍饥为倍酷，不过数日，寨不攻而门自辟矣”[⑥]。地方志中我们可以看到这样的记载，“贼知鸡公寨缺水，困之，天忽雨雪”；“首围邑东竹山所属之红岩寨、独山寨，寨首郭世理率勇力战解围。贼忿甚，蚁结蜂屯而围独山，断汲道二十余日，渴死者枕藉……”[⑦]竹溪县被破之永安、泰坪、仙人、天宝、陡立、安子、红石、枫香、湾沟、云峰、忠良、凤凰等寨中，就有

① （清）赵守基：《创修大龙寨及四乡寨事记》，见同治《郧县志》卷10《艺文志》。
② 同治《竹溪县志》卷12《艺文志》。
③ 光绪《紫阳县志》卷2《建置》。
④ 同治《保康县志》卷1《疆域》。
⑤ 同治《郧县志》卷2《山川》。
⑥ 同治《竹溪县志》卷8《武功》。
⑦ 同上。

因断水而被渴破的，以致有时不得不作出只准修有水大寨的规定。

在有的地方，甚至山就是寨，寨亦即山。山寨几乎完全是利用环境条件，为自然资源组合的结果。有的州县地方志中，寨堡的内容基本上与山川的有关记载相类。同治《竹溪县志》卷二《山川》载有如下内容：

香山，县西70里，峰峦峻耸，横插天空，一名香台观，旧有元帝象，即昔之香山寨也，今属白花寨中峰山，县西30里，绝顶有寨，康熙甲寅年，谷城镇总兵杨来嘉及竹山营游击谢泗叛……知县曹挈民保聚其上，贼不敢犯。

洞崎山，西南50里，悬崖万仞……循麓而上，蹊迳（径）险绝，顶上有三寨，透（逶）迤相连可容数千人。康熙甲寅（杨谢乱），竹溪营拥众以登，贼屡攻不能下，遂逃去牛头山，县东南120里，即牛头寨。

虎头山，县南200里，上有宝珠寨。

撰河寨山，县南130里。

红心寨山，县南120里。

安峪寨山，县东南180里。

向家寨山，县东南360里。

雷家寨山，县东南600里。

三王寨山，在雷家山稍西，即雷家寨内所属地，县东南600余里。

郧县则有老寨山，“城西北七十里，形势险峻，井泉俱备。明季之乱，乡人避此寨，保全甚多。同治元年，乡绅余隆印率乡人重修之”。

黄花寨山，城西130里，明季乡人多避难于此。①

大宁县则如二墩崖，“在县北一里，峭壁千寻，下临溪河，山腰

---

① 同治《郧县志》卷2《山川》。

一线危径可登。因崖为寨，可容千余人”[①]。

山与寨仅从名称上看已很难区分清楚。

当然，各大区域之间也有差别。嘉庆初年任陕西巡抚的陆有仁曾有如下分析：

> 筑堡团勇之事，川陕情形不同。四川地居天险，如大成寨、大团包、方山坪等寨，每处可容数万人，其小者亦容数千人。贼据之可抗官兵，而百姓守之亦可拒贼。若陕西南山内，层峦叠嶂，并无宽敞环抱之所，止能于陡险山巅，就势结构，每寨止容数百人至千余人不等。蜀山多膏腴稻田，民居稠密，其势易合。陕西老林，惟棚民流寓零散垦种，隔十余里、数十里始有居民十余户。若纠合数村共筑一堡，则南村之人欲近南修筑，北村之人欲近北修筑。惟秦陇以西，人皆土著，无不踊跃兴工。……其西安、同州、凤翔三府与汉南附近川省之区，皆多土著，审利害、每邑结有堡寨，或百余，或数百。其汉北山内，近亦一律兴工。[②]

差别是客观存在，不仅是寨堡的规模，寨或堡的分布差异也很显然，而导致差别的根源则是川陕之间不同的自然环境及社会条件。(详见另文)

环境变化也影响到寨堡的存废，在漫长的历史进程中，众多的寨堡历经修修废废的循环往复。不断增筑新寨堡的同时，也有不少旧的寨堡废弃乃至遗迹全无了。一个显然的例证是顾祖禹《读史方

---

① 光绪《大宁县志》卷1《山川》。

② 陕西巡抚陆有仁奏疏：《续修陕西通志稿》卷168《平定教匪》下。

舆纪要》所载许多寨堡，到清代后期已经“皆不可考”了。据《续修商县志稿》记载：嘉庆九年（1804），陕西巡抚陆有仁在镇压了白莲教后，责成潼商道各邑大筑寨堡，大概有备患于平时之意吧。地方官不免积极响应，商州知州陈祈还亲撰《筑寨歌》宣传激励，据说一时境内寨堡林立。其歌云：

> 劝筑寨，劝筑寨，努力筑寨莫少懈。垒石为墙不厌高，搴萝补屋无防隘。路断从教木作梯，泉流恰好桥成界。老弱相依身自安，资粮共保心无戒。更欣守望得比邻，户有丁男人有械。万人筑寨万人居，固为磐石谁能坏。君不见贼氛到处室成灰，平地乡村生菅蒯。劝筑寨，劝筑寨，筑寨成时贼自败。野无可掠壁垒坚，枵腹何能肆蜂虿。王师指日奏虏功，扫荡烽烟人尽快。筑寨筑寨莫少懈，筑寨成时贼自败。[①]

然而，作为一种民间自保、御敌的设施，寨堡毕竟属于战乱的产物，而不是什么吉祥事物，何况百姓亦非专业军人，在无“贼寇”威胁的情况下，要长期维持大量寨堡设施并非易事。

其二，历史的经验、传统。关于这一点，本文前面已经有所论述，无须赘言。重要的是，历经历朝历代经验教训的反复总结、反思，“乡村士庶，离城较远者，寇至则趋避山寨、石洞、岩房……”[②]在山区已经接近是习惯成自然的选择了。

最后，就连官方倡导、督率修建寨堡之事，清朝也不是第一代。至迟在明朝末年，晚明名臣卢象升在鄂西北山区已有过此类举

---

① 《丹凤县志》，陕西人民出版社 1994 年版，第 14 页。
② 同治《房县志》卷 3《寨堡》。

措。史称“郧立寨自前明始……（崇祯间）卢象升抚治郧阳，念郧郡诸山绵亘，有险可凭，用守畿南法守之，立寨并村。郧人惩前毖后，踊跃奉行，吾乡夹山等寨亦从此起”①。郧阳寨堡肯定不是始自明末，卢象升在郧阳倡导立寨并村是否为历史上最早，亦须进一步考证。

（原载《江汉论坛》2008年第12期）

①（清）赵守基：《创修大龙寨及四乡寨事记》，见同治《郧县志》卷10《艺文志》。

作者主要著述列表

著　作

1.《明清长江流域农业水利研究》（与彭雨新合著），武汉大学出版社1993年版。

2.《灾害历史学》（与宋俭合著），湖南人民出版社1998年版。

3.《湖北通史·明清卷》，华中师范大学出版社1999年版。

4.《中国经济通史·清代卷》（合著），湖南人民出版社2002年版。

5.《中国经济史纲要》（主编），高等教育出版社2007年版。

6.《明清长江流域山区资源开发与环境演变》（武汉大学学术丛书），武汉大学出版社2007年版。

7.《10世纪以来长江中游区域环境、经济与社会变迁》（主编），武汉大学出版社2008年版。

论　文

1.《清代湖北洪涝灾害论略》，《江汉论坛》1984年第10期。

2.《清代江嘉长堤的修防与管理》，《中国水利史志》1985年第6期。

3.《围湖造田的历史考察》，《农业考古》1987 年第 1 期。

4.《清代江汉—洞庭湖平原堤垸农业的发展及其综合考察，《中国农史》1987 年第 2 期。(收入本文集)

5.《清代湘鄂西山区的经济开发及影响》，《中国社会经济史研究》1987 年第 4 期。(收入本文集)

6.《“湖广熟，天下足”述论——兼及长江沿岸的米粮流通》，《中国农史》1987 年第 4 期（中国人民大学书报资料中心《复印报刊资料 · 明清史》1988 年第 2 期全文转载）。(收入本文集)

7.《生态环境问题与社会经济史研究》，《史学理论》1988 年第 2 期。

8.《清代湘赣交边山区的棚民与经济社会》，《争鸣》1988 年第 3 期。(收入本文集)

9.《人口运动与水利问题的历史反思》，《武汉大学学报社科论丛》1988 年第 5 期。

10.《明代的人口政策与人口逃移》，《武汉大学学报》1989 年第 3 期（中国人民大学书报资料中心《复印报刊资料 · 人口与计划生育》1989 年第 4 期全文转载）。

11.《明清农业垦殖论略》，《中国农史》1990 年第 4 期（《光明日报》1995 年 6 月 5 日摘要转载）。

12.《清代两湖堤垸水利经营研究》，《中国经济史研究》1990 年第 4 期。

13.《清代基金生息述论》，《武汉大学学报》1990 年第 5 期。

14.《明清长江中游山区的灌溉水利》，《中国农史》1993 年第 2 期(中国人民大学书报资料中心《复印报刊资料 · 明清史》、中国人民大学书报资料中心《复印报刊资料 · 经济史》1993 年第 7 期同时全文转载)。

15.《明清江皖沿江平原圩田研究（上)》，《古今农业》1993 年第 3 期。(收入本文集)

16.《明清江皖沿江平原圩田研究（下)》，《古今农业》1993 年第 4 期。(收入本文集)

17.《明代湖广人口变迁论》，《经济评论》1994 年第 2 期（中国人民大学书报资料中心《复印报刊资料 · 经济史》1994 年第 3 期全文转载）。（收入本文集）

18.《明清汉水上游山区开发与水利问题》，《武汉大学学报》1994 年第 1 期。

19.《试论中国传统社会晚期的农田水利——以长江流域为中心》，《中国农史》1994 年第 2 期（《史学研究新视野》转载，山东大学出版社 1997 年版）。（收入本文集）

20.《中国传统社会后期的减灾救荒思想述论》，《江汉论坛》1994 年第 8 期。

21.《治山减灾与长江流域持续发展》，《长江论坛》1994 年第 3 期（中国人民大学书报资料中心《复印报刊资料 · 中国地理》1995 年第 3 期全文转载，《中国经济文库》转载，中央编译出版社 1995 年版。《长江日报》1995 年 7 月 9 日转载）。

22.《传统方志中农田水利资料利用琐议——以江西省部分地区为例》，《中国农史》1995 年第 2 期。（收入本文集）

23.《论清代溺婴问题》，《经济评论》1995 年第 2 期。

24.《论明清时期的水资源利用》，《江汉论坛》1995 年第 3 期。（收入本文集）

25.《论康雍乾时期的蠲赋与减租》，《中国前近代史理论国际学术讨论会文集》，湖北人民出版社 1997 年版。

26.《洞庭湖区农业发展论略》，《经济评论》1997 年第 3 期（中国教育电视台教育片《洞庭忧乐》采用）。（收入本文集）

27.《明代湖北的鱼贡、鱼课与渔业》，《江汉论坛》1998 年第 5 期。（收入本文集）

28.《明代秦巴山区的封禁与流民集聚》，《中南民族学院学报》1998 年第 2 期。

29.《论传统农业时代的自然保护思想》，《中国农史》1999 年第 1 期。

30.《明代秦巴山区流民的附籍与分布》，《中南民族学院学报》1999 年第 2 期。

31.《明清山区资源开发特点述论》，《武汉大学学报》1999 年第 6 期。

32.《明代秦巴山区的流民与资源开发》，《人文论丛》1999 年卷。

33.《论山水关系与湖北社会经济持续发展，《经济评论》1999 年 12 月。

34.《传统农业时代自然灾害论略》（与宋俭合著），《荆州师院学报》2000 年第 6 期。

35.《明清时期江汉平原的洪涝灾害与农村社会》，《自然灾害与中国社会历史结构论集》，复旦大学出版社 2001 年版。（收入本文集）

36.《碑石所见晚清陕南的水利问题与自然灾害》，《清史研究》2001 年第 2 期（中国人民大学书报资料中心《复印报刊资料 · 中国近代史》2001 年第 7 期全文转载，《中国水利》2008 年 7 期全文转载）。

37.《碑石所见晚清陕南堰渠水利与社会》，（日）《中国水利史研究》第 29 号（2001 年）。

38.《明清秦巴山区生态环境变迁论略》，《中国经济史上的天人关系论集》，中国农业出版社 2002 年版。

39.《清代秦巴山区的经济林特产开发与经济发展》，《武汉大学学报》2002 年第 2 期。

40.《旧钞本〈皇明条法事类纂〉未分卷文书初考》，《人文论丛》2001 年卷。

41.《明代两湖地区的宗藩与地方社会》，《江汉论坛》2002 年第 10 期。（收入本文集）

42.《“了解之同情”与人地关系演变研究》（与鲁西奇合著），《史学理论研究》2002 年第 4 期。

43.《深化中国传统社会减灾救荒思想研究》（与鲁西奇合著），《光明日报》2003 年 1 月 14 日（《新华文摘》2003 年第 4 期全文转载）。

44.《湖广分省问题述论》,《江汉论坛》2003 年第 12 期。(收入本文集)

45.《明清生态环境问题散论》,《人文论丛》2003 年卷。

46.《环境、移民与社会经济:清代川、湖、陕交界地区的经济开发和民间风俗之一》(与郑哲雄等合著),《清史研究》2004 年第 3 期。

47.《清代川湖陕交界地域的经济开发与民间风俗之二》(与郑哲雄等),(韩)《东洋史学研究》第 87 辑,2004 年 6 月。

48.《长江中游地区人地关系的历史演变及特点》(与鲁西奇合著),《光明日报》2004 年 9 月 21 日(《新华文摘》2004 年第 22 期全文转载)。

49.《潜心学问,出学术精品》,《武汉大学学报》2005 年第 6 期(《长江日报》2006 年 1 月 5 日全文转载)。

50.《17—19 世纪秦巴山区的人口变动》,《明清以来长江流域社会发展史论》,武汉大学出版社 2006 年版。(收入本文集)

51.《饥荒与斯文:清代荒政中的生员赈济》,《武汉大学学报》2006 年第 1 期(中国人民大学书报资料中心《复印报刊资料·明清史》2006 年第 5 期全文转载。收入李文海、夏明方主编:《天有凶年:清代灾荒与中国社会》,三联书店 2007 年版)。

52.《总结历史经验,加强灾害史研究》(与陈高华、赫治清等合著),《光明日报》2006 年 9 月 25 日(收入赫治清主编:《中国古代灾害史研究》,中国社会科学出版社 2007 年版)。

53.《清代秦巴山区的资源开发与手工业发展》,《人文论丛》2005 年卷。

54.《历史时期长江中游地区人地关系的演变及其特点》(与鲁西奇合著),《人类社会经济行为对环境的影响和作用》,三秦出版社 2007 年版。

55.《旧抄本〈湖北省清厘逆产条款咨案〉及所见清代鄂西地区社会经济关系》,《人文论丛》2007 年卷。(收入本文集)

56.《清代后期秦巴山区的水环境与水旱灾害》,《10 世纪以来长江中游区域环境、经济与社会变迁》(论文集),武汉大学出版社 2008 年版。

57.《长江中游区域社会经济史研究的深化与拓新》,《武汉大学学报》

2008年第6期。

58.《环境、社会动荡与山区寨堡——明清川陕楚交边山区寨堡研究之一》，《江汉论坛》2008年第12期（中国人民大学书报资料中心《复印报刊资料·明清史》2009年第3期全文转载）。（收入本文集）

后　记

围绕明清时期长江中游的社会经济发展变化这一主题，文集选编了近20年来发表的部分论文。从内容的系统性考虑，论文涉及人口变动、农田水利建设、山区及平原湖区资源开发、经济增长与环境演变、社会变迁与社会控制等主要方面。

除了按此次论文集编辑、出版体例要求，统一引文、注释格式，一般不作大的改动，但对原本抄写过程中出现的鲁鱼亥豕类及明显的差误，有所更正。发表时限于篇幅、体例所作的个别调整、删减，这次亦部分恢复原本。

编选本文集并非完全是敝帚自珍。一方面是学院完成“211工程”项目建设的需要，同时亦为教育部“高等学校优秀青年教师教学科研奖励计划”的任务。限于学识水平，文集中一定存在不少不足之处，恳请方家批评指正。

张建民

2008年12月于武昌珞珈山